삼보에 대한

# 예경 및 경전 독송집

바른 불교 수행과 신행을 위한 종합 길라잡이

# 삼보에 대한 예경 및 경전 독송집


초판 1쇄 발행 2023년 12월 22일

엮은이 청화 青和
펴낸이 장현수
펴낸곳 메이킹북스
출판등록 제 2019-000010호

디자인 최미영
편집 최미영
교정 안지은
마케팅 김소혁



주소 서울특별시 구로구 경인로 661, 핀포인트타워 912-914호
전화 02-2135-5086
팩스 02-2135-5087
이메일 makingbooks@naver.com
홈페이지 www.makingbooks.co.kr



ISBN 979-11-6791-454-5(03220)
값 40,000원

바른 불교 수행과 신행을 위한
종합 길라잡이

삼보에 대한

# 예경 및 경전 독송집

청青화和 엮음

메이킹북스

# 머리말

불교는 다른 종교와는 달리 특별히 개인적인 수행과 진리에 대한 깨달음을 강조한다. 이 점이 바로 교주에 대한 맹목적 믿음과 순종과 신행을 강조하는 다른 종교와의 차별성이라 할 수도 있다. 석가모니 부처님은 이미 2천 5백여 년 전에 그러한 수행을 실천하고 궁극적인 깨달음을 증득하여 마침내 영원한 인류의 스승이 되셨던 분이다. 그렇다면 불자들은 무엇을 지향하고 목표로 하여 어떠한 내용과 방법으로 수행하고, 깨달음을 증득해 나갈 것인가? 다행스럽고 감사하게도 이에 대한 해답은 이미 깨달음을 성취하셨던 부처님께서 자세히 설법하셨고, 그 설법하신 내용 또한 경經율律론論 삼장三藏의 형식으로 결집되어 지금 우리들에게까지 온전히 전해지고 있다. 우리는 단지 그러한 삼장의 가르침(Dhamma, 法)을 바르게 배우고 익혀 자신의 수행과 신행의 등불과 지침으로 받아들이고 실천하면 될 일이다. 불교에서는 수행하고 신행하는 데 있어 일반적으로 네 단계를 밟아 갈 것을 가르치고 있다. 바로 신信・해解・행行・증證의 네 단계이다.

**'신信'**은 불법승 삼보에 대한 믿음이다. 모든 종교가 그렇겠지만, 불교에서도 믿음은 수행과 신행의 가장 기본이 된다. 부처님(佛, Buddha)과 부처님이 가르치신 법(法, Dhamma)과 그러한 법에 의지해 깨달음을 목표로 수행하는 승가(僧伽, Samgha)를 믿고 귀의하는 것에서 불교의 수행과 신행은 비로소 시작되는 것이다. 우리는 깊이 신심을 키우고 다지기 위해서 삼보에 대한 귀명歸命・예경禮敬・찬탄讚嘆・헌공獻供・참회懺

悔・발원發願을 게을리해서는 안 된다. 어찌 보면 불교의 모든 법회의식은 바로 이러한 삼보에 대한 신심을 키우고 다지는 것에 기본적인 목적이 있다고 해도 과언이 아니다.

**'해解'**는 부처님 가르침(= 경율론 삼장)에 대한 바른 이해이다. 불교 수행과 신행의 궁극적인 목적은 탐진치 삼독심의 소멸과 열반의 증득이다. 그러한 목적을 이루기 위해서는 무엇보다 무엇을 수행하고 어떠한 신행을 실천할 것인가 하는 문제가 중요하다. 이에 대한 해답을 얻고 이해를 하는 것이 바로 '해'의 단계이다. 해의 단계는 부처님 법에 대한 배움과 이해의 단계이다. 이는 곧 경율론 삼장에 대한 공부라 할 수 있다. 불교 공부의 첫 단계는 부처님 가르침을 스승이나 법사에게 청해 듣는 청법請法・경전을 크게 소리 내어 독송하는 독경讀經・경전을 눈으로 읽는 간경看經・가르침을 잊지 않고 기억해서 외우는 암송暗誦・경전의 가르침을 글로 쓰며 그 뜻을 되새기는 사경寫經 등의 실천이다. 이러한 실천을 통해 우리는 삼장의 가르침을 바르게 배우고 이해하게 되어 신심을 더욱 깊이 다지고, 마침내 수행과 신행을 바른 방향으로 이끌 수 있는 지침을 확립하게 되어 정법에 의지한 수행과 신행을 이끌 수 있게 되는 것이다.

**'행行'**은 부처님의 가르침에 의지하여 몸소 수행하고 신행을 실천하는 단계이다. 수행과 신행은 앞에 언급한 기본적인 귀명・예경・찬탄・헌공・참회・발원 등의 행위도 될 수 있고, 청법・독경・암송・간경・사경 등의 실천도 될 수 있으며, 불교의 기본 수행법인 사마타(Samatha, 선정수행, 止) 수행과 위빠사나(Vipa yanā, 지혜수행, 觀) 수행, 더 나아가 팔정도와 육바라밀의 수행, 화두話頭의 참구, 계율의 수지(持戒), 염불과 다라니 독송 등등의 실천도 될 수 있다. 우리는 이러한 모든 실천수행을 통해 오염된 몸과 마음을 정화하고, 육근의 감각기관을 바르게 단속하며, 불선한 번뇌의 마음에서 벗어나 사람들에게 지탄받거나 비난받지 않는 청정한 삶을 살고, 마침내 궁극적인 진리를 깨달아 열반을 증득하는 경지까지 나아가게 되는 것이다.

**'증證'**은 수행과 신행을 통해 마침내 그 결과를 얻게 됨을 말한다. 성불成佛・열반涅槃・해탈解脫・각성覺性・견성見性 ・돈오頓悟・증오證悟 등등의 표현은 바로 불교에서의 깨달음의 증득을 표현하고 있는 말들이며, 불교수행의 궁극적인 완성과 마침을 의미하는 표현들이다. 한편 초기불교에서는 부처님의 가르침을 직접 듣고 수행하는 성문승들이 증득하게 되는 성인의 경지를 크게 넷으로 나누고 있다. 바로 수다원(須陀洹, Srotapanna, 入流, 預流果)・사다함(斯陀含, Sakrdagmin, 一來果)・아나함(阿那含, anāgāmin, 不還果)・아라한(阿羅漢, Arhan, 應供, 無學道)의 경지이다. 이러한 성인의 경지를 얻기 위해서는 각각 닦아야 할 수행의 단계(向, pratipannaka, pa ipannaka)와 도달해야 할 경지(果 phala, 혹은 道 magga)가 있는데, 이를 '사향사과四向四果', 혹은 '사향사득四向四得'이라고 하며, 또 다른 표현으로 네 성자가 각각 향과 과로 쌍을 이루기 때문에 '사쌍팔배四雙八輩'라고도 한다. 이 역시 깨달음의 증득과 수행의 최종적인 완성을 표현하고 있는 말들이다.

본 「삼보에 대한 예경 및 경전 독송집」은 「삼보에 대한 예경과 찬탄편」·「초기경전 독송편」·「대승경전 독송편」·「다라니 독송편」·「참회와 발원문편」·「수행에 도움이 되는 말씀과 게송편」 등 모두 크게 여섯 편으로 나눠 편찬하였고, 맨 뒤에 「정근精勤하는 법」과 「불교경전에 대한 이해」를 부록으로 담았다.

첫 편인 「삼보에 대한 예경과 찬탄편」에서는 불법승 삼보에 대한 예경과 찬탄, 그리고 염불의 기본이라 할 수 있는 삼보에 대한 '수념隨念'의 내용을 담고 있다. 또한 부처님 제자라면 누구나가 반드시 익념히고 지켜야 될 가장 기본적인 계율인 '오계五戒'와 그에 대한 부처님 말씀, 그리고 남방불교 국가에서 저녁예불 시간에 주로 합송하는 부처님에 대한 찬탄의 내용을 담고 있는 '대예경(mahā namakkāra 大禮敬)'을 실었다.

둘째 편인 「초기경전 독송편」에서는 초전법륜경·무아상경·분석경·보배경·축복경·대념처경 등등 모두 15편의 경전을 담았다. 비교적 수행자나 불자가 반드시 알아야 할 중요한 경전, 혹은 이미 대중에게 많이 알려지고 널리 독송되는 경전을 편집자의 주관으로 선별한 경전들이다. 사성제 · 팔정도 · 12연기 · 삼법인 · 업과 윤회 등, 초기불교의 가장 중요하고 기본적인 교리와 붓다의 핵심적인 가르침을 주로 담아내고 있다고 평가되는 경전들이다. 이 중에서 특히 비교적 긴 내용의 대념처경은 부처님께서 닦으신 수행에 대한 자세한 가르침을 담고 있는 경전이라는 점에서 불교를 수행하는 모든 불자들이 반드시 수지독송해야만 하는 중요한 위치의 경전이다.

셋째 편인 「대승경전 독송편」에서는 천수경 · 반야심경 · 금강반야바라밀경 · 불설아미타경 · 법화경 관세음보문품 · 화엄경 보현행원품 · 원각경 보안보살장 · 지장보살본원경 등 모두 여덟 편의 경전을 실었다. 대부분 현재 한국불교에서 주로 수지독송되고 있는 대표적인 경전들이라 할 수 있다. 천수경 · 반야심경 · 금강반야바라밀경 등은 대한불교 조계종에서 공식적으로 번역하여 모든 예불과 법회와 기도와 행사의식에서 사용되고 있는 한글번역본을 실었으며, 불설아미타경 · 지장보살본원경 · 법화경 관세음보문품 · 화엄경 보현행원품 · 원각경 보안보살장 등은 본 편집자가 기존의 여러 한글 해석들을 참고하여 새롭게 한글로 번역하여 다듬은 경전들이다.

넷째 편인 「다라니 독송편」에서는 능엄신주 · 츰부다라니 · 불설소재길상다라니 · 무량수여래근본다라니 · 무량수불설왕생정토주 · 무구정광대다라니 · 관음보살본심미묘육자대명왕진언 · 법신진언 · 광명진언 · 약사유리광여래불대진언 · 항마진언 등 모두 11편의 다라니를 담았다. 이러한 다라니들은 현재 한국 불교에서 출가 재가자를 막론하고 대중들에게 가장 많이 알려지고 독송되고 있는 대표적인 다라니라 할 수 있다.

다섯째 편인 「참회와 발원문편」에서는 행선축원문行禪祝願文 · 이산혜연선사발원문怡山惠然禪師發願文 · 네 가지 무량한 마음(四無量心)에 대한 발원 · 자애발원문慈愛發願文 · 수행공덕 회향 발원문 · 108 대참회문(百八大懺悔文) · 연지대사왕생극락발원문蓮池大師往生極樂發願文 · 영가천도 발원문(靈駕薦度 發願文) 등 모두 8편의 발원문을 실었다. 모두 예불, 참회, 독경, 천도의식 등에서 주로 독송되는 발원문들이다.

여섯째 편인 「수행에 도움이 되는 말씀과 게송편」에서는 삼보에 귀의하여 부처님 법을 배우고 닦아나가는 모든 수행자와 불자들이 기본적으로 배우고, 억념하고, 닦고, 실천해야 할 소중한 부처님 말씀과 역대 조사 큰스님들의 게송들을 선별하여 정리하였다. 초기 경전에서 설해지고 있는 불교의 근본 교설인 삼법인 · 사성제를 비롯하여 부처님의 오도송과 전법선언, 정법과 사법, 칠불통게, 감각기능의 단속, 계율, 보시와 그에 대한 공덕 등의 내용을 담고 있는 부처님 말씀들이다. 또한 화엄의 핵심 가르침을 담고 있는 법성게, 제법의 무상을 일깨우고 있는 무상게, 공양할 때 합송하는 공양게송 등등이다.

부록 1「정근하는 법」에서는 불보살님의 명호를 정근(精勤, 염불)할 때, 그 시작과 마침을 어떻게 하는지 그 내용을 실었으며, 부록 2「불교경전에 대한 이해」에서는 본편에 실은 초기경전과 대승경전들이 어떠한 결집과 편찬 과정을 통해 만들어지고 유통되게 되었는지를 비교적 자세히 실어 경전을 수지독송하는 독자들의 불교경전에 대한 이해를 돕고자 하였다.

부처님은 불자들이 수행하고 신행하는 데 있어서 누구나가 쉽게 실천할 수 있는 여섯 가지 기본 실천수행을 가르치셨다. 바로 염불念佛・염법念法・염승念僧・염계念戒・염시念施・염생천念生天을 내용으로 하는 '여섯 가지 수념(六隨念)' 수행이 그것이다. '수념'은 글자 의미 그대로 생각과 마음을 한 대상에 집중하여 계속 억념하고 이어감을 의미한다. 언제 어느 때나 삼보에 대해 마음을 집중하여 정성을 다하여 부처님을 수념하고, 담마를 수념하고, 승가를 수념하고, 지계를 수념하고, 보시를 수념하고, 사후에 선업의 공덕으로 좋은 선처(善處: 인간・천상・극락)에 태어나고자 하는 생천을 수념하는 것이 바로 육수념 수행이다. 이러한 육수념 수행은 곧 삼보에 대한 염불이고, 몸과 마음을 닦는 불자의 기본 수행이며, 선업을 닦아 선근을 심어나가는 공덕행이라 할 수 있다.

본「삼보에 대한 예경 및 경전 독송집」에 실은 모든 내용은 바로 우리들이 육수념을 실천수행 하는 데 기본적으로 필요한 가장 기본이 되고 핵심이 되는 모든 내용들을 통합적으로 담아내고 있다고 감히 자평한다. 또한 그동안 한국 불교에서 각각 낱권 한글경전으로 번역되어 유통되고 독송되던 모든 경전들을 이렇듯 하나로 모아 누구나가 쉽게 수지독송하며 신행할 수 있게끔 통합 편찬한 것도 크게 보람 있는 불사라고 자평한다. 부처님의 정법을 바르게 수행하고 신행하고자 하는 많은 수행자와 불자들이 본 독송집을 만나 수지독송하는 선연을 맺게 된다면 본 편찬자는 큰 보람으로 생각할 것이다. 본 독송집이 이렇듯 발행되기까지 많은 경제적 도움과 격려를 주신 모든 분들께 깊이 감사의 합장을 올린다. 아울러 그 모든 분들에게 삼보의 무량한 자비와 가피가 함께하시어 언제나 평안하고 행복하시기를 간절히 발원 드린다.

# 목차

## ※ 초기경전 독송편

## 목차

### 대승경전 독송편



### 다라니dhrani 독송편

## 참회와 발원문편



## 수행에 도움이 되는 말씀과 게송편

# 목차

## 부록 1 : 정근精勤하는 법

## ※ 부록 2 : 불교경전에 대한 이해

Buddham saranam gacchami

거룩한 부처님께 귀의합니다.

Dhammam saranam gacchami

거룩한 가르침에 귀의합니다.

Sangham saranam gacchami

거룩한 상가에 귀의합니다.

# 삼보에 대한 예경과 찬탄편

1. 부처님의 제자가 되고자 하는 사람은 누구나가 불법승 삼보에 대한 믿음을 구족해야 한다. 불교에서는 이렇듯 삼보에 대한 믿음을 바탕으로 삼보에 몸과 마음을 바쳐 귀의하고, 나아가 정법의 가르침을 배우고, 닦고, 실천하며 살고자 하는 사람을 불교의 수행자, 혹은 불자라고 부른다.

불교에서 염불의 기본은 바로 이러한 삼보에 대한 '수념隨念'이라 할 수 있다. '수념'은 글자 의미 그대로 마음과 생각을 한 대상에 집중하여 계속 억념하고 이어감을 의미한다. 언제 어느 때나 삼보에 대해 마음을 집중하여 정성을 다하며 부처님을 수념하고, 담마를 수념하고, 승가를 수념하는 것이 바로 염불이고, 불자의 기본 수행이며, 선근을 심어나가는 공덕행인 것이다.

당연히 불교의 수행자와 불자는 매일 일정한 시간을 정하여 삼보에 대한 예경과 찬탄의 의식을 봉행하며 신심을 키우고, 서원을 다지며, 수행정진에 힘써야만 한다. 이러한 기본적인 수념의 실천은 그 어떤 불교의 종파와 교의를 떠나서 모두에게 해당되는 가장 기본적인 의식이고, 의무이며, 수행이라고 해도 과언이 아니다.

2. 본 『삼보에 대한 예경과 찬탄』 편은 바로 이에 관한 내용을 담고 있다. '삼귀의례(三歸依禮)'는 이른바 남방불교(혹은 근본불교, 초기불교)라고 불리는 동남아시아 불교국가인 미얀마, 스리랑카, 태국 등에서 모든 법회와 행사에서 독송되는 가장 기본적인 예경이다. 빨리어 원문을 그대로

읽으면 더욱 좋고, 아니면 한글로 번역된 내용을 독송해도 무방하다. 두 번째 적은 '붓다에 대한 예경 · 담마에 대한 예경 · 상가에 대한 예경' 역시 남방불교 국가에서 삼귀의례에 이어서 독송하는 기본적인 의식이다. 마찬가지로 빨리어 원문을 그대로 읽어도 좋고, 아니면 한글로 번역된 내용을 독송해도 무방하다. 삼보가 어떠한 것인가에 대한 구체적 가르침을 담고 있어 매일 독송함으로써 믿음을 다지고 그 의미를 되새기는 데 많은 도움을 준다.

뒤에 이어지는 '붓다에 대한 회상과 찬탄 · 담마에 대한 회상과 찬탄 · 상가에 대한 회상과 찬탄'은 불교의 믿음 대상인 삼보가 왜 삼보(三寶)인가에 대한 구체적인 내용을 회상과 찬탄이라는 형식으로 담아내고 있는 예경문이다. 매일 이러한 예경문을 독송함으로써 역시 신심을 깊이 다지고, 부처님 제자로서의 자부심을 키우는 데 많은 도움이 된다.

3. 다음 이어지는 '오계五戒'는 부처님 제자라면 누구나가 반드시 억념하고 지켜야 될 가장 기본적인 계율이라 할 수 있다. 이러한 오계는 불자의 기본적인 생활윤리와 도덕인 동시에 나아가 악업을 방지하고 선업을 쌓는 데 필요한 기초적인 수행덕목이다. 남방불교 국가에서는 이러한 오계를 모든 법회의식에서 삼보에 대한 예경문과 함께 빠지지 않고 합송한다. 계율에 대한 가르침과 실천을 일깨우기 위함이다. 역시 빨리어 원문으로 합송해도 좋고, 아니면 한글 번역을 합송해도 무방하다. 뒤에 이어지는 '5계를 지키지 않는 해로운 과보'는 불자가 왜 반드시 오계를 지키고 실천해야 하는가에 대한 부처님 말씀이다. 이러한 경문을

독송함으로써 우리는 오계를 지키거나, 지키지 않음으로서 얻게 되는 선악의 구체적인 과보에 대한 가르침을 되새기게 되고, 까닭에 오계를 반드시 지키고 실천하고자 하는 신념을 갖게 된다. 오계를 독송하고 나서 이어서 함께 독송하면 좋을 듯싶어 뒤에 특별히 덧붙여 실었다.

4. 본편의 맨 마지막에 실은 '대예경(mahā namakkāra 大禮敬)'은 남방불교 국가에서 주로 저녁예불에 합송되는 예경문이다. 불교의 근본교주이신 석가모니 부처님의 일반 중생들과 다른 32상相에 대한 특징적인 모습을 자세하고도 구체적으로 나열하고, 부처님의 수승한 존상尊像을 공경하고 찬탄하는 내용이다. 남방불교 국가에서 주로 저녁예불에 독송하는 예경문이지만, '삼귀의례' 및 '삼보에 대한 회상과 찬탄' 등의 예경문과 함께, 때에 따라 언제든지 독송해도 좋은 예경문이라 할 수 있다.

## ※ 삼귀의례(三歸依禮)

Namo tassa bhagavato arahato sammasambuddhassa

나모 따사 바가와또 아라하또 삼마 삼붓다사

존귀하신 분, 공양받아 마땅하신 분,

바른 깨달음을 이루신 부처님께 예경 올립니다.(3번)

Buddham saranam gacchami

붓당 사라낭 갓차미

거룩한 부처님께 귀의합니다.

Dhammam saranam gacchami

담망 사라낭 갓차미

거룩한 가르침에 귀의합니다.

Sangham saranam gacchami

상강 사라낭 갓차미

거룩한 상가에 귀의합니다.

Dutiyampi buddham saranam gacchami

두띠얌삐 붓당 사라낭 갓차미

두 번째도 거룩한 부처님께 귀의합니다.

Dutiyampi dhammam saranam gacchami

두띠얌삐 담망 사라낭 갓차미

두 번째도 거룩한 가르침에 귀의합니다.

Dutiyampi sangham saranam gacchami

두띠얌삐 상강 사라낭 갓차미

두 번째도 거룩한 상가에 귀의합니다.

Tatiyampi buddham saranam gacchami

따띠얌삐 붓당 사라낭 갓차미

세 번째도 거룩한 부처님께 귀의합니다.

Tatiyampi dhammam saranam gacchami

따띠얌삐 담망 사라낭 갓차미

세 번째도 거룩한 가르침에 귀의합니다.

Tatiyampi sangham saranam gacchami

따띠얌삐 상강 사라낭 갓차미

세 번째도 거룩한 상가에 귀의합니다.

## ※ 붓다에 대한 예경(Buddha vandanā 佛隨念)

itipi so bhagavā

이띠삐 소 바가와

이처럼 **세존世尊**께서는

arahaṃ

아라항

마땅히 공양 받을 만한 **응공應供**이시며,

sammā sambuddho

삼마-삼붓도

올바로 원만히 깨달으신 **정변지正遍知**이시며,

vijjācaraṇa sampanno

윗자-짜라나 삼빤노

지혜와 덕행을 함께 구족하신 **명행족明行足**이시며,

sugato

수가또

올바른 진리의 길로 잘 가신 **선서善逝**이시며,

lokavidū

로까위두-

세상을 모두 잘 아시는 **세간해世間解**이시며,

anuttaro purisadamma sārathi

아눗따로 뿌리사 담마 사-라티

위없는 분이신 **무상사無上士**이시며,

사람을 잘 길들이시는 **조어장부調御丈夫**이시며,

satthā devamanussānaṃ

삿타- 데와 마눗사-낭

하늘과 인간의 스승이신 **천인사天人師**이시며,

buddho

붓도

깨달음을 성취하신 **불佛**이시며,

bhagavā'ti.

바가와-띠

세상에서 가장 존귀하신 **세존世尊**이옵니다.

## ※ 담마에 대한 예경(Dhamma vandanā 法隨念)

svakkhato bhagavata Dhammo

스왁-카-또 바가와따- 담모

존귀하신 분에 의해서 잘 설해진(善說) 담마는

sandiṭṭhiko

산딧티꼬

스스로 보아 알 수 있고(現見),

akāliko

아깔-리꼬

시간이 걸리지 않고(非時間),

ehipassiko

에히빳시꼬

와서 보라는 가르침이고(來見),

opaneyiko

오빠네이이꼬

향상으로 인도하고(勝義),

paccattaṃ veditabbo viññūhiti.

빳쨧땅 웨디땁보 윈뉴-히-띠.

지혜로운 사람이라면 누구나가 깨우쳐 알 수 있는 가르침이옵니다(自證).

## ※ 상가에 대한 예경(Saṅgha vandanā 僧隨念)

supaṭipanno bhagavato sāvakasaṅgho

수빠띠빤노 바가와또 사-와까상고

세존의 제자들의 상가는 훌륭하게 도를 닦고

ujupaṭipanno bhagavato sāvakasaṅgho

우주빠띠빤노 바가와또 사-와까상고

세존의 제자들의 상가는 바르게 도를 닦고

ñāyapaṭipanno bhagavato sāvakasaṅgho

냐-야빠띠빤노 바가와또 사-와까상고

세존의 제자들의 상가는 참되게 도를 닦고

sāmīcipaṭipanno bhagavato sāvakasaṅgho

사-미-찌빠띠빤노 바가와또 사-와까상고

세존의 제자들의 상가는 합당하게 도를 닦네.

yadidaṃ cattāri purisayugāni aṭṭha purisapuggalā

야디당 짯따-리 뿌리사유가-니 앗타 뿌리사뿍갈라-

곧 네 쌍의 성인(四雙),

여덟 부류의 성인들(八輩)이시니,

esa bhagavato sāvakasaṅgho

에사 바가와또 사-와까상고

이러한 세존의 제자들의 상가는

āhuneyyo

아-후네이요

마땅히 공양물을 받기에 합당하고,

pâhu-neyyo

빠-후네이요

섬김을 받기에 합당하고,

dakkhiṇeyyo

닥키네이요

보시를 받기에 합당하고,

añjalikaraṇīyo

안잘리까라니-요

합장과 공경을 받기에 합당하고,

anuttaraṃ puññakkhettaṃ lokassā'ti.

아눗따랑 뿐냑켓땅 로깟사-띠

세상에서 위없는 복을 심는 복전福田이옵니다.

## ※ 붓다에 대한 회상과 찬탄(Buddha 佛)

• **회상:** 전해 내려오는 기록에 따르면, 붓다의 명성이 다음과 같이 널리 전파되었습니다. 그분, 존귀하신 분, 모든 번뇌 떠나신 분, 스스로 완전한 깨달음을 이루신 분, 지혜와 덕행을 함께 갖추신 분, 진리의 길을 보이신 분, 세상일을 모두 훤히 아시는 분, 어리석은 이도 잘 이끄는 위없는 분, 모든 천상과 인간의 스승, 깨달으신 분, 존귀하신 분입니다.

• **찬탄:** 붓다는 아라한의 훌륭한 덕행을 잘 갖추시어, 청정하고 뛰어나신 지혜와 자비 함께 지니셨고, 태양같이 밝히시고 연꽃처럼 활짝 열어, 일체 중생들을 깨닫게 하셨으니, 저는 번뇌의 승리자요, 평화로운 그분께 머리 숙여 예경 드립니다.

붓다는 중생들의 으뜸가는 의지처요, 가장 안정한 곳이니, 이와 같이 회상하며, 첫 번째로 머리 숙여 예경 드립니다. 저는 붓다의 시봉자요, 붓다는 저의 위대하신 인도자이니, 붓다는 괴로움의 해방자이며, 제 행복의 제공자입니다. 붓다께 저의 몸과 마음 다 바쳐 헌신하나니, 저는 붓다의 진실한 깨달음을 존경하며 살아가겠습니다.

저에게는 다른 의지처가 없습니다. 붓다는 진실한 저의 의지처, 이와 같은 진실을 말함으로써 깨달음의 길에 이르길 원합니다. 제가 붓다를 이같이 예경하는 공덕으로 어떤 위험도 저에게 다가오지 않기를 기원합니다.

몸에 의해서나, 말에 의해서나, 마음으로 인해서, 붓다께 어긋나게 지은 저의 크고 작은 나쁜 행위들, 붓다를 의지하여 그 모든 허물의 용서를 빕니다. 이후로는 붓다를 본받아 조심스레 행하겠습니다.

## ※ 담마에 대한 회상과 찬탄(Dhamma 法)

• **회상**: 존귀하신 분에 의해 잘 설해진 담마는 즉시 확인할 수 있고, 시간을 넘어선 것이며, 와서 보라는 것이고, 향상으로 인도하고, 지혜로운 이 스스로 볼 수 있고, 깨달을 수 있는 진리입니다.

• **찬탄**: 담마의 우수한 가치는 붓다에 의해 잘 설해졌고, 그것은 도道와 과果인 닦음의 길과 깨달음의 성취로 분류되어 있어, 진리 따라 나아가는 자 악의 세계에 떨어지는 것을 막아주니, 무명을 제거하는 뛰어난 그 담마에 저는 머리 숙여 예경 드립니다.

담마는 중생들의 으뜸가는 의지처요, 가장 안전한 곳이니, 이와 같이 회상하며, 두 번째로 저의 머리 숙여 예경 드립니다. 저는 담마의 시봉자요, 담마는 저의 위대하신 인도자이니, 담마는 괴로움의 해방자요, 제 행복의 제공자입니다. 담마에 저의 몸과 마음 다 바쳐 헌신하나니, 저는 담마의 위없는 깨달음을 우러르며 살아가겠습니다.

저에게는 다른 의지처가 없습니다. 담마는 진실한 저의 의지처, 이와 같은 진실을 말함으로써, 깨달음의 길에 이르길 원합니다. 제가 담마를 이같이 예경하는 공덕으로 어떤 위험도 저에게 다가오지 않기를 기원합니다.

몸에 의해서나, 말에 의해서나, 마음으로 인해서, 담마에 어긋나게 지은 저의 크고 작은 나쁜 행위들, 담마를 의지하여 그 모든 허물의 용서를 빕니다, 이후로는 담마를 본받아 조심스레 행하겠습니다.

## ※ 상가에 대한 회상과 찬탄(Samgha 僧伽)

• **회상:** 진지하게 수행하는 붓다의 제자들인 상가, 정확하게 수행하는 붓다의 제자들인 상가, 올바르게 수행하는 붓다의 제자들인 상가, 여법하게 수행하는 붓다의 제자들인 상가, 이분들은 네 쌍의 대장부요(四雙), 여덟 무리의 성자들(八輩), 이분들은 붓다의 제자들인 상가이니, 마땅히 공양 올릴 가치 있는 분들, 환영할 가치 있는 분들, 보시 올릴 가치 있는 분들, 합장 공경할 가치 있는 분들이며, 이 세상에서 위없는 복을 심는 대상입니다.

• **찬탄:** 바른 담마 따라 잘 수행하는 상가는 높은 덕 함께 지니었고, 여덟 무리의 성자들로 구성된 으뜸가는 상가이며, 훌륭한 계율과 담마로써, 몸과 마음을 잘 보호하는 수행자들이니, 저는 완전하게 청정한 그 상가에 머리 숙여 예경 드립니다.

상가는 중생들의 으뜸가는 의지처요, 가장 안전한 곳

이니, 이와 같이 회상하며, 세 번째로 저의 머리 숙여 예경 드립니다. 저는 상가의 시봉자요, 상가는 저의 위대하신 인도자이니, 상가는 괴로움의 해방자이며, 제 행복의 제공자입니다. 상가에 저의 몸과 마음 다해 헌신하나니, 저는 상가의 위없는 깨달음을 우러르며 살겠습니다. 저에게는 다른 의지처가 없습니다. 상가는 진실한 저의 의지처, 이와 같은 진실을 말함으로써, 깨달음의 길에 이르길 원합니다. 제가 상가를 이 같이 예경하는 공덕으로, 어떤 위험도 저에게 다가오지 않기를 기원합니다.

몸에 의해서나, 말에 의해서나, 마음으로 인해서, 상가에 어긋나게 지은 저의 크고 작은 나쁜 행위들, 상가를 의지하여 그 모든 허물의 용서를 빕니다, 이후로는 상가를 본받아 조심스레 행하겠습니다.

## ※ 오계(pañca-sīla 五戒)

Panatipata veramani sikkhpadam samadiyami.

빠나띠빠타 웨라마니 식카빠당 사마디야미.

살아 있는 생명을 해치는 것을 멀리하는 계를 받아 지키겠습니다(不殺生戒).

Adinnadana veramani sikkhpadam samadiyami.

아딘나다나 웨라마니 식카빠당 사마디야미.

주지 않는 물건 가지는 것을 멀리하는 계를 받아 지키겠습니다(不偸盜戒).

kamesu micchacara veramani sikkhpadam samadiyami.

까메수 미차짜라 웨라마니 식카빠당 사마디야미.

모든 삿된 이성행위를 멀리하는 계를 받아 지키겠습니다(不邪淫戒).

Musavada veramani sikkhpadam samadiyami.

무사와다 웨라마니 식카빠당 사마디야미.

거짓말을 멀리하는 계를 받아 지키겠습니다(不妄語戒).

Suramarayamajja pamadatthana veramani sikkhpadam samadiyami

수라메라야 맛자빠마다타나 웨라마니 식카빠당 사마디야미.

정신을 흐리게 하는 술이나 약물들을 멀리하는 계를 받아 지키겠습니다(不飮酒戒).

이와 같은 계를 잘 지킴으로써 행복해지고,

이와 같은 계를 잘 지킴으로써 부유해지며,

이와 같은 계를 잘 지킴으로써 깨달음을 성취하게 됨을 굳게 믿고, 청정한 몸과 마음으로 계를 바르게 지킬 것을 불법승 삼보께 서원합니다.

## ※ 오계를 지키지 않는 해로운 과보
-(가장 경미함 경, AN8:40)

1. 비구들이여, 살아 있는 생명을 죽이고, 습관적으로 행하고 많이 지으면, 지옥에 태어나게 되고, 축생의 모태母胎에 들게 되고, 아귀의 세계에 태어나게 되느니라. 생명을 죽여서 받는 가장 경미한 과보는 수명이 짧아지는 것이니라.

2. 비구들이여, 주지 않은 것을 가지고, 습관적으로 행하고 많이 지으면, 지옥에 태어나게 되고, 축생의 모태에 들게 되고, 아귀의 세계에 태어나게 되느니라. 주지 않은 것을 가져서 받는 가장 경미한 과보는 재물을 잃게 되는 것이니라.

3. 비구들이여, 잘못된 음행을 자행하고, 습관적으로 행하고 많이 지으면, 지옥에 태어나게 되고, 축생의 모태에 들게 되고, 아귀의 세계에 태어나게 되느니라. 잘못된 음행을 해서 받는 가장 경미한 과보는 적들과

원한을 맺게 되는 것이니라.

4. 비구들이여, 거짓말을 하고, 습관적으로 행하고 많이 지으면, 지옥에 태어나게 되고, 축생의 모태에 들게 되고, 아귀의 세계에 태어나게 되느니라. 거짓말을 해서 받는 가장 경미한 과보는 사실이 아닌 것으로 다른 사람의 비방을 받게 되는 것이니라.

5. 비구들이여, 이간질을 자행하고 습관적으로 행하고 많이 지으면, 지옥에 태어나게 되고 축생의 모태에 들게 되고, 아귀의 세계에 태어나게 되느니라. 이간질을 해서 받는 가장 경미한 과보는 사람과의 우정에 금이 가게 되는 것이니라.

6. 비구들이여, 욕설을 자행하고, 습관적으로 행하고 많이 지으면, 지옥에 태어나게 되고, 축생의 모태에 들게 되고, 아귀의 세계에 태어나게 되느니라. 욕설을 해서 받는 가장 경미한 과보는 사람으로부터 마음에 들지 않는 소리를 많이 듣게 되는 것이니라.

7. 비구들이여, 잡담을 자행하고, 습관적으로 행하고 많이 지으면, 지옥에 태어나게 되고, 축생의 모태에 들게 되고, 아귀의 세계에 태어나게 되느니라. 잡담을 해서 받는 가장 경미한 과보는 사람이 그의 말을 받아들이지 않게 되는 것이니라.

8. 비구들이여, 방일하는 근본이 되는 술과 중독성 물질을 섭취하는 것을 자행하고 습관적으로 행하고 많이 지으면, 지옥에 태어나게 되고, 축생의 모태에 들게 되고, 아귀의 세계에 태어나게 되느니라. 방일하는 근본이 되는 술과 중독성 물질을 섭취해서 받는 가장 경미한 과보는 그 사람이 미쳐버리게 되는 것이니라.

## ※ 대예경(大禮敬 mahā namakkāra)

01. 이롭고 진리만을 말씀하시는 분 · 열반의 안전한 장소에 도달하신 분 · 위없는 계정혜의 공덕으로 존경받아 마땅하신 분, 선업善業 불선업不善業을 모두 버리신 분 · 죽음의 법 극복하고 아라한과를 성취하신 분 · 지극한 고요를 이루신 분, 비할 데 없는 열반의 행복을 드러내신 부처님께 예경 드립니다.

02. 귀의처이신 분 · 세상의 이치를 잘 아시는 분 · 번뇌의 소멸을 이루신 분 · 두려움이 없으신 분 · 스승 중의 스승이신 부처님께 예경 드립니다.

03. 보기 좋고 상서로운 몸을 지니신 분 · 듣기 좋고 훌륭한 목소리를 지니신 분 · 헤아릴 수 없는 공덕을 지니신 분 · 비할 데 없는 10가지 힘(十力)을 지니신 부처님께 예경 드립니다.

04. 선정을 갖추시고 아라한과의 훌륭한 지혜를 구족

하신 분 · 윤회 속에서 고통받는 중생을 구제하기 위해 몸과 마음의 고통을 감내해 나가시는 분 · 인간과 신들의 축복이 되어주신 부처님께 예경 드립니다.

05. 32상과 휘광이 빛나는 아름다운 몸을 지니신 분, 계정혜의 헤아릴 수 없는 공덕을 지니신 분 · 최후의 몸을 갖추신 부처님께 예경 드립니다.

06. 새벽의 태양처럼 승단 가운데 축복이 되신 분 · 보름달처럼 빛나는 얼굴을 지니신 분 · 갈애에서 벗어나 일체지를 구족하신 분 · 상가의 비구들을 이끄시는 부처님께 예경 드립니다.

07. 공덕을 구족하시고 보리수 밑에서 마라(mara, 마군, 번뇌)의 군대를 물리치신 분 · 새벽녘에 사성제四聖諦의 진리를 깨달으신 분 · 마라를 정복한 승리자이며 마라의 군대가 무너뜨릴 수 없는 피안의 언덕에 잘 도달하신 부처님께 예경 드립니다.

08. 통찰지의 칼로 탐욕의 번뇌를 자르신 분 · 알아차

림(正念, sati)의 방패를 굳건히 지니신 분 · 출세간 계행의 장신구로 온몸을 치장하신 분 · 비할 데 없는 신통을 지니신 부처님께 예경 드립니다.

09. 큰 자비로 어려운 공덕행을 온 생애에 실천하신 분 · 존재계의 바다를 건너 최상의 피안에 이르신 분 · 삼계를 수호하시고 굳건한 삼매를 지니신 분, 세간과 출세간의 이익을 주시는 분 · 삼라만상 통찰하는 지혜의 눈을 지니신 분 · 비할 데 없는 계정혜의 공덕을 지니신 부처님께 예경 드립니다.

10. 윤회하는 곳마다 일체의 바라밀을 닦으신 분 · 선한 이들이 의지하는 참된 행복 닙빠나(nibbāna 열반)에 이르신 분 · 인간과 신들의 행복의 근원인 선업을 펼쳐 보이신 분 · 겸손과 예경 없는 소처럼 무지한 이들을 자애의 법으로 제도하신 부처님께 예경 드립니다.

11. 정진의 노를 일체지一切智의 손으로 부여잡은 부처님이라는 능숙한 선장께서 8정도의 배 위에 오르셨네. 8정도의 배로 수많은 존재들을 드넓은 윤회의 바

다에서 피안의 언덕으로 건져내 주셨네. 번뇌와 윤회의 법 완전히 끊어내신 부처님께 예경 드립니다.

12. 서른 가지 바라밀을 구족하고 채우신 분, 보리수나무 아래에서 4성제를 깨달으신 분 · 더할 나위 없는 신통을 성취하신 분 · 인간과 신을 이롭게 하시는 분 · 삼계의 존재에서 윤회의 바퀴를 멈추신 부처님께 예경 드립니다.

13. 헤아릴 수 없는 공덕으로 32상相을 갖추신 분 · 번뇌의 오염물을 말끔히 제거하신 분 · 청명한 하늘처럼 넓고 맑은 지혜를 지니신 분 · 흔들리지 않는 수미산처럼 흔들림 없는 삼매를 갖추신 분 · 물속에서 피어난 연꽃처럼 청정한 계행을 지니신 분 · 대지와 같은 인욕을 갖추신 부처님께 예경 드립니다.

14. 현명하신 부처님! 한낮의 태양처럼 밝게 빛나시는 분, 신들이 행복하게 머무는 나무 아래 잘 펼쳐진 고귀한 석단에서 닙빠나의 행복을 가져다주는 아비담마를 신들에게 설하셨네. 비할 데 없는 계정혜의 공덕을

지니신 부처님께 예경 드립니다.

15. 삼계(三界: 욕계 · 색계 · 무색계)를 수호하시는 분, 연꽃무늬의 부드러운 발바닥에 새겨진 완전하고 선명한 법륜法輪은 견줄 수 없는 경지, 삼계에 이로움을 주시는 비할 데 없는 부처님께 예경 드립니다.

16. 모든 존재들의 중심이신 부처님! 지혜의 등불인 도과道果의 칼로 무명의 어둠을 잘라내신 분 · 인간과 신의 이익을 바라고 이로움을 주시는 분 · 무량한 깨달음의 지혜로 자애롭고 으뜸가는 분 · 부처님께 예경 드립니다.

17. 더할 나위 없는 공덕의 보고寶庫 · 현명하신 분 · 이시빠따나Isipatana 숲에서 담마(Dhamma, 法)의 바퀴를 굴리시어 불선업을 자르신 분 · 견줄 수 없는 수승한 지복至福의 현자 · 공경받아 마땅하신 부처님께 예경 드립니다.

18. 고귀한 제자들에 둘러싸이신 분 · 눈부신 광채로

아름다운 육체를 지니신 분 · 공덕을 갖춘 사람들의 귀의처이며 수호자이신 분 · 발바닥에 고귀한 법륜의 무늬가 새겨지신 분 · 태양과 달처럼 신과 인간의 공경을 받는 선서善逝께 예경 드립니다.

19. 팔정도의 뗏목으로 윤회의 바다를 건너시고, 탐貪진瞋치癡의 거센 물살에서 안전한 해변인 닙반나에 도달하신 분, 피난처 · 의지처 · 비할 데 없는 귀의처 · 안전한 항구 · 해탈의 버팀목 · 모든 존재를 위한 공덕의 밭, 최상의 행복을 베푸는 법왕께 예경 드립니다.

20. 모든 존재들의 안녕을 바라시는 현자, 깐담바(Kandamba, 망고나무) 밑에서 한 쌍의 기적을 나투신 분, 물과 불이 빠르게 어우러진 놀라운 기적, 사견邪見의 그물을 부수는 것은 모든 부처님의 전통, 비범한 덕성 갖춘 훌륭하고 수승한 지복의 현자께 예경 드립니다.

21. 새벽의 빛과 같은 자애와 광대한 지혜를 지니신

분, 잠을 깨우는 태양 같은 대성인 · 깨끗한 연꽃호수에서 자라는 연꽃 같으신 분 · 빛나는 담마의 빛으로 무명의 잠을 깨우시는 분 · 삼계안의 수많은 존재에게 바른 길을 보여주시는 분 · 삼계의 유일한 눈이며 고통을 감내하시는 부처님께 예경 드립니다.

22. 수많은 윤회의 삶에서 깨달음을 발원하여 집착 없는 마음으로 자신의 눈 · 부인 · 수족 · 생명을 필요한 자에게 보시하신 분, 보시바라밀과 수많은 공덕바라밀을 성취하신 분, 바라밀의 성취로 위없는 깨달음의 경지, 해탈을 위한 유일한 섬에 이른 부처님께 예경 드립니다.

23. 탁월한 승리의 자리에서 정각正覺을 이루시고 위없는 곳에 이르신 분 · 수승하며 청정한 신들 중에서 가장 뛰어난 신성神性을 갖추신 마지막 몸을 받으신 분 · 마라의 정복자 · 패배하지 않는 분 · 중생들에게 지혜의 등불을 비추시는 분 · 승묘勝妙한 목소리로 법을 설하시는 분 · 범천과 범천 밖의 세계를 위해 비난받는 악행을 근절하신 분, 인간 · 신 · 범천세계 너머까지 행복을 주시는 분, 항상 공경하는 마음으로 대성

인께 예경 드립니다.

24. 부처님은 반얀banyan나무 같은 형상, 부드러운 손과 발, 브라흐만 같은 목소리, 사슴 같은 다리와 포피에 감추어지는 음경, 땅에 고르게 내려놓는 발, 눈썹 사이에 난 목화솜처럼 하얗고 부드러운 백호白毫, 곧은 수족, 깊고 푸른 눈, 긴 발꿈치, 깨끗하고 섬세한 피부, 경이롭고 섬세한 미각을 지니셨네.

25. 부처님은 마흔 개의 고르고 훌륭한 치아, 잘 뭉쳐진 어깨, 수레바퀴로 각인된 발바닥, 성글지 않은 치아, 이분, 마라의 정복자는 아치형의 발을 지니셨네. 몸을 구부리지 않고 두 손바닥으로 무릎을 만질 수 있으시며, 고르고 둥근 목과 송아지와 같은 속눈썹, 사자와 같은 몸통을 지니셨네.

26. 몸의 일곱 부분이 풍만하고, 긴 손가락과 긴 발가락을 지니셨으며, 선서는 털구멍마다 하나의 털만 나 있네. 흰색의 치아, 황금색 피부, 털이 푸르고 검은색이며 위로 향해 있고 오른쪽으로 돌아 있네. 길고 큰

혀와, 사자와 같은 턱을 지니시고, 손가락과 발가락 사이에 얇은 막이 있네. 머리에 육계肉桂가 솟아있는 인상印象을 지니신 부처님께 예경 드립니다.

27. 부처님! 부처님이란 말 듣기조차 어려우니, 부처님의 깨달음은 말로 표현하기조차 어렵네. 세상의 축복과 평안을 바라는 현명한 선남자는 드물게 출현하시는 부처님께 예경 드리네. 열 가지 바라밀을 성취하신 분, 가치 있고 유익함을 지니신 분 ·인간과 천인에게 이로움을 주시는 분·두려움이 없으시고 공양받아 마땅하신 분·상서로움을 가져오시는 부처님께 예경 드립니다.

"Iti imasmiṁ sati idaṁ hoti,

이것이 있을 때 저것이 있고(此有故彼有),

imassuppādā idaṁ uppajjati,

이것이 생겨나면 저것이 생겨나고(此生故彼生),

imasmiṁ asati idaṁ na hoti,

이것이 없을 때 저것이 없고(此無故彼無),

imassa nirodhā idaṁ nirujjhati;

이것이 소멸하면 저것이 소멸하느니라(此滅故彼滅)."

# 초기경전 독송편

1. 「**초기경전 독송편**」에서는 모두 15편의 경전을 담았다. 비교적 수행자나 불자가 반드시 알아야 할 중요한 경전, 혹은 이미 대중에게 많이 알려지고 독송되는 경전을 편집자의 주관으로 선별한 경전들이다. 사성제·팔정도·12연기·삼법인·인과·업과 윤회 등, 초기불교의 가장 중요한 기본적인 교리와 붓다의 핵심적인 가르침을 주로 담아내고 있다고 평가되는 경전들이다.

2. 맨 첫 번째 실을 『**초전법륜경**』은 붓다가 성도하신 이후, 성도 이전 한때 함께 수행정진 했던 꼰단냐(교진녀) 등을 비롯한 5비구를 찾아, 그들을 대상으로 녹야원에서 최초로 불교의 핵심적인 교설인 사성제四聖諦에 대한 가르침을 담아내고 있는 경전이다. 어찌 보면 지금의 불교는 이러한 부처님의 최초의 설법을 시작으로 시작되었다고 볼 수 있다. 고성제苦聖諦·집성제集聖諦·멸성제滅聖諦·도성제道聖諦라고 하는 불교의 핵심적인 진리를 담아내고 있는 초전법륜경은, 까닭에 많은 불교 경전들 중에서도 특별한 의미와 가치를 가진 경전이라 할 수 있다. 모든 불교 수행자와 불자들은 이러한 경전을 수지하여 독송함으로써, 부처님의 핵심적인 가르침을 거듭 억념하게 되고, 나아가 불교를 수행하고 신행하는 데 있어 기본적인 방향과 목적을 설정하는 데 큰 밑거름이 될 수 있을 것이다.

3. 두 번째 실은 『**무아경**』, 혹은 『**무아상경**』이라고도 불리는 경전은 부처님이 『**초전법륜경**』에 이어 두 번째로 설한 경전이라는 점에서 또한 특별한 가치와 의미를 지니는 경전이라 할 수 있다. 불교를 다른 모든

종교의 교의와 구별 짓고 차별 짓게 하는, 모든 존재의 영원불변한 개체적 자아, 혹은 영생불멸하는 영혼을 부정하는 '**무아**無我'에 관한 교설을 설하고 있다는 점에서 특히 중요한 경전이라 할 수 있다. 대승불교의 제법이 공하다는 공사상은 바로 이러한 『**무아경**』의 무아사상에서 발전한 교설이라 볼 수 있다.

4. 세 번째 실은 『**분석경**』은 생사윤회의 12가지 연결 고리, 즉 12연기에 대한 구체적인 가르침을 담고 있다는 점에서 매우 중요한 경전이라 할 수 있다. 우리는 본 경전의 가르침을 통해 생사윤회의 근본 원인과 조건이 되는 무명과 갈애로부터 어떻게 생사윤회의 굴레가 이어지고 반복되고 있는지, 그리고 그 연결 고리를 어떻게 끊어 생사윤회의 굴레에서 벗어날 수 있게 되는지를 바르게 배우고 깊이 이해하게 될 것이다.

5. 네 번째 실은 경전은 '**37보리분법**'에 관한 경전의 말씀들을 취합하여 실었다. 사마타(止, samatha)와 위빠사나(觀, Vipassana) 수행은 불교의 두 가지 핵심 수행법이다. '**37보리분법**', 혹은 '**37조도품**'은 바로 이러한 두 가지 핵심 수행법에 관한 덕목을 좀 더 세분화하고 체계화한 초기불교 수행법의 총칭이라 할 수 있다. 여기에는 **4염처 · 4정근 · 4여의족 · 5근 · 5력 · 7각지 · 8정도** 등의 수행 덕목이 순서대로 나열되어 있다. 본 경전들은 바로 이러한 37조도품에 관한 내용을 설하고 있다. 우리는 이러한 경전들의 독송을 통해 37조도품에 대한 가르침을 깊이 이해하고 되새겨, 구체적으로 어떠한 내용과 방향으로 수행을 실천해 나갈 것인가를 통찰하고 정립할 수 있을 것이다.

6. 다섯 번째 실은 『**계행경**』은 불교를 수행하는 수행자와 불자가 우리들의 몸과 마음, 곧 오온(五蘊:色・受・想・行・識)에 대해서 어떠한 이해와 통찰의 지혜를 가져야 하는지를 설하고 있는 경전이다. 즉, 우리가 나라고 주장하고 강하게 집착하는 우리들의 몸과 마음이 결국은 무상하고 괴로움이며 무아의 실상에 지나지 않음으로, 그러한 오온에 대한 실상을 깨달아 탐욕과 집착에서 벗어나야만 마침내 해탈과 열반에 이르게 됨을 가르치고 있는 경전이다.

7. 여섯 번째 실은 경전은 『**불타오름 경**』이다. 본 경전은 우리들의 여섯 가지 감각기관(六根: 眼눈・耳귀・鼻코・舌혀・身몸・意마음)이 밖의 여섯 가지 경계대상(六境: 色형상・聲소리・香향・味맛・觸감촉・法마음의 대상)을 접촉함으로 인하여 탐진치 삼독심으로 불타고 있음을 설하며, 이러한 삼독심의 불을 수행을 통해서 소진시켜야만 마침내 불교의 궁극적인 목적지인 해탈과 열반에 도달할 수 있음을 설하고 있다. 대표적인 대승경전 가운데 하나인 『**법화경**』에서 표현되고 있는 '삼계가 불타고 있는 집과 같다(三界火宅)'라는 비유의 설법은 바로 이러한 『**불타오름 경**』에서 비롯된 가르침이라 할 수 있다.

8. 일곱 번째 실은 『**흐름의 경**』은 세상에는 네 종류의 사람들에 관해 설하시며, 과연 우리들이 어떠한 종류의 사람을 지향하여 살아야 하는가를 가르치고 있는 경전이다. 즉 ①감각적 욕망의 흐름을 좇아 살아가는 일반 범부들 ②그러한 욕망의 흐름을 역류하여 바른 진리를 깨닫고자 수행자의 삶으로 방향을 바꾼 수행자 ③수행을 통하여 이미 일정한

성인의 경지 도달한 분 ④부처님과 같이 마침내 궁극적인 진리를 완성하여 완전히 열반에 도달한 성인 등이다.

9. 여덟 번째 실은 『**아침경**』은 불법승 삼보의 자비와 위신력으로 모든 존재의 안녕과 행복을 기원하고, 세상에서 무엇보다 삼보가 가장 수승하고 훌륭한 보배가 됨을 설하고 있는 경전이다. 아침에 자비심으로 모든 존재의 안녕과 행복을 기원하며 독송하기에 적합한 경전이라 할 수 있다.

10. 아홉 번째 실은 『**보배경**』 역시 하늘이나 땅이나 모든 세상에서 삼보야말로 그 어떤 보배에도 비교할 수 없는 가장 훌륭한 보배가 됨을 설하고 있다. 나아가 이러한 삼보에 귀의하여 수행하고 공덕을 쌓으면 세 가지 삿된 견해와 지옥, 아귀, 축생, 아수라의 사악처에서 벗어나게 되고, 마침내 해탈과 열반에 이르러 생사윤회에서 벗어나게 됨을 설하고 있다. 역시 삼보에 대한 예경과 공덕을 찬탄함과 아울러 모든 존재의 안녕과 행복을 발원하며 독송하기에 적합한 경전이다.

11. 열 번째 실은 『**자애경**』은 모든 존재의 안녕과 행복을 기원하며 독송하기에 가장 좋은 경전이다. 지혜와 자비는 모든 수행자와 불자가 언제나 향상시키고 구족해야 할 마치 사람의 두 발, 새의 양 날개와 같은 두 마음이다. 지혜만 있고 자비가 없으면 이는 냉철한 머리만 있고, 따뜻한 가슴이 없는 것과 같아서 바른 불제자의 마음가짐이라 할 수 없다. 『**자애경**』의 독송은 자신의 마음을 자비심으로 향상시켜 탐욕과 성냄의

불선한 마음에서 벗어나는 좋은 수행이 되고, 나아가 다른 존재의 안녕과 행복을 기원함으로써 큰 공덕을 쌓는 계기가 될 수 있다. 본 경전을 독송하고 이어서 「**참회와 발원편**」에 실린 **'자애발원'**을 함께 독송하며 참회발원 한다면, 더 큰 수행공덕을 쌓을 수 있을 것이다.

12. 열한 번째 실은 『**축복경**』은 『**행복경**』·『**길상경**』이라고도 불린다. 하늘의 천신이 부처님을 찾아와 '참된 행복이 무엇인가?'에 대한 질문에, 부처님이 그에 답하는 형식으로 설해지고 있는 경전이다. 하늘 사람과 인간 모두는 누구나가 축복받는 삶, 즐겁고 행복한 삶을 희망하고 꿈꾼다. 부처님은 이에 대해 무엇이 진정 참된 행복이고 축복이 될 수 있는지를 아주 쉽고 구체적인 예를 들어 설법하고 계신다. 우리는 이러한 경을 독송함으로써 일상적인 삶 속에서 어떻게 행복을 찾고, 축복된 삶을 살 것인가를 깨닫고 실천하게 될 것이다.

13. 열두 번째 실은 『**눈물의 경**』은 모든 존재가 그 시작과 끝을 알 수 없는 끝없는 윤회의 괴로운 삶에 대해 설하시며, 그러한 삶 속에서 헤아릴 수 없는 수많은 인연들의 사람들과 만나고 헤어지면서, 저 사대양의 바닷물보다도 더 많은 눈물을 흘렸음을 일깨우고 있는 경전이다. 당연히 그러한 괴로운 윤회의 굴레에서 벗어나기 위해서는 우리가 어떠한 실천의 수행을 닦아야 됨을 일깨우고 있는 경전이기도 하다.

14. 열세 번째 실은 『**파멸의 경**』 역시 한 천인이 한밤중에 부처님을 찾아와 어떠한 행위를 하게 되면 파멸破滅에 이르게 되는지를 질문드리

자, 이에 대해 부처님께서 12가지의 예를 들어 어떠한 행위가 파멸에 이르게 하는지를 가르치고 있는 경전이다. 『**축복경**』이 어떠한 삶을 살아야 행복해질 수 있는가에 대한 가르침이라면, 본경은 그와는 반대로 어떠한 행동을 하면 모두를 불행하고 괴롭게 만드는 파멸로 이르는지를 자세히 일깨우고 있는 경전이다.

15. 열네 번째 실은 『**천한 사람의 경**』은 이교도인 한 바라문이 부처님을 향해 '천한 사람'이라고 손가락질하며 비난하자, 이에 대해 부처님이 무엇이 진정 천한 사람인가에 대한 가르침을 담고 있다. 부처님은 천한 사람은 타고난 신분, 귀천, 빈부, 남녀노소, 지역의 차이에서 결정되는 것이 아니라, 결과적으로 사람의 선악의 마음과 그 행위에 의해서 비롯되는 것임을 가르치고 있다. 당연히 이러한 가르침을 들은 바라문은 붓다의 말씀에 감화되어 붓다께 귀의하여 제자가 된다. 우리는 이러한 내용의 경전을 독송함으로써 자신이 어떠한 마음을 지니고 어떠한 행위를 해야만 귀하고 존경받는 삶을 살게 될 것인가를 깊이 새기고 깨닫게 될 것이다.

16. 열다섯 번째 실은 『**대념처경**』은 부처님이 직접 가르치신 가장 핵심적인 수행지침서라 할 수 있다. 부처님은 본경에서 일명 '사념처四念處 수행'이라고 불리는 네 가지 대상에 대한 알아차림(觀, 正念, 싸띠, sati), 즉 신(身 몸)・수(受 느낌)・심(心 마음)・법(法 마음의 대상)에 대한 수행이 해탈과 열반에 이르는 유일한 길임을 선언하셨다. 초기불교의 대표적인 수행법은 사마타수행과 위빠사나수행이다. 당연히 본경에서도 이 두 가

지 수행법이 언급되고 있지만, 주요 수행법으로 설해지고 있는 것은 위빠사나수행에 관한 가르침이다.

불교의 수행은 각자 자신의 근기와 성향에 적합한 방편의 수행법을 찾아 그에 적합한 바른 수행을 닦아나가면 될 것이다. 하지만 그전에 부처님께서 직접 체험하시고, 그러한 체험을 바탕 한 수행법을 직접 가르치신 본 경전을 배우고 익히는 것은 그 무엇보다도 우선적이고 기본적인 불자의 의무라고 할 수 있다. 화두를 참구하는 선수행이나, 부처님의 명호를 부르며 불보살님의 원력에 의지하는 염불수행이나, 진리의 언어인 다라니의 신비한 힘에 의지하는 다라니 수행이나, 그 어떤 수행을 하든 간에 그 밑바탕이 되고 근본이 되는 수행법은 바로 본경에서 설해지고 있는 사념처를 대상으로 하는 위빠사나수행이다. 아직까지 한국불교에서는 본경에 대한 배움과 이해와 수지독송受持讀誦이 부족한 현실이다. 본경을 꾸준히 독송하며, 부처님께서 가르치신 바른 수행법을 따라 점차적으로 수행을 실천해 나간다면, 누구나가 만족할 만한 수행의 성과를 거두게 될 것이다.

## ※ 초전법륜경(初轉法輪經, Dhammacakkappavattana Sutta, SN. 56.11)

01. 이와 같이 나는 들었습니다. 한때 세존께서는 바라나시 근처의 이시빠따나(Isi patana, 仙人住處)의 사슴동산(Miga dāya, 鹿野苑)에 계셨습니다. 그때 세존께서는 다섯 비구에게 말씀하셨습니다.

02. 비구들이여, 출가자가 따라서는 안 되는 두 가지 극단이 있느니라. 그것은 저열하고, 통속적이고, 범속하고, 성스럽지 못하고, 이익을 주지 못하는 ①감각적 욕망에 대한 쾌락의 탐닉에 몰두하는 것이며, ②괴롭고 성스럽지 못하고 이익을 주지 못하는 자기 학대에 몰두하는 것이니라.

03. 비구들이여, 이러한 두 가지 극단을 떠나 여래는 **중도**(中道 majjhimā paṭipadā)를 완전하게 깨달았나니, 이 중도는 눈을 생기게 하고, 앎을 생기게 하며, 궁극적인 고요함과 높은 지혜와 바른 깨달음과 열반으로

인도하느니라.

04. 비구들이여, 그러면 어떤 것이 여래가 완전하게 깨달았으며, 눈을 생기게 하고, 앎을 생기게 하며, 고요함과 높은 지혜와 바른 깨달음과 열반으로 인도하는 중도인가?

05. 비구들이여, 그것은 바로 **여덟 가지 성스러운 도**(八支聖道)이니, 곧 바른 견해(正見) · 바른 사유(正思惟) · 바른 말(正語) · 바른 행동(正業) · 바른 생계(正命) · 바른 정진(正精進) · 바른 알아차림(正念) · 바른 집중(正定)이니라.

06. 비구들이여, 여래는 참으로 이러한 중도를 통하여 완전하게 깨달았으며, 눈을 생기게 하고, 앎을 생기게 하며, 고요함과 높은 지혜와 바른 깨달음과 열반으로 인도하는 것이니라.

07. 비구들이여, 이것이 바로 **괴로움의 성스러운 진리(苦聖諦)**이니, 태어남도 괴로움이요, 늙음도 괴로움

이요, 죽음도 괴로움이요, 슬픔·비탄·육체적 고통·정신적 고통·절망도 괴로움이니라. 좋아하지 않는 것과 만나는 것도 괴로움이요(怨憎會苦), 사랑하는 것과 헤어지는 것도 괴로움이요(愛別離苦), 원하는 것을 얻지 못하는 것도 괴로움이요(求不得苦), 요컨대 다섯 가지 존재다발(五取蘊)이 바로 괴로움(五陰盛苦)이니라.

08. 비구들이여, 이것이 **괴로움이 일어남의 성스러운 진리**(集聖諦)이니, 그것은 바로 즐김과 탐욕이 함께 하며, 여기저기서 즐기는 것이며, 미래에 다시 태어남을 가져오는 갈애(渴愛 taṇhā)이니, 곧 ①감각적 쾌락에 대한 갈애(欲愛), ②존재에 대한 갈애(有愛), ③비존재에 대한 갈애(無有愛)이니라.

09. 비구들이여, 이것이 **괴로움의 소멸의 성스러운 진리**(滅聖諦)이니, 그것은 바로 그러한 갈애가 남김없이 빛바래어 소멸함·버림·놓아버림·벗어남·집착 없음이니라.

10. 비구들이여, 이것이 **괴로움의 소멸로 인도하는 길**

**의 성스러운 진리**(道聖諦)**인 여덟 가지 고귀한 길**이니, 그것은 곧 바른 견해・바른 사유・바른 말・바른 행동・바른 생계・바른 정진・바른 알아차림・바른 집중이니라.

11. 비구들이여, 나에게는 '이것이 괴로움의 성스러운 진리이다'라고 이처럼 예전에 들어보지 못한 법들에 대한 눈이 생기고, 앎이 생기고, 통찰지가 생기고, 명지가 생기고, 광명이 생겨났느니라.

12. 비구들이여, 그런데 '이 괴로움의 거룩한 진리는 철저하게 알아져야 한다'라는 예전에 들어보지 못한 법들에 대한 눈이 생기고, 앎이 생기고, 통찰지가 생기고, 명지가 생기고, 광명이 생겨났느니라.

13. 비구들이여, 그런데 나에게는 '이 괴로움의 거룩한 진리는 철저하게 알려졌다'라고 이처럼 예전에 들어보지 못한 법들에 대한 눈이 생기고, 앎이 생기고, 통찰지가 생기고, 명지가 생기고, 광명이 생겨났느니라.

14. 비구들이여, '이것이 괴로움의 일어남의 거룩한 진리이다'라고 이처럼 예전에 들어보지 못한 법들에 대한 눈이 생기고, 앎이 생기고, 통찰지가 생기고, 명지가 생기고, 광명이 생겨났느니라.

15. 비구들이여, 그런데 나에게는 '괴로움의 일어남의 거룩한 진리는 제거되어야 한다'라고 이처럼 예전에 들어보지 못한 법들에 대한 눈이 생기고, 앎이 생기고, 통찰지가 생기고, 명지가 생기고, 광명이 생겨났느니라.

16. 비구들이여, 그런데 나에게 '이 괴로움의 일어남의 거룩한 진리는 제거되었다'라고 이처럼 예전에 들어보지 못한 법들에 대한 눈이 생기고, 앎이 생기고, 통찰지가 생기고, 명지가 생기고, 광명이 생겨났느니라.

17. 비구들이여, 나에게 '이것이 괴로움의 소멸의 거룩한 진리이다'라고 이처럼 예전에 들어보지 못한 법들에 대한 눈이 생기고, 앎이 생기고, 통찰지가 생기고, 명지가 생기고, 광명이 생겨났느니라.

18. 비구들이여, 그런데 나에게는 '이 괴로움의 소멸의 거룩한 진리는 실현되어야 한다'라고 이처럼 예전에 들어보지 못한 법들에 대한 눈이 생기고, 앎이 생기고, 통찰지가 생기고, 명지가 생기고, 광명이 생겨났느니라.

19. 비구들이여, 그런데 나에게는 '이 괴로움의 소멸의 거룩한 진리는 실현되었다'라고 이처럼 예전에 들어보지 못한 법들에 대한 눈이 생기고, 앎이 생기고, 통찰지가 생기고, 명지가 생기고, 광명이 생겨났느니라.

20. 비구들이여, 나에게는 이것이 '괴로움의 소멸로 인도하는 거룩한 진리이다'라고 이처럼 예전에 들어보지 못한 법들에 대한 눈이 생기고, 앎이 생기고, 통찰지가 생기고, 명지가 생기고, 광명이 생겨났느니라.

21. 비구들이여, 그런데 나에게는 이것이 '괴로움의 소멸로 인도하는 거룩한 진리는 닦여져야 한다'라고 이처럼 예전에 들어보지 못한 법들에 대한 눈이 생기고, 앎이 생기고, 통찰지가 생기고, 명지가 생기고, 광명이 생겨났느니라.

22. 비구들이여, 그런데 나에게는 이것이 '괴로움의 소멸로 인도하는 거룩한 진리는 닦여졌다'라고 이처럼 예전에 들어보지 못한 법들에 대한 눈이 생기고, 앎이 생기고, 통찰지가 생기고, 명지가 생기고, 광명이 생겨났느니라.

23. 비구들이여, 이러한 네 가지 성스러운 진리에 대하여 이와 같이 세 가지 양상과 열두 가지 형태(三轉十二行相)를 갖추어서 있는 그대로 나의 앎과 봄이 완전히 청정해지지 않았다면,

24. 비구들이여, 나는 위없는 바른 깨달음을 실현하였다고 천인과 마라와 범천을 포함한 세상에서, 사문과 바라문과 천인과 사람을 포함한 무리 가운데서 스스로 천명하지 않았을 것이니라.

25. 그러나 비구들이여, 내가 이와 같이 세 가지 양상과 열두 가지 형태를 갖추어서 네 가지 성스러운 진리를 있는 그대로 알고 보는 것이 지극히 청정해졌기 때문에,

26. 나는 위없는 바른 깨달음을 실현했다고 천인과 마라와 범천을 포함한 세상에서, 사문과 바라문과 천인과 사람을 포함한 무리 가운데서 스스로 천명하였느니라.

27. 그리고 나에게는 **'나의 해탈은 확고부동하다. 이것이 나의 마지막 태어남이며, 이제 더 이상의 다시 태어남은 없다'**라는 지견智見이 생겨났느니라.

28. 세존께서는 이렇게 말씀하셨습니다. 다섯 비구는 마음이 흡족해져서 세존의 말씀을 크게 기뻐하였습니다.

29. 이러한 해명이 설해졌을 때, 꼰단냐Koṇḍañña 존자에게 '일어난 법은 그 무엇이든 모두 사라지게 되어 있다'라고 순수하고 때 묻지 않은 진리의 눈(法眼)이 생겨났습니다.

30. 그런데 이와 같이 세존께서 바라나시Bārāṇasī에 있는 이시빠따나의 사슴동산에서 법륜을 굴리시자,

땅위의 신들이 한 목소리로 소리쳤습니다. "세존께서 바라나시에 있는 이시빠따나의 사슴동산에 위없는 법륜을 굴리셨나니, 어떤 사문이나 바라문도 천인이나 마라도 범천도 이 세상의 그 누구도 이것을 멈추게 할 수 없도다."

31. 땅 위의 신들의 소리를 듣고 사대왕천의 신들도 한목소리로 외쳤습니다. "세존께서 바라나시에 있는 이시빠따나의 사슴동산에서 위없는 법륜을 굴리셨나니, 어떤 사문이나 바라문도 천인이나 마라도 범천도 이 세상의 그 누구도 이것을 멈추게 할 수 없도다."

32. 사대왕천의 신들의 소리를 듣고 삼십삼천의 신들도 소리쳤습니다. '세존께서 바라나시에 있는 이시빠따나의 사슴동산에서 위없는 법륜을 굴리셨나니, 어떤 사문이나 바라문도 천인이나 마라도 범천도 이 세상의 그 누구도 이것을 멈추게 할 수 없도다.'

33. 삼십삼천의 신들의 소리를 듣고 야마천의 신들도 소리쳤습니다. "세존께서 바라나시에 있는 이시빠따

나의 사슴동산에서 위없는 법륜을 굴리셨나니, 어떤 사문이나 바라문도 천인이나 마라도 범천도 이 세상의 그 누구도 이것을 멈추게 할 수 없도다."

34. 야마천의 신들의 소리를 듣고, 도솔천의 신들도 한 목소리로 소리쳤습니다. "세존께서 바라나시에 있는 이시빠따나의 사슴동산에서 위없는 법륜을 굴리셨나니, 어떤 사문이나 바라문도 천인이나 마라도 범천도 이 세상의 그 누구도 이것을 멈추게 할 수 없도다."

35. 도솔천의 신들의 소리를 듣고, 화락천의 신들도 한 목소리로 소리쳤습니다. "세존께서 바라나시에 있는 이시빠따나의 사슴동산에서 위없는 법륜을 굴리셨나니, 어떤 사문이나 바라문도 천인이나 마라도 범천도 이 세상의 그 누구도 이것을 멈추게 할 수 없도다."

36. 화락천의 신들의 소리를 듣고, 타화자재천의 신들도 한 목소리로 소리쳤습니다. "세존께서 바라나시

에 있는 이시빠따나의 사슴동산에서 위없는 법륜을 굴리셨나니, 어떤 사문이나 바라문도 천인이나 마라도 범천도 이 세상의 그 누구도 이것을 멈추게 할 수 없도다."

37. 타화자재천의 신들의 소리를 듣고, 범중천의 신들도 한 목소리로 소리쳤습니다. "세존께서 바라나시에 있는 이시빠따나의 사슴동산에서 위없는 법륜을 굴리셨나니, 어떤 사문이나 바라문도 천인이나 마라도 범천도 이 세상의 그 누구도 이것을 멈추게 할 수 없도다."

38. 이와 같이 그 찰나, 그 짧은 순간에 범천의 세상에 이르기까지 그 소리는 퍼져나갔고, 또한 이 일만 세계는 흔들렸고 강하게 진동하였으며, 무량하고 찬란한 빛이 세상에 나타났나니, 그것은 천인들의 광채를 능가하였습니다.

39. 이때 세존께서는 감흥어린 말로 읊으셨습니다. "참으로 꼰단냐는 궁극적인 앎을 얻었도다. 실로 꼰단

냐는 궁극적이 앎을 얻었도다." 이로 인해 꼰단냐는 '안냐 꼰단냐'라는 이름을 얻게 되었습니다.

## ※ 무아상경(Anattalakkhana sutta, 無我相經, SN 22.59)

01. 이와 같이 나는 들었습니다. 한때 세존께서 바라나씨의 이씨빠따나에 있는 사슴동산에 계셨습니다.

02. 그때 세존께서는 다섯 명의 비구들을 부르셨습니다. 비구들은 '세존이시여'라고 세존께 대답했습니다. 세존께서는 이와 같이 말씀하셨습니다.

03. 비구들이여, **물질(色, rūpa)**은 내가 아니니라. 비구들이여, 만약 이 물질이 나라면, 이 물질에 질병이 들 수가 없고 이 물질에 대하여 '나의 물질은 이렇게 되라. 나의 물질은 이렇게 되지 말라'라고 말할 수 있을 것이니라.

04. 비구들이여, 그러나 물질은 내가 아니므로 이 물질이 질병이 들 수가 있고, 이 물질에 대하여 '나의 물질은 이렇게 되라. 나의 물질은 이렇게 되지 말라'라

고 말할 수 없느니라.

05. 비구들이여, **느낌(受, vedanā)**은 내가 아니니라. 비구들이여, 만약 이 느낌이 나라면, 이 느낌에 질병이 들 수가 없고, 이 느낌에 대하여 '나의 느낌은 이렇게 되라. 나의 느낌은 이렇게 되지 말라'라고 말할 수 있을 것이니라.

06. 비구들이여, 그러나 느낌이 내가 아니므로 이 느낌에 질병이 들 수가 있고, 이 느낌에 대하여 '나의 느낌은 이렇게 되라. 나의 느낌은 이렇게 되지 말라'라고 말할 수 없느니라.

07. 비구들이여, **지각(想, saññā)**은 내가 아니니라. 비구들이여, 만약 이 지각이 나라면, 이 지각에 질병이 들 수가 없고, 이 지각에 대하여 '나의 지각은 이렇게 되라. 나의 지각은 이렇게 되지 말라'라고 말할 수 있을 것이니라.

08. 비구들이여, 지각은 내가 아니므로 비구들이여,

이 지각은 질병이 들 수가 있고, 이 지각에 대하여 '나의 지각은 이렇게 되라. 나의 지각은 이렇게 되지 말라'라고 말할 수 없느니라.

09. 비구들이여, **마음의 형성(行, Sankhāra)**은 내가 아니니라. 비구들이여, 만약 이 형성이 나라면, 이 형성에 질병이 들 수가 없고, 이 형성에 대하여 '나의 형성은 이렇게 되라. 나의 형성은 이렇게 되지 말라'라고 말할 수 있을 것이니라.

10. 비구들이여, 형성은 내가 아니므로 비구들이여, 이 형성이 질병이 들 수가 있고, 이 형성에 대하여 '나의 형성은 이렇게 되라. 나의 형성은 이렇게 되지 말라'라고 말할 수 없느니라.

11. **비구들이여, 의식(識, viññāṇa)**은 내가 아니니라. 비구들이여, 만약 이 의식이 나라면, 이 의식에 질병이 들 수가 없고, 이 의식에 대하여 '나의 의식은 이렇게 되라. 나의 의식은 이렇게 되지 말라'라고 말할 수 있을 것이니라.

12. 비구들이여, 의식은 내가 아니므로 비구들이여, 이 의식이 질병이 들 수가 있고 이 의식에 대하여 '나의 의식은 이렇게 되라. 나의 의식은 이렇게 되지 말라'라고 말할 수 없느니라.

13. 비구들이여, 그대들은 어떻게 생각하는가? 물질은 항상한 것인가, 무상한 것인가? 세존이시여, 무상한 것입니다. 그러면 무상한 것은 괴로운 것인가, 즐거운 것인가? 세존이시여, 괴로운 것입니다. 무상하고 괴롭고 변화하는 법을 '이것은 나의 것이고, 이것은 나이고, 이것은 나의 자아이다'라고 여기는 것은 옳은 것인가? 세존이시여, 그렇지 않습니다.

14. 비구들이여, 그대들은 어떻게 생각하는가? 느낌은 영원한 것인가, 무상한 것인가? 세존이시여, 무상한 것입니다. 그러면 무상한 것은 괴로운 것인가, 즐거운 것인가? 세존이시여, 괴로운 것입니다. 무상하고 괴롭고 변화하는 법을 '이것은 나의 것이고, 이것은 나이고, 이것은 나의 자아이다'라고 여기는 것은 옳은 것인가? 세존이시여, 그렇지 않습니다.

15. 비구들이여, 그대는 어떻게 생각하느냐? 지각은 항상한 것인가, 무상한 것인가? 세존이시여, 무상한 것입니다. 그러면 무상한 것은 괴로운 것인가, 즐거운 것인가? 세존이시여, 괴로운 것입니다. 무상하고 괴롭고 변화하는 법을 '이것은 나의 것이고, 이것은 나이고, 이것은 나의 자아이다'라고 하는 것은 옳은 것인가? 세존이시여, 그렇지 않습니다.

16. 비구들이여, 그대는 어떻게 생각하느냐? 마음의 형성은 항상한 것인가 무상한 것인가? 세존이시여, 무상합니다. 그러면 무상한 것은 괴로운 것인가, 즐거운 것인가? 세존이시여, 괴로운 것입니다. 무상하고 괴롭고 변화하는 법을 '이것은 나의 것이고, 이것은 나이고, 이것은 나의 자아이다'라고 하는 것은 옳은 것인가? 세존이시여, 그렇지 않습니다.

17. 비구들이여, 그대는 어떻게 생각하느냐? 의식은 항상한 것인가 무상한 것인가? 세존이시여, 무상합니다. 그러면 무상한 것은 괴로운 것인가, 즐거운 것인가? 세존이시여, 괴로운 것입니다. 무상하고 괴롭고 변화하는 법을 '이것은 나의 것이고, 이것은 나이고,

이것은 나의 자아다'라고 하는 것은 옳은 것인가? 세존이시여, 그렇지 않습니다.

18. 그러므로 비구들이여, 어떠한 **물질色**이든지 과거에 속하든 미래에 속하든 현재에 속하든 내적이건 외적이건 거칠건 미세하건 저열하건 탁월하건 멀리 있건 가까이 있건, 그 모든 물질은 이와 같이 '이것은 나의 것이 아니고, 이것은 내가 아니고, 이것이 나의 자아가 아니다'라고 올바른 지혜로써 관찰해야 하느니라.

19. 그러므로 비구들이여, 어떠한 **느낌受**이든지 과거에 속하든 미래에 속하든 현재에 속하든 내적이건 외적이건 거칠건 미세하건 저열하건 탁월하건 멀리 있건 가까이 있건, 그 모든 느낌은 이와 같이 '이것은 나의 것이 아니고, 이것은 내가 아니고, 이것이 나의 자아가 아니다'라고 올바른 지혜로서 관찰해야 하느니라.

20. 그러므로 비구들이여, 어떠한 **지각想**이든지 과거

에 속하든 미래에 속하든 현재에 속하든 내적이건 외적이건 거칠건 미세하건 저열하건 탁월하건 멀리 있건 가까이 있건, 그 모든 지각은 이와 같이 '이것은 나의 것이 아니고, 이것은 내가 아니고, 이것이 나의 자아가 아니다'라고 올바른 지혜로서 관찰해야 하느니라.

21. 그러므로 비구들이여, 어떠한 **마음의 형성行**이든지 과거에 속하든 미래에 속하든 현재에 속하든 내적이건 외적이건 거칠건 미세하건 저열하건 탁월하건 멀리 있건 가까이 있건, 그 모든 형성은 이와 같이 '이것은 나의 것이 아니고, 이것은 내가 아니고, 이것이 나의 자아가 아니다'라고 올바른 지혜로서 관찰해야 하느니라.

22. 그러므로 비구들이여, 어떠한 **의식識**이든지 과거에 속하든 미래에 속하든 현재에 속하든 내적이건 외적이건 거칠건 미세하건 저열하건 탁월하건 멀리 있건 가까이 있건, 그 모든 의식은 이와 같이 '이것은 나의 것이 아니고, 이것은 내가 아니고, 이것이 나의 자아가 아니다'라고 올바른 지혜로서 관찰해야 하느

니라.

23. 비구들이여, 이와 같이 보고 잘 배운 고귀한 제자는 물질에서도 싫어하여 떠나고, 느낌에서도 싫어하여 떠나고, 지각에서도 싫어하여 떠나고, 형성에서도 싫어하여 떠나고, 의식에서도 싫어하여 떠나나니, 싫어하여 떠나서 사라지고 사라져서 해탈하느니라. 해탈하면 '나는 해탈했다'는 지혜가 생겨나서 **'태어남은 부서지고 청정한 삶은 이루어졌다. 해야 할 일을 다 마치고 더 이상 윤회하지 않는다**'라고 그는 분명히 아느니라.

25. 세존께서 이와 같이 말씀하시자 다섯 명의 비구들은 세존께서 말씀하신 바에 환희하여 기뻐했습니다. 또한 그러한 설법이 행해지는 동안에 다섯 명의 비구들의 마음은 집착 없이 번뇌에서 해탈했습니다.

## ※ 분석경(分析經, Vibhaṅga sutta, S12:2)

01. 이와 같이 나는 들었습니다. 한때 세존께서는 싸왓티 시의 제따와나(Jetavana, 기원정사 祇園精舍) 숲에 있는 아나타삔디까(Anāthapiṇḍika, 급고독 給孤獨) 승원에 계셨습니다.

02. 그때 세존께서는 비구들에게 "수행승들이여!" 라고 말씀하셨습니다. "세존이시여!"라고 비구들이 세존께 대답하자, 세존께서는 이와 같이 말씀하셨습니다.

03. 비구들이여, 그대들에게 연기(緣起, Paticca Samuppāda)를 분석하리니, 이제 그것을 듣고 마음에 잘 새기도록 하여라. 나는 설할 것이다. "그렇게 하겠습니다, 세존이시여."라고 비구들이 세존께 응답하자 세존께서는 이와 같이 설법하셨습니다.

04. 비구들이여, 그러면 어떤 것이 연기인가? 비구들

이여, 무명(無明, 아위자avijjā)을 조건으로 의도적 행위(行, 쌍카라sa khārā)들이 생겨나고, 의도적 행위들을 조건으로 알음알이(識, 윈냐나Viññāna)가 생겨나고, 알음알이를 조건으로 정신(名, 나마nāma) · 물질(色, 루빠rūpa)이, 정신 · 물질을 조건으로 여섯 감각장소(六入, 살라야따나sa āyatana)가 생겨나고, 여섯 감각장소를 조건으로 감각접촉(觸, 빠사phassa)이, 감각접촉을 조건으로 느낌(受, 웨다나vedanā)이 생겨나고, 느낌을 조건으로 갈애(愛, 딴하taṇhā)가 생겨나고, 갈애를 조건으로 취착(取, 우빠다나upādāna)이 생겨나고, 취착을 조건으로 존재(有, 業有, 바와bhava)가, 존재를 조건으로 태어남(生, 자띠jāti)이, 태어남을 조건으로 늙음 · 죽음 · 근심 · 탄식 · 육체적 고통 · 정신적 고통 · 절망 등이 발생하나니, 이와 같이 모든 괴로움의 무더기(苦蘊)가 발생하느니라.

05. 비구들이여, 그러면 어떤 것이 늙음(老)과 죽음(死)인가? 이런저런 중생들의 무리 가운데서 이런저런 중생들이 늙고, 노쇠하고, 부서지고, 백발이 되고, 주름살이 지고, 수명이 감소하고, 감각기능(根)이 노화하나니, 이러한 것을 일러 늙음이라 하느니라. 비구들이

여, 그러면 어떤 것이 죽음인가? 이런저런 중생들의 무리로부터 이런저런 중생들이 죽고 멸망하고, 파괴되고 사멸하고, 사망하고 목숨이 다하고, 몸과 마음의 존재다발인 오온이 파괴되고, 유해가 내던져지고, 안치하고, 생명기능(命根)이 끊어지니, 이러한 것을 일러 죽음이라 하느니라. 이러한 늙음과 이러한 죽음을 비구들이여, 늙음과 죽음이라고 하느니라.

06. 비구들이여, 그러면 어떤 것이 태어남인가? 이런저런 중생들의 무리로부터 이런저런 중생들이 출생하고, 탄생하고, 강생하고, 재생하고, 전생하고, 모든 오온이 나타나고, 감각장소(處)를 얻으니, 비구들이여, 이를 일러 태어남이라고 하느니라.

07. 비구들이여, 그러면 어떤 것이 존재(有, 業有)인가? 비구들이여, 세 가지 존재가 있나니, 욕계의 존재, 색계의 존재, 무색계의 존재이니라. 비구들이여, 이를 일러 존재라고 하느니라.

08. 비구들이여, 그러면 어떤 것이 취착(取)인가? 비

구들이여, 네 가지 취착이 있나니, 감각적 욕망에 대한 취착(欲取), 견해에 대한 취착(見取), 계율과 의례 의식에 대한 취착(戒禁取), 자아의 교리에 대한 취착(我語取)이니라. 비구들이여, 이를 일러 취착이라 하느니라.

09. 비구들이여, 그러면 어떤 것이 갈애(愛)인가? 비구들이여, 여섯 가지 갈애의 무리(六愛身)가 있나니, 형색에 대한 갈애, 소리에 대한 갈애, 냄새에 대한 갈애, 맛에 대한 갈애, 감촉에 대한 갈애, 법에 대한 갈애이니라. 비구들이여, 이를 일러 갈애라고 하느니라.

10. 비구들이여, 그러면 어떤 것이 느낌(受)인가? 비구들이여, 여섯 가지 느낌의 무리가 있나니, 눈의 감각접촉에서 생기는 느낌, 귀의 감각접촉에서 생기는 느낌, 코의 감각접촉에서 생기는 느낌, 혀의 감각접촉에서 생기는 느낌, 몸의 감각접촉에서 생기는 느낌, 마노(mano 意, 정신)의 감각접촉에서 생기는 느낌이니라. 비구들이여, 이를 일러 느낌이라고 하느니라.

11. 비구들이여, 그러면 어떤 것이 감각접촉(觸)인가? 비구들이여, 여섯 가지 감각접촉의 무리가 있나니 형색에 대한 감각접촉, 소리에 대한 감각접촉, 냄새에 대한 감각접촉, 맛에 대한 감각접촉, 감촉에 대한 감각접촉, 법에 대한 감각접촉이니라. 비구들이여, 이를 일러 감각접촉이라 하느니라.

12. 비구들이여, 그러면 어떤 것이 여섯 감각장소(六入)인가? 눈의 감각장소(眼), 귀의 감각장소(耳), 코의 감각장소(鼻), 혀의 감각장소(舌), 몸의 감각장소(身), 마노의 감각장소(意)이니라. 비구들이여, 이를 일러 여섯 감각장소라 하느니라.

13. 비구들이여, 그러면 어떤 것이 정신과 물질(名色)인가? 느낌, 인식, 의도, 감각접촉, 작의(作意, 主意)이니, 이를 일러 정신(名)이라 하느니라. 그리고 네 가지 근본물질(bhūta-rūpa, 四大: 땅地물水불火바람風)과 네 가지 근본물질에서 파생된 물질(四大所造 물질 24가지)이니, 이를 일러 물질(色)이라 하느니라. 이러한 것이 정신이고 이러한 것이 물질이니, 비구들이여, 이를 일러 정신과 물질이라 하느니라.

14. 비구들이여, 그러면 어떤 것이 의식(識, 알음알이)인가? 비구들이여, 여섯 가지 의식의 무리가 있나니, 눈의 의식(眼識)·귀의 의식(耳識)·코의 의식(鼻識)·혀의 의식(舌識)·몸의 의식(身識)·마노의 의식(意識)이니라. 비구들이여, 이를 일러 의식이라 하느니라.

15. 비구들이여, 그러면 어떤 것이 의도적 행위들(行)인가? 비구들이여, 세 가지 의도적 행위가 있나니, 몸의 의도적 행위(身行)·말의 의도적 행위(口行)·마음의 의도적 행위(意行)이니라. 비구들이여, 이를 일러 의도적 행위들이라 하느니라.

16. 비구들이여, 그러면 어떤 것이 무명無明인가? 비구들이여, 괴로움에 대한 무지·괴로움의 일어남에 대한 무지·괴로움의 소멸에 대한 무지·괴로움의 소멸로 인도하는 도에 대한 무지(☞ 곧 사성제에 대한 무지)이니라. 비구들이여, 이를 일러 무명이라 하느니라.

17. 비구들이여, 이와 같이

**이것이 있을 때 저것이 있고(此有故彼有),**
**이것이 생겨나면 저것이 생겨나고(此生故彼生),**
**이것이 없을 때 저것이 없고(此無故彼無),**
**이것이 소멸하면 저것이 소멸하느니라(此滅故彼滅).**

18. 그것은 이와 같으니라. 무명을 조건으로 의도적 행위들이 생겨나고, 의도적 행위들을 조건으로 의식이 생겨나고, 의식을 조건으로 정신과 물질이 생겨나고, 정신과 물질을 조건으로 여섯 감각장소가 생겨나고, 여섯 감각장소를 조건으로 감각접촉이 생겨나고, 감각접촉을 조건으로 느낌이 생겨나고, 느낌을 조건으로 갈애가 생겨나고, 갈애를 조건으로 취착이 생겨나고, 취착을 조건으로 존재가 생겨나고, 존재를 조건으로 태어남이 생겨나고, 태어남을 조건으로 늙음·죽음이 생겨나고, 또한 근심·탄식·육체적 고통·정신적 고통·절망이 함께 생겨나니, 이와 같이 모든 괴로움의 다발들(苦蘊)이 생겨나느니라.

19. 그러나 무명이 남김없이 빛바래어 소멸하면 의도적 행위들이 소멸하고, 의도적 행위들이 소멸하면 의식이 소멸하고, 의식이 소멸하면 정신 · 물질이 소멸하고, 정신 · 물질이 소멸하면 여섯 감각장소가 소멸하고, 여섯 감각장소가 소멸하면 감각접촉이 소멸하고, 감각접촉이 소멸하면 느낌이 소멸하고, 느낌이 소멸하면 갈애가 소멸하고, 갈애가 소멸하면 취착이 소멸하고, 취착이 소멸하면 존재가 소멸하고, 존재가 소멸하면 태어남이 소멸하고, 태어남이 소멸하면 늙음 · 죽음과 근심 · 탄식 · 육체적 고통 · 정신적 고통 · 절망 등이 소멸하나니, 이와 같이 모든 괴로움의 다발들(苦蘊)이 소멸하느니라.

# 37보리분법에 관한 경전 말씀
# (bodhipakkhiya, 37菩提分法, 37助道品)

※ 37보리분법은 부처님께서 가르치신 불교의 가장 기본적인 실천수행법을 지칭한다. 따라서 불교수행자는 누구나가 이러한 수행법을 기초해서 수행함으로써, 궁극적으로 불교수행의 종착지인 열반에 도달하게 된다. 37보리분법의 항목은 곧 ①사념처(四念處: 네 가지 알아차림, satipaṭṭhāna) ②사정근(四正勤: 네 가지 바른 정진, sammappadhāna) ③사여의족(四如意足: 네 가지 성취수단, iddhi-pāda) ④오근(五根: 다섯 가지 기능, indriya) ⑤오력(五力: 다섯 가지 힘, bala) ⑥칠각지(七覺支: 일곱 가지 깨달음의 요소, bojjhaṅga) ⑦팔지성도(八支聖道: 여덟 가지 성스러운 도, maggaṅga) 등을 말한다. 이에 대한 아래와 같은 부처님의 가르침을 억념하고, 독경하는 것도 수행에 큰 유익이 될 것이다.

# ※ 37보리분법

“비구들이여, 나는 이런 법들을 수승한 지혜(신통지, abhiññā)로 설하였나니, 그대들은 잘 호지護持한 뒤에 실천해야 하고, 닦아야 하고 많이 수행해야 하느니라. 그래서 이러한 청정범행(淸淨梵行, brahmacariya)이 길이 전해지고 오래 머물게 해야 하느니라.

이것이 많은 사람의 유익과 많은 사람의 행복과 세상의 연민과 신과 인간의 유익과 행복을 위하는 것이니라. 비구들이여, 그러면 나는 어떤 법들을 수승한 지혜로 설하였는가? 그것은 바로 **네 가지 알아차림의 확립(四念處) · 네 가지 바른 정진(四正勤) · 네 가지 성취수단(四如意足) · 다섯 가지 기능(五根) · 다섯 가지 힘(五力) · 일곱 가지 깨달음의 요소(七覺支) · 여덟 가지 성스러운 도(八支聖道)**이니라.

비구들이여, 나는 이런 법(☞ 37보리분법)들을 수승한 지혜로 설하였나니, 그대들은 잘 호지護持한 뒤에 행해야 하고, 닦아야 하고, 많이 수행해야 하느니라. 그래서 이러한 청정범행이 길이 전해지고, 오래 머물게 해야 하느니라."

-『대반열반경 Mahāparinibbāna-sutta, DN.16』

## ※ 사념처(四念處: 네 가지 알아차림의 확립, satipaṭṭhāna)

"비구들이여, 이 도는 유일한 길(ekāyana)이니, 존재들을 청정하게 하고, 슬픔과 탄식을 극복하게 하고, 고통과 불만족을 사라지게 하고, 성스러운 도에 도달하게 하고, 닙빤나(Nibbāna, 열반)를 실현하게 하는 길이니, 바로 네 가지 알아차림의 확립(四念處)이니라. 무엇이 넷인가?

비구들이여, 여기 비구는 ①몸에서 몸을 관찰하며 머물고(身念處) ②느낌에서 느낌을 관찰하며 머물고(受念處) 마음에서 마음을 관찰하며 머물고(心念處) ④법에서 법을 관찰하며 머물러야(法念處) 하느니라. 세상의 욕망과 고뇌를 버리고, 근면하고, 분명히 알고 알아차리며 머물러야 하는 것이니라.

비구들이여, 누구든지 이 네 가지 알아차림의 확립을 이와 같이 (최대) 칠 년, 혹은 (초소) 7일 동안 닦는 사람은 두 결과 가운데 하나를 기대할 수 있느니라. 지금 바로 여기에서 구경究竟의 지혜를 얻거나(아라한), 취착取着의 자취가 남아 있으면, 다시는 돌아오지 않는 경지(불환과, 아나함)를 기대할 수 있느니라.

비구들이여, 이 도는 유일한 길(ekāyana)이니, 존재들을 청정하게 하고, 슬픔과 탄식을 극복하게 하고, 고통과 불만족을 사라지게 하고, 성스러운 도에 도달하게 하고, 닙빤나를 실현하게 하는 길이니, 바로 네 가지 알아차림의 확립이니라."

-『대념처경, MN. 10, DN. 22』

"비구들이여, 네 가지 알아차림의 확립(四念處)을 닦고 많이 수행하면 염오(厭惡, nibbidā)로 인도하고, 이욕(離欲, virāga)으로 인도하고, 소멸(消滅, nirodha)로 인도하고, 고요함(寂靜, upasama)으로 인도하고, 수승한 지혜(神通智, abhiññā)로 인도하고, 바른 깨달음(正覺, sambodha)으로 인도하고, 열반(涅槃, nibbāna)으로 인도하느니라.”

-『떠남경 Virāga-sutta, SN. 47:32』

## ❋ 사정근(四正勤: 네 가지 바른 정진, sammappadhāna)

“비구들이여, **네 가지 바른 정진**(四正勤)이 있느니라. 무엇이 넷인가? 비구들이여, ①아직 일어나지 않은 불선한 법不善法이 일어나지 않도록 노력하고 ②이미 일어난 불선한 법을 제거하려고 노력하고, ③아직 일어나지 않은 선법善法이 일어나도록 노력하고, ④이미 일어난 선법을 증장시키려고 노력하는 것이니라. 비구들이여, 이를 일러 네 바른 정진이라 하느니라.

비구들이여, 갠지스(GANGA, 恒河) 강이 ①바다로 향하고, ②바다로 기울고, ③바다로 흐르고, ④바다에 도달하여 ⑤(바다에) 머무는 것과 같으니라. 비구들이여, 이와 같이 비구가 네 바른 정진을 닦고 많이 수행하면, 그는 ①열반으로 향하고, ②열반으로 기울고, ③열반으로 흐르고, ④열반에 도달하여 ⑤(열반에)머물게 되느니라."

-『동쪽으로 흐름 경, Pācīnaninna-sutta, SN.49.1』

## ※사여의족(四如意足: 네 가지 성취수단, iddhi-pāda)

"비구들이여, **네 가지 성취수단(四如意足)**을 닦고 많이 수행하면, 이 언덕에서 저 언덕(彼岸, pāra)으로 이르게 되느니라. 무엇이 넷인가? 비구들이여, 여기 비구는 ①열의(찬다chanda)를 주로 한 삼매(道果)와 노력의 의도적 행위를 갖춘 성취수단을 닦고 ②정진(위리야viriya)을 위주로 한 삼매와 노력의 의도적 행위를 갖춘 성취수단을 닦고 ③마음(찟따citta)을 주로 한 삼매와 노력의 의도적 행위를 갖춘 삼매를 닦고 ④검증(위맘사vīmamsa)을 주로 한 삼매와 노력의 의도적 행위를 갖춘 성취수단을 닦느니라. 비구들이여, 이러한 네 성취수단을 닦고 많이 수행하면 이 언덕에서 저 언덕에 이르게 되느니라.”

-『이 언덕경, Apāra-sutta, SN. 51.1』

“비구들이여, 네 가지 성취수단을 게을리하는 사람들은 누구든지 바르게 괴로움의 소멸로 인도하는 길의 성스러운 진리(道聖諦)를 게을리하는 것이니라. 비구들이여, 네 성취수단을 열심히 행하는 이는 누구든지 괴로움의 소멸로 인도하는 길의 성스러운 진리를 열심히 행하는 것이니라.”

-『게을리 함경, Viraddha-sutta, SN. 51.2』

“비구들이여, 네 가지 성취수단을 닦고 많이 수행하면 ①염오(厭惡: 역겨움)로 인도하고 ②이욕(離欲: 탐욕에서 벗어남)으로 인도하고 ③소멸(消滅: 번뇌의 소멸)로 인도하고 ④고요함(寂靜: 평화, 평정)으로 인도하고 ⑤수승한 지혜(神通智)로 인도하고 ⑥바른 깨달음(正覺)으로 인도하고 ⑦닙빤나(열반)로 인도하느니라.”

-『염오 경, Nibbidā-sutta, SN. 51.4』

## ※ 오근(五根: 다섯 가지 기능, indriya)

"비구들이여, **다섯 가지 기능**(五根)이 있느니라. 무엇이 다섯인가? ①믿음의 기능(身根) ② 정진의 기능(精進根) ③ 알아차림의 기능(念根) ④ 삼매의 기능(定根) ⑤통찰지의 기능(慧根)이니라.

비구들이여, 성스러운 제자가 이러한 다섯 기능(五根)의 맛(달콤함, assāda)과 위험과 벗어남을 있는 그대로 분명하게 안 뒤 취착 없이 해탈할 때, 성스러운 제자는 아라한이고 **'번뇌가 다했고, 삶을 완성했고, 할 바를 다 마쳤고, 짐을 내려놓았고, 참된 이상(아라한과)을 실현했고, 존재의 족쇄를 부수었고, 바른 구경의 지혜로 해탈했다'**라고 하느니라."(☞ 아라한의 정형구)

-『아라한 경, Arahanta-sutta, SN. 48.4』

"비구들이여, 여기 성스러운 제자는 믿음을 구족하였고, 그는 여래의 깨달음을 믿느니라.

‘이와 같이 그분 세존께서는 ①모든 번뇌 소멸시킨 존경할 만한 분(阿羅漢, 應供)이시며, ②완전한 깨달음 스스로 이루신 분(正等覺)이시며, ③지혜와 덕행을 함께 구족하신 분(明行足)이시며, ④진리의 세계로 잘 가신 분(善逝)이시며, ⑤세상을 다 아시는 분(世間解)이시며, ⑥다스릴 만한 인간을 비할 데 없이 잘 다스리시는 분(無上士 調御丈夫)이시며, ⑦신과 인간의 스승(天人師)이시며, ⑧깨달으신 분(佛)이시며, ⑨전생의 공덕으로 위없는 복덕을 지니신 분(世尊)이옵니다.’

비구여, 이를 일러 믿음의 기능이라 하느니라.

☞ **①믿음(삿다 saddha)의 기능 : 불법승 삼보에 대한 청정한 믿음을 구족함.**

비구들이여, 여기 성스러운 제자는 열심히 정진하며 지내느니라. 그는 불선법不善法을 버리고, 선법善法을 구족하기 위해서 굳세고, 분투하며, 선한 법에 대한 의무를 저버리지 않느니라.

☞ **②정진(위리야, viriya)의 기능: 불선법은 버리고 선법은 증장시키는 노력.**

비구들이여, 여기 성스러운 제자는 알아차리는 자이

니라. 그는 최상의 알아차림과 슬기로움을 구족하여 오래전에 행하고, 오래전에 말한 것일지라도 모두 기억하고 생각해내느니라. 그는 ①몸(身) ②느낌(受) ③마음(心) ④법(法)을 관찰하며 지내느니라. 세상의 욕심과 싫어하는 마음을 버리면서 근면하게, 분명히 알고 알아차리며 지내느니라.

☞ **③알아차림(正念, 사띠 sati)의 기능 : 身・受・心・法의 알아차림의 확립.**

비구들이여, 여기 성스러운 제자는 놓아버림을 대상으로 삼아 삼매를 얻고, 마음의 집중을 얻느니라. 그는 감각적 욕망들을 완전히 버리고, 불선법不善法들을 버린 뒤... ①초선 ②이선 ③삼선 ④사선에 들어 머무니라.

☞ **④삼매(사마디, samādhi)의 기능: 사선정(초선・이선・삼선・사선).**

비구들이여, 여기 성스러운 제자는 통찰지를 구족하였느니라. 그는 일어나고 사라짐의 지혜로 인도하고, 성스럽고, 통찰하고, 바르게 괴로움의 소멸로 인도하는 통찰지를 구족했느니라. 그는 '이것이 괴로움이다

(苦聖諦). 이것이 괴로움의 원인이다(集聖諦). 이것이 괴로움의 소멸이다(滅聖諦). 이것이 괴로움의 소멸로 인도하는 길이다(道聖諦)'라고 있는 그대로 꿰뚫어 아느니라."

☞ **⑤통찰지(빤냐paññā)의 기능: 사성제의 지혜**

-『분석경, Vibhaṅga-sutta, SN. 48.10』

## ※ 오력(五力: 다섯 가지 힘, bala)

"비구들이여, ①믿음의 기능이 곧 믿음의 힘이고, 믿음의 힘이 곧 믿음의 기능이다. ②정진의 기능이 곧 정진의 힘이고 정진의 힘이 곧 정진의 기능이다. ③알아차림의 기능이 곧 알아차림의 힘이고 알아차림의 힘이 곧 알아차림의 기능이다. ④삼매의 기능이 곧 삼매의 힘이고 삼매의 힘이 곧 삼매의 기능이다. ⑤통찰지의 기능이 곧 통찰지의 힘이고 통찰지의 힘이 곧 통찰지의 기능이다.

-『사께따 경, Sāketa-sutta, SN. 48.43』

## ※ 칠각지(七覺支: 일곱 가지 깨달음의 요소, bojjhaṅga)

“깟싸빠(kassapa, 마하가섭)여, 내가 바르게 설한 일곱 가지 깨달음의 요소(七覺支)를 닦고 익히면, 명지(明智, 윗자Vijjā)를 통한 해탈을 갖추게 되느니라. 무엇이 일곱인가? 깟싸빠여, 내가 바르게 설한 ①알아차림(사띠 sati) ②법의 변별(담마위짜야dhammavicaya) ③정진(위리야 vīriya) ④희열(삐띠 pīti) ⑤경안(빳삿디passaddhi) ⑥삼매(사마디samādhi) ⑦평온(우뻭카upekkhā)이 그것이니, 이러한 깨달음의 요소를 닦고 익히면, 명지를 통한 해탈을 갖추게 되느니라. 깟싸빠여, 이와 같이 내가 바르게 설한 일곱 깨달음의 요소를 닦고 익히면, 명지를 통한 해탈을 갖추게 되느니라.”

-『환자경, Paṭhamagilāna-sutta, SN. 71』

01. “그러면 비구들이여, 무엇이 아직 일어나지 않은 알아차림으로 이루어진 깨달음의 요소(念覺支)를 일어나게 하고, 이미 일어난 알아차림으로 이루어진 깨달음의 요소를 더욱 증장하게 하고 성숙하게 만드는 자양분인가? 비구들이여, 알아차림으로 이루어진 깨달

음의 요소의 토대인 법들이 있다. 거기에 이치에 맞게 주의를 기울이고 많이 행하면, 이것이 아직 일어나지 않은 알아차림으로 이루어진 깨달음의 요소를 일어나게 하고, 이미 일어난 알아차림으로 이루어진 깨달음의 요소를 더욱 증장하게 하고 성숙하게 만드는 자양분이니라.

☞ **곧 (1) 알아차리고 분명히 앎 (2) 알아차림이 없는 사람을 피함 (3) 알아차림을 갖춘 사람을 가까이 함 (4) 이것을 확신함이다.**

02. 그러면 비구들이여, 무엇이 아직 일어나지 않은 법에 대한 선별로 이루어진 깨달음의 요소(擇法覺支)를 일어나게 하고, 이미 일어난 법에 대한 선별로 이루어진 깨달음의 요소를 닦아서 성취하게 하는 자양분인가? 비구들이여, 유익하거나 유익하지 않은 법들, 비난할 것이 없는 것과 비난받아 마땅한 법들, 저열하거나 뛰어난 법들, 악과 선으로 상반되는 법들이 있느니라. 거기에 이치에 맞게 주의를 기울이고 많이 행하면, 이것이 아직 일어나지 않은 법에 대한 선별로 이루어진 깨달음의 요소를 일어나게 하고, 이미 일어난 법에 대한 선별로 이루어진 깨달음의 요소를 더욱 증

장하게 하고 성숙하게 만드는 자양분이니라.

☞ **곧 (1) 탐구함 (2) 토대를 깨끗이 함 (3) 다섯 가지 기능(五根)을 조화롭게 닦음 (4) 지혜 없는 사람을 피함 (5) 지혜로운 사람을 친근함 (6) 심오한 지혜로 행해야 할 것에 대해 반조함 (7) 이것을 확신함이다.**

03. 그러면, 비구들이여, 무엇이 아직 일어나지 않은 정진으로 이루어진 깨달음의 요소(精進覺支)를 일어나게 하고, 이미 일어난 정진으로 이루어진 깨달음의 요소를 더욱 증장하게 하고 성숙하게 만드는 자양분인가? 비구들이여, 시도의 요소와 인내의 요소와 노력의 요소가 있느니라. 거기에 이치에 맞게 주의를 기울이고 많이 행하면, 이것이 아직 일어나지 않은 정진으로 이루어진 깨달음의 요소를 일어나게 하고, 이미 일어난 정진으로 이루어진 깨달음의 요소를 더욱 증장하게 하고 성숙하게 만드는 자양분이니라.

☞ **곧 (1) 악처 등의 두려움을 반조함 (2) 이점을 봄 (3) 가야 할 길의 과정을 반조함 (4) 탁발한 음식을 공경함 (5)(정법의) 유산의 위대함을 반조함 (6) 스승의 위대함을 반조함 (7) 태생의 위대함을 반조함 (8) 동료 수행자들의 위대함을 반조함 (9) 게으른 사람을 멀리함 (10) 부지런히 정진하는 자를 친근함**

**(11) 그것에 대해 마음을 기울임이다.**

04. 그러면, 비구들이여, 무엇이 아직 일어나지 않은 희열(기쁨)로 이루어진 깨달음의 요소(喜覺支)를 일어나게 하고, 이미 일어난 희열로 이루어진 깨달음의 요소를 더욱 증장하게 하고 성숙하게 만드는 자양분인가? 비구들이여, 희열의 깨달음 요소의 토대인 법들이 있느니라. 거기에 이치에 맞게 주의를 기울이고 많이 행하면, 이것이 아직 일어나지 않은 희열로 이루어진 깨달음의 요소를 일어나게 하고, 이미 일어난 희열로 이루어진 깨달음의 요소를 더욱 증장하게 하고 성숙하게 만드는 자양분이니라.

☞ **곧 (1) 세존을 계속해서 생각함(佛隨念) (2) 법을 계속해서 생각함(法隨念) (3) 승가를 계속해서 생각함(僧隨念) (4) 계를 계속해서 생각함(戒隨念) (5) 관대함을 계속해서 생각함(捨隨念) (6) 천신을 계속해서 생각함(天隨念) (7) 고요함을 계속해서 생각함(止息隨念) (8) 거친 자를 멀리 함 (9) 인자한 자를 가까이 함 (10) 신심을 일으키는 경들을 반조함 (11) 그것에 대해 마음을 기울임이다.**

05. 그러면, 비구들이여, 무엇이 아직 일어나지 않은

편안함(고요함)으로 이루어진 깨달음의 요소(輕安覺支)를 일어나게 하고, 이미 일어난 편안함으로 이루어진 깨달음의 요소를 더욱 증장하게 하고 성숙하게 만드는 자양분인가? 비구들이여, 몸의 편안함과 마음의 편안함이 있느니라. 거기에 이치에 맞게 주의를 기울이고 많이 행하면, 이것이 아직 일어나지 않은 편안함으로 이루어진 깨달음의 요소를 일어나게 하고, 이미 일어난 편안함으로 이루어진 깨달음의 요소를 더욱 증장하게 하고 성숙하게 만드는 자양분이니라.

☞ **곧 (1) 좋은 음식을 수용함 (2) 안락한 기후에 삶 (3) 편안한 자세를 취함 (4) 적절한 노력 (5) 포악한 사람을 멀리함 (6) 고요한 사람을 친근함 (7) 그것에 대해 마음을 기울임이다.**

06. 그러면, 비구들이여, 무엇이 아직 일어나지 않은 삼매로 이루어진 깨달음의 요소(定覺支)를 일어나게 하고, 이미 일어난 삼매로 이루어진 깨달음의 요소를 더욱 증장하게 하고 성숙하게 만드는 자양분인가? 비구들이여, 사마타의 표상과 산란함이 없는 표상이 있느니라. 거기에 이치에 맞게 주의를 기울이고 많이 행하면, 이것이 아직 일어나지 않은 삼매로 이루어진 깨달음의 요소를 일어나게 하고, 이미 일어난 삼매로 이

루어진 깨달음의 요소를 더욱 증장하게 하고 성숙하게 만드는 자양분이니라.

☞ **곧 (1) 토대를 깨끗하게 함 (2) 모든 기능들을 고르게 조절함 (3) 표상에 대한 능숙함 (4) 적당한 때에 마음을 분발함 (5) 적당한 때에 마음을 절제함 (6) 적당한 때에 격려함 (7) 적당한 때에 평온하게 함 (8) 삼매에 들지 않은 사람을 멀리함 (9) 삼매에 든 사람을 친근함 (10) 선禪과 해탈을 반조함 (11) 그것에 대해 마음을 기울임이다.**

07. 그러면, 비구들이여, 무엇이 아직 일어나지 않은 평정으로 이루어진 깨달음의 요소(捨覺支)를 일어나게 하고, 이미 일어난 평정으로 이루어진 깨달음의 요소를 더욱 증장하게 하고 성숙하게 만드는 자양분인가? 비구들이여, 평정으로 이루이진 깨달음의 요소의 토대인 법들이 있느니라. 거기에 이치에 맞게 주의를 기울이고 많이 행하면, 이것이 아직 일어나지 않은 평정으로 이루어진 깨달음의 요소를 일어나게 하고, 이미 일어난 평정으로 이루어진 깨달음의 요소를 더욱 증장하게 하고 성숙하게 만드는 자양분이니라."

☞ **곧 (1) 중생에 대한 중립적인 태도 (2) 상카라(saṅkhā, 行)에 대한 중립적인 태도 (3) 중생과 상카라에 대해 애착을 가지는**

**사람을 멀리함 (4) 중생과 상카라에 대해 중립을 지키는 사람을 친근함 (5) 그것에 대해 마음을 기울임이다.**

-『자양분경, Āhāra-sutta, SN. 46.51』

## ※ 팔정도(八支聖道: 여덟 가지 성스러운 도, maggaṅga)

"비구들이여, 출가자가 따라서는 안 되는 두 극단이 있다. 두 극단은 무엇인가?

그것은 저열하고 통속적이고 범속하고 성스럽지 못하고 유익을 주지 못하는 감각적 욕망의 쾌락에 탐닉하거나, 괴롭고 성스럽지 못하고 유익을 주지 못하는 자기학대(苦行, attakilamatha)에 매진하는 것이니라.

비구들이여, 이러한 두 극단을 따르지 않고 여래는 중도로 완전하게 깨달았나니, 중도는 눈(통찰)을 생기게 하고, 지혜가 생기고, 고요함(寂靜)으로 인도하고, 수승한 지혜(神通智)로 인도하고, 바른 깨달음으로 인도하고, 닙빤나(열반, nibbāna)로 인도하느니라.

비구들이여, 그러면 무엇이 여래가 완전하게 깨달았으며, 눈이 생기고, 지혜가 생기고, 고요함으로 인도하고, 수승한 지혜로 인도하고, 바른 깨달음으로 인도하고, 닙빤나로 인도하는 중도(中道 majjhimā paṭipadā)인가?

그것은 바로 성스러운 팔정도이니, ①바른 견해(正見) ②바른 사유(正思惟) ③바른 말(正語) ④바른 행위(正業) ⑤바른 생계(正命) ⑥바른 정진(正精進) ⑦바른 알아차림(정념, 싸띠 sati) ⑧바른 삼매(正定)이니라.

비구들이여, 여래는 참으로 중도로 완전하게 깨달았나니, 중도는 눈이 생기고, 지혜가 생기고, 고요함으로 인도하고, 수승한 지혜로 인도하고, 바른 깨달음으로 인도하고, 닙빤나로 인도하느니라."

-『초전법륜경, Dhammacakkappavattana-sutta, SN. 56.11』

"빤짜시카Pañcasikha여, 나는 옛날에 마하고윈다

바라문이었느니라. 나는 제자들에게 범천(梵天, 브라흐마)의 일원이 되는 길을 가르쳤느니라.

빤짜시카여, 그때 나의 청정범행은 ①염오(厭惡: 역겨움)로 인도하지 못했고, ②이욕(離欲: 탐욕을 떠남)으로 인도하지 못했고, ③소멸로 인도하지 못했고, ④고요함(寂靜)으로 인도하지 못했고, ⑤수승한 지혜로 인도하지 못했고, ⑥바른 깨달음으로 인도하지 못했고, ⑦닙빤나로 인도하지 못했느니라. 그것은 단지 범천의 세상에 태어남으로 인도하는 것이었느니라.

빤짜시카여, 그러나 지금 나의 이러한 청정범행은 전적으로 ①염오로 인도하고, ②이욕으로 인도하고, ③소멸로 인도하고, ④고요함으로 인도하고, ⑤수승한 지혜로 인도하고, ⑥바른 깨달음으로 인도하고, ⑦닙빤나로 인도하느니라. 그것은 바로 여덟 성스러운 도(八支聖道, 팔정도)이니라.”

-『마하고윈다 경, Mahāgovinda-sutta, DN. 19』

“나는 이런 법들(37보리분법)을 수승한 지혜로 설하였나니, 그대들은 잘 호지護持한 뒤 행해야 하고, 닦아야 하고, 많이 수행해야 하느니라. 그래서 이 청정범행淸淨梵行이 길이 전해지고 오래 머물게 해야 하느니라. 이것이 많은 사람의 유익과 많은 사람의 행복과 세상의 연민과 신과 인간의 유익과 행복을 위하는 것이니라."

-『대반열반경, Mahāparinibbāna-sutta, DN. 16』

## ※ 계행경(戒行經, Sīlavantasutta, SN. 22:122)

01. 한때에 존자 싸리뿟따와 존자 마하꼿티따는 바라나씨의 이씨빠따나에 있는 미가다야에 계셨습니다.

02. 그때 존자 마하꼿티따는 저녁 무렵에 홀로 명상하다가 일어나 존자 싸리뿟따가 있는 곳을 찾아갔습니다. 가까이 다가가서 존자 마하꼿티따는 존자 싸리뿟따와 인사를 하고 안부를 서로 나눈 뒤에 한쪽으로 물러앉았습니다. 한쪽으로 물러앉은 존자 마하꼿티따는 존자 싸리뿟따에게 이와 같이 말했습니다.

03. "벗이여, 싸리뿟따여, 계행을 갖춘 비구는 어떠한 가르침을 이치에 맞게 숙고해야 합니까?"

04. "벗이여, 마하꼿티따여, 계행을 갖춘 비구는 다섯 가지 집착된 오온(五趣蘊)을 '무상하고, 괴롭고, 병들고, 종기와 같고, 화살과 같고, 불행한 것이고, 고통스러운 것이고, 내 것이 아니고, 괴멸적인 것이고, 허무

한 것이고 자기가 아닌 것'이라고 이치에 맞게 숙고해야만 합니다.

05. 다섯 가지란 어떠한 것입니까? 예를 들어 집착된 물질의 다발(色趣蘊), 집착된 느낌의 다발(受趣蘊), 집착된 지각의 다발(想趣蘊), 집착된 형성의 다발(行趣蘊), 집착된 의식의 다발(識趣蘊)이 있습니다. 벗이여, 마하 꼿티따여, 계행을 갖춘 비구는 다섯 가지 집착된 오온을 무상하고, 괴롭고, 병들고, 종기와 같고, 화살과 같고, 불행한 것이고, 고통스러운 것이고, 타자적인 것이고, 괴멸적인 것이고, 허무한 것이고, 자기가 아닌 것이라고 이치에 맞게 숙고해야만 합니다.

06. 벗이여, 또한 이러한 경우가 가능합니다. 계행을 갖춘 비구는 다섯 가지 집착된 오온을 무상하고, 괴롭고, 병들고, 종기와 같고, 화살과 같고, 불행한 것이고, 고통스러운 것이고, 타자적인 것이고, 괴멸적인 것이고, 허무한 것이고, 자기가 아닌 것이라고, 이치에 맞게 숙고하면, 진리의 흐름에 든 경지(入流果, 수다원)를 성취하게 될 것입니다."

07. “벗이여, 싸리뿟따여, 진리의 흐름에 든 경지의 비구는 어떠한 가르침을 이치에 맞게 숙고해야 합니까?”

08. “벗이여, 꼿티따여, 진리의 흐름에 든 경지의 비구도 다섯 가지 집착된 오온을 무상하고, 괴롭고, 병들고, 종기와 같고, 화살과 같고, 불행한 것이고, 고통스러운 것이고, 내 것이 아니고, 괴멸적인 것이고, 허무한 것이고, 자기가 아닌 것이라고 이치에 맞게 숙고해야만 합니다.

09. 벗이여, 또한 이러한 경우가 가능합니다. 진리의 흐름에 든 경지의 비구도 다섯 가지 집착된 오온을 무상하고, 괴롭고, 병들고, 종기와 같고, 화살과 같고, 불행한 것이고, 고통스러운 것이고, 내 것이 아니고, 괴멸적인 것이고, 허무한 것이고, 자기가 아닌 것이라고 이치에 맞게 숙고하면 한번 돌아오는 경지(一來果, 사다함)를 성취하게 될 것입니다.”

10. “벗이여, 싸리뿟따여, 한 번 돌아오는 경지의 비구는 어떠한 가르침을 이치에 맞게 숙고해야 합니까?”

11. "벗이여, 꼿티따여, 한번 돌아오는 경지의 비구도 다섯 가지 집착된 오온을 무상하고, 괴롭고, 병들고, 종기와 같고, 화살과 같고, 불행한 것이고, 고통스러운 것이고, 내 것이 아니고, 괴멸적인 것이고, 허무한 것이고, 자기가 아닌 것이라고 이치에 맞게 숙고해야만 합니다.

12. 벗이여, 또한 이러한 경우가 가능합니다. 한번 돌아오는 경지의 비구도 다섯 가지 집착된 오온을 무상하고, 괴롭고, 병들고, 종기와 같고, 화살과 같고, 불행한 것이고, 고통스러운 것이고, 내 것이 아니고, 괴멸적인 것이고, 허무한 것이고, 자기가 아닌 것이라고 이치에 맞게 숙고하면 다시 돌아오지 않는 경지(不還果, 아나함)를 성취하게 될 것입니다."

13. "벗이여, 싸리뿟따여, 다시 돌아오지 않는 경지의 비구는 어떠한 가르침을 이치에 맞게 숙고해야 합니까?"

14. "벗이여, 꼿티따여, 다시 돌아오지 않는 경지의 비구도 다섯 가지 집착된 오온을 무상하고, 괴롭고,

병들고, 종기와 같고, 화살과 같고, 불행한 것이고, 고통스러운 것이고, 내 것이 아니고, 괴멸적인 것이고, 허무한 것이고, 자기가 아닌 것이라고 이치에 맞게 숙고해야만 합니다.

15. 벗이여, 또한 이러한 경우가 가능합니다. 다시 돌아오지 않는 경지의 비구도 다섯 가지 집착된 오온을 무상하고, 괴롭고, 병들고, 종기와 같고, 화살과 같고, 불행한 것이고, 고통스러운 것이고, 내 것이 아니고, 괴멸적인 것이고 허무한 것이고, 자기가 아닌 것이라고 이치에 맞게 숙고하면 거룩한 이의 경지(아라한과)를 성취하게 될 것입니다."

16. "벗이여, 싸리뿟따여, 거룩한 이의 경지에 든 비구는 어떠한 가르침을 이치에 맞게 숙고해야 합니까?"

17. "벗이여, 꼿티따여, 거룩한 이의 경지에 든 비구도 다섯 가지 집착된 오온을 무상하고, 괴롭고, 병들고, 종기와 같고, 화살과 같고, 불행한 것이고, 고통스러운 것이고, 내 것이 아니고, 괴멸적인 것이고 허무

한 것이고, 자기가 아닌 것이라고 이치에 맞게 숙고해야만 합니다.

18. 벗이여, 거룩한 이에게는 더 이상 할 일이 없고, 이미 한 일에 보탤 것도 없습니다. 그러나 이 모든 가르침을 실천하고 수행하면, 현세에 즐겁게 지내고, 바른 알아차림과 바른 통찰에 도움이 되는 것입니다.”

## ※ 불타오름경(Adittapariyaya sutta, SN. 35.28)

01. 이와 같이 나는 들었습니다. 한때 세존께서 가야씨싸gayāsīsaṁ 산에서 천 명의 비구들과 함께 계셨습니다. 그때 세존께서는 비구들에게 말씀하셨습니다.

02. 비구들이여, 일체가 불타고 있느니라. 비구들이여, 어떻게 일체가 불타고 있는가? 비구들이여, 시각視覺도 불타고 있고, 형상도 불타고 있고, 시각의식도 불타고 있고, 시각접촉도 불타고 있고, 시각접촉을 조건으로 생겨나는 즐겁거나 괴롭거나 즐겁지도 괴롭지도 않은 느낌도 불타고 있느니라. 어떻게 불타고 있는가? 탐욕의 불(貪火)로, 성냄의 불(瞋火)로, 어리석음의 불(無明火)로 불타고 있고, 태어남・늙음・죽음・슬픔・비탄・고통・근심・절망 등으로 불타고 있다고 나는 말한다.

비구들이여, 청각聽覺도 불타고 있고, 소리도 불타고

있고, 청각의식도 불타고 있고, 청각접촉도 불타고 있고, 청각접촉을 조건으로 생겨나는 즐겁거나 괴롭거나 즐겁지도 괴롭지도 않은 느낌도 불타고 있느니라. 어떻게 불타고 있는가? 탐욕의 불로, 성냄의 불로, 어리석음의 불로 불타고 있고 태어남 · 늙음 · 죽음 · 슬픔 · 비탄 · 고통 · 근심 · 절망 등으로 불타고 있다고 나는 말한다.

비구들이여, 후각嗅覺도 불타고 있고, 냄새도 불타고 있고, 후각의식도 불타고 있고, 후각접촉도 불타고 있고, 후각접촉을 조건으로 생겨나는 즐겁거나 괴롭거나 즐겁지도 괴롭지도 않은 느낌도 불타고 있느니라. 어떻게 불타고 있는가? 탐욕의 불로, 성냄의 불로, 어리석음의 불로 불타고 있고, 태어남 · 늙음 · 죽음 · 슬픔 · 비탄 · 고통 · 근심 · 절망 등으로 불타고 있다고 나는 말한다.

비구들이여, 미각味覺도 불타고 있고, 맛도 불타고 있고, 미각의식도 불타고 있고, 미각접촉도 불타고 있고, 미각접촉을 조건으로 생겨나는 즐겁거나 괴롭거나 즐겁지도 괴롭지도 않은 느낌도 불타고 있느니라.

어떻게 불타고 있는가? 탐욕의 불로, 성냄의 불로, 어리석음의 불로 불타고 있고, 태어남 · 늙음 · 죽음 · 슬픔 · 비탄 · 고통 · 근심 · 절망 등으로 불타고 있다고 나는 말한다.

비구들이여, 촉각觸覺도 불타고 있고, 감촉도 불타고 있고, 촉각의식도 불타고 있고, 촉각접촉도 불타고 있고, 촉각접촉을 조건으로 생겨나는 즐겁거나 괴롭거나 즐겁지도 괴롭지도 않은 느낌도 불타고 있느니라. 어떻게 불타고 있는가? 탐욕의 불로, 성냄의 불로, 어리석음의 불로 불타고 있고, 태어남 · 늙음 · 죽음 · 슬픔 · 비탄 · 고통 · 근심 · 절망 등으로 불타고 있다고 나는 말한다.

비구들이여, 정신精神도 불타고 있고, 법法도 불타고 있고, 정신의식도 불타고 있고, 정신접촉도 불타고 있고, 정신접촉을 조건으로 생겨나는 즐겁거나 괴롭거나 즐겁지도 괴롭지도 않은 느낌도 불타고 있느니라. 어떻게 불타고 있는가? 탐욕의 불로, 성냄의 불로, 어리석음의 불로 불타고 있고, 태어남 · 늙음 · 죽음 · 슬픔 · 비탄 · 고통 · 근심 · 절망 등으로 불타고 있다고 나는 말한다.

03. 비구들이여, 이와 같이 보아서 잘 배운 고귀한 제자는 시각에서도 싫어하여 떠나고, 형상에서도 싫어하여 떠나고, 시각의식에서도 싫어하여 떠나고, 시각접촉에서도 싫어하여 떠나고, 시각접촉을 조건으로 생겨나는 즐겁거나 괴롭거나 즐겁지도 괴롭지도 않은 느낌에서도 싫어하여 떠나느니라. 그는 싫어하여 떠나 사라지고, 사라져서 해탈하느니라. 그가 해탈할 때 '해탈하였다'라는 궁극적인 앎이 생겨나서, '태어남은 부서졌고, 청정한 삶은 이루어졌으며 해야 할 일은 다 마쳤으니, 더 이상 윤회하지 않는다'라고 분명히 아느니라.

비구들이여, 이와 같이 보아서 잘 배운 고귀한 제자는 청각에서도 싫어하여 떠나고, 소리에서도 싫어하여 떠나고 청각의식에서도 싫어하여 떠나고, 청각접촉에서도 싫어하여 떠나고, 청각접촉을 조건으로 생겨나는 즐겁거나 괴롭거나 즐겁지도 괴롭지도 않은 느낌에서도 싫어하여 떠나느니라. 그는 싫어하여 떠나 사라지고, 사라져서 해탈하느니라. 그가 해탈할 때 '해탈하였다'라는 궁극의 앎이 생겨나서, '태어남은 부서졌고, 청정한 삶은 이루어졌으며, 해야 할 일은 다 마쳤으니, 더 이상 윤회하지 않는다'라고 분명히 아느니라.

비구들이여, 이와 같이 보아서 잘 배운 고귀한 제자는 후각에서도 싫어하여 떠나고 냄새에서도 싫어하여 떠나고 후각의식에서도 싫어하여 떠나고, 후각접촉에서도 싫어하여 떠나고, 후각접촉을 조건으로 생겨나는 즐겁거나 괴롭거나 즐겁지도 괴롭지도 않은 느낌에서도 싫어하여 떠나느니라. 그는 싫어하여 떠나 사라지고, 사라져서 해탈하느니라. 그가 해탈할 때 '해탈하였다'라는 궁극의 앎이 생겨나서, '태어남은 부서졌고, 청정한 삶은 이루어졌으며, 해야 할 일은 다 마쳤으니, 더 이상 윤회하지 않는다'라고 분명히 아느니라.

비구들이여, 이와 같이 보아서 잘 배운 고귀한 제자는 미각에서도 싫어하여 떠나고, 맛에서도 싫어하여 떠나고, 미각의식에서도 싫어하여 떠나고, 미각접촉에서도 싫어하여 떠나고, 미각접촉을 조건으로 생겨나는 즐겁거나 괴롭거나 즐겁지도 괴롭지도 않은 느낌에서도 싫어하여 떠나느니라. 그는 싫어하여 떠나 사라지고, 사라져서 해탈하느니라. 그가 해탈할 때 '해탈하였다'라는 궁극의 앎이 생겨나서, '태어남은 부서졌고, 청정한 삶은 이루어졌으며, 해야 할 일은 다 마쳤으니, 더 이상 윤회하지 않는다'라고 분명히 아느니라.

비구들이여, 이와 같이 보아서 잘 배운 고귀한 제자는 촉각에서도 싫어하여 떠나고, 감촉에서도 싫어하여 떠나고, 촉각의식에서도 싫어하여 떠나고, 촉각접촉에서도 싫어하여 떠나고, 촉각접촉을 조건으로 생겨나는 즐겁거나 괴롭거나 즐겁지도 괴롭지도 않은 느낌에서도 싫어하여 떠나느니라. 그는 싫어하여 떠나 사라지고, 사라져서 해탈하느니라. 그가 해탈할 때 '해탈하였다'라는 궁극의 앎이 생겨나서, '태어남은 부서졌고, 청정한 삶은 이루어졌으며, 해야 할 일은 다 마쳤으니, 더 이상 윤회하지 않는다'라고 분명히 아느니라.

비구들이여, 이와 같이 보아서 잘 배운 고귀한 제자

는 정신에서도 싫어하여 떠나고, 법에서도 싫어하여 떠나고, 정신의식에서도 싫어하여 떠나고, 정신접촉에서도 싫어하여 떠나고, 정신접촉을 조건으로 생겨나는 즐겁거나 괴롭거나 즐겁지도 괴롭지도 않은 느낌에서도 싫어하여 떠나느니라. 그는 싫어하여 떠나 사라지고, 사라져서 해탈하느니라. 그가 해탈할 때 '해탈하였다'라는 궁극의 앎이 생겨나서, '태어남은 부서졌고, 청정한 삶은 이루어졌으며, 해야 할 일은 다 마쳤으니, 더 이상 윤회하지 않는다'라고 분명히 아느니라.

04. 세존께서 이와 같이 말씀하시자, 그 비구들은 세존께서 하신 말씀에 환희하여 기뻐했습니다. 그리고 이와 같은 가르침이 설해졌을 때에, 그 천 명의 비구들의 마음은 집착 없이 번뇌에서 해탈하였습니다.

## ※ 흐름의 경(Anusotasutta, AN. 4:5)

01. 비구들이여, 세상에는 네 종류의 사람이 존재하느니라. 무엇이 네 종류의 사람인가? ①흐름을 따라 내려가는 사람 ②흐름을 거슬러 올라가는 사람 ③확립되어 서 있는 사람 ④건너서 피안에 도착하여 땅 위에 있는 거룩한 성인이니라.

02. 비구들이여, 흐름을 따라 내려가는 사람은 누구인가? 비구들이여, 세상에 어떤 사람이 감각적 쾌락의 욕망에 빠져서 악한 업을 저지르면, 비구들이여, 그를 두고 **'흐름을 따라 내려가는 사람'**이라고 하느니라.

03. 비구들이여, 흐름을 거슬러 올라가는 사람이란 누구인가? 비구들이여, 세상에 어떤 사람이 감각적 쾌락의 욕망에 빠지지 않고, 악한 업을 저지르지 않고, 고통에도 불구하고, 불만에도 불구하고, 얼굴에 눈물을 흘리면서도 완전한 청정한 삶을 실천한다면, 비구들이여, 그를 일러 **'흐름을 거슬러 올라가는 사람'**이라

고 하느니라.

04. 비구들이여, 확립되어 서 있는 사람이란 누구인가? 비구들이여, 세상에 어떤 사람이 다섯 가지 낮은 단계의 결박(五蓋)을 완전히 부수고 정거천淨居天에 화생하여 그곳에서 완전한 열반에 들어 그 세상에서 돌아오지 않는 경지(不還果)를 성취한다면, 비구들이여, 그를 두고 **'확립되어 서 있는 사람'**이라고 하느니라.

05. 비구들이여, 건너서 피안에 도달하여 땅 위에 서 있는 거룩한 성인이란 누구인가? 비구들이여, 세상에 어떤 사람이 번뇌를 완전히 부수고 번뇌 없이 마음에 의한 해탈(心解脫)과 지혜에 의한 해탈(慧解脫)을 현세에서 스스로 곧바른 앎으로 실현하여 성취한다면, 비구들이여, 그를 두고 **'건너서 피안에 도달하여 땅 위에 서 있는 거룩한 성인'**이라고 하느니라.

06. 누구든지 감각적 쾌락의 욕망을 절제하지 못하고, 세상의 탐욕을 여의지 못하고 그 욕망을 즐긴다면, 갈애渴愛에 사로잡혀 거듭해서 태어나고 늙어 가리니,

그들이 바로 흐름을 따라 떠내려가는 자이니라.

07. 그러므로 세상에 총명한 자라면 사띠(sati. 알아차림)를 확립하고, 감각적 쾌락의 욕망이나 악에 빠지지 않고, 고통에도 불구하고 감각적 쾌락의 욕망을 버려야 하나니, 그들이 바로 흐름을 거슬러 올라가는 자이니라.

08. 다섯 가지 번뇌를 부수었고, 학인學人의 지위(수다원・사다함・아나함)를 성취하여 결코 물러나지 않고, 마음을 통제하고 감관을 제어하니, 그러한 사람이 확립되어 서 있는 자이니라.

09. 어떤 사람에게는 높고 낮은 법들을 통달하여 그에게 그것들은 흩어지고 사라져서 존재하지 않느니라. 그를 두고 범행梵行을 완성한 자, 세상의 끝에 도달한 자, 피안에 도달한 분이라 이르니라.

## ※ 아침경(Pubbanha Sutta, AN. 3:150)

01. 모든 흉조, 불행, 불길한 새소리, 불운한 별자리, 악몽이 **붓다**Buddha의 위신력威神力으로 사라지기를!

02. 모든 흉조, 불행, 불길한 새소리, 불운한 별자리, 악몽이 **담마**Dhamma의 위신력威神力으로 사라지기를!

03. 모든 흉조, 불행, 불길한 새소리, 불운한 별자리, 악몽이 **상가**Samgha의 위신력威神力으로 사라지기를!

04. 고통받는 존재들이 고통에서 벗어나기를, 두려워하는 존재들이 두려움에서 벗어나기를, 슬퍼하는 존재들이 슬픔에서 벗어나기를!

05. 지금까지 우리가 쌓아온 성취공덕을 모든 신들과 함께 나누고 모두 성취하기를!

06. 신심으로 보시를 베풀기를, 항상 계율을 지키기를, 항상 즐거이 선정수행을 닦기를, 여기 모인 천신들이 안전하게 돌아가기를!

07. 모든 부처님의 공덕, 벽지불의 위신력, 아라한의 가피력으로 모두 가호加護를 받을지니.

08. 이 세상과 저세상의 어떤 보물이라도, 천상세계의 으뜸가는 보배일지라도 결코 여래如來에 비할 수는 없나니, 부처님이야말로 가장 으뜸가는 보배이라네. 이러한 진실로 인해서 모두가 행복하기를!

09. 이 세상과 저세상의 어떤 보물일지라도, 천상의 으뜸가는 보배일지라도 결코 담마에 비할 수는 없나니, 담마야말로 가장 으뜸가는 보배라네. 이러한 진실로 인해서 모두가 행복하기를!

10. 이 세상과 저세상의 어떤 보물일지라도, 천상의 으뜸가는 보배일지라도 결코 상가에 비할 수는 없나니, 상가는 가장 으뜸가는 보배라네. 이러한 진실로

인해서 모두가 행복하기를!

11. 무량한 연민을 지닌 의지처께서는 모든 존재들의 유익을 위해 모든 바라밀을 완성하시고, 위없는 바른 깨달음을 증득하셨나니, 이러한 진실로 인해서 언제 어디서나 평안하기를!

12. 석가족의 가장 자애로운 분께서 보리수 아래서 승리하셨듯이, 이와 같이 승리하기를, 승리의 행운이 함께하기를!

13. 모든 부처님들의 성스러운 자리, 그 정복되지 않는 자리에서 붓다께서는 최상의 경지를 성취하시고 기쁨을 누리셨네.

14. 기분 좋은 행운의 별 · 좋은 행복 · 좋은 아침 · 좋은 새벽 · 좋은 순간 · 좋은 시간은 청정한 이에게 공양하는 때이네.

15. 경건한 몸의 업 · 경건한 말의 업 · 경건한 마음의

업 • 경건한 서원.

16. 이런 선업을 실천하면 선한 과보 얻게 되고, 선한 과보 얻은 이들은 행복하고, 붓다의 가르침에서 향상하나니, 그대와 일가친척 모두 건강하고 행복하기를, 모든 행운이 함께하기를, 모든 천신들이 그대를 보호하기를!

17. 모든 붓다의 위신력으로 언제나 행복하기를, 모든 행운이 함께하기를, 모든 천신들이 그대를 보호하기를!

모든 담마의 위신력으로 언제 어디서나 행복하기를, 모든 행운이 함께하기를, 모든 천신들이 그대를 보호하기를!

모든 상가의 위신력으로 언제 어디서나 행복하기를, 모든 행운이 함께하기를, 모든 천신들이 그대를 보호하기를!

## ❁ 보배경(Ratana Sutta, Stn. 2.1)

01. 여기 모인 모든 존재들은 지상이나 하늘이나 어디에 있든지 기쁜 마음으로 정중하게 가르침을 경청하여라.

02. 실로 모든 이들은 이 경을 경청하여 밤낮으로 제물을 바치는 인간들에게 자비를 베풀고 게으름 없이 그들을 보호하여라.

03. 이 세상과 저세상의 어떤 재물이든 천상의 뛰어난 보배라고 할지라도 여래와 견줄 만한 것은 없나니, 부처님이야말로 훌륭한 보배이니라. 이러한 진실에 의해 행복하여라!

04. 석가족 성자께서 삼매에 들어 성취하신 번뇌의 소멸(止滅)·집착 없음(無執着)·불사(不死)·최상승법(勝妙), 이러한 가르침에 견줄 만한 것은 아무것도 없나니, 이러한 가르침이야말로 훌륭한 보배이니라. 이러

한 진실에 의해 행복하여라!

05. 훌륭하신 붓다께서 칭찬하는 청정한 삼매는 즉시 결과를 가져오며 그 삼매와 견줄 것은 아무것도 없나니, 이러한 가르침이야말로 훌륭한 보배이니라. 이러한 진실에 의해 행복하여라!

06. 사람들에 의해 칭찬받으시는 네 쌍(四雙)으로 여덟이 되는 성자들(八輩). 선서善逝의 제자로서 마땅히 공양받을 만하여 그들에게 보시하면 큰 복덕 받나니, 상가야말로 훌륭한 보배이니라. 이러한 진실에 의해 행복하여라!

07. 확고한 마음으로 감각적 욕망에서 벗어나 붓다의 가르침에 열심인 이들은 불사不死의 길에 뛰어들어 발원을 성취하고, 지복至福을 얻어 적멸寂滅을 즐기나니, 상가야말로 훌륭한 보배이니라. 이러한 진실에 의해 행복하여라!

08. 마치 인드라Indra의 기둥이 땅 위에 서 있으면 사

방에서 부는 바람에도 흔들리지 않듯이, 성스러운 진리를 분명히 보는 이도 이와 같다고 나는 말하나니, 상가야말로 훌륭한 보배이니라. 이러한 진실에 의해 행복하여라!

09. 심오한 지혜를 지닌 부처님께서 잘 설하신 성스런 진리를 분명히 이해하는 사람들은 아무리 게을리 수행할지라도 여덟 번째의 윤회를 받지 않나니, 상가야말로 훌륭한 보배이니라. 이러한 진실에 의해 행복하여라!

10. 통찰지를 얻는 순간에 자아가 있다는 견해(有身見)·회의적 의심·계율과 의례에 대한 집착(戒禁取見), 이 세 가지가 모두 소멸되고 지옥과 축생과 아귀와 아수라의 사악처四惡處에서 벗어나 여섯 가지 큰 잘못(= 오역죄와 이교신앙)을 짓지 않나니, 상가야말로 훌륭한 보배이니라. 이러한 진실에 의해 행복하여라!

11. 궁극적인 진리를 본 사람은 몸과 말과 뜻으로 어떠한 잘못을 저질렀어도 사소한 허물조차 감추지 못

하나니, 상가야말로 훌륭한 보배이니라. 이러한 진실에 의해 행복하여라!

12. 여름철의 첫더위가 찾아오면 숲속의 모든 나뭇가지에 꽃이 피어나듯이, 이와 같이 모두에게 이익이 되는 열반에 이르는 최상의 가르침을 설하셨나니, 부처님이야말로 훌륭한 보배이니라. 이러한 진실에 의해 행복하여라!

13. 위없는 분, 위없는 것을 아시며, 위없는 것을 주시고, 위없는 것을 가져오시는 분이 위없는 법을 설하셨나니, 가르침이야말로 훌륭한 보배이니라. 이러한 진실에 의해 행복하여라!

14. **과거는 소멸하고 다시 태어남은 없으니, 마음은 미래의 존재에 집착하지 않고, 번뇌의 종자를 파괴하고, 그 성장을 원치 않는 현자들은 등불처럼 열반에 드나니,** 상가야말로 훌륭한 보배이니라. 이러한 진실에 의해 행복하여라!

15. 지상이나 하늘 어디에 있든지 신과 인간의 존경을 받는 여래, 붓다께 예경하나니, 이곳에 모인 모든 존재들이여 행복하여라!

16. 지상이나 하늘이나 어디에 있든지 천신과 인간의 존경받는 여래와 가르침에 예경하나니, 이곳에 모인 모든 존재들이여 행복하여라!

17. 지상이나 하늘 어디에 있든지 천신과 인간의 존경받는 여래와 가르침과 상가에 예경하나니, 이곳에 모인 모든 존재들이여 행복하여라!

## ❋자애경(慈愛經, Metta sutta, Stn. 1.8)

**● 자애경의 위대한 힘 덕분에 야차들이 두려운 형상, 소리 등 대상을 보여주지 못하나니, 이 『자애경』을 밤낮으로 게으르지 않고 지속적으로 독송하는 수행자는 악몽을 꾸지 않고 편안히 잠들게 되느니라. 수행자들이여! 이 열한 가지 공덕을 갖춘 자애경을 독송하여라.**

01. 완전한 고요함인 닙빠나에 이르려면 유능한 수행자는 마땅히 계정혜를 닦아야 하나니, 항상 올바르고 매우 정직하고 순종하고 온화하며 교만하지 않아야 하느니라.

02. 주어지는 대로 만족하고, 까다롭지 않으며, 분주하지 않고, 생활은 간소하고, 고요히 감관을 지키고, 성숙한 지혜와 예의바른 겸손함을 가지며, 사람과 세상일에 집착하지 않아야 하느니라.

03. 현명한 이들에게 비난을 받을 만한 그 어떤 사소한 허물도 짓지 않아야 하나니, 모든 존재들이 행복하기를, 위험 없기를, 몸과 마음이 평안하고 행복하기를!

04. 살아 있는 생명이면 예외 없이, 무서움이 있거나 무서움이 없거나, 길거나 중간이거나 짧거나 혹은 크거나 작거나, 중간이거나 말랐거나,

05. 보았든 보지 못했든, 멀리 있든 가까이 있든, 태어날 일이 끝난 아라한이든 태어날 일이 있는 범부든, 세상 모든 존재들이 행복하기를!

06. 어느 누구든 다른 이를 속이지 않고, 어디서든 다른 이를 조금도 경멸하지 않으며, 분노와 원한을 가지고 서로 간에 다른 이의 고통을 조금도 바라지 않아야 하느니라.

07. 마치 어머니가 하나뿐인 자식을 자신의 목숨보다 더 소중하게 보호하듯, 이 세상의 모든 존재들을 향하

여 무한한 자애의 마음을 닦아야 하나니라.

08. 위에 사는 모든 무색계無色界의 존재들, 아래에 있는 욕계欲界의 존재들, 중간에 사는 색계色界의 존재들, 온 세상 일체 모든 존재들에게 원한도 적의도 넘어선 무량한 자애를 베풀어야 하느니라.

09. 서 있거나 걷거나 앉아있거나 누워있거나, 깨어있는 동안에는 언제 어디서나 자애의 마음을 잊지 않고 닦아야 하나니, 이러한 생활을 고귀한 삶(梵行)이라 하느니라.

10. 계행과 지혜를 완벽하게 지니는 수행자는 잘못된 견해에 얽매이지 않으며, 감각적 욕망에서 벗어나 모든 번뇌를 소멸하여 다시는 모태母胎에 들어 윤회하지 않느니라.

## ※ 축복경(길상경, Mangala Sutta Stn. 2.4)

01. 이와 같이 나는 들었습니다. 한때 세존께서 싸왓티 시의 제따바나에 있는 아나타삔디까 승원에 계셨습니다.

02. 그때 마침 어떤 하늘나라 사람天人이 한밤중을 지나 아름다운 모습으로 제따와나 숲을 두루 비추며 세존께서 계신 곳을 찾아왔습니다.

03. 다가와서 세존께 인사드리고 한쪽으로 물러나 서서 그 하늘사람은 세존께 게송으로 이와 같이 여쭈었습니다.

04. 천신: 많은 하늘나라 사람과 사람들, 최상의 행복을 소망하면서 행복에 관해 생각하오니, 최상의 행복이 무엇인지 말씀해 주소서!

05. 세존: 어리석은 사람을 사귀지 않으며, 슬기로운

사람들과 가까이 지내고, 존경할 만한 사람을 공경하니, 이것이야말로 위없는 행복이니라.

06. 분수에 알맞은 곳에서 살고, 일찍이 공덕을 쌓아서, 스스로 바른 서원을 하니, 이것이야말로 위없는 행복이니라.

07. 많이 배우고 익히며, 절제하고, 기술을 쌓으며, 의미 있는 대화를 나누니, 이것이야말로 위없는 행복이니라.

08. 아버지와 어머니를 섬기고, 아내와 자식을 돌보고, 일을 함에 혼란스럽지 않으니, 이것이야말로 위없는 행복이니라.

09. 나누어 보시하고, 정의롭게 살고, 친지를 보호하며, 비난받지 않는 행동을 하니, 이것이야말로 위없는 행복이니라.

10. 악행을 싫어하여 멀리하고, 술 마시는 것을 절제

하고, 가르침에 게으르지 않으니, 이것이야말로 위없는 행복이니라.

11. 존경할 만한 사람들을 존경하고, 겸손하며, 만족과 감사할 줄 아는 마음으로 때에 맞추어 가르침을 듣는 것, 이것이야말로 위없는 행복이니라.

12. 인내하고, 온화한 마음으로 수행자를 만나서 가르침을 서로 논의(法談)하니, 이것이야말로 위없는 행복이니라.

13. 감관을 잘 수호하여 청정하게 살며, 수승한 진리를 통찰하여 열반을 성취하니, 이것이야말로 위없는 행복이니라.

14. 세상을 살면서 많은 장애에 부딪쳐도 마음이 흔들리지 않고, 슬픔 없이 티끌 없이 안온한 것, 이것이야말로 위없는 행복이니라.

15. 이러한 방법으로 그 길을 따르면, 어디서든 실패

하지 않고, 모든 곳에서 번영하리니, 이것이야말로 위없는 행복이니라.

## ※ 눈물의 경(Assu sutta, Stn. 15.3)

01. 이와 같이 나는 들었습니다. 한때 세존께서 싸밧티 시의 제따와나(Jetavana, 祇園精舍) 숲에 있는 아나타삔디까(Anāthapiṇḍika, 給孤獨) 승원에 계셨습니다.

02. 그때 세존께서는 비구들에게 “비구들이여!”라고 말씀하셨습니다. “세존이시여!”라고 비구들이 세존께 대답하자, 세존께서는 이와 같이 말씀하셨습니다.

03. 비구들이여, 이 윤회는 시작을 알 수 없으니, 무명에 덮인 중생들은 갈애에 속박되어 유전하고 윤회하므로 그 최초의 시작을 알 수 없느니라.

04. 비구들이여, 이와 같이 참으로 오랜 세월 동안 그대들은 고통을 경험하고 고뇌를 경험하고 재난을 경험하고 무덤을 증대시켰느니라.

05. 비구들이여, 어떻게 생각하는가? 그대들이 오랜

세월 유전하고 윤회하는 동안 사랑하지 않는 사람과 만나고, 사랑하는 사람과 헤어지면서, 비탄해하고 울부짖으며 흘린 눈물의 양과 사대양四大洋에 있는 물의 양과 어느 쪽이 더 많겠는가?

06. 세존이시여, 세존께서 설하신 가르침으로 미루어 보건대 세존이시여, 저희들이 오랜 세월 유전하고 윤회하는 동안 사랑하지 않는 사람과 만나고, 사랑하는 사람과 헤어지면서, 비탄해하고 울부짖으며 흘린 눈물이 훨씬 더 많아 사대양의 물에 비할 수가 없나이다.

07. 비구들이여, 훌륭하도다. 비구들이여, 훌륭하도다. 그대들은 내가 설한 가르침을 제대로 잘 알고 있느니라.

08. 비구들이여, 그대들이 오랜 세월 유전하고 윤회하는 동안 사랑하지 않는 사람과 만나고, 사랑하는 사람과 헤어지면서, 비탄해하고 울부짖으며 흘린 눈물이 훨씬 더 많아 사대양의 물에 비할 수가 없느니라.

09. 비구들이여, 그대들은 오랜 세월 동안 수없이 어머니의 죽음을 경험했나니, 그대들이 어머니의 죽음을 경험하면서 사랑하지 않는 사람과의 만남과 사랑하는 사람과의 헤어짐 때문에 비탄해하고 울부짖으며 흘린 눈물이 훨씬 더 많아 사대양의 물에 비할 수가 없느니라.

10. 비구들이여, 그대들은 오랜 세월 동안 그것도 수없이 많은 아버지의 죽음을 경험했나니, 그대들이 아버지의 죽음을 경험하면서 사랑하지 않는 사람과의 만남과 사랑하는 사람과의 헤어짐 때문에, 비탄해하고 울부짖으며 흘린 눈물이 훨씬 더 많아 사대양의 물에 비할 수가 없느니라.

11. 비구들이여, 그대들은 오랜 세월 동안 수없이 많은 형제의 죽음을 경험했나니, 그대들이 형제의 죽음을 경험하면서 사랑하지 않는 사람과의 만남과 사랑하는 사람과의 헤어짐 때문에, 비탄해하고 울부짖으며 흘린 눈물이 훨씬 더 많아 사대양의 물에 비할 수가 없느니라.

12. 비구들이여, 그대들은 오랜 세월 동안 수없이 많은 자매의 죽음을 경험했나니, 그대들이 자매의 죽음을 경험하면서 사랑하지 않는 사람과의 만남과 사랑하는 사람과의 헤어짐 때문에, 비탄해하고 울부짖으며 흘린 눈물이 훨씬 더 많아 사대양의 물에 비할 수가 없느니라.

13. 비구들이여, 그대들은 오랜 세월 동안 수없이 많은 아들의 죽음을 경험했나니, 그대들이 아들의 죽음을 경험하면서 사랑하지 않는 사람과의 만남과 사랑하는 사람과의 헤어짐 때문에, 비탄해하고 울부짖으며 흘린 눈물이 훨씬 더 많아 사대양의 물에 비할 수가 없느니라.

14. 비구들이여, 그대들은 오랜 세월 동안 수없이 많은 딸의 죽음을 경험했나니, 그대들이 딸의 죽음을 경험하면서 사랑하지 않는 사람과의 만남과 사랑하는 사람과의 헤어짐 때문에, 비탄해하고 울부짖으며 흘린 눈물이 훨씬 더 많아 사대양의 물에 비할 수가 없느니라.

15. 비구들이여, 그대들은 오랜 세월 동안 수없이 많은 친지의 죽음을 경험했나니, 그대들이 친지의 죽음을 경험하면서 사랑하지 않는 사람과의 만남과 사랑하는 사람과의 헤어짐 때문에, 비탄해하고 울부짖으며 흘린 눈물이 훨씬 더 많아 사대양의 물에 비할 수가 없느니라.

16. 비구들이여, 그대들은 오랜 세월 동안 수없이 많은 재산의 상실을 경험했나니, 그대들이 재산의 상실을 경험하면서 사랑하지 않는 사람과의 만남과 사랑하는 사람과의 헤어짐 때문에, 비탄해하고 울부짖으며 흘린 눈물이 훨씬 더 많아 사대양의 물에 비할 수가 없느니라.

17. 비구들이여, 그대들은 오랜 세월 동안 수없는 질병의 비참함을 경험했나니, 그대들이 질병의 비참함을 경험하면서 사랑하지 않는 사람과의 만남과 사랑하는 사람과의 헤어짐 때문에, 비탄해하고 울부짖으며 흘린 눈물이 훨씬 더 많아 사대양의 물에 비할 수가 없느니라.

18. 그것은 무슨 까닭인가? 비구들이여, 이 윤회는 그 시작을 알 수 없나니, 무명에 덮인 모든 중생들은 갈애에 속박되어 유전하고 윤회하므로 그 최초의 시작을 알 수 없느니라.

19. 비구들이여, 이와 같이 참으로 오랜 세월 동안 그대들은 고통을 경험하고, 고뇌를 경험하고, 재난을 경험하고, 무덤을 증대시켰느니라.

20. 비구들이여, 그러나 이제 그대들은 모두 형성된 것에서 싫어하여 떠나기에 충분하고, 사라지기에 충분하고, 해탈하기에 충분하느니라.

## ※ 파멸의 경(Parābhava sutta, Stn. 106)

01. 이와 같이 나는 들었습니다. 한때 세존께서 사왓티Sāvatthi 마을의 제따와나(Jetavana, 祇園精舍)에 있는 아나타삔디까(Anāth apiṇḍika, 給孤獨) 사원에 계셨습니다.

02. 그때 어떤 천인天人이 한밤중에 아름다운 빛으로 제따와나를 두루 밝게 비추며 세존께서 계신 곳으로 찾아왔습니다. 가까이 다가와서 세존께 인사를 올리고 한쪽으로 물러섰습니다. 한쪽으로 물러서서 천인은 세존께 게송으로 여쭈었습니다.

03. 저희는 파멸破滅하는 사람에 대해서 고따마 부처님께 여쭈어 보겠습니다. 파멸에 이르는 문은 어떤 것입니까? 세존께 그것을 묻고자 이렇게 찾아왔습니다.

04. 그러자 세존께서는 다음과 같이 말씀하셨습니다. 번영하는 사람도 알아보기 쉽고, 파멸하는 사람도 알

아보기 쉬우니라. 가르침을 사랑하는 사람은 번영하고, 가르침을 싫어하는 사람은 파멸하느니라.

05. 잘 알겠습니다. 옳은 말씀입니다. 이것이 첫 번째 파멸입니다. 세존이시여, 두 번째 것을 말씀해 주십시오. 파멸의 문은 무엇입니까?

06. 진실하지 않은 사람을 사랑하고 진실한 사람을 사랑하지 않으며, 나쁜 사람이 하는 일을 즐기면, 그것이야말로 파멸의 문이니라.

07. 잘 알겠습니다. 옳은 말씀입니다. 이것이 두 번째 파멸입니다. 세존이시여, 세 번째 것을 말씀해 주십시오. 파멸의 문은 무엇입니까?

08. 잠에 빠지는 버릇이 있고, 교제를 즐기는 버릇이 있으며, 정진하지 않고 나태하며, 화를 잘 낸다면, 그것이야말로 파멸의 문이니라.

09. 잘 알겠습니다. 옳은 말씀입니다. 이것이 세 번째

파멸입니다. 세존이시여, 네 번째 것을 말씀해 주십시오. 파멸의 문은 무엇입니까?

10. 자기는 풍족하게 살면서도, 젊음을 잃어버린 늙으신 부모를 돌보지 않는다면, 그것이야말로 파멸의 문이니라.

11. 잘 알겠습니다. 옳은 말씀입니다. 이것이 네 번째 파멸입니다. 세존이시여, 다섯 번째 것을 말씀해 주십시오. 파멸의 문은 무엇입니까?

12. 성직자나 수행자, 혹은 다른 걸식乞食하는 이를 거짓말로 속인다면, 그것이야말로 파멸의 문이니라.

13. 잘 알겠습니다. 옳은 말씀입니다. 이것이 다섯 번째 파멸입니다. 세존이시여, 여섯 번째 것을 말씀해 주십시오. 파멸의 문은 무엇입니까?

14. 재물과 황금과 먹을 것을 많이 가진 사람이 혼자서만 맛있는 것을 먹는다면, 그것이야말로 파멸의 문

이니라.

15. 잘 알겠습니다. 옳은 말씀입니다. 이것이 여섯 번째 파멸입니다. 세존이시여, 일곱 번째 것을 말씀해 주십시오. 파멸의 문은 무엇입니까?

16. 혈통에 자부심이 강하고 재산을 자랑하며, 가문을 뽐내고, 자기의 친지를 멸시하는 사람이 있다면, 그것이야말로 파멸의 문이니라.

17. 잘 알겠습니다. 옳은 말씀입니다. 이것이 일곱 번째 파멸입니다. 세존이시여, 여덟 번째 것을 말씀해 주십시오. 파멸의 문은 무엇입니까?

18. 여색女色을 즐기고 술에 중독되며, 도박에 빠져있어, 버는 것마다 없애버리는 사람이 있다면, 그것이야말로 파멸의 문이니라.

19. 잘 알겠습니다. 옳은 말씀입니다. 이것이 여덟 번째 파멸입니다. 세존이시여, 아홉 번째 것을 말씀해

주십시오. 파멸의 문은 무엇입니까?

20. 자기 아내로 만족하지 않고 매춘부와 놀아나며, 남의 아내와 어울린다면, 그것이야말로 파멸의 문이니라.

21. 잘 알겠습니다. 옳은 말씀입니다. 이것이 아홉 번째 파멸입니다. 세존이시여, 열 번째 것을 말씀해 주십시오. 파멸의 문은 무엇입니까?

22. 젊은 시절을 지난 남자가 띰바루timbarū 나무 열매 같은 가슴의 젊은 여인을 유인하여, 그녀를 질투하는 일로 잠을 못 이룬다면, 그것이야말로 파멸의 문이니라.

23. 잘 알겠습니다. 옳은 말씀입니다. 이것이 열 번째 파멸입니다. 세존이시여, 열한 번째 것을 말씀해 주십시오. 파멸의 문은 무엇입니까?

24. 술에 취하고 재물을 낭비하는 여자나 그와 같은

남자에게 실권을 맡긴다면, 그것이야말로 파멸의 문이니라.

25. 잘 알겠습니다. 옳은 말씀입니다. 이것이 열한 번째 파멸입니다. 세존이시여, 열두 번째 것을 말씀해 주십시오. 파멸의 문은 무엇입니까?

26. 왕족의 집안에 태어났어도 권세는 작은데 욕망만 커서, 이 세상에서 왕위를 얻고자 한다면, 그것이야말로 파멸의 문이니라.

27. 고귀하고 현명한 사람은 세상이 이러한 것으로 파멸에 이른다는 것을 통찰지혜로 살펴서, 행복한 세계에 이르게 되느니라.

## ※ 천한 사람의 경(Vasala sutta, Stn. 1.7)

01. 이와 같이 나는 들었습니다. 한때 세존께서 사왓티 마을의 제따와나Jetavana에 있는 아나타삔디까Anāthapiṇḍika 마을의 승원에 계셨습니다.

02. 그때 세존께서는 아침 일찍 가사를 걸치시고 발우를 들고 사왓티(Sāvatthi 왕사성) 마을로 탁발을 하러 가셨습니다. 마침 바라문 악기까 바라드와자의 집에서는 성화聖火가 켜지고 제물을 올렸습니다.

03. 그때 세존께서는 사왓티 마을에서 차례로 탁발하면서 바라문 악기까 바라드와자의 집이 있는 곳을 찾으셨습니다. 바라문 악기까 바라드와자는 세존께서 멀리서 오는 것을 보고 세존께 말했습니다. 가짜 수행자여, 거기 서거라. 가짜 수행자여, 거기 서거라. 천한 자여, 거기 서거라.

04. 이처럼 말하자, 세존께서는 바라문 악기까 바라드

와자에게 이와 같이 말씀하셨습니다.

바라문이여, 도대체 당신은 천한 사람을 알고나 있는가? 또 천한 사람을 만드는 조건이 무엇인지를 알고나 있는가?

05. 고따마여, 나는 사람을 천하게 하는 조건을 알지 못합니다. 아무쪼록 저에게 천한 사람을 만드는 조건을 알 수 있도록 그 이치를 말씀해 주십시오.

06. 바라문이여, 그럼 주의해서 잘 들으시오. 내가 말하겠습니다. 그렇게 하겠습니다. 바라문 악기까 바라드와자는 세존께 대답했습니다. 그러자 세존께서는 다음과 같이 말씀하셨습니다.

07. 화를 내고 원한을 품으며, 악독하고 시기심이 많고, 소견이 그릇되어 속이길 잘하는 사람이 있다면, 그를 천한 사람으로 아십시오.

08. 한 번 생겨나는 것이건, 두 번 생겨나는 것이건,

이 세상에 있는 생명을 해치고 살아 있는 생명에 자비심이 없는 사람이 있다면, 그를 천한 사람으로 아십시오.

09. 마을뿐 아니라, 도시를 파괴하거나 약탈하여 독재자로 널리 알려진 사람이 있다면, 그를 천한 사람으로 아십시오.

10. 마을에 있거나 숲에 있거나, 남의 것을 나의 것이라고 하고, 주지 않는 것을 빼앗는 사람이 있다면, 그를 천한 사람으로 아십시오.

11. 사실은 빚이 있으나, 돌려달라고 빚 독촉을 받으면 갚을 빚이 없다고 발뺌하는 사람이 있다면, 그를 천한 사람으로 아십시오.

12. 얼마 안 되는 물건을 탐내어 행인을 살해하고 그 물건을 약탈하는 사람이 있다면, 그를 천한 사람으로 아십시오.

13. 증인으로 불려 나갔을 때, 자신이나 남 때문에 또는 재물 때문에 거짓으로 증언하는 사람이 있다면, 그를 천한 사람으로 아십시오.

14. 때로는 폭력을 가지고, 혹은 서로 사랑에 빠져 친지나 친구의 아내와 부적절한 관계를 맺는 사람이 있다면, 그를 천한 사람으로 아십시오.

15. 자기는 재물이 풍족하면서도 나이 들어 늙고 쇠약한 어머니와 아버지를 섬기지 않는 사람이 있다면, 그를 천한 사람으로 아십시오.

16. 어머니와 아버지 형제, 자매 혹은 배우자의 어머니를 때리거나 욕하는 사람이 있다면, 그를 천한 사람으로 아십시오.

17. 유익한 충고를 구할 때, 불리하도록 가르쳐주거나 불분명하게 일러주는 사람이 있다면, 그를 천한 사람으로 아십시오.

18. 나쁜 일을 하고서도 자기가 한 일이 탄로 나지 않기를 바라며, 그 일을 숨기는 사람이 있다면, 그를 천한 사람으로 아십시오.

19. 남의 집에 가서는 융숭한 환대를 받으면서, 자기 집에 찾아온 손님을 대접하지 않는 사람이 있다면, 그를 천한 사람으로 아십시오.

20. 성직자나 수행자 또는 탁발하는 수행자를 거짓말로 속이는 사람이 있다면, 그를 천한 사람으로 아십시오.

21. 식사 때가 되었는데도 성직자나 수행자에게 욕하며, 먹을 것을 주지 않는 사람이 있다면, 그를 천한 사람으로 아십시오.

22. 이 세상에서 어리석음에 휩싸여 사소한 물건을 탐하여 진실이 아닌 것을 말하는 사람이 있다면, 그를 천한 사람으로 아십시오.

23. 자기를 칭찬하고 타인을 경멸하며, 스스로의 교만에 빠진 사람이 있다면, 그를 천한 사람으로 아십시오.

24. 남을 화나게 하고 이기적이며, 악의가 있고 인색하며, 거짓을 일삼고, 부끄러움과 창피함을 모르는 사람이 있다면, 그를 천한 사람으로 아십시오.

25. 깨달은 사람을 비방하고, 혹은 출가나 재가의 제자들을 헐뜯는 사람이 있다면, 그를 천한 사람으로 아십시오.

26. 천상을 포함한 세계에서 사실은 거룩하지 못한 사람이 거룩한 사람이라 주장한다면, 그 도적은 그야말로 가장 천한 사람입니다.

27. 내가 그대에게 설한 이러한 사람들이야말로 참으로 천한 사람인 것입니다. **태어날 때부터 천한 사람이 있는 것이 아니고, 태어날 때부터 바라문이 있는 것도 아닙니다. 행위에 의해서 천한 사람도 되고, 행위에**

**의해서 바라문도 되는 것입니다.**

28. 지금 말한 사례로서, 태생에 의해 천한 사람이 되는 것이 아님을 알아야 합니다. 들으십시오.

29. 불가촉천민의 아들이자, 소빠 마땅가Sopaka Matanga로 알려진 사람이 있었습니다. 그 마땅가는 얻기 어려운 최상의 명예를 얻었습니다. 많은 왕족과 바라문들이 그를 섬기려고 모여들었습니다.

30. 그는 하늘의 길, 먼지를 떨어버린 큰길에 올라 감각적 쾌락에 대한 탐욕을 버리고, 천상에 태어나게 되었습니다. 천상에 태어나는 것을 그의 태생이 막지 못했습니다.

31. 베다veda 찬송가의 일가인 지도자의 가문에 태어난 사람이 있었습니다. 베다의 성전에 친숙한 바라문 형제들도 자주 악한 행위에 빠져 있는 것을 볼 수 있습니다.

32. 그들은 현세에서 비난을 받고 내세에는 나쁜 곳에 태어납니다. 나쁜 곳에 태어나 비난받는 것을 그의 태생이 막을 수는 없습니다.

33. 태어날 때부터 천한 사람이 있는 것이 아니고, 태어날 때부터 바라문인 것도 아닙니다. 행위로 말미암아 천한 사람도 되고, 행위로 말미암아 바라문도 되는 것입니다.

34. 이와 같이 말씀하시자, 바라문 악기까 바라드와자는 세존께 말씀드렸습니다.

35. 존자 부처님이시여, 훌륭하십니다. 존자 부처님이시여, 훌륭하십니다. **존자 부처님이시여, 마치 넘어진 것을 일으켜 세우듯이, 가려진 것을 열어 보이듯이, 어리석은 자에게 길을 가리켜주듯이, 눈을 갖춘 자는 형상을 보라고 어둠 속에 등불을 가져오듯이, 존자 부처님께서는 이와 같이 여러 가지 방법으로 진리를 밝혀주셨습니다.**

36. 그러므로 이제 세존이신 부처님께 귀의합니다. 또한 그 가르침에 귀의합니다. 또한 그 상가에 귀의합니다. 오늘부터 목숨 바쳐 귀의하오니 부처님께서는 재가 신자로서 저를 받아 주시옵소서.

## ※ 대념처경(大念處經, Mahāsatipaṭṭhāna Sutta, DN. 22)

### ● 서문

001. 이와 같이 나는 들었습니다. 한때 부처님께서는 꾸루스Kurūs 지방의 깜맛사담마Kammāsadhamma라는 꾸루족kurūnaṃ의 마을에 머무셨습니다.

002. 그때 부처님께서는 "비구들이여!"라고 비구들을 부르셨습니다. 비구들은 "세존이시여"라고 대답했습니다. 그러자 부처님께서는 이와 같이 말씀하셨습니다.

003. 비구들이여, 이것은 중생들을 청정하게 하고, 슬픔과 비탄을 극복하게 하고, 육체적 고통과 정신적 고통을 사라지게 하고, 바른 방도를 터득하게 하고, 열반을 실현하기 위한 유일한 길이니, 그것은 바로 네

가지 알아차림(四念處)의 확립이니라.

004. 무엇이 네 가지인가? 비구들이여, 여기 비구는 **몸에서 몸을 알아차리는 수행을 하면서 지낸다(身念處).** 세상에 대한 욕망과 성냄을 버리면서, 열심히 노력하고 분명하게 알고 바르게 알아차리며 지낸다.

**느낌에서 느낌을 알아차리는 수행을 하면서 지낸다(受念處).** 세상에 대한 욕망과 성냄을 버리면서, 열심히 노력하고 분명하게 알고 바르게 알아차리며 지낸다.

**마음에서 마음을 알아차리는 수행을 하면서 머문다(心念處).** 세상에 대한 욕망과 성냄을 버리면서, 열심히 노력하고 분명하게 알고 바르게 알아차리며 지낸다.

**법에서 법을 알아차리는 수행을 하면서 머문다(法念處).** 세상에 대한 욕망과 성냄을 버리면서, 열심히 노력하고 분명하게 알고 바르게 알아차리며 지낸다.

## ● 몸을 알아차림(身念處, 身隨觀)

### 들숨과 날숨의 알아차림(出入息念, Kāyānupassanā ānāpānapabbaṃ)

005. 비구들이여, 어떻게 비구는 몸에서 몸을 관찰하며 지내는가? 비구들이여, 여기 비구는 숲속에 가거나 나무 아래에 가거나 외진 처소에 가서 가부좌를 틀고 몸을 바로 세우고 전면에 기억을 확립하여 앉는다. 그는 알아차리며 숨을 들이쉬고, 알아차리며 숨을 내쉰다. 숨을 길게 들이쉴 때는 나는 숨을 길게 들이쉰다고 분명히 알아차리고, 숨을 길게 내쉴 때는 나는 길게 내쉰다고 분명히 알아차린다. 숨을 짧게 들이쉴 때는 나는 숨을 짧게 들이쉰다고 분명히 알아차리고, 숨을 짧게 내쉴 때는 숨을 짧게 내쉰다고 분명히 알아차린다. 온몸을 알아차리면서 나는 숨을 들이쉴 것이라고 전념하면서 수행하며, 온몸을 알아차리면서 나는 숨을 내쉴 것이라고 전념하면서 수행을 한다. 자연스런 호흡을 하면서 나는 숨을 들이쉴 것이라고 전념하며 수행하며, 자연스런 호흡을 하면서 나는 숨을 내쉴 것이라고 전념하며 수행을 한다.

006. 예를 들어 비구들이여, 마치 숙련된 도공이나 그의 제자가 물레를 길게 돌릴 때는 나는 길게 돌린다고 분명히 알아차리고, 짧게 돌릴 때는 나는 짧게 돌린다고 분명히 아는 것처럼 해야 하느니라. 이와 같이 비구는 숨을 길게 들이쉴 때는 나는 길게 들이쉰다고 분명히 알아차리고, 숨을 길게 내쉴 때는 나는 길게 내쉰다고 분명히 알아차린다. 숨을 짧게 들이쉴 때는 나는 짧게 들이쉰다고 분명히 알아차리고, 숨을 짧게 내쉴 때는 나는 짧게 내쉰다고 분명히 알아차린다. 온몸을 알아차리면서 나는 숨을 들이쉴 것이라고 전념하며 수행하며, 자연스런 호흡을 하면서 나는 숨을 내쉴 것이라고 전념하면서 수행한다. 자연스런 호흡을 하면서 나는 숨을 들이쉴 것이라고 전념하며 수행하며, 자연스런 호흡을 하면서 나는 숨을 내쉴 것이라고 전념하면서 수행한다.

007. 이와 같이 그는 몸에서 몸을 안으로 알아차리는 수행을 하면서 지낸다. 혹은 몸에서 몸을 밖으로 알아차리는 수행을 하면서 지낸다. 혹은 몸에서 몸을 안팎으로 알아차리는 수행을 하면서 지낸다.

008. 혹은 몸에서 일어나는 현상(法)을 알아차리는 수행을 하면서 지낸다. 혹은 몸에서 사라지는 현상을 알아차리는 수행을 하면서 지낸다. 혹은 몸에서 일어나고 사라지는 현상을 알아차리는 수행을 하면서 지낸다.

009. 그는 단지 몸이 있다는 알아차림을 확립할 때까지 몸의 현상들에 대한 분명한 앎과, 알아차림을 확립하고, 유지한다. 그는 갈애와 잘못된 견해에 의지하지 않고 지낸다. 그는 세상에서 아무것에도 집착하지 않는다.

010. 비구들이여, 이와 같이 비구는 몸에서 몸을 알아차리는 수행을 하면서 지낸다.

### 네 가지 자세(行住坐臥)를 알아차림

(四威儀, Kāyānupassanā iriyāpathapabba )

011. 다시 비구들이여, 비구는 걸어갈 때는 나는 걷

고 있다고 분명히 알아차리고, 서 있을 때는 나는 서 있다고 분명히 알아차리고, 앉아 있을 때는 나는 앉아 있다고 분명히 알아차리고, 누워 있을 때에는 나는 누워 있다고 분명히 알아차린다. 또한 몸이 다른 어떤 자세를 취하고 있든, 그것을 있는 그대로 분명히 알아차린다.

012. 이와 같이 그는 몸에서 몸을 안으로 알아차리는 수행을 하면서 지낸다. 혹은 몸에서 몸을 밖으로 알아차리는 수행을 하면서 지낸다. 혹은 몸에서 몸을 안팎으로 수행을 하면서 지낸다.

013. 혹은 몸에서 일어나는 현상(法)을 알아차리는 수행을 하면서 지낸다. 혹은 몸에서 사라지는 현상들을 알아차리는 수행을 하면서 지낸다. 혹은 몸에서 일어나고 사라지는 현상들을 알아차리는 수행을 하면서 지낸다.

014. 혹은 그는 단지 몸이 있다는 알아차림을 확립할 때까지 몸의 현상들에 대한 분명한 앎과 알아차림을

확립하고, 유지한다. 그는 갈애와 잘못된 견해에 의지하지 않고, 세상에서 아무것에도 집착하지 않는다.

015. 비구들이여, 이와 같이 비구는 몸에서 몸을 알아차리는 수행을 하면서 지낸다.

## **분명한 앎**(正知, Kāyānupassanā sampajānapabba )

016. 다시 비구들이여, 비구는 앞으로 나아갈 때나, 뒤로 물러날 때나, 분명한 앎을 하면서 행한다. 앞을 볼 때나, 돌아볼 때나, 분명한 앎을 하면서 행한다. 팔다리를 구부리거나 분명한 앎을 하면서 행한다. 가사·발우·의복을 지닐 때에도 분명한 앎을 하면서 행한다. 먹을 때도, 마실 때도, 씹을 때도, 맛볼 때도 분명한 앎을 하면서 행한다. 대소변을 볼 때도 분명한 앎을 하면서 행한다. 말하거나 침묵하고 있을 때도, 가고 서고 앉을 때도, 잠자리에 들고 잠에서 깨어날 때도, 분명한 앎을 하면서 행한다.

017. 이와 같이 비구는 몸에서 몸을 안으로 알아차리는 수행을 하면서 지낸다. 혹은 몸에서 몸을 밖으로 알아차리는 수행을 하면서 지낸다. 혹은 몸에서 몸을 안팎으로 알아차리는 수행을 하면서 지낸다.

018. 혹은 몸에서 일어나는 현상(法)들을 알아차리는 수행을 하면서 지낸다. 혹은 몸에서 사라지는 현상들을 알아차리는 수행을 하면서 지낸다. 혹은 몸에서 일어나고 사라지는 현상들을 알아차리는 수행을 하면서 지낸다.

019. 혹은 그는 단지 몸이 있다는 알아차림을 확립할 때까지 몸의 현상들에 대한 분명한 앎과 알아차림을 확립하고, 유지한다. 그는 갈애와 잘못된 견해에 의지하지 않고 지낸다. 그는 세상에서 아무것도 집착하지 않는다.

020. 비구들이여, 이와 같이 비구는 몸에서 몸을 알아차리는 수행을 하면서 지낸다.

## 몸을 싫어하는 마음을 일으킴(厭逆作意)

021. 다시 비구들이여, 비구는 이 몸은 아래로는 발바닥에서부터 위로는 머리카락에 이르기까지 피부로 덮여 있으며, 그 안에는 여러 가지의 깨끗하지 못한 것들로 가득 차 있는 것을 알아차린다.

022. 이러한 몸에는 머리카락 · 몸의 털 · 손발톱, 이빨 · 피부 · 살 · 힘줄 · 뼈 · 골수 · 콩팥 · 심장 · 간 · 늑막 · 비장 · 허파 · 창자 · 장간막 · 소화 안 된 음식물 · 대변 · 뇌 · 담즙 · 가래 · 고름 · 피 · 땀 · 피하지방 · 눈물 · 임파액 · 침 · 콧물 · 관절활액 · 오줌 등이 있다.

023. 비구들이여, 이는 마치 양쪽에 주둥이가 있는 자루에 여러 가지 곡물, 즉 밭벼 · 보리 · 녹두 · 완두 · 참깨 · 논벼 등이 가득 담겨 있는데, 어떤 눈 밝은 사람이 그 자루를 풀고 '이것은 밭벼, 이것은 보리, 이것은 녹두, 이것은 완두, 이것은 참깨, 이것은 논벼'라고 아는 것과 같다.

024. 비구들이여, 이와 같이 비구는 이 몸은 아래로는 발바닥에서부터 위로는 머리카락에 이르기까지 피부로 덮여 있으며, 그 안에는 여러 가지의 깨끗하지 못한 것들로 가득 차 있는 것을 알아차린다.

025. 이러한 몸에는 머리카락 · 몸의 털 · 손발톱, 이빨 · 피부 · 살 · 힘줄 · 뼈 · 골수 · 콩팥 · 심장 · 간 · 늑막 · 비장 · 허파 · 창자 · 장간막 · 소화 안 된 음식물 · 대변 · 뇌 · 담즙 · 가래 · 고름 · 피 · 땀 · 피하지방 · 눈물 · 임파액 · 침 · 콧물 · 관절활액 · 오줌 등이 있는 것을 알아차린다.

026. 이와 같이 비구는 몸에서 몸을 안으로 알아차리는 수행을 하면서 지낸다. 혹은 몸에서 몸을 밖으로 알아차리는 수행을 하면서 지낸다. 혹은 몸에서 몸을 안팎으로 알아차리는 수행을 하면서 지낸다.

027. 그는 몸에서 일어나는 현상들을 알아차리는 수행을 하면서 지낸다. 혹은 몸에서 일어나는 현상들을 알아차리는 수행을 하면서 지낸다. 혹은 몸에서 일어

나기도 하고 사라지기도 하는 현상들을 알아차리는 수행을 하면서 지낸다.

028. 그는 단지 몸이 있다는 알아차림을 확립할 때까지 몸의 현상들에 대한 분명한 앎과, 알아차림을 확립하고, 유지한다. 그는 갈애와 잘못된 견해에 의지하지 않고 세상에서 아무것도 집착하지 않는다.

029. 비구들이여, 이와 같이 비구는 몸에서 몸을 알아차리는 수행을 하면서 지낸다.

## 네 가지 근본 물질을 알아차림

(四大, Kāyānupassanā dhātumanasikārapabba )

030. 다시 비구들이여, 비구는 이 몸을 현재 있는 그대로, 놓인 그대로 네 가지 요소(四大: 地水火風)별로 알아차린다. '이 몸에는 땅의 요소(地大), 물의 요소(水大), 불의 요소(火大), 바람의 요소(風大)가 있다'라고.

031. 비구들이여, 마치 솜씨 좋은 도축업자나 그의 도제가 소를 잡아서, 큰길 사거리에 부위별로 잘라서 쌓아 놓고 이를 벌여놓고 앉아 있는 것과 같다.

032. 비구들이여, 이와 같이 비구는 이 몸을 현재 있는 그대로, 놓인 그대로, 네 가지 측면에서 알아차린다. '이 몸에는 땅의 요소, 물의 요소, 불의 요소, 바람의 요소가 있다'라고.

033. 이와 같이 비구는 몸에서 몸을 안으로 알아차리는 수행을 하면서 지낸다. 혹은 몸에서 몸을 밖으로 알아차리는 수행을 하면서 지낸다. 혹은 몸에서 몸을 안팎으로 알아차리는 수행을 하면서 지낸다.

034. 혹은 몸에서 일어나는 현상들을 알아차리는 수행을 하면서 지낸다. 혹은 몸에서 사라지는 현상들을 알아차리는 수행을 하면서 지낸다. 혹은 몸에서 일어나기도 하고 사라지기도 하는 현상들을 알아차리는 수행을 하면서 지낸다.

035. 혹은 그는 단지 몸이 있다는 알아차림을 확립할 때까지 몸의 현상들에 대한 분명한 앎과 알아차림을 확립하고, 유지한다. 그는 갈애와 잘못된 견해에 의지하지 않고 세상에서 아무것도 집착하지 않는다.

036. 비구들이여, 이와 같이 비구는 몸에서 몸을 알아차리는 수행을 하면서 지낸다.

## 묘지에서의 아홉 가지를 알아차림

037. 다시 비구들이여, ①마치 묘지에 버려진 시체가 죽은 지 하루나 이틀 또는 사흘이 지나면 부풀고 검푸르게 되고 문드러지는 것을 보는 것처럼, 비구는 자신의 몸을 그에 비추어 바라본다. '이 몸 또한 그와 같고, 그와 같이 될 것이며, 그에서 벗어나지 못하리라'라고 알아차려야 한다.

038. 이와 같이 그는 몸에서 몸을 안으로 알아차리는 수행을 하면서 지낸다. 혹은 몸에서 몸을 밖으로 알아

차리는 수행을 하면서 지낸다. 혹은 몸에서 몸을 안팎으로 알아차리는 수행을 하면서 지낸다.

039. 혹은 몸에서 일어나는 현상을 알아차리는 수행을 하면서 지낸다. 혹은 몸에서 사라지는 현상을 알아차리는 수행을 하면서 지낸다. 혹은 몸에서 일어나기도 하고 사라지기도 하는 현상을 알아차리는 수행을 하면서 지낸다.

040. 그는 단지 몸이 있다는 알아차림을 확립할 때까지 몸의 현상들에 대한 분명한 앎과 알아차림을 확립하고, 유지한다. 그는 갈애와 잘못된 견해에 의지하지 않고 세상에서 아무것도 집착하지 않는다. 비구들이여, 이와 같이 비구는 몸에서 몸을 알아차리는 수행을 하면서 지낸다.

041. 다시 비구들이여, 그는 ②마치 묘지에 버려진 시체를 까마귀 떼가 달려들어 마구 쪼아 먹고, 솔개 무리가 쪼아 먹고, 독수리 떼가 쪼아 먹고, 개떼가 뜯어 먹고, 자칼들이 뜯어 먹고, 온갖 벌레들이 다 달려들

어 파먹는 것을 보는 것처럼, 비구는 자신의 몸을 그에 비추어 바라본다. '이 몸 또한 그와 같고, 그와 같이 될 것이며, 그에서 벗어나지 못하리라'라고 알아차린다.

042. 이와 같이 그는 몸에서 몸을 안으로 알아차리는 수행을 하면서 지낸다. 혹은 몸에서 몸을 밖으로 알아차리는 수행을 하면서 지낸다. 혹은 몸에서 몸을 안팎으로 알아차리는 수행을 하면서 지낸다.

043. 혹은 몸에서 일어나는 현상을 알아차리는 수행을 하면서 지낸다. 혹은 몸에서 사라지는 현상을 알아차리는 수행을 하면서 지낸다. 혹은 몸에서 일어나기도 하고 사라지기도 하는 현상을 알아차리는 수행을 하면서 지낸다.

044. 그는 단지 몸이 있다는 알아차림을 확립할 때까지 몸의 현상들에 대한 분명한 앎과 알아차림을 확립하고, 유지한다. 그는 갈애와 잘못된 견해에 의지하지 않고 세상에서 아무것도 집착하지 않는다. 비구들이

여, 이와 같이 비구는 몸에서 몸을 알아차리는 수행을 하면서 지낸다.

045. 다시 비구들이여, ③마치 묘지에 버려진 시체가 해골이 되어 살과 피가 묻은 채 힘줄에 얽혀 서로 이어져 있는 것을 보는 것처럼, 비구는 자신의 몸을 그에 비추어 바라본다. '이 몸 또한 그와 같고, 그와 같이 될 것이며, 그에서 벗어나지 못하리라'라고 알아차려야 한다.

046. 이와 같이 그는 몸에서 몸을 안으로 알아차리는 수행을 하면서 지낸다. 혹은 몸에서 몸을 밖으로 알아차리는 수행을 하면서 지낸다. 혹은 몸에서 몸을 안팎으로 알아차리는 수행을 하면서 지낸다.

047. 혹은 몸에서 일어나는 현상을 알아차리는 수행을 하면서 지낸다. 혹은 몸에서 사라지는 현상을 알아차리는 수행을 하면서 지낸다. 혹은 몸에서 일어나기도 하고 사라지기도 하는 현상을 알아차리는 수행을 하면서 지낸다.

048. 그는 단지 몸이 있다는 알아차림을 확립할 때까지 몸의 현상들에 대한 분명한 앎과, 알아차림을 확립하고, 유지한다. 그는 갈애와 잘못된 견해에 의지하지 않고 세상에서 아무것도 집착하지 않는다. 비구들이여, 이와 같이 비구는 몸에서 몸을 알아차리는 수행을 하면서 지낸다.

049. 다시 비구들이여, ④마치 묘지에 버려진 시체가 해골이 되어 살은 없고 아직 피는 남아 있는 채로 힘줄에 얽혀 서로 이어져 있는 것을 보는 것처럼, 비구는 자신의 몸을 그에 비추어 바라본다. '이 몸 또한 그와 같고, 그와 같이 될 것이며, 그에서 벗어나지 못하리라'라고 알아차린다.

050. 이와 같이 그는 몸에서 몸을 안으로 알아차리는 수행을 하면서 지낸다. 혹은 몸에서 몸을 밖으로 알아차리는 수행을 하면서 지낸다. 혹은 몸에서 몸을 안팎으로 알아차리는 수행을 하면서 지낸다.

051. 혹은 몸에서 일어나는 현상을 알아차리는 수행

을 하면서 지낸다. 혹은 몸에서 사라지는 현상을 알아차리는 수행을 하면서 지낸다. 혹은 몸에서 일어나기도 하고 사라지기도 하는 현상을 알아차리는 수행을 하면서 지낸다.

052. 그는 단지 몸이 있다는 알아차림을 확립할 때까지 몸의 현상들에 대한 분명한 앎과 알아차림을 확립하고, 유지한다. 그는 갈애와 잘못된 견해에 의지하지 않고 세상에서 아무것도 집착하지 않는다. 비구들이여, 이와 같이 비구는 몸에서 몸을 알아차리는 수행을 하면서 지낸다.

053. 다시 비구들이여, ⑤마치 묘지에 버려진 시체가 해골이 되어 살도 피도 없이 힘줄만 남아서 서로 이어져 있는 것을 보는 것처럼, 비구는 자신의 몸을 그에 비추어 바라본다. '이 몸 또한 그와 같고, 그와 같이 될 것이며, 그에서 벗어나지 못하리라'라고 알아차린다.

054. 이와 같이 그는 몸에서 몸을 안으로 알아차리는 수행을 하면서 지낸다. 혹은 몸에서 몸을 밖으로 알아

차리는 수행을 하면서 지낸다. 혹은 몸에서 몸을 안팎으로 알아차리는 수행을 하면서 지낸다.

055. 혹은 몸에서 일어나는 현상을 알아차리는 수행을 하면서 지낸다. 혹은 몸에서 사라지는 현상을 알아차리는 수행을 하면서 지낸다. 혹은 몸에서 일어나기도 하고 사라지기도 하는 현상을 알아차리는 수행을 하면서 지낸다.

056. 그는 단지 몸이 있다는 알아차림을 확립할 때까지 몸의 현상들에 대한 분명한 앎과, 알아차림을 확립하고, 유지한다. 그는 갈애와 잘못된 견해에 의지하지 않고 세상에서 아무것도 집착하지 않는다. 비구들이여, 이와 같이 비구는 몸에서 몸을 알아차리는 수행을 하면서 지낸다.

057. 다시 비구들이여, ⑥마치 묘지에 버려진 시체가 그 뼈들이 흩어져서 여기에 손뼈 · 저기에 발뼈 · 정강이뼈 · 넓적다리뼈 · 엉덩이뼈 · 등뼈 · 갈비뼈 · 가슴뼈 · 팔뼈 · 어깨뼈 · 목뼈 · 턱뼈 · 치아 · 두개골 등

이 사방에 널려있는 것을 보는 것처럼, 비구는 자신의 몸을 그것에 비추어 바라본다. '이 몸 또한 그와 같고, 그와 같이 될 것이며, 그에서 벗어나지 못하리라'라고 알아차린다.

058. 이와 같이 그는 몸에서 몸을 안으로 알아차리는 수행을 하면서 지낸다. 혹은 몸에서 몸을 밖으로 알아차리는 수행을 하면서 지낸다. 혹은 몸에서 몸을 안팎으로 알아차리는 수행을 하면서 지낸다.

059. 혹은 몸에서 일어나는 현상을 알아차리는 수행을 하면서 지낸다. 혹은 몸에서 사라지는 현상을 알아차리는 수행을 하면서 지낸다. 혹은 몸에서 일어나기도 하고 사라지기도 하는 현상을 알아차리는 수행을 하면서 지낸다.

060. 그는 단지 몸이 있다는 알아차림을 확립할 때까지 몸의 현상들에 대한 분명한 앎과, 알아차림을 확립하고, 유지한다. 그는 갈애와 잘못된 견해에 의지하지 않고 세상에서 아무것도 집착하지 않는다. 비구들이

여, 이와 같이 비구는 몸에서 몸을 알아차리는 수행을 하면서 지낸다.

061. 다시 비구들이여, ⑦마치 묘지에 버려진 시체가 그 뼈들이 하얗게 변해 조개껍데기 색깔처럼 된 것을 보는 것처럼, 비구는 자신의 몸을 그에 비추어 바라본다. '이 몸 또한 그와 같고, 그와 같이 될 것이며, 그에서 벗어나지 못하리라.' 알아차린다.

062. 이와 같이 그는 몸에서 몸을 안으로 알아차리는 수행을 하면서 지낸다. 혹은 몸에서 몸을 밖으로 알아차리는 수행을 하면서 지낸다. 혹은 몸에서 몸을 안팎으로 알아차리는 수행을 하면서 지낸다.

063. 혹은 몸에서 일어나는 현상을 알아차리는 수행을 하면서 지낸다. 혹은 몸에서 사라지는 현상을 알아차리는 수행을 하면서 지낸다. 혹은 몸에서 일어나기도 하고 사라지기도 하는 현상을 알아차리는 수행을 하면서 지낸다.

064. 그는 단지 몸이 있다는 알아차림을 확립할 때까지 몸의 현상들에 대한 분명한 앎과 알아차림을 확립하고, 유지한다. 그는 갈애와 잘못된 견해에 의지하지 않고 세상에서 아무것도 집착하지 않는다. 비구들이여, 이와 같이 비구는 몸에서 몸을 알아차리는 수행을 하면서 지낸다.

065. 다시 비구들이여, ⑧마치 묘지에 버려진 시체의 뼈가 백골로 변해서 무더기로 쌓여있는 것을 보는 것처럼, 비구는 자신의 몸을 그에 비추어 바라본다. '이 몸 또한 그와 같고, 그와 같이 될 것이며, 그에서 벗어나지 못하리라'라고 알아차린다.

066. 이와 같이 그는 몸에서 몸을 안으로 알아차리는 수행을 하면서 지낸다. 혹은 몸에서 몸을 밖으로 알아차리는 수행을 하면서 지낸다. 혹은 몸에서 몸을 안팎으로 알아차리는 수행을 하면서 지낸다.

067. 혹은 몸에서 일어나는 현상을 알아차리는 수행을 하면서 지낸다. 혹은 몸에서 사라지는 현상을 알아

차리는 수행을 하면서 지낸다. 혹은 몸에서 일어나기도 하고 사라지기도 하는 현상을 알아차리는 수행을 하면서 지낸다.

068. 그는 단지 몸이 있다는 알아차림을 확립할 때까지 몸의 현상들에 대한 분명한 앎과, 알아차림을 확립하고, 유지한다. 그는 갈애와 잘못된 견해에 의지하지 않고 세상에서 아무것도 집착하지 않는다. 비구들이여, 이와 같이 비구는 몸에서 몸을 알아차리는 수행을 하면서 지낸다.

069. 다시 비구들이여, ⑨마치 묘지에 버려진 시체의 뼈들이 삭아서 가루가 된 것을 보는 것처럼, 비구는 자신의 몸을 그에 비추어 바라본다. '이 몸 또한 그와 같고, 그와 같이 될 것이며, 그에서 벗어나지 못하리라'라고 알아차린다.

070. 이와 같이 그는 몸에서 몸을 안으로 알아차리는 수행을 하면서 지낸다. 혹은 몸에서 몸을 밖으로 알아차리는 수행을 하면서 지낸다. 혹은 몸에서 몸을 안팎

으로 알아차리는 수행을 하면서 지낸다.

071. 혹은 몸에서 일어나는 현상을 알아차리는 수행을 하면서 지낸다. 혹은 몸에서 사라지는 현상을 알아차리는 수행을 하면서 지낸다. 혹은 몸에서 일어나기도 하고 사라지기도 하는 현상을 알아차리는 수행을 하면서 지낸다.

072. 그는 단지 몸이 있다는 알아차림을 확립할 때까지 몸의 현상들에 대한 분명한 앎과, 알아차림을 확립하고, 유지한다. 그는 갈애와 잘못된 견해에 의지하지 않고 세상에서 아무것도 집착하지 않는다.

073. 비구들이여, 이와 같이 비구는 몸에서 몸을 알아차리는 수행을 하면서 지낸다.

## ● 느낌을 알아차림(受念處, 受隨觀, Vedanānupassanā)

074. 비구들이여, 어떻게 비구가 느낌(受)에서 느낌을

알아차리는 수행을 하면서 지내는가? 비구들이여, 여기 비구는 즐거운 느낌(樂)을 느끼면 '나는 즐거운 느낌을 느낀다'라고 분명히 안다. 괴로운 느낌(苦)을 느끼면 '나는 괴로운 느낌을 느낀다'라고 분명히 안다. 괴롭지도 즐겁지도 않은 느낌(不苦不樂)을 느끼면 '나는 괴롭지도 즐겁지도 않은 느낌을 느낀다'라고 분명히 안다. 세간의 즐거운 느낌을 느끼면 '나는 세간의 즐거운 느낌을 느낀다'라고 분명히 안다. 출세간의 즐거운 느낌을 느끼면 '나는 출세간의 즐거운 느낌을 느낀다'라고 분명히 안다. 세간의 괴로운 느낌을 느끼면 '나는 세간의 괴로운 느낌을 느낀다'라고 분명히 안다. 출세간의 괴로운 느낌을 느끼면 '나는 출세간의 괴로운 느낌을 느낀다'라고 분명히 안다. 세간의 괴롭지도 즐겁지도 않은 느낌을 느끼면 '나는 세간의 괴롭지도 즐겁지도 않은 느낌을 느낀다'라고 분명히 안다. 출세간의 괴롭지도 즐겁지도 않은 느낌을 느끼면 '나는 출세간의 괴롭지도 즐겁지도 않은 느낌을 느낀다'라고 분명히 안다.

075. 이와 같이 그는 느낌에서 느낌을 안으로 알아차리는 수행을 하면서 지낸다. 혹은 느낌에서 느낌을 밖으로 알아차리는 수행을 하면서 지낸다. 혹은 느낌에서

느낌을 안팎으로 알아차리는 수행을 하면서 지낸다.

076. 혹은 느낌이 일어나는 현상을 알아차리는 수행을 하면서 지낸다. 혹은 느낌이 사라지는 현상을 알아차리는 수행을 하면서 지낸다. 혹은 느낌이 일어나기도 하고 사라지기도 하는 현상을 알아차리는 수행을 하면서 지낸다.

077. 그는 단지 느낌이 있다는 알아차림을 확립할 때까지 몸의 현상들에 대한 분명한 앎과, 알아차림을 확립하고, 유지한다. 그는 갈애와 잘못된 견해에 의지하지 않고 세상에서 아무것도 집착하지 않는다.

078. 비구들이여, 이와 같이 비구는 느낌에서 느낌을 알아차리는 수행을 하면서 지낸다.

## ● 마음을 알아차림(心念處, 心隨觀, Cittānupassanā)

079. 비구들이여, 어떻게 비구가 마음(心)에서 마음을

알아차리는 수행을 하면서 지내는가? 비구들이여, 여기 비구는 ①탐욕이 있는 마음을 탐욕이 있는 마음이라고 분명히 안다. 탐욕이 없는 마음을 탐욕이 없는 마음이라고 분명히 안다. ②성냄이 있는 마음을 성냄이 있는 마음이라고 분명히 안다. 성냄이 없는 마음을 성냄이 없는 마음이라 분명히 안다. ③어리석음이 있는 마음을 어리석음이 있는 마음이라고 분명히 안다. 어리석음이 없는 마음을 어리석음이 없는 마음이라고 분명히 안다. ④위축된(무기력한) 마음을 위축된 마음이라고 분명히 안다. 산만한 마음을 산만한 마음이라고 분명히 안다. ⑤고귀한(계발된) 마음을 고귀한 마음이라고 분명히 안다. 고귀하지 않은 마음을 고귀하지 않은 마음이라고 분명히 안다. ⑥향상된 마음을 향상된 마음이라고 분명히 안다. 향상되지 않은 마음을 향상되지 않은 마음이라고 분명히 안다. ⑦삼매에 든(집중된) 마음을 삼매에 든 마음이라고 분명히 안다. 삼매에 들지 않은 마음을 삼매에 들지 않은 마음이라고 분명히 안다. 해탈한(자유로워진) 마음을 해탈한 마음이라고 분명히 안다. 해탈하지 않은 마음을 해탈하지 않은 마음이라고 분명히 안다.

080. 이와 같이 그는 마음에서 마음을 안으로 알아차리는 수행을 하면서 지낸다. 혹은 마음에서 마음을 밖으로 알아차리는 수행을 하면서 지낸다. 혹은 마음에서 마음을 안팎으로 알아차리는 수행을 하면서 지낸다.

081. 혹은 마음이 일어나는 현상을 알아차리는 수행을 하면서 지낸다. 혹은 마음이 사라지는 현상을 알아차리는 수행을 하면서 지낸다. 혹은 마음이 일어나기도 하고 사라지기도 하는 현상을 알아차리는 수행을 하면서 지낸다.

082. 그는 단지 마음이 있다는 알아차림을 확립할 때까지 마음의 현상들에 대한 분명한 앎과 알아차림을 확립하고, 유지한다. 그는 갈애와 잘못된 견해에 의지하지 않고 세상에서 아무것도 집착하지 않는다.

083. 비구들이여, 이와 같이 비구는 마음에서 마음을 알아차리는 수행을 하면서 지낸다.

## ● 법을 알아차림

(法念處, 法隨觀, Dhammānupassanā nīvara apabba )

### 다섯 가지 장애(五蓋)를 알아차림

084. 비구들이여, 어떻게 비구가 법(法 dhamma)에서 법을 알아차리는 수행을 하면서 지내는가? 비구들이여, 여기 비구는 다섯 가지 장애(五蓋)의 법에서 법을 알아차리는 수행을 하면서 지낸다. 비구들이여, 어떻게 비구가 다섯 가지 장애의 법에서 법을 알아차리는 수행을 하면서 지내는가?

085. 비구들이여, 여기 비구는 안으로 **감각적 욕망(貪欲蓋, kāmacchanda)**이 있을 때 '내게 감각적 욕망이 있다'라고 분명히 알고, 감각적 욕망이 없을 때 '내게 감각적 욕망이 없다'라고 분명히 안다. 비구는 전에 없던 감각적 욕망이 어떻게 일어나는지 분명히 알고, 일어난 감각적 욕망을 어떻게 제거시키는지 분명히 알며, 어떻게 하면 제거한 감각적 욕망이 앞으로 다시

일어나지 않는지 분명히 안다.

086. 비구들이여, 여기 비구는 안으로 **악의(惡意 vyāpāda)**가 있을 때 '내게 악의가 있다'라고 분명히 알고, 악의가 없을 때 '내게 악의가 없다'라고 분명히 안다. 비구는 전에 없던 악의가 어떻게 일어나는지 분명히 알고, 일어난 악의를 어떻게 제거시키는지 분명히 알며, 어떻게 하면 제거한 악의가 앞으로 다시 일어나지 않는지 분명히 안다.

087. 비구들이여, 여기 비구는 안으로 **나태와 혼침(惛眠蓋 thīna-middha)**이 있을 때 '내게 나태와 혼침昏沈이 있다'라고 분명히 알고, 해태와 혼침이 없을 때 '내게 나태와 혼침이 없다'라고 분명히 안다. 비구는 전에 없던 해태와 혼침이 어떻게 일어나는지 분명히 알고, 일어난 나태와 혼침을 어떻게 제거하는지 분명히 알며, 어떻게 하면 제거한 해태와 혼침이 앞으로 다시 일어나지 않는지 분명히 안다.

088. 비구들이여, 여기 비구는 안으로 **들뜸과 후회(掉**

**悔蓋 掉擧惡作 uddhacca-kukkucca)**가 있을 때 '내게 들뜸과 후회가 있다'라고 분명히 알고, 들뜸과 후회가 없을 때 '내게 들뜸과 후회가 없다'라고 분명히 안다. 비구는 전에 없던 들뜸과 후회가 어떻게 일어나는지 분명히 알고, 일어난 들뜸과 후회를 어떻게 제거하는지 분명히 알며, 어떻게 하면 제거한 들뜸과 후회가 앞으로 다시 일어나지 않는지 분명히 안다.

089. 비구들이여, 여기 비구는 안으로 **회의적 의심(疑蓋 vicikicchā)**이 있을 때 '내게 의심이 있다'라고 분명히 알고, 의심이 없을 때 '내게 의심이 없다'라고 분명히 안다. 비구는 전에 없던 의심이 어떻게 일어나는지 분명히 알고, 일어난 의심을 어떻게 제거하는지 분명히 알며, 어떻게 하면 제거한 의심이 앞으로 다시 일어나지 않는지 분명히 안다.

090. 이와 같이 그는 법에서 법을 안으로 알아차리는 수행을 하면서 지낸다. 혹은 법에서 법을 밖으로 알아차리는 수행을 하면서 지낸다. 혹은 법에서 법을 안팎으로 알아차리는 수행을 하면서 지낸다.

091. 혹은 법이 일어나는 현상을 알아차리는 수행을 하면서 지낸다. 혹은 법이 사라지는 현상을 알아차리는 수행을 하면서 지낸다. 혹은 법이 일어나기도 하고 사라지기도 하는 현상을 알아차리는 수행을 하면서 지낸다.

092. 그는 단지 법이 있다는 알아차림을 확립할 때까지 법의 현상들에 대한 분명한 앎과, 알아차림을 확립하고, 유지한다. 그는 갈애와 잘못된 견해에 의지하지 않고 세상에서 아무것도 집착하지 않는다.

093. 비구들이여, 이와 같이 비구는 다섯 가지 장애라는 법에서 법을 알아차리는 수행을 하면서 지낸다.

## 다섯 가지 집착의 무더기(五取蘊)를 알아차림

094. 다시 비구들이여, 여기 비구는 다섯 가지 집착의 무더기라는 법에서 법을 알아차리는 수행을 하면서 지낸다. 비구들이여, 어떻게 비구가 다섯 가지 집착의

무더기라는 법에서 법을 알아차리는 수행을 하면서 지내는가?

095. 비구들이여, 여기 비구는 '이것이 **물질(色)**이다. 이것이 물질의 일어남이다. 이것이 물질의 사라짐이다. 이것이 **느낌(受)**이다. 이것이 느낌의 일어남이다. 이것이 느낌의 사라짐이다. 이것이 **인식(想)**이다. 이것이 인식의 일어남이다. 이것이 인식의 사라짐이다. 이것이 마음의 **형성(行)**이다. 이것이 마음의 형성의 일어남이다. 이것이 마음의 형성의 사라짐이다. 이것이 **의식(識)**이다. 이것이 의식의 일어남이다. 이것이 의식의 사라짐이다'라고 알아차린다.

096. 이와 같이 그는 법에서 법을 안으로 알아차리는 수행을 하면서 지낸다. 혹은 법에서 법을 밖으로 알아차리는 수행을 하면서 지낸다. 혹은 법에서 법을 안팎으로 알아차리는 수행을 하면서 지낸다.

097. 혹은 법이 일어나는 현상을 알아차리는 수행을 하면서 지낸다. 혹은 법이 사라지는 현상을 알아차리

는 수행을 하면서 지낸다. 혹은 법이 일어나기도 하고 사라지기도 하는 현상을 알아차리는 수행을 하면서 지낸다.

098. 그는 단지 법이 있다는 알아차림을 확립할 때까지 법의 현상들에 대한 분명한 앎과, 알아차림을 확립하고, 유지한다. 그는 갈애와 잘못된 견해에 의지하지 않고 세상에서 아무것도 집착하지 않는다.

099. 비구들이여, 이와 같이 비구는 다섯 가지 집착의 무더기라는 법에서 법을 알아차리는 수행을 하면서 지낸다.

## 여섯 가지 안팎의 감각장소(十二處)

100. 다시 비구들이여, 여기 비구는 여섯 가지 안팎의 감각장소라는 법에서 법을 알아차리는 수행을 하면서 지낸다. 비구들이여, 어떻게 비구가 여섯 가지 안팎의 감각장소라는 법에서 법을 알아차리는 수행을 하면서

지내는가?

101. 비구들이여, 여기 비구는 **눈(眼)**을 알아차리고, **형상(色)**을 알아차리고, 이 두 가지를 조건으로 일어난 족쇄(속박)도 알아차린다. 전에 없던 족쇄가 어떻게 일어나는지 알아차리고, 일어난 족쇄가 어떻게 사라지는지 알아차리며, 어떻게 하면 사라진 족쇄가 앞으로 다시 일어나지 않는지를 알아차린다.

비구는 **귀(耳)**를 알아차리고, **소리(聲)**를 알아차리고, 이 두 가지를 조건으로 일어난 족쇄(속박)도 알아차린다. 전에 없던 족쇄가 어떻게 일어나는지 알아차리고, 일어난 족쇄가 어떻게 사라지는지 알아차리며, 어떻게 하면 사라진 족쇄가 앞으로 다시 일어나지 않는지를 알아차린다.

비구는 **혀(舌)**를 알아차리고, **맛(味)**을 알아차리고, 이 두 가지를 조건으로 일어난 족쇄(속박)도 알아차린다. 전에 없던 족쇄가 어떻게 일어나는지 알아차리고, 일어난 족쇄가 어떻게 사라지는지 알아차리며, 어떻게 하면 사라진 족쇄가 앞으로 다시 일어나지 않는지를 알아차린다.

비구는 **몸(身)**을 알아차리고, **접촉(觸)**을 알아차리고, 이 두 가지를 조건으로 일어난 족쇄(속박)도 알아차린다. 전에 없던 족쇄가 어떻게 일어나는지 알아차리고, 일어난 족쇄가 어떻게 사라지는지 알아차리며, 어떻게 하면 사라진 족쇄가 앞으로 다시 일어나지 않는지를 알아차린다.

비구는 **마음(意)**을 알아차리고, **마음의 대상(法)**을 알아차리고, 이 두 가지를 조건으로 일어난 족쇄(속박)도 알아차린다. 전에 없던 족쇄가 어떻게 일어나는지 알아차리고, 일어난 족쇄가 어떻게 사라지는지 알아차리며, 어떻게 하면 사라진 족쇄가 앞으로 다시 일어나지 않는지를 알아차린다.

102. 이와 같이 그는 법에서 법을 안으로 알아차리는 수행을 하면서 지낸다. 혹은 법에서 법을 밖으로 알아차리는 수행을 하면서 지낸다. 혹은 법에서 법을 안팎

으로 알아차리는 수행을 하면서 지낸다.

103. 혹은 법이 일어나는 현상을 알아차리는 수행을 하면서 지낸다. 혹은 법이 사라지는 현상을 알아차리는 수행을 하면서 지낸다. 혹은 법이 일어나기도 하고 사라지기도 하는 현상을 알아차리는 수행을 하면서 지낸다.

104. 그는 단지 법이 있다는 알아차림을 확립할 때까지 법의 현상들에 대한 분명한 앎과, 알아차림을 확립하고, 유지한다. 그는 갈애와 잘못된 견해에 의지하지 않고 세상에서 아무것도 집착하지 않는다.

105. 비구들이여, 이와 같이 비구는 여섯 가지 안팎의 감각장소라는 법에서 법을 알아차리는 수행을 하면서 지낸다.

## 일곱 가지 깨달음의 구성요소(七覺支)를 알아차림

106. 다시 비구들이여, 여기 비구는 일곱 가지 깨달음의 구성요소라는 법에서 법을 알아차리는 수행을 하면서 지낸다. 비구들이여, 어떻게 비구가 일곱 가지 깨달음의 구성요소라는 법에서 법을 알아차리는 수행을 하면서 지내는가?

107. 비구들이여, 여기 비구는 ① 안으로 **알아차림이라는 깨달음의 구성요소(念覺支)**가 있을 때 '내게 알아차림의 깨달음의 구성요소가 있다'라고 알아차리고, 알아차림의 깨달음의 구성요소가 없을 때 '내게 알아차림의 깨달음의 구성요소가 없다'라고 알아차린다. 비구는 전에 없던 알아차림의 깨달음의 구성요소가 어떻게 일어나는지 알아차리고, 이미 일어난 알아차림의 깨달음의 구성요소를 어떻게 수행을 통해서 완성되는지를 알아차린다.

② 안으로 **법에 대한 고찰(擇覺支)이라는 깨달음의 구성요소**가 있을 때 '내게 법에 대한 고찰의 깨달음의

구성요소가 있다'라고 알아차리고, 법에 대한 고찰의 깨달음의 구성요소가 없을 때 '내게 법에 대한 고찰의 깨달음의 구성요소가 없다'라고 알아차린다. 비구는 전에 없던 법에 대한 고찰의 깨달음의 구성요소가 어떻게 일어나는지 알아차리고, 이미 일어난 법에 대한 고찰의 깨달음의 구성요소를 어떻게 수행을 통해서 성취하는지 완성되는지 알아차린다.

③ 안으로 **정진이라는 깨달음의 구성요소(精進覺支)**가 있을 때 '내게 정진의 깨달음의 구성요소가 있다'라고 알아차리고, 정진의 깨달음의 구성요소가 없을 때 '내게 정진의 깨달음의 구성요소가 없다'라고 알아차린다. 비구는 전에 없던 정진의 깨달음의 구성요소가 어떻게 일어나는지 알아차리고, 이미 일어난 정진의 깨달음의 구성요소를 어떻게 수행을 통해서 완성되는지를 알아차린다.

④ 안으로 **희열이라는 깨달음의 구성요소(喜覺支)**가 있을 때 '내게 희열의 깨달음의 구성요소가 있다'라고 알아차리고, 희열의 깨달음의 구성요소가 없을 때 '내게 희열의 깨달음의 구성요소가 없다'라고 알아차린

다. 비구는 전에 없던 희열의 깨달음의 구성요소가 어떻게 일어나는지 알아차리고, 이미 일어난 희열의 깨달음의 구성요소를 어떻게 수행을 통해서 완성되는지를 알아차린다.

⑤ 안으로 **평온이라는 깨달음의 구성요소(輕安覺支)**가 있을 때 '내게 평온의 깨달음의 구성요소가 있다'라고 알아차리고, 평온의 깨달음의 구성요소가 없을 때 '내게 평온의 깨달음의 구성요소가 없다'라고 알아차린다. 비구는 전에 없던 평온의 깨달음의 구성요소가 어떻게 일어나는지 알아차리고, 이미 일어난 평온의 깨달음의 구성요소를 어떻게 수행을 통해서 완성되는지를 알아차린다.

⑥ 안으로 **집중이라는 깨달음의 구성요소(定覺支)**가 있을 때 '내게 집중의 깨달음의 구성요소가 있다'라고 알아차리고, 집중의 깨달음의 구성요소가 없을 때 '내게 집중의 깨달음의 구성요소가 없다'라고 알아차린다. 비구는 전에 없던 집중의 깨달음의 구성요소가 어떻게 일어나는지 알아차리고, 이미 일어난 집중의 깨달음의 구성요소를 어떻게 수행을 통해서 완성되는지

를 알아차린다.

⑦안으로 **평정이라는 깨달음의 구성요소(捨覺支)**가 있을 때 '내게 평정의 깨달음의 구성요소가 있다'라고 알아차리고, 평정의 깨달음의 구성요소가 없을 때 '내게 평정의 깨달음의 구성요소가 없다'라고 알아차린다. 비구는 전에 없던 평정의 깨달음의 구성요소가 어떻게 일어나는지 알아차리고, 이미 일어난 평정의 깨달음의 구성요소가 어떻게 수행을 통해서 완성되는지를 알아차린다.

108. 이와 같이 그는 법에서 법을 안으로 알아차리는 수행을 하면서 지낸다. 혹은 법에서 법을 밖으로 알아차리는 수행을 하면서 지낸다. 혹은 법에서 법을 안팎으로 알아차리는 수행을 하면서 지낸다.

109. 혹은 법이 일어나는 현상을 알아차리는 수행을 하면서 지낸다. 혹은 법이 사라지는 현상을 알아차리는 수행을 하면서 지낸다. 혹은 법이 일어나기도 하고 사라지기도 하는 현상을 알아차리는 수행을 하면서

지낸다.

110. 그는 단지 법이 있다는 알아차림을 확립할 때까지 법의 현상들에 대한 분명한 앎과 알아차림을 확립하고, 유지한다. 그는 갈애와 잘못된 견해에 의지하지 않고 세상에서 아무것도 집착하지 않는다.

111. 비구들이여, 이와 같이 비구는 일곱 가지 깨달음의 구성요소라는 법에서 법을 알아차리는 수행을 하면서 지낸다.

## 네 가지 성스러운 진리(四聖諦)를 알아차림

112. 다시 비구들이여, 여기 비구는 **네 가지 성스러운 진리**라는 법에서 법을 알아차리는 수행을 하면서 지낸다. 비구들이여, 어떻게 비구가 네 가지 성스러운 진리의 법에서 법을 알아차리는 수행을 하면서 지내는가?

113. 비구들이여, 여기 비구는 **'이것이 괴로움이다(苦)'**라고 있는 그대로 분명히 안다. **'이것이 괴로움의 일어남이다(集)'**라고 있는 그대로 분명히 안다. **'이것이 괴로움의 소멸이다(滅)'**라고 있는 그대로 분명히 안다. **'이것이 괴로움의 소멸로 인도하는 길(道)이다'**라고 있는 그대로 분명히 안다.

114. 비구들이여, 그러면 **무엇이 괴로움의 성스러운 진리인가(苦聖諦)?** 태어남도 괴로움이요, 늙음도 괴로움이요, 병듦도 괴로움이요, 죽음도 괴로움이다. 슬픔·비탄·육체적 고통·정신적 고통·절망도 괴로움이다. 싫어하는 것들과 만나는 것도 괴로움이요(怨憎會苦), 좋아하는 것들과 헤어지는 것도 괴로움이요(愛別離苦), 원하는 것을 얻지 못하는 것도 괴로움이다(求不得苦). 요컨대 다섯 가지 집착의 무더기(五取蘊, 五蘊: 色·受·想·行·識) 자체가 괴로움이다.

115. 비구들이여, 그러면 어떤 것이 태어남(生)인가? 이런저런 생명의 무리 가운데서 이런저런 생명들의 태어남·출생·도래함·생김·그것들의 수태·다섯 무더기(五蘊)의 나타남·감각장소를 획득함, 비구들이

여, 이를 일러 태어남이라 한다.

116. 비구들이여, 그러면 어떤 것이 늙음인가? 이런저런 중생들의 무리 가운데서 이런저런 생명들의 늙음·노쇠함·부서진 이빨·희어진 머리카락·주름진 피부·수명의 감소·감각기능의 쇠약, 비구들이여, 이를 일러 늙음이라 한다.

117. 비구들이여, 그러면 어떤 것이 죽음인가? 이런저런 중생들의 무리 가운데서 이런저런 생명들의 종말·제거됨·부서짐·사라짐·사망·죽음·서거·다섯 무더기의 해체·유해의 버림·생명기능(命根)의 끊어짐, 비구들이여, 이를 일러 죽음이라 한다.

118. 비구들이여, 그러면 어떤 것이 슬픔인가? 비구들이여, 이런저런 불행을 만나고 이런저런 괴로운 것에 접촉한 사람의 슬픔·슬퍼함·슬퍼짐·내면의 슬픔·내면의 비통, 비구들이여, 이를 일러 슬픔이라 한다.

119. 비구들이여, 그러면 어떤 것이 비탄인가? 비구들이여, 이런저런 불행을 만나고 이런저런 괴로운 것에 접촉한 사람의 울부짖음 · 한탄 · 비탄 · 울부짖고 비탄해함, 비구들이여, 이를 일러 비탄이라 한다.

120. 비구들이여, 그러면 어떤 것이 육체적 고통인가? 비구들이여, 몸의 고통 · 몸의 불쾌함 · 몸의 접촉으로 일어나는 고통스럽고 불쾌한 느낌, 비구들이여, 이를 일러 육체적 고통이라 한다.

121. 비구들이여, 그러면 어떤 것이 정신적 고통인가? 비구들이여, 정신적인 고통 · 정신적인 불쾌함 · 마음의 접촉으로 일어나는 고통스럽고 불쾌한 느낌, 비구들이여, 이를 일러 정신적 고통이라 한다.

122. 비구들이여, 그러면 어떤 것이 절망인가? 비구들이여, 이런저런 불행을 만나고 · 이런저런 괴로운 것에 접촉한 사람의 실망 · 절망 · 실망의 상태 · 낙담함, 비구들이여, 이를 일러 절망이라 한다.

123. 비구들이여, 그러면 어떤 것이 싫어하는 것들과 만나는 것인가? 원하지 않고 좋아하지 않고 즐겁지 않은 형색 · 소리 · 냄새 · 맛 · 감촉 · 현상을 접하거나, 나의 안녕 · 이익 · 평안 · 안온을 바라지 않는 사람들과의 만남 · 모임 · 함께하는 것 · 교류하는 것, 비구들이여, 이를 일러 싫어하는 것들과 만남이라 한다.

124. 비구들이여, 그러면 어떤 것이 좋아하는 것들과 헤어지는 것인가? 원하고 좋아하고 즐거워하는 형색 · 소리 · 냄새 · 맛 · 감촉 · 현상을 접하지 못하거나, 나의 안녕 · 이익 · 평안 · 안온을 바라는 사람들, 즉 아버지 · 어머니 · 형제 · 자매 · 친구 · 동료 · 친척들과 만나지 못하고 · 모이지 못하고 · 함께하지 못하고 · 교류하지 못하는 것, 비구들이여, 이를 일러 좋아하는 것들과 헤어짐이라 한다.

125. 비구들이여, 그러면 어떤 것이 원하는 것을 얻지 못하는 괴로움인가? 비구들이여, 태어나기 마련인 중생들에게 이런 바람이 일어난다. '오, 참으로 우리가 태어나지 않기를, 참으로 우리에게 태어남이 일어나지 않기를!'이라고. 그러나 이것은 원한다고 해서 얻어지

지 않는다. 원하는 것을 얻지 못하는 이것도 괴로움이다. 비구들이여, 늙기 마련인 중생들에게 이런 바람이 일어난다. '오, 참으로 우리가 늙음을 겪지 않기를, 참으로 우리에게 늙음이 일어나지 않기를!'이라고. 그러나 이것은 원한다 해서 얻어지지 않는다. 원하는 것을 얻지 못하는 이것도 괴로움이다. 비구들이여, 병들기 마련인 중생들에게 이런 바람이 일어난다. '오, 참으로 우리가 병을 겪지 않기를! 참으로 우리에게 병이 일어나지 않기를!'이라고. 그러나 이것은 원한다 해서 얻어지지 않는다. 원하는 것을 얻지 못하는 이것도 괴로움이다. 비구들이여, 죽기 마련인 중생들에게 이런 바람이 일어난다. '오, 참으로 우리가 죽음을 겪지 않게 되기를! 참으로 우리에게 죽음이 일어나지 않기를!'이라고. 그러나 이것은 원한다 해서 얻어지지 않는다. 원하는 것을 얻지 못하는 이것도 괴로움이다. 비구들이여, 슬픔·비탄·육체적 고통·정신적 고통·절망을 겪지 않게 되기를! 참으로 슬픔·비탄·육체적 고통·정신적 고통·절망이 우리에게 일어나지 않기를!'이라고. 그러나 이것은 원한다 해서 얻어지지 않는다. 원하는 것을 얻지 못하는 이것도 괴로움이다.

126. 비구들이여, 그러면 요컨대 다섯 가지 집착의 무더기 자체가 괴로움이라는 것은 어떤 것인가? 그것은 물질에 대한 집착의 무더기 · 느낌에 대한 집착의 무더기 · 인식에 대한 집착의 무더기 · 형성에 대한 집착의 무더기 · 의식에 대한 집착의 무더기이다. 비구들이여, 요컨대 이것을 다섯 가지 집착의 무더기의 괴로움이라고 한다.

127. 비구들이여, 이것을 괴로움의 성스러운 진리라고 한다.

128. 비구들이여, 그러면 **무엇이 괴로움의 일어남의 성스러운 진리(集聖諦)인가?** 그것은 바로 갈애(渴愛, ta hā)이니, 다시 태어남을 가져오고 즐김과 탐욕이 함께하며, 여기저기서 즐기는 것이다. 곧 감각적 욕망에 대한 갈애(慾愛), 존재에 대한 갈애(有愛), 비존재에 대한 갈애(無有愛)가 그것이다.

129. 다시 비구들이여, 이런 갈애는 어디서 일어나서 어디서 자리 잡는가? 세상에서 즐겁고 기분 좋은 것이

있으면 거기서 이 갈애는 일어나서 거기서 자리 잡는다. 그러면 세상에서 어떤 것이 즐겁고 기분 좋은 것인가? ①눈眼은 세상에서 즐겁고 기분 좋은 것이다. 여기서 이 갈애는 일어나서 여기서 자리 잡는다. 귀耳는 세상에서 즐겁고 기분 좋은 것이다. 여기서 이 갈애는 일어나서 여기서 자리 잡는다. 코鼻는 세상에서 즐겁고 기분 좋은 것이다. 여기서 이 갈애는 일어나서 여기서 자리 잡는다. 혀舌는 세상에서 즐겁고 기분 좋은 것이다. 여기서 이 갈애는 일어나서 여기서 자리 잡는다. 몸身은 세상에서 즐겁고 기분 좋은 것이다. 여기서 이 갈애는 일어나서 여기서 자리 잡는다. 마음(意, mano)은 세상에서 즐겁고 기분 좋은 것이다. 여기서 이 갈애는 일어나서 여기서 자리 잡는다. ②형색色은 세상에서 즐겁고 기분 좋은 것이다. 여기서 이 갈애는 일어나서 여기서 자리 잡는다. 소리聲는 세상에서 즐겁고 기분 좋은 것이다. 여기서 이 갈애는 일어나서 여기서 자리 잡는다. 냄새香는 세상에서 즐겁고 기분 좋은 것이다. 여기서 이 갈애는 일어나서 여기서 자리 잡는다. 맛味은 세상에서 즐겁고 기분 좋은 것이다. 여기서 이 갈애는 일어나서 여기서 자리 잡는다. 감촉觸은 세상에서 즐겁고 기분 좋은 것이다. 여기서 이 갈애는 일어나서 여기서 자리 잡는다. 법(法, 마음의 대상)은 세상에서 즐겁고 기분 좋은 것이다. 여기서 이 갈애는 일어나서 여기서 자리 잡는다. ③안식眼識은 세상에서 즐겁고 기분 좋은 것이다. 여기서 이 갈애는 일어나서 여기서 자리 잡는다. 이식耳識은 세상에서 즐겁고 기분 좋은 것이다. 여기서 이 갈애는 일어나서 여기서 자리 잡는다. 비식鼻識은 세상에서 즐겁고 기분 좋은 것이다. 여기서 이 갈애는 일어나서 여기서 자리 잡는다. 설식舌識은 세상에서 즐겁고 기분 좋은 것이다. 여기서 이 갈애는 일어나서 여기서 자리 잡는다. 신식身識은 세상에서 즐겁고 기분 좋은 것이다. 여기서 이 갈애는 일어나서 여기서 자리 잡는다. 의식意識은 세상에서 즐겁고 기분 좋은 것이다. 여기서 이 갈애는 일어나서 여기서 자리 잡는다. ④눈의 감각접촉은 세상에서 즐겁고 기분 좋은 것이다. 여기서 이 갈애는 일어나서 여기서 자리 잡는다. 귀의 감각접촉은 세상에서 즐겁고 기분 좋은 것이다. 여기서 이 갈애는 일어나서 여기서 자리 잡는다. 코의 감각접촉은 세상에서 즐겁고 기분 좋은 것이다. 여기서 이 갈애는 일어나서 여기서 자리 잡는다. 혀의 감각접촉은 세상에서 즐겁고 기분 좋은 것이다. 여기서 이 갈애는 일어나서 여기서 자리 잡는다. 몸의 감각접촉은 세상에서 즐겁고 기분 좋은 것이다. 여기서 이 갈애는 일어나서 여기서 자리 잡는다. 마음의 감각접촉은 세상에서 즐겁고 기분 좋은 것이다. 여기서 이 갈애는 일어나서 여기서 자리 잡는다. ⑤눈의 접촉에서 생긴 느낌은 세상에서 즐겁고 기분 좋은 것이다. 여기서 이 갈애는 일어나서 여기서 자리 잡는다. 귀의 감각접촉에서 생긴 느낌은 세상에서 즐겁고 기분 좋은 것이다. 여기서 이 갈애는 일어나서 여기서 자리 잡는다. 코의 감각접촉에서 생긴 느낌은 세상에서 즐겁고 기분 좋은 것이다. 여기서 이 갈애는 일어나서 여기서 자리 잡는다. 혀의 감각접촉에서 생긴 느낌은 세상에서 즐겁고 기분 좋은 것이다. 여기서 이 갈애는 일어나서 여기서 자리 잡는다. 몸의 감각접촉에서 생긴 느낌은 세상에서 즐겁고 기분 좋은 것이다. 여기서 이 갈애는 일어나서 여기서 자리 잡는다. 마음의 감각접촉에서 생긴 느낌은 세상에서 즐겁고 기분 좋은 것이다. 여기서 이 갈애는 일어나서 여기서 자리 잡는다. ⑥형색에 대한 인식은 세상에서 즐겁고 기분 좋은 것이다. 여기서 이 갈애는 일어나서 여기서 자리 잡는다. 소리에 대한 인식은 세상에서 즐겁고 기분 좋은 것이다. 여기서 이 갈애는 일어나서 여기서 자리 잡는다. 냄새에 대한 인식은 세상에서 즐겁고 기분 좋은 것이다. 여기서 이 갈애는 일어나서 여기서 자리 잡는다. 맛에 대한 인식은 세상에서 즐겁고 기분 좋은 것이다. 여기서 이 갈애는 일어나서 여기서 자리 잡는다. 몸에 대한 인식은 세상에서 즐겁고 기분 좋은 것이다. 여기서 이 갈애는 일어나서 여기서 자리 잡는다. 마음에 대한 인식은 세상에서 즐겁고 기분 좋은 것이다. 여기서 이 갈애는 일어나서 여기서 자리 잡는다. ⑦형색에 대한 의도(의지작용)는 세상에서 즐겁고 기분 좋은 것이다. 여기서 이 갈애는 일어나서 여기서 자리 잡는다. 소리에 대한 의도는 세상에서 즐겁고 기분 좋은 것이다. 여기서 이 갈애는 일어나서 여기서 자리 잡는다. 냄새에 대한 의도는 세상에서 즐겁고 기분 좋은 것이다. 여기서 이 갈애는 일어나서 여기서 자리 잡는다. 맛에 대한 의도는 세상에서 즐겁고 기분 좋은 것이다. 여기서 이 갈애는 일어나서 여기서 자리 잡는다. 감촉에 대한 의도는 세상에서 즐겁고 기분 좋은 것이다. 여기서 이 갈애는 일어나서 여기서 자리 잡는다. 법에 대한 의도는 세상에서 즐겁고 기분 좋은 것이다. 여기서 이 갈애는 일어나서 여기서 자리 잡는다. ⑧형색에 대한 갈애는 세상에서 즐겁고 기분 좋은 것이다. 여기서 이 갈애는 일어나서 여기서 자리 잡는다. 소리에 대한 갈애는 세상에서 즐겁고 기분 좋은 것이다. 여기서 이 갈애는 일어나서 여기서 자리 잡는다. 냄새에 대한 갈애는 세상에서 즐겁고 기분 좋은 것이다. 여기서 이 갈애는 일어나서 여기서 자리 잡는다. 맛에 대한 갈애는 세상에서 즐겁고 기분 좋은 것이다. 여기서 이 갈애는 일어나서 여기서 자리 잡는다. 감촉에 대한 갈애는 세상에서 즐겁고 기분 좋은 것이다. 여기서 이 갈애는 일어나서 여기서 자리 잡는다. 법에 대한 갈애는 세상에서 즐겁고 기분 좋은 것이다. 여기서 이 갈애는 일어나서 여기서 자리 잡는다. ⑨형색에 대한 일으킨 생각(尋, vitakka)은 세상에서 즐겁고 기분 좋은 것이다. 여기서 이 갈애는 일어나서 여기서 자리 잡는다. 소리에 대한 일으킨 생각은 세상에서 즐겁고 기분 좋은 것이다. 여기서 이 갈애는 일어나서 여기서 자리 잡는다. 냄새에 대한 일으킨 생각은 세상에서 즐겁고 기분 좋은 것이다. 여기서 이 갈애는 일어나서 여기서 자리 잡는다. 맛에 대한 일으킨 생각은 세상에서 즐겁고 기분 좋은 것이다. 여기서 이 갈애는 일어나서 여기서 자리 잡는다. 감촉에 대한 일으킨 생각은 세상에서 즐겁고 기분 좋은 것이다. 여기서 이 갈애는 일어나서 여기서 자리 잡는다. 법에 대한 일으킨 생각은 세상에서 즐겁고 기분 좋은 것이다. 여기서 이 갈애는 일어나서 여기서 자리 잡는다. ⑩형색에 대한 지속적 고찰(伺, vicāra)은 세상에서 즐겁고 기분 좋은 것이다.

여기서 이 갈애는 일어나서 여기서 자리 잡는다. 소리에 대한 지속적 고찰은 세상에서 즐겁고 기분 좋은 것이다. 여기서 이 갈애는 일어나서 여기서 자리 잡는다. 냄새에 대한 지속적 고찰은 세상에서 즐겁고 기분 좋은 것이다. 여기서 이 갈애는 일어나서 여기서 자리 잡는다. 맛에 대한 지속적 고찰은 세상에서 즐겁고 기분 좋은 것이다. 여기서 이 갈애는 일어나서 여기서 자리 잡는다. 감촉에 대한 지속적 고찰은 세상에서 즐겁고 기분 좋은 것이다. 여기서 이 갈애는 일어나서 여기서 자리 잡는다. 법에 대한 지속적 고찰은 세상에서 즐겁고 기분 좋은 것이다. 여기서 이 갈애는 일어나서 여기서 자리 잡는다.

130. 비구들이여, 이를 일러 괴로움의 일어남의 성스러운 진리라 한다.

131. 비구들이여, 그러면 **무엇이 괴로움의 소멸의 성스러운 진리(滅聖諦)**인가? 그것은 바로 그러한 갈애가 남김없이 소멸함, 버림, 놓아버림, 벗어남, 집착 없음이다.

132. 다시 비구들이여, 이런 갈애는 어디서 없어지고 어디서 소멸하는가? 세상에서 즐겁고 기분 좋은 것이 있으면 거기서 이 갈애는 없어지고 거기서 소멸한다. 그러면 세상에서 어떤 것이 즐겁고 기분 좋은 것인가? ①눈은 세상에서 즐겁고 기분 좋은 것이다. 여기서 이 갈애는 없어지고 여기서 소멸한다. 귀는 세상에서 즐겁고 기분 좋은 것이다. 여기서 이 갈애는 없어지고 여기서 소멸한다. 코는 세상에서 즐겁고 기분 좋은 것이다. 여기서 이 갈애는 없어지고 여기서 소멸한다. 혀는 세상에서 즐겁고 기분 좋은 것이다. 여기서 이 갈애는 없어지고 여기서 소멸한다. 몸은 세상에서 즐겁고 기분 좋은 것이다. 여기서 이 갈애는 없어지고 여기서 소멸한다. 마음은 세상에서 즐겁고 기분 좋은 것이다. 여기서 이 갈애는 없어지고 여기서 소멸한다. ②형색은 세상에서 즐겁고 기분 좋은 것이다. 여기서 이 갈애는 없어지고 여기서 소멸한다. 소리는 세상에서 즐겁고 기분 좋은 것이다. 여기서 이 갈애는 없어지고 여기서 소멸한다. 냄새는 세상에서 즐겁고 기분 좋은 것이다. 여기서 이 갈애는 없어지고 여기서 소멸한다. 맛은 세상에서 즐겁고 기분 좋은 것이다. 여기서 이 갈애는 없어지고 여기서 소멸한다. 감촉은 세상에서 즐겁고 기분 좋은 것이다. 여기서 이 갈애는 없

어지고 여기서 소멸한다. 법은 세상에서 즐겁고 기분 좋은 것이다. 여기서 이 갈애는 없어지고 여기서 소멸한다. ③안식은 세상에서 즐겁고 기분 좋은 것이다. 여기서 이 갈애는 없어지고 여기서 소멸한다. 이식은 세상에서 즐겁고 기분 좋은 것이다. 여기서 이 갈애는 없어지고 여기서 소멸한다. 비식은 세상에서 즐겁고 기분 좋은 것이다. 여기서 이 갈애는 없어지고 여기서 소멸한다. 설식은 세상에서 즐겁고 기분 좋은 것이다. 여기서 이 갈애는 없어지고 여기서 소멸한다. 신식은 세상에서 즐겁고 기분 좋은 것이다. 여기서 이 갈애는 없어지고 여기서 소멸한다. 의식은 세상에서 즐겁고 기분 좋은 것이다. 여기서 이 갈애는 없어지고 여기서 소멸한다. ④눈의 감각접촉은 세상에서 즐겁고 기분 좋은 것이다. 여기서 이 갈애는 없어지고 여기서 소멸한다. 귀의 감각접촉은 세상에서 즐겁고 기분 좋은 것이다. 여기서 이 갈애는 없어지고 여기서 소멸한다. 코의 감각접촉은 세상에서 즐겁고 기분 좋은 것이다. 여기서 이 갈애는 없어지고 여기서 소멸한다. 혀의 감각접촉은 세상에서 즐겁고 기분 좋은 것이다. 여기서 이 갈애는 없어지고 여기서 소멸한다. 몸의 감각접촉은 세상에서 즐겁고 기분 좋은 것이다. 여기서 이 갈애는 없어지고 여기서 소멸한다. 마음의 감각접촉은 세상에서 즐겁고 기분 좋은 것이다. 여기서 이 갈애는 없어지고 여기서 소멸한다. ⑤눈의 감각접촉에서 생긴 느낌은 세상에서 즐겁고 기분 좋은 것이다. 여기서 이 갈애는 없어지고 여기서 소멸한다. 귀의 감각접촉에서 생긴 느낌은 세상에서 즐겁고 기분 좋은 것이다. 여기서 이 갈애는 없어지고 여기서 소멸한다. 코의 감각접촉에서 생긴 느낌은 세상에서 즐겁고 기분 좋은 것이다. 여기서 이 갈애는 없어지고 여기서 소멸한다. 혀의 감각접촉에서 생긴 느낌은 세상에서 즐겁고 기분 좋은 것이다. 여기서 이 갈애는 없어지고 여기서 소멸한다. 몸의 감각접촉에서 생긴 느낌은 세상에서 즐겁고 기분 좋은 것이다. 여기서 이 갈애는 없어지고 여기서 소멸한다. 마음의 감각접촉에서 생긴 느낌은 세상에서 즐겁고 기분 좋은 것이다. 여기서 이 갈애는 없어지고 여기서 소멸한다. ⑥형색에 대한 인식은 세상에서 즐겁고 기분 좋은 것이다. 여기서 이 갈애는 없어지고 여기서 소멸한다. 소리에 대한 인식은 세상에서 즐겁고 기분 좋은 것이다. 여기서 이 갈애는 없어지고 여기서 소멸한다. 냄새에 대한 인식은 세상에서 즐겁고 기분 좋은 것이다. 여기서 이 갈애는 없어지고 여기서 소멸한다. 맛에 대한 인식은 세상에서 즐겁고 기분 좋은 것이다. 여기서 이 갈애는 없어지고 여기서 소멸한다. 몸에 대한 인식은 세상에서 즐겁고 기분 좋은 것이다. 여기서 이 갈애는 없어지고 여기서 소멸한다. 마음에 대한 인식은 세상에서 즐겁고 기분 좋은 것이다. 여기서 이 갈애는 없어지고 여기서 소멸한다. ⑦형색에 대한 의도는 세상에서 즐겁고 기분 좋은 것이다. 여기서 이 갈애는 없어지고 여기서 소멸한다. 소리에 대한 의도는 세상에서 즐겁고 기분 좋은 것이다. 여기서 이 갈애는 없어지고 여기서 소멸한다. 냄새에 대한 의도는 세상에서 즐겁고 기분 좋은 것이다. 여기서 이 갈애는 없어지고 여기서 소멸한다. 맛에 대한 의도는 세상에서 즐겁고 기분 좋은 것이다. 여기서 이 갈애는 없어지고 여기서 소멸한다. 감촉에 대한 의도는 세상에서 즐겁고 기분 좋은 것이다. 여기서 이 갈애는 없어지고 여기서 소멸한다. 법에 대한 의도는 세상에서 즐겁고 기분 좋은 것이다. 여기서 이 갈애는 없어지고 여기서 소멸한다. ⑧형색에 대한 갈애는 세상에서 즐겁고 기분 좋은 것이다. 여기서 이 갈애는 없어지고 여기서 소멸한다. 소리에 대한 갈애는 세상에서 즐겁고 기분 좋은 것이다. 여기서 이 갈애는 없어지고 여기서 소멸한다. 냄새에 대한 갈애는 세상에서 즐겁고 기분 좋은 것이다. 여기서 이 갈애는 없어지고 여기서 소멸한다. 맛에 대한 갈애는 세상에서 즐겁고 기분 좋은 것이다. 여기서 이 갈애는 없어지고 여기서 소멸한다. 감촉에 대한 갈애는 세상에서 즐겁고 기분 좋은 것이다. 여기서 이 갈애는 없어지고 여기서 소멸한다. 법에 대한 갈애는 세상에서 즐겁고 기분 좋은 것이다. 여기서 이 갈애는 없어지고 여기서 소멸한다. 형색에 대한 일으킨 생각(尋, vitakka)은 세상에서 즐겁고 기분 좋은 것이다. 여기서 이 갈애는 없어지고 여기서 소멸한다. 소리에 대한 일으킨 생각은 세상에서 즐겁고 기분 좋은 것이다. 여기서 이 갈애는 없어지고 여기서 소멸한다. 냄새에 대한 일으킨 생각은 세상에서 즐겁고 기분 좋은 것이다. 여기서 이 갈애는 없어지고 여기서 소멸한다. 맛에 대한 일으킨 생각은 세상에서 즐겁고 기분 좋은 것이다. 여기서 이 갈애는 없어지고 여기서 소멸한다. 감촉에 대한 일으킨 생각은 세상에서 즐겁고 기분 좋은 것이다. 여기서 이 갈애는 없어지고 여기서 소멸한다. 법에 대한 일으킨 생각은 세상에서 즐겁고 기분 좋은 것이다. 여기서 이 갈애는 없어지고 여기서 소멸한다. ⑨형색에 대한 지속적 고찰(伺, vicāra)은 세상에서 즐겁고 기분 좋은 것이다. 여기서 이 갈애는 없어지고 여기서 소멸한다. 소리에 대한 지속적 고찰은 세상에서 즐겁고 기분 좋은 것이다. 여기서 이 갈애는 없어지고 여기서 소멸한다. 냄새에 대한 지속적 고찰은 세상에서 즐겁고 기분 좋은 것이다. 여기서 이 갈애는 없어지고 여기서 소멸한다. 맛에 대한 지속적 고찰은 세상에서 즐겁고 기분 좋은 것이다. 여기서 이 갈애는 없어지고 여기서 소멸한다. 감촉에 대한 지속적 고찰은 세상에서 즐겁고 기분 좋은 것이다. 여기서 이 갈애는 없어지고 여기서 소멸한다. 법에 대한 지속적 고찰은 세상에서 즐겁고 기분 좋은 것이다. 여기서 이 갈애는 없어지고 여기서 소멸한다.

133. 비구들이여, 이를 일러 괴로움의 소멸의 성스러운 진리라 한다.

134. 비구들이여, 그러면 무엇이 **괴로움의 소멸로 인도하는 길의 성스러운 진리(道聖諦)**인가? 그것은 바로 여덟 가지 성스러운 도이니, 즉 바른 견해(正見) · 바른 사유(正思惟) · 바른 말(正語) · 바른 행위(正業 ) · 바른 생계(正命) · 바른 정진(正精進) · 바른 알아차림(正念) · 바른 선정(正定)이다.

135. 비구들이여, 그러면 무엇이 **바른 견해(正見)**인가? 비구들이여, 괴로움에 대한 지혜, 괴로움의 일어남에 대한 지혜, 괴로움의 소멸에 대한 지혜, 괴로움의 소멸로 인도하는 길에 대한 지혜이다. 비구들이여, 이를 일러 바른 견해라 한다.

136. 비구들이여, 그러면 무엇이 **바른 사유(正思惟)**인가? 탐욕이 없는 사유(出離思惟), 성냄이 없는 사유(無恚思惟), 해코지 않음에 대한 사유(不害思惟), 비구들이여, 이를 일러 바른 사유라 한다.

137. 비구들이여, 그러면 무엇이 **바른 말(正語)**인가? 거짓말을 삼가고, 중상모략을 삼가고, 거친 말을 삼가고, 쓸데없는 말을 삼가는 것, 비구들이여, 이를 일러 바른 말이라 한다.

138. 비구들이여, 그러면 무엇이 **바른 행위(正業)**인가? 살생을 삼가고, 도둑질을 삼가고, 그릇된 음행을 삼가는 것, 비구들이여, 이를 일러 바른 행위라 한다.

139. 비구들이여, 그러면 무엇이 **바른 생계(正命)**인가? 비구들이여, 여기 성스러운 제자는 그릇된 생계를 버리고, 바른 생계로 생명을 영위한다. 비구들이여, 이를 일러 바른 생계라 한다.

140. 비구들이여, 그러면 무엇이 **바른 정진(正精進)**인가? 비구들이여, 여기 비구는 아직 일어나지 않은 사악하고 해로운 법들이 일어나지 않도록(未生惡令不生, 律儀斷) 의지를 일으키고, 노력하고, 정진하고, 마음을 기울이고, 전력을 다한다. 이미 일어난 사악하고 해로운 법들을 제거하기 위해(已生惡令永斷, 斷斷) 의지를 일으키고, 노력하고, 정진하고, 마음을 기울이고, 전력을 다한다. 아직 일어나지 않은 유익한 법들이 일어나도록(未生善令生, 隨護斷) 의지를 일으키고, 노력하고, 정진하고, 마음을 기울이고, 전력을 다한다. 이미 일어난 유익한 법들을 지속시키고, 사라지지 않게 하고, 증장시키고, 충만하게 하고, 개발하고 완성하기 위해(已生善令增上, 修斷) 의지를 일으키고, 노력하고, 정진하고, 마음을 기울이고, 전력을 다한다. 비구들이여, 이를 일러 바른 정진이라 한다.

141. 비구들이여, 그러면 무엇이 바른 알아차림(正念)인가? 비구들이여, 여기 비구는 몸에서 몸을 알아차리는 수행을 하면서 지낸다. 열심히, 분명한 앎을 하고, 알아차려서, 세상에 대한 욕망과 싫어하는 마음을 제어하면서 지낸다. 느낌에서 느낌을 알아차리는 수행을 하면서 지낸다. 열심히, 분명한 앎을 하고, 알아차려서, 세상에 대한 욕망과 싫어하는 마음을 제어하면서 지낸다. 법에서 법을 알아차리는 수행을 하면서 지낸다. 열심히, 분명한 앎을 하고, 알아차려서, 세상에 대한 욕망과 싫어하는 마음을 제어하면서 지낸다. 비구들이여, 이를 일러 바른 알아차림이라 한다.

142. 비구들이여, 그러면 무엇이 **바른 선정(正定)**인가? 비구들이여, 여기 비구는 감각적 욕망을 완선히 떨쳐버리고, 해로운 법들을 떨쳐버린 뒤, 일으킨 생각(尋, vitakka)과 지속적 고찰(伺, vicāra)이 있고, 떨쳐버림으로써 생긴 희열과 행복이 있는 초선初禪에 들어 머문다. 다시 일으킨 생각과 지속적 고찰을 가라앉히고, 내적인 평온과 마음이 단일한 상태를 이루고, 일으킨 생각과 지속적 고찰에서 벗어나, 삼매에서 생긴 희열과 행복이 있는 이선二禪에 들어 머문다. 다시 희열까

지 사라져서, 평온하게 머물며, 알아차림과 분명한 앎으로 몸과 마음에서 행복을 경험하면서 지낸다. 성자들이 '평온하게 알아차리며 행복하게 머문다'라고 말하는, 그러한 삼선三禪에 들어 머문다. 다시 행복도 버리고, 괴로움도 버리고, 이전에 기쁨과 슬픔을 없앴기 때문에 괴롭지도 행복하지도 않고, 평온으로 인해 알아차리는 마음이 청정한 사선四禪에 들어 머문다. 비구들이여, 이를 일러 바른 선정이라 한다.

143. 비구들이여, 이를 일러 괴로움의 소멸로 인도하는 성스러운 진리라고 한다.

144. 이와 같이 비구는 법에서 법을 안으로 알아차리는 수행을 하면서 지낸다. 혹은 법에서 법을 밖으로 알아차리는 수행을 하면서 지낸다. 혹은 법에서 법을 안팎으로 알아차리는 수행을 하면서 지낸다.

145. 혹은 법이 일어나는 현상을 알아차리는 수행을 하면서 지낸다. 혹은 법이 사라지는 현상을 알아차리는 수행을 하면서 지낸다. 혹은 법이 일어나기도 하고

사라지기도 하는 현상을 알아차리는 수행을 하면서 지낸다.

146. 그는 단지 법이 있다는 알아차림을 확립할 때까지 법의 현상들에 대한 분명한 앎과, 알아차림을 확립하고, 유지한다. 그는 갈애와 잘못된 견해에 의지하지 않고 세상에서 아무것도 집착하지 않는다. 비구들이여, 이와 같이 비구는 법에서 법을 알아차리는 수행을 하면서 지낸다. 비구들이여, 이를 일러 도 닦음의 성스러운 진리라고 한다.

## ● 깨달음의 보증

147. 비구들이여, 누구든지 이들 네 가지 알아차림을 확립하는 수행을 7년 동안, 이와 같이 닦으면 두 가지 결과 중 하나를 기대할 수 있다.

148. 지금 여기에서 구경의 지혜를 얻거나, 아직 미세한 집착이 남아 있다면 다시는 돌아오지 않는 경지(不

還果)를 기대할 수 있다.

149. 비구들이여, 7년까진 아니더라도 누구든지 이 네 가지 알아차림을 확립하는 수행을 6년 5년 4년 3년 2년 1년 동안, 이와 같은 방법으로 닦으면 두 가지 결과 중 하나를 기대할 수 있다. 지금 여기에서 구경의 지혜를 얻거나, 미세한 집착이 남아 있다면 다시는 돌아오지 않는 경지를 기대할 수 있다.

150. 비구들이여, 1년까지는 아니더라도 누구든지 이 네 가지 알아차림을 확립하는 수행을 7개월 6개월 5개월 4개월 3개월 2개월 1개월 보름 동안 이와 같은 방법으로 닦으면 두 가지 결과 중 하나를 기대할 수 있다. 지금 여기에서 구경의 지혜를 얻거나, 집착이 미세하게 남아 있다면 다시는 돌아오지 않는 경지를 기대할 수 있다.

151. 비구들이여, 보름까지는 아니더라도 누구든지 이 네 가지 알아차림을 확립하는 수행을 7일 동안 이와 같은 방법으로 닦으면 두 가지 결과 중 하나를 기

대할 수 있다. 지금 여기에서 구경의 지혜를 얻거나, 집착이 미세하게 남아있다면 다시는 돌아오지 않는 경지를 기대할 수 있다.

152. 이와 같은 연유로 **"비구들이여, 이 도는 중생들을 청정하게 하고, 슬픔과 비탄을 극복하게 하고, 육체적 고통과 정신적 고통을 사라지게 하고, 올바른 길에 도달하게 하고, 열반을 실현하기 위한 유일한 길이다. 그것은 바로 네 가지 알아차림의 확립이다."**라고 설한 것이다.

153. 세존께서는 이와 같이 말씀하시자, 비구들은 마음이 흡족해져서 세존의 말씀을 크게 기뻐하였다.

"若以色見我

형색으로 나를 보거나

以音聲求我

음성으로 나를 찾으면

是人行邪道

삿된 길 걸을 뿐,

不能見如來

여래를 볼 수 없느니라."

# 대승경전 독송편

1. 「**대승경전 독송편**」에서는 **천수경 · 반야심경 · 금강반야바라밀경 · 불설아미타경 · 법화경 관세음보문품 · 화엄경 보현행원품 · 원각경 보안보살장 · 지장보살본원경** 등 모두 여덟 편의 경전을 실었다. 대부분 현재 한국불교에서 주로 수지독송되고 있는 대표적인 경전들이라 할 수 있다. 이러한 경전들은 이미 한국불교에서 널리 알려지고 수지독송되는 경전이기에, 간단히 그 대략적인 대용과 가르침만을 기술한다.

2. **천수경 · 반야심경 · 금강반야바라밀경** 등은 모두 한국불교의 대표적인 장자종단이라 할 수 있는 대한불교 조계종에서 공식적으로 번역하여 모든 예불과 법회와 기도와 행사의식에서 사용되고 있는 한글번역본을 실었다. 여기서 본 지송집을 읽는 분들에게 한 가지 양해를 구할 것은, 『**금강경**』의 경우 금강경의 내용을 '32분'이라는 주제별로 나눈 '분分'의 주제를 편집자의 임의대로 생략했다는 사실이다. 이는 어디까지나 편집자가 본 독송집을 편집하는 과정에서 편의상 그런 것이지, 다른 특별한 의도와 이견이 있어서 그런 것이 아님을 이해해 주시기 바란다.

3. **불설아미타경 · 원각경 보안보살장 · 지장보살본원경 · 법화경 관세음보문품 · 화엄경 보현행원품** 등은 본 편집자가 기존의 여러 한글해석들을 참고하여 새롭게 한글로 번역하여 다듬은 경전들이다. 독송자의 이해를 돕기 위해 가능하면 쉬운 한글 용어를 찾아 번역하고자 했으며, 까닭에 기존의 번역들과는 다른 용어의 선택과 번역이 있을 수 있다. 아울러 경전 내용에 따라 소주제로 나뉘고 있는 불설아미타경의 '분分', 지장보살본원경의 '품品' 등도 모두 생략하였다. 이 역시 어디까지나 편집

자가 본 독송집을 편집하는 과정에서 편의상 그런 것임을 밝힌다.

4. 『**금강경**』은 한국불교에서 어느 종파를 막론하고 가장 많이 수지독송되는 대표적인 대승경전이다. 특히 『불설아미타경』과 더불어 돌아가신 영가를 천도하는 49재나 천도법회 등에서도 자주 독송되는 경전이기도 하다. 모든 것이 '나'라고 주장할 만한 불변한 실체가 없는 까닭에 결과적으로 무상하고 공한 존재에 지나지 않으며, 따라서 어떤 대상에도 탐욕의 마음을 일으키거나 집착해서는 안 됨을 설하고 있다. 나아가 제법이 공성을 바탕하고 있음을 바르게 깨달아 반야지혜를 증득하고, 그러한 밝은 반야지혜에 의지하여 제법에 대한 탐욕과 집착에서 벗어나서 무량한 보살의 자비심으로 모든 중생을 구제하고자 하는 원력의 삶, 무애자재한 대승보살의 삶을 살 것을 가르치고 있기 때문이다.

5. 『**불설아미타경**』은 정토수행과 신행에 있어서 가장 중요한 위치를 자지한 경전 가운데 하나이다. 아미타 부처님이 주불主佛로 계시는 서방정토 극락세계에 대한 자세한 가르침을 설하고 있으며, 누구나가 그러한 지극히 즐거움만이 가득한 정토세계에 아미타 부처님의 크신 자비와 원력에 힘입어 왕생할 것을 발원해야 함을 설하고 있기도 하다. 선망영가의 왕생극락에 대한 발원은 물론, 현생에서 본경을 독송하는 자기 자신의 사후 왕생을 위해서도 깊은 신심으로 수지독송하기에 좋은 대표적인 대승경전이라 할 수 있다.

6. 『**법화경 관세음보문품(觀世音普門品)**』은 대승불교에서 대자대비의

보살행을 상징하는 관세음보살의 중생구제를 위한 크신 원력과 무량한 방편의 교화에 대한 가르침을 담고 있다. 한국뿐만 아니라, 중국을 비롯한 대승불교를 수행하는 모든 아시아 국가에서 중생구제의 화신으로 널리 받들어져 신앙되고 있는 관세음보살에 대한 구체적인 가르침을 설하고 있다. 관음신앙을 실천하는 데 있어 가장 중요한 소의경전이기에, 관세음보살의 자비와 가피를 얻고자 하는 사람이라면 누구나가 수지독송하면 좋은 경전이다.

7. 『**화엄경 보현행원품(普賢行願品)**』은 보현보살普賢菩薩의 행원行願을 내용으로 설해지고 있으며, 화엄경 안에 수록되어 있다. 화엄경이 부처님의 깨달으신 깨달음의 내용과 광대한 공덕, 그리고 보살의 발심과 수행방법 등을 설하고 있다면, 「**보현행원품**」에서는 그와 같은 공덕을 성취할 수 있는 구체적인 실천방법 등을 자세히 설하고 있다. 화엄경에서 선재동자는 깨달음의 성취를 발심하여 53명의 선지식을 찾아다니면서 불법을 묻고 배우는 구도역정의 과정을 밟게 되는데, 긴 여정의 마지막 차례에 만나는 보살이 바로 보현보살이다. 이에 보현보살이 선재동자에게 '**보현행원**'을 설하는데, 여기서 선재동자의 기나긴 구도여행은 마침내 막을 내리게 된다.

'**행원行願**'은 수행과 서원을 뜻한다. 보현보살은 부처님의 공덕을 성취하려면, 열 가지 큰 서원과 실천을 닦아야 함을 교설하는데, 그것이 바로 '**보현보살 10대원**'이다. 보현행원품에서는 이와 같은 열 가지의 보현행원을 구체적으로 어떻게 하나하나 실천할 것인가를 자세히 구분하여 밝히고 있다. 즉 **예배 · 찬탄 · 공양 · 참회** 등의 실천이 그것이다. 대승의 깨달음을 구하는 수행자, 혹은 구도자는 어느 하나를 실천하더라도 지극한 신심과 정성으로 행해야 하며, 허공계虛空界가 다하고, 중생계衆生界가 다하고, 중생업衆生業이 다하고, 중생의 번뇌가 다할 때까지 멈춤 없이 실천해야 함을 가르치고 있기도 하다. 대승의 깨달음을 수행하는 수행자가 어떠한 서원과 자세로 수행을 실천하고, 그 구체적 수행의 내용이 무엇인가를 가르치고 있는 경전이라는 측면에서 중요한 위치와 가치를 지니는 경전이다.

8. 『**원각경(圓覺經)**』의 본 경명은 『대방광원각수다라요의경(大方廣圓覺修多羅了義經)』이다. '원각圓覺'은 완전하고 원만한 깨달음을 일컫는 말로서, 체體·상相·용用 삼대三大를 갖춘 원만한 깨달음의 성품, 곧 각성覺性을 의미한다. 『열반경(涅槃經)』에서 표현되고 있는 '불성佛性'과 같은 맥락의 뜻이라 할 수 있다. 한편 원만한 깨달음의 경지인 청정한 본심을 일컬어 이른바 '원각묘심圓覺妙心'이라고도 한다. 본 경명에 있어 '대大'는 체성體性을, '방方'은 덕상德相을, '광廣'은 업용(業用= 작용)을 뜻하며, '수다라修多羅'는 경전을 의미하는 범어 'sutra'의 음역이다. 결과적으로 크고 바르고 광대한 내용을 가진 '원각'을 설명함이 모든 수다라(sutra, 經) 중에서 가장 으뜸이 되는 경이라는 뜻을 담아내고 있다.

대략의 내용은 석가모니 부처님이 문수보살 · 보현보살 · 보안보살 · 미륵보살 등, 모두 열두 대승보살과의 문답을 통하여 대원각大圓覺의 묘리妙理와 관행觀行을 밝히고 있는 경이다. 특히 대승불교에서 지향하고 있는 지고한 깨달음의 원융불이圓融不二 경지인 원각을 돈교頓敎의 측면에서 밝히고, 그 수행과 깨달음의 길을 단계적으로 점교漸敎의 측면에서 가르치고 있다는 점에서 대승불교 수행의 기본적 틀을 제시하고 있는 중요한 경전이라 할 수 있다.

본경의 3장인 「**보안보살장(普眼菩薩章)**」은 보안보살이 부처님께 **'어떻게 사유하며 무슨 방편을 지어야 깨달을 수 있는가?'**에 대한 질문에 부처님께서 답하는 내용으로 구성되어 있다. 부처님은 여래의 청정한 원각의 마음을 구하고자 한다면, 무엇보다 먼저 바른 정견으로 모든 환을 멀리 여의어야 하며, 사대四大로 화합된 몸 또한 본래 실체가 없는 환과 허깨비와 같은 무상한 존재임을 깨달아야 함을 말씀하신다. 마음 또한 사대와 육근과 마찬가지로 밖의 경계에 따라 생멸하는 무상하고 덧없는 것임을 말씀하신다. 결과적으로 이러한 무상하고 덧없는 몸과 마음의 허상에서 벗어나, 본래 구족한 원각인 청정한 성품(圓覺淨性)을 회복해야만 안팎의 모든 속박과 장애에서 벗어나게 되고, 안과 밖이 차별 없는 하나의 원만한 깨달음의 세계로 받아들여지게 되어 청정한 보살의 삶을 살게 됨을 가르치신다.

9. 『**지장보살본원경**』은 『대승대집지장십륜경(大乘大集地藏十輪經)』, 『점찰선악업보경(占察善惡業報經)』과 함께 지장보살에 대한 교설과 신앙을 담아내고 있는 『지장삼부경』 가운데 한 경이다. 지장신앙의 사상적 근간이 되는 경전이며, 모두 13품으로 구성되어 있다. 당나라 우진국羽眞國 삼장三藏 실차난타實叉難陀 스님에 의해 한문으로 번역되었으며, 우

리나라에서는 영조 38년 1762년에 언해본으로 처음 출간되었다.

부처님이 도리천忉利天에서 어머니 마야부인을 위하여 설법하는 형식을 취하고 있으며, 지장보살의 여러 가지 전생에 대한 이야기와 다양한 지옥의 종류, 그리고 그러한 지옥에 빠진 지옥중생들이 얼마나 큰 고통의 과보를 받고 있는지를 설하고 있다. 또한 그러한 지옥의 고통에서 벗어나기 위해서는 삼보에 대한 귀의와 예경, 염불, 선업의 공덕과 불보살님의 크신 자비와 위신력에 의지해야 함을 설하고 있다. 마지막으로 석가모니 부처님께서 지장보살에게 미륵보살이 이 땅에 다시 오실 때까지 모든 중생들을 빠짐없이 구제할 것을 부촉(咐囑, 부탁)하는 내용도 담아내고 있다.

본경의 핵심 내용은 자업자득自業自得의 인과법因果法, 악업의 과보로 인해 지옥에 떨어진 중생들의 큰 고통, 이를 구제하기 위한 보살행을 실천하는 지상보살의 광대한 본원本願, 현생에서의 부모에 대한 효, 보시행의 권장, 지장경 수지독송의 공덕 등으로 요약된다. 결과적으로 지장경은 대부분 인과법과 윤회를 가장 중요한 사상적 근간으로 삼고 있다. 따라서 중생들의 악업으로 인한 지옥의 고통과 생사윤회에서 벗어나기 위해서는 불법승 삼보에 귀의하여 깊은 신심과 지극한 정성으로 모든 불보살님을 예경하고, 불보살님의 명호를 염불하며, 나아가 탐진치 삼독심에서 벗어나 선한 마음으로 선업을 실천하며, 지계청정持戒清淨한 바른 삶을 살 것 등을 주요 내용으로 가르치고 있다. 일반적으로 지장신앙을 선망 조상영가의 천도에 국한하는 정도로만 이해하는 경향이 있다. 하지만 지장경이 이렇듯 대승불교의 제반 핵심적인 교의와 신앙을 담고 있다는 점에서, 지장경에 대한 새로운 이해와 수지독송하는 신행과 수행이 요구된다.

## ※ 천수경(千手經)

**정구업진언**(淨口業眞言: 구업을 청정케 하는 진언)

「**수리수리 마하수리 수수리 사바하**(3편)」

**오방내외안위제신진언**

(五方內外安慰諸神眞言: 오방내외 모든 신중을 편안하게 모시는 진언)

「**나무 사만다 못다남 옴 도로 도로 지미 사바하**(3편)」

**개경게**(開經偈: 경전을 펴는 게송)

위없이~ 심히깊은 미묘한법을
백천만겁 지난들~ 어찌만나리
제가이제 보고듣고 받아지니니
부처님의 진실한뜻 알아지이다.

**개법장진언**(開法藏眞言: 법장을 여는 진언)
「**옴 아라남 아라다**(3편)」

천수천안 관음보살 광대하고 원만하며
걸림없는 대비심의 다라니를 청하옵니다.
자비로운 관세음께 절하옵나니
크신원력 원만상호 갖추시옵고
천손으로 중생들을 거두시오며
천눈으로 광명비춰 두루살피네.

진실하온 말씀중에 다라니펴고
다함없는 마음중에 자비심내어
온갖소원 지체없이 이뤄주시고
모든죄업 길이길이 없애주시네.

천룡들과 성현들이 옹호하시고
백천삼매 한순간에 이루어지니
이다라니 지닌몸은 광명당이요

이다라니 지닌마음 신통장이라
모든번뇌 씻어내고 고해를건너
보리도의 방편문을 얻게되오며
제가이제 지송하고 귀의하오니
온갖소원 마음따라 이뤄지이다.

자비하신 관세음께 귀의하오니
일체법을 어서속히 알아지이다.
자비하신 관세음께 귀의하오니
지혜의눈 어서어서 얻어지이다.
자비하신 관세음께 귀의하오니
모든중생 어서속히 건네지이다.
자비하신 관세음께 귀의하오니
좋은방편 어서어서 얻어지이다.
자비하신 관세음께 귀의하오니
지혜의배 어서속히 올라지이다.
자비하신 관세음께 귀의하오니
고통바다 어서어서 건너지이다.

자비하신 관세음께 귀의하오니
계정혜를 어서속히 얻어지이다.
자비하신 관세음께 귀의하오니
열반언덕 어서어서 올라지이다.
자비하신 관세음께 귀의하오니
무위집에 어서속히 들어지이다.
자비하신 관세음께 귀의하오니
진리의몸 어서어서 이뤄지이다.

칼산지옥 제가가면 칼산절로 꺾여지고
화탕지옥 제가가면 화탕절로 사라지며
지옥세계 제가가면 지옥절로 없어지고
아귀세계 제가가면 아귀절로 배부르며
수라세계 제가가면 악한마음 선해지고
축생세계 제가가면 지혜절로 얻어지이다.

나무관세음보살마하살 나무대세지보살마하살 나무천수보살마하살 나무여의륜보살마하살 나무대륜보살마하살 나무관자재보살마하살 나무정취보살마하살 나

무만월보살마하살 나무수월보살마하살 나무군다리보살마하살 나무십일면보살마하살 나무제대보살마하살

「**나무 본사아미타불**(3편)」

**신묘장구 대다라니**(神妙章句大陀羅尼: 신묘한 대다라니)

나모 라다나 다라야야 나막알약 바로기제 새바라야 모지사다바야 마하사다바야 마하가로 니가야 옴 살바바예수 다라나 가라야 다사명 나막 까리다바 이맘알야 바로기제 새바라 다바 니라간타 나막하리나야 마발다 이사미 살발타 사다남 수반아예염 살바보다남 바바마라 미수다감 다냐타 옴 아로계 아로가 마지로가 지가란제 혜혜하례 마하모지 사다바 사마라 사마라 하리나야 구로구로 갈마 사다야 사다야 도로도로 미연제 마하미연제 다라다라 다린 나례 새바라 자라자라 마라미마라 아마라 몰제예혜혜 로계새바라 라아미사미 나사야 나베사미사미 나사야 모하자라 미사미 나사야 호로호로 마라호로 하례 바나마나바 사라사라 시리시리 소로소로 못쟈못쟈 모다야 모다야 매다리야 니라간타 가마사 날사남 바라하라나야 마낙 사바하 싯다야 사바하 마하싯다야 사바하 싯다유예 새바

라야 사바하 니라간타야 사바하 바라하 목카싱하 목카야 사바하 바나마 하따야 사바하 자가라 욕다야 사바하 상카섭나네 모다나야 사바하 마하라 구타다라야 사바하 바마사간타 이사시체다 가릿나 이나야 사바하 먀가라 잘마니바 사나야 사바하

**「나모라 다나다라 야야 나막알야 바로기제 새바라야 사바하**(3편)」

**사방찬**(四方讚: 사방을 깨끗이 하는 찬 ※ 독송은 하지 않음)

동방에~ 물뿌리니 도량이맑고
남방에~ 물뿌리니 청량얻으며
서방에~ 물뿌리니 정토이루고
북방에~ 물뿌리니 평안해지네.

**도량찬**(道場讚: 청정한 도량의 찬 ※ 독송은 하지 않음)

온도량이 청정하여 티끌없으니
삼보천룡 이도량에 강림하시네
제가이제 묘한진언 외우옵나니,

대자대비 베푸시어 가호하소서

**참회게**(懺悔偈: 죄업을 뉘우치는 게송 ※ 독송은 하지 않음)

지난세월 제가지은 모든악업은

옛적부터 탐진치로 말미암아서

몸과말과 생각으로 지었사오니

제가이제 모든죄업 참회합니다.

**참제업장십이존불**

(懺除業障十二尊佛: 열두 부처님을 칭명하여 업장소멸을 발원 ※ 독송은 하지 않음)

나무참제업장보승장불 보광왕화렴조불 일체향화자재력왕불 백억항하사결정불 진위덕불 금강견강소복괴산불 보광월전묘음존왕불 환희장마니보적불 무진향승왕불 사자월불 환희장엄주왕불 제보당마니승광불

**십악참회**(十惡懺悔: 열 가지 악업을 참회함 ※ 독송은 하지 않음)

살생으로 지은죄업 참회합니다.
도둑질로 지은죄업 참회합니다.
사음으로 지은죄업 참회합니다.
거짓말로 지은죄업 참회합니다.
꾸민말로 지은죄업 참회합니다.
이간질로 지은죄업 참회합니다.
악한말로 지은죄업 참회합니다.
탐욕으로 지은죄업 참회합니다.
성냄으로 지은죄업 참회합니다.
어리석어 지은죄업 참회합니다.

오랜세월 쌓인죄업 한생각에 없어지니
마른풀이 타버리듯 남김없이 사라지네.
죄의자성 본래없어 마음따라 일어나니
마음이~ 사라지면 죄도함께 없어지네.
모든죄가 없어지고 마음조차 사라져서
죄와마음 공해지면 진실한~ 참회라네.

**참회진언**(懺悔眞言: 죄업을 뉘우치는 진언)

「**옴 살바 못자모지 사다야 사바하**(3편)」

**준제찬**(準提讚: 준제주의 찬 ※ 독송은 하지 않음)

준제주는 모든공덕 보고이어라
고요한~ 마음으로 항상외우면
이세상~ 온갖재난 침범못하리
하늘이나 사람이나 모든중생이
부처님과 다름없는 복을받으니
이와같은 여의주를 지니는이는
결정코~ 최상의법 이루오리라.

「**나무 칠구지불모대준제보살**(3편)」

**정법계진언**(淨法界眞言: 법계를 맑게 하는 진언)

「**옴 람**(3편)」

**호신진언**(護身眞言: 몸을 보호하는 진언)

「**옴 치림**(3편)」

**관세음보살본심미묘육자대명왕진언**

(觀世音菩薩本心微妙六字大明王眞言: 관세음보살의 본심을 보여주는 미묘한 육자진언)

「**옴 마니 반메 훔**(3편)」

**준제진언**(准提眞言: 준제보살 진언)

**나무 사다남 삼먁삼못다 구치남 다냐타**

「**옴 자례주례 준제 사바하 부림**(3편)」

제가이제 준제주를 지송하오니
보리심을 발하오며 큰원세우고
선정지혜 어서속히 밝아지오며
모든공덕 남김없이 성취하옵고
수승한복 두루두루 장엄하오며
모든중생 깨달음을 이뤄지이다.

**여래십대발원문**(如來十大發願文: 부처님께 서원하는 열 가지 발원)

원하오니 삼악도를 길이여의고
탐진치~ 삼독심을 속히끊으며
불법승~ 삼보이름 항상듣고서
계정혜~ 삼학도를 힘써닦으며
부처님을 따라서~ 항상배우고
원컨대~ 보리심에 항상머물며
결정코~ 극락세계 가서태어나
아미타~ 부처님을 친견하옵고
온세계~ 모든국토 몸을나투어
모든중생 빠짐없이 건져지이다.

**발사홍서원**(發四弘誓願: 네 가지 큰 서원)

가없는~ 중생을~ 건지오리다.
끝없는~ 번뇌를~ 끊으오리다.
한없는~ 법문을~ 배우오리다.
위없는~ 불도를~ 이루오리다.

자성의~ 중생을~ 건지오리다.

자성의~ 번뇌를~ 끊으오리다.

자성의~ 법문을~ 배우오리다.

자성의~ 불도를~ 이루오리다.

제가 이제 삼보님께 귀명합니다.

**「 시방세계 부처님께 귀명합니다.**

**시방세계 가르침에 귀명합니다.**

**시방세계 승가에게 귀명합니다.(3편)」**

# ※ 반야심경(般若心經)

01. 관자재보살이 깊은 반야바라밀다를 행할 때, 오온(五蘊: 몸色느낌受인식想마음작용行의식識)이 공한 것을 비추어 보고 온갖 고통에서 건너느니라.

02. 사리자여, 색(色: 물질, 형상)이 공(空: 空性, 無我)과 다르지 않고 공이 색과 다르지 않으며, 색이 곧 공이요 공이 곧 색이니, 수(受느낌) • 상(想인식) • 행(行의지작용) • 식(識의식)도 그러하니라.

03. 사리자여, 모든 법(法 dhamma)은 공하여 나지도 멸하지도 않으며, 더럽지도 깨끗하지도 않으며, 늘지도 줄지도 않느니라. 그러므로 공 가운데는 색이 없고, 수受상想행行식識도 없으며, 안眼눈이耳귀비鼻코설舌혀신身몸의意마음도 없고, 색色형상성聲소리향香향미味맛촉觸감촉법法도 없으며, 눈의 경계도 의식의 경계까지도 없고, 무명無明도 무명이 다함까지도 없으며, 늙고 죽음도 늙고 죽음이 다함까지도 없고, 고苦집集멸滅도道(곧 四聖諦)도 없

으며, 지혜도 얻음도 없느니라.

04. 얻을 것이 없는 까닭에 보살은 반야바라밀다를 의지하므로 마음에 걸림이 없고, 걸림이 없으므로 두려움이 없어서, 뒤바뀐 헛된 생각을 멀리 떠나 완전한 열반에 들어가며, 삼세의 모든 부처님도 반야바라밀다를 의지하므로 최상의 깨달음을 얻느니라.

05. 반야바라밀다는 가장 신비하고 밝은 주문이며 위없는 주문이며 무엇과도 견줄 수 없는 주문이니, 온갖 괴로움을 없애고 진실하여 허망하지 않음을 알지니라. 이제 반야바라밀다주를 말하리라.

**06. 아제아제 바라아제 바라승아제 모지사바하.(3번)**

# ※ 금강반야바라밀경(金剛般若波羅密經)

01. 이와 같이 나는 들었습니다. 어느 때 부처님께서 거룩한 비구 천이백오십 명과 함께 사위국 기수급고독원에 계셨습니다. 그때 세존께서는 공양 때가 되어 가사를 입고 발우를 들고 걸식乞食하고자 사위대성에 들어가셨습니다. 성안에서 차례로 걸식하신 후 본래의 처소로 돌아와 공양을 드신 뒤 가사와 발우鉢盂를 거두고 발을 씻으신 다음 자리를 펴고 앉으셨습니다.

02. 그때 대중 가운데 있던 수보리 장로가 자리에서 일어나 오른쪽 어깨를 드러내고 오른 무릎을 땅에 대며 합장하고 공손히 부처님께 여쭈었습니다. "경이롭습니다, 세존이시여! 여래如來께서는 보살들을 잘 보호해 주시며 보살들을 잘 격려해 주십니다. 세존이시여! 가장 높고 바른 깨달음을 얻고자 하는 선남자 선여인이 어떻게 살아야 하며 어떻게 그 마음을 다스려야 합니까?" 부처님께서 말씀하셨습니다. "훌륭하고 훌륭하다. 수보리여! 그대의 말과 같이 여래는 보살들

을 잘 보호해 주며 보살들을 잘 격려해 준다. 그대는 자세히 들어라. 그대에게 설하리라. 가장 높고 바른 깨달음을 얻고자 하는 선남자 선여인은 이와 같이 살아야 하며 이와 같이 그 마음을 다스려야 한다." "예, 세존世尊이시여!"라고 하며 수보리는 즐거이 듣고자 하였습니다.

03. 부처님께서 수보리에게 말씀하셨습니다. "모든 보살마하살은 다음과 같이 그 마음을 다스려야 한다. '알에서 태어난 것이나, 태에서 태어난 것이나, 습기에서 태어난 것이나, 변화하여 태어난 것이나, 형상이 있는 것이나, 형상이 없는 것이나, 생각이 있는 것이나, 생각이 없는 것이나, 생각이 있는 것도 아니고 없는 것도 아닌 온갖 중생들을 내가 모두 완전한 열반涅槃에 들게 하리라. 이와 같이 헤아릴 수 없이 많은 중생을 열반에 들게 하였으나, 실제로는 완전한 열반을 얻은 중생이 아무도 없다.' 왜냐하면 수보리여! 보살에게 자아가 있다는 관념(我相), 개아가 있다는 관념(人相), 중생이 있다는 관념(衆生相), 영혼이 있다는 관념(壽者相)이 있다면 보살이 아니기 때문이다."

04. “또한 수보리여! 보살은 어떤 대상에도 집착 없이 보시해야 한다. 말하자면 형색에 집착 없이 보시해야 하며 소리, 냄새, 맛, 감촉, 마음의 대상에도 집착 없이 보시해야 한다. 수보리여! 보살은 이와 같이 보시하되 어떤 대상에 대한 관념에도 집착하지 않아야 한다. 왜냐하면 보살이 대상에 대한 관념에 집착 없이 보시한다면 그 복덕福德은 헤아릴 수 없기 때문이다. 수보리여! 그대 생각은 어떠한가? 동쪽 허공을 헤아릴 수 있겠는가?” “없습니다, 세존이시여!” “수보리여! 남서북방, 사이사이, 아래위 허공을 헤아릴 수 있겠는가?” “없습니다, 세존이시여!” “수보리여! 보살이 대상에 대한 관념에 집착하지 않고 보시하는 복덕도 이와 같이 헤아릴 수 없다. 수보리여! 보살은 반드시 가르친 대로 살아야 한다.”

05. “수보리여! 그대 생각은 어떠한가? 신체적 특징을 가지고 여래라고 볼 수 있는가?” “없습니다, 세존이시여! 신체적 특징을 가지고 여래라고 볼 수는 없습니다. 왜냐하면 여래께서 말씀하신 신체적 특징은 바로 신체적 특징이 아니기 때문입니다.” 부처님께서 수보리에게 말씀하셨습니다. “신체적 특징들은 모두 헛된

것이니 신체적 특징이 신체적 특징 아님을 본다면 바로 여래를 보리라.”

06. 수보리가 부처님께 여쭈었습니다. “세존이시여! 이와 같은 말씀을 듣고 진실한 믿음을 내는 중생들이 있겠습니까?” 부처님께서 수보리에게 말씀하셨습니다. “그런 말 하지 말라. 여래가 열반에 든 오백년 뒤에도 계戒를 지니고 복덕을 닦는 이는 이러한 말에 신심을 낼 수 있고 이것을 진실한 말로 여길 것이다. 이 사람은 한 부처님이나 두 부처님, 서너 다섯 부처님께 선근을 심었을 뿐만 아니라 이미 한량없는 부처님 처소에서 여러 가지 선근을 심었으므로 이 말씀을 듣고 잠깐이라도 청정한 믿음을 내는 자임을 알아야 한다. 수보리여! 여래는 이러한 중생들이 이와 같이 한량없는 복덕 얻음을 다 알고 다 본다. 왜냐하면 이러한 중생들은 다시는 자아가 있다는 관념, 개아가 있다는 관념, 중생이 있다는 관념, 영혼이 있다는 관념이 없고, 법이라는 관념이 없으며 법이 아니라는 관념도 없기 때문이다. 왜냐하면 이러한 중생들이 마음에 관념을 가지면 자아(我相)・개아(人相)・중생(衆生相)・영혼에 집착하는 것(壽者相)이고 법이라는 관념을 가지

면 자아·개아·중생·영혼에 집착하는 것이기 때문이다. 왜냐하면 법이 아니라는 관념을 가져도 자아·개아·중생·영혼에 집착하는 것이기 때문이다. 그러므로 법에 집착해도 안 되고 법 아닌 것에 집착해서도 안 된다. 그러기에 여래는 늘 설했다. 너희 비구들이여! 나의 설법은 뗏목과 같은 줄 알아라. 법도 버려야 하거늘 하물며 법 아닌 것이랴!"

07. "수보리여! 그대 생각은 어떠한가? 여래가 가장 높고 바른 깨달음을 얻었는가? 여래가 설한 법이 있는가?" 수보리가 대답하였습니다. "제가 부처님께서 말씀하신 뜻을 이해하기로는 가장 높고 바른 깨달음이라 할 만한 정해진 법이 없고, 또한 여래께서 설한 단정적인 법도 없습니다. 왜냐하면 여래께서 설한 법은 모두 얻을 수도 없고 설할 수도 없으며, 법도 아니고 법아님도 아니기 때문입니다. 그것은 모든 성현들이 다 무위법無爲法 속에서 차이가 있는 까닭입니다."

08. "수보리여! 그대 생각은 어떠한가? 어떤 사람이 삼천대천세계三千大天世界에 칠보七寶를 가득 채워 보

시한다면 이 사람의 복덕이 진정 많겠는가?" 수보리가 대답하였습니다. "매우 많습니다, 세존이시여! 왜냐하면 이 복덕은 바로 복덕의 본질이 아닌 까닭에 여래께서는 복덕이 많다고 하셨기 때문입니다." "다시 어떤 사람이 이 경의 사구게四句偈만이라도 받아 지니고 다른 사람을 위해 설해 준다고 하자. 그러면 이 복이 저 복보다 더 뛰어나다. 왜냐하면 수보리여! 모든 부처님과 모든 부처님의 가장 높고 바른 깨달음의 법은 다 이 경에서 나왔기 때문이다. 수보리여! 부처의 가르침이라고 말하는 것은 부처의 가르침이 아니다."

09. "수보리여! 그대 생각은 어떠한가? 수다원須陀洹이 '나는 수다원과를 얻었다.'고 생각하겠는가?" 수보리가 대답하였습니다. "아닙니다, 세존이시여! 왜냐하면 수다원은 '성자의 흐름에 든 자(入流者)'라고 불리지만 들어간 곳이 없으니 형색, 소리, 냄새, 맛, 감촉, 마음의 대상에 들어가지 않는 것을 수다원이라 하기 때문입니다." "수보리여! 그대 생각은 어떠한가? 사다함斯多含이 '나는 사다함과를 얻었다.'고 생각하겠는가?" 수보리가 대답하였습니다. "아닙니다,

세존이시여! 왜냐하면 사다함은 '한 번만 돌아올 자(一來者)'라고 불리지만 실로 돌아옴이 없는 것을 사다함이라 하기 때문입니다." "수보리여! 그대 생각은 어떠한가? 아나함阿那含이 '나는 아나함과를 얻었다.'고 생각하겠는가?" 수보리가 대답하였습니다. "아닙니다, 세존이시여! 왜냐하면 아나함은 '되돌아오지 않는 자(不還者)'라고 불리지만 실로 되돌아오지 않음이 없는 것을 아나함이라 하기 때문입니다." "수보리여! 그대 생각은 어떠한가? 아라한阿羅漢이 '나는 아라한의 경지를 얻었다.'고 생각하겠는가?" 수보리가 대답하였습니다. "아닙니다, 세존이시여! 왜냐하면 실제 아라한이라 할 만한 법이 없기 때문입니다. 세존이시여! 아라한이 '나는 아라한의 경지를 얻었다.'고 생각한다면 자아·개아·중생·영혼에 집착하는 것입니다. 세존이시여! 부처님께서 저를 다툼 없는 삼매三昧를 얻은 사람 가운데 제일이고 욕망을 여읜 제일가는 아라한이라고 말씀하셨습니다. 저는 '나는 욕망을 여읜 아라한이다.'라고 생각하지 않습니다. 세존이시여! 제가 '나는 아라한의 경지를 얻었다.'고 생각한다면 세존께서는 '수보리는 적정행寂靜行을 즐기는 사람이다. 수보리는 실로 적정행을 한 것이 없으므로 수보리는 적정행을 즐긴다고 말한다.'라고 설하지 않으셨을 것입니다.”

10. 부처님께서 수보리에게 말씀하셨습니다. “그대 생각은 어떠한가? 여래가 옛적에 연등부처님 처소에서 법을 얻은 것이 있는가?” “없습니다, 세존이시여! 여래께서 연등부처님 처소에서 실제로 법을 얻은 것이 없습니다.” “수보리여! 그대 생각은 어떠한가? 보살이 불국토佛國土를 아름답게 꾸미는가?” “아닙니다, 세존이시여! 왜냐하면 불국토를 아름답게 꾸민다는 것은 아름답게 꾸미는 것이 아니므로 아름답게 꾸민다고 말하기 때문입니다.” “그러므로 수보리여! 모든 보살마하살은 이와 같이 깨끗한 마음을 내어야 한다. 형색에 집착하지 않고 마음을 내어야 하고 소리, 냄새, 맛, 감촉, 마음의 대상에도 집착하지 않고 마음을 내어야 한다. 마땅히 집착 없이 그 마음을 내어야 한다. 수보리여! 어떤 사람의 몸이 산들의 왕 수미산須彌山만큼 크다면 그대 생각은 어떠한가? 그 몸이 크다고 하겠는가?” 수보리가 대답하였습니다. “매우 큽니다, 세존이시여! 왜냐하면 부처님께서는 몸 아님을 설하셨으므로 큰 몸이라 말씀하셨기 때문입니다.”

11. “수보리여! 항하의 모래 수만큼 항하가 있다면 그대 생각은 어떠한가? 이 모든 항하恒河의 모래 수는 진정 많다고 하겠는가?” 수보리가 대답하였습니다. “매우 많습니다, 세존이시여! 항하들만 해도 헤아릴 수 없이 많은데 하물며 그것의 모래이겠습니까?” “수보리여! 내가 지금 진실한 말로 그대에게 말한다. 선남자 선여인이 그 항하 모래 수만큼의 삼천대천세계에 칠보를 가득 채워 보시한다면 그 복덕이 많겠는가?” 수보리가 대답하였습니다. “매우 많습니다, 세존이시여!” 부처님께서 수보리에게 말씀하셨습니다. “선남자 선여인이 이 경의 사구게만이라도 받아 지니고 다른 사람을 위해 설해 준다면 이 복이 저 복보다 더 뛰어나다.”

12. “또한 수보리여! 이 경의 사구게만이라도 설해지는 곳곳마다 어디든지 모든 세상의 천신 · 인간 · 아수라가 마땅히 공양할 부처님의 탑묘塔廟임을 알아야 한다. 하물며 이 경 전체를 받아 지니고 읽고 외우는 사람이랴! 수보리여! 이 사람은 가장 높고 가장 경이로운 법을 성취할 것임을 알아야 한다. 이와 같이 경전이 있는 곳은 부처님과 존경받는 제자들이 계시는

곳이다.”

13. 그때 수보리가 부처님께 여쭈었습니다. “세존이시여! 이 경을 무엇이라 불러야 하며 저희들이 어떻게 받들어 지녀야 합니까?” 부처님께서 수보리에게 말씀하셨습니다. “이 경의 이름은 ‘『금강반야바라밀(金剛般若波羅密)』’이니, 이 제목으로 너희들은 받들어 지녀야 한다. 그것은 수보리여! 여래는 반야바라밀을 반야바라밀이 아니라 설하였으므로 반야바라밀이라 말한 까닭이다. 수보리여! 그대 생각은 어떠한가? 여래가 설한 법이 있는가?” 수보리가 부처님께 말씀드렸습니다. “세존이시여! 여래께서는 설하신 법이 없습니다.” “수보리여! 그대 생각은 어떠한가? 삼천대천세계를 이루고 있는 티끌이 많다고 하겠는가?” 수보리가 대답하였습니다. “매우 많습니다, 세존이시여!” “수보리여! 여래는 티끌들을 티끌이 아니라고 설하였으므로 티끌이라 말한다. 여래는 세계를 세계가 아니라고 설하였으므로 세계라고 말한다. 수보리여! 그대 생각은 어떠한가? 서른두 가지 신체적 특징을 가지고 여래라고 볼 수 있는가?” “없습니다, 세존이시여! 서른두 가지 신체적 특징을 가지고 여래라고

볼 수는 없습니다. 왜냐하면 여래께서는 서른두 가지 신체적 특징은 신체적 특징이 아니라고 설하셨으므로 서른두 가지 신체적 특징이라고 말씀하셨기 때문입니다." "수보리여! 어떤 선남자 선여인이 항하의 모래 수만큼 목숨을 보시한다고 하자. 또 어떤 사람이 이 경의 사구게만이라도 받아 지니고 다른 사람을 위해 설해 준다고 하자. 그러면 이 복이 저 복보다 더욱 많으리라."

14. 그때 수보리가 이 경 설하심을 듣고 뜻을 깊이 이해하여 감격의 눈물을 흘리며 부처님께 말씀드렸습니다. "경이롭습니다, 세존이시여! 제가 지금까지 얻은 혜안慧眼으로는 부처님께서 이같이 깊이 있는 경진 설하심을 들은 적이 없습니다. 세존이시여! 만일 어떤 사람이 이 경을 듣고 믿음이 청정해지면 바로 궁극적 지혜가 일어날 것이니, 이 사람은 가장 경이로운 공덕을 성취할 것임을 알아야 합니다. 세존이시여! 이 궁극적 지혜라는 것은 궁극적 지혜가 아닌 까닭에 여래께서는 궁극적 지혜라고 말씀하셨습니다. 세존이시여! 제가 지금 이 같은 경전을 듣고서 믿고 이해하고 받아 지니기는 어렵지 않습니다. 그러나 미

래 오백년 뒤에도 어떤 중생이 이 경전을 듣고 믿고 이해하고 받아 지닌다면 이 사람은 가장 경이로울 것입니다. 왜냐하면 이 사람은 자아가 있다는 관념, 개아가 있다는 관념, 중생이 있다는 관념, 영혼이 있다는 관념이 없기 때문입니다. 그것은 자아가 있다는 관념은 관념이 아니며, 개아가 있다는 관념, 중생이 있다는 관념, 영혼이 있다는 관념은 관념이 아닌 까닭입니다. 왜냐하면 모든 관념을 떠난 이를 부처님이라 말하기 때문입니다." 부처님께서 수보리에게 말씀하셨습니다. "그렇다, 그렇다. 만일 어떤 사람이 이 경을 듣고 놀라지도 않고 무서워하지도 않고 두려워하지도 않는다면 이 사람은 매우 경이로운 줄 알아야 한다. 왜냐하면 수보리여! 여래는 최고의 바라밀波羅密을 최고의 바라밀이 아니라고 설하였으므로 최고의 바라밀이라 말하기 때문이다. 수보리여! 인욕忍辱바라밀을 여래는 인욕바라밀이 아니라고 설하였다. 왜냐하면 수보리여! 내가 옛적에 가리왕에게 온몸을 마디마디 잘렸을 때, 나는 자아가 있다는 관념, 개아가 있다는 관념, 중생이 있다는 관념, 영혼이 있다는 관념이 없었기 때문이다. 왜냐하면 내가 옛날 마디마디 사지가 잘렸을 때, 자아가 있다는 관념, 개아가 있다는 관념, 중생이 있다는 관념, 영혼이 있다는 관념이 있었다면 성내고 원망하는 마음이 생겼을 것이기 때문이다. 수보리여! 여래는 과거 오백 생 동안 인욕수행자였는데 그때 자아가 있다는 관념이 없었고, 개아가 있다는 관념이 없었고, 중생이 있다는 관념이 없었고, 영혼이 있다는 관념이 없었다. 그러므로 수보리여! 보살은 모든 관념을 떠나 가장 높고 바른 깨달음의 마음을 내어야 한다. 형색에 집착 없이 마음을 내어야 하며 소리, 냄새, 맛, 감촉, 마음의 대상에도 집착 없이 마음을 내어야 한다. 마땅히 집착 없이 마음을 내어야 한다. 마음에 집착이 있다면 그것은 올바른 삶이 아니다. 그러므로 보살은 형색에 집착 없는 마음으로 보시해야 한다고 여래는 설하였다. 수보리여! 보살은 모든 중생을 이롭게 하기 위해 이와 같이 보시해야 한다. 여래는 모든 중생이란 관념은 중생이란 관념이 아니라고 설하고, 또 모든 중생도 중생이 아니라고 설한다. 수보리여! 여래는 바른 말을 하는 이고(眞語者), 참된 말을 하는 이며(實語者), 이치에 맞는 말을 하는 이고(如語者), 속임 없이 말하는 이며(不誑語者), 사실대로 말하는 이다. 수보리여! 여래가 얻은 법에는 진실도 없고 거짓도 없다. 수보리여! 보살이 대상에 집착하는 마음으로 보시하는 것은 마치 사람이 어둠 속에 들어가면 아무것도 볼 수 없는 것과 같고, 보살이 대상에 집착하지 않는 마음으로 보시하는 것은 마치 눈 있는 사람에게 햇빛이 밝게 비치면 갖가지 모양을 볼 수 있는 것과 같다. 수보리여! 미래에 선남자 선여인이 이 경전을 받아 지니고 읽고 외운다면, 여래는 부처의 지혜로 이 사람들이 모두 한량없는 공덕功德을 성취하게 될 것임을 다 알고 다 본다."

15. "수보리여! 선남자 선여인이 아침나절에 항하의 모래 수만큼 몸을 보시하고, 점심나절에 항하의 모래 수만큼 몸을 보시하며, 저녁나절에 항하의 모래 수만큼 몸을 보시하여, 이와 같이 한량없는 시간 동안 몸을 보시한다고 하자. 또 어떤 사람이 이 경의 말씀을 듣고 비방하지 않고 믿는다고 하자. 그러면 이 복은 저 복보다 더 뛰어나다. 하물며 이 경전을 베껴 쓰고 받아 지니고 읽고 외우고 다른 이를 위해 설명해 줌이랴! 수보리여! 간단하게 말하면 이 경에는 생각할 수도 없고 헤아릴 수도 없는 한없는 공덕이 있다. 여래는 대승에 나아가는 이를 위해 설하며 최상승最上乘에 나아가는 이를 위해 설한다. 어떤 사람이 이 경을 받아 지니고 읽고 외워 널리 다른 사람을 위해 설해 준

다면 여래는 이 사람들이 헤아릴 수 없고 말할 수 없으며 한없고 생각할 수 없는 공덕을 성취할 것임을 다 알고 다 본다. 이와 같은 사람들은 여래의 가장 높고 바른 깨달음을 감당하게 될 것이다. 왜냐하면 수보리여! 소승법小乘法을 좋아하는 자가 자아가 있다는 견해, 개아가 있다는 견해, 중생이 있다는 견해, 영혼이 있다는 견해에 집착한다면 이 경을 듣고 받고 읽고 외우며 다른 사람을 위해 설명해 주지 못하기 때문이다. 수보리여! 이 경전이 있는 곳은 어디든지 모든 세상의 천신·인간·아수라들에게 공양供養을 받을 것이다. 이곳은 바로 탑塔이 되리니 모두가 공경하고 예배하고 돌면서 그곳에 여러 가지 꽃과 향을 뿌릴 것임을 알아야 한다."

16. "또한 수보리여! 이 경을 받아 지니고 읽고 외우는 선남자 선여인이 남에게 천대와 멸시를 당한다면 이 사람이 전생前生에 지은 죄업罪業으로는 악도惡道에 떨어져야 마땅하겠지만, 금생今生에 다른 사람의 천대와 멸시를 받았기 때문에 전생의 죄업이 소멸되고 반드시 가장 높고 바른 깨달음을 얻게 될 것이다. 수보리여! 나는 연등부처님을 만나기 전 과거 한량없

는 아승지겁 동안 팔백 사천 만억 나유타의 여러 부처님을 만나 모두 공양하고 받들어 섬기며 그냥 지나친 적이 없었음을 기억한다. 만일 어떤 사람이 정법正法이 쇠퇴할 때 이 경을 잘 받아 지니고 읽고 외워서 얻은 공덕에 비하면, 내가 여러 부처님께 공양한 공덕은 백百에 하나에도 미치지 못하고 천千에 하나, 만萬에 하나, 억億에 하나에도 미치지 못하며, 더 나아가서 어떤 셈이나 비유로도 미치지 못한다. 수보리여! 선남자 선여인이 정법이 쇠퇴할 때 이 경을 받아 지니고 읽고 외워서 얻는 공덕을 내가 자세히 말한다면, 아마도 이 말을 듣는 이는 마음이 어지러워서 의심하고 믿지 않을 것이다. 수보리여! 이 경은 뜻이 불가사의하며 그 과보果報도 불가사의不可思議함을 알아야 한다."

17. 그때 수보리가 부처님께 여쭈었습니다. "세존이시여! 가장 높고 바른 깨달음을 얻고자 하는 선남자 선여인은 어떻게 살아야 하며 어떻게 그 마음을 다스려야 합니까?" 부처님께서 수보리에게 말씀하셨습니다. "가장 높고 바른 깨달음을 얻고자 하는 선남자 선여인은 이러한 마음을 일으켜야 한다. '나는 일체 중

생을 열반에 들게 하리라. 일체 중생을 열반에 들게 하였지만 실제로는 아무도 열반을 얻은 중생이 없다.' 왜냐하면 수보리여! 보살에게 자아가 있다는 관념, 개아가 있다는 관념, 중생이 있다는 관념, 영혼이 있다는 관념이 있다면 보살이 아니기 때문이다. 그것은 수보리여! 가장 높고 바른 깨달음에 나아가는 자라 할 법이 실제로 없는 까닭이다. 수보리여! 그대 생각은 어떠한가? 여래가 연등부처님 처소에서 얻은 가장 높고 바른 깨달음이라 할 법이 있었는가?" "아닙니다, 세존이시여! 제가 부처님께서 말씀하신 뜻을 이해하기로는 부처님께서 연등부처님 처소에서 얻으신 가장 높고 바른 깨달음이라 할 법이 없습니다." 부처님께서 말씀하셨습니다. "그렇다, 그렇다. 수보리여! 여래가 가장 높고 바른 깨달음을 얻은 법이 실제로 없다. 수보리여! 여래가 가장 높고 바른 깨달음을 얻은 법이 있었다면 연등부처님께서 내게 '그대는 내세에 석가모니라는 이름의 부처가 될 것이다'라고 수기授記하지 않았을 것이다. 가장 높고 바른 깨달음을 얻은 법이 실제로 없었으므로 연등부처님께서 내게 '그대는 내세에는 반드시 석가모니라는 이름의 부처가 될 것이다'라고 수기하셨던 것이다. 왜냐하면 여래는 모든 존재의 진실한 모습을 의미하기 때문이다. 어떤 사람이

여래가 가장 높고 바른 깨달음을 얻었다고 말한다면, 수보리여! 여래가 가장 높고 바른 깨달음을 얻은 법이 실제로 없다. 수보리여! 여래가 얻은 가장 높고 바른 깨달음에는 진실도 없고 거짓도 없다. 그러므로 여래는 '일체법이 모두 불법이다.'라고 설한다. 수보리여! 일체법一切法이라 말한 것은 일체법이 아닌 까닭에 일체법이라 말한다. 수보리여! 예컨대 사람의 몸이 매우 큰 것과 같다." 수보리가 말하였습니다. "세존이시여! 여래께서 사람의 몸이 매우 크다는 것은 큰 몸이 아니라고 설하셨으므로 큰 몸이라 말씀하셨습니다." "수보리여! 보살도 역시 그러하다. '나는 반드시 한량없는 중생을 제도하리라.' 말한다면 보살이라 할 수 없다. 왜냐하면 수보리여! 보살이라 할 만한 법이 실제로 없기 때문이다. 그러므로 여래는 모든 법에 자아도 없고, 개아도 없고, 중생도 없고, 영혼도 없다고 설한 것이다. 수보리여! 보살이 '나는 반드시 불국토를 장엄莊嚴하리라' 말한다면 이는 보살이라 할 수 없다. 왜냐하면 여래는 불국토를 장엄한다는 것은 장엄하는 것이 아니라고 설하였으므로 장엄한다고 말하기 때문이다. 수보리여! 보살이 무아無我의 법에 통달한다면 여래는 이런 이를 진정한 보살이라 부른다."

18. "수보리여! 그대 생각은 어떠한가? 여래에게 육안肉眼이 있는가?" "그렇습니다, 세존이시여! 여래에게는 육안이 있습니다." "수보리여! 그대 생각은 어떠한가? 여래에게 천안天眼이 있는가?" "그렇습니다, 세존이시여! 여래에게는 천안이 있습니다." "수보리여! 그대 생각은 어떠한가? 여래에게 혜안慧眼이 있는가?" "그렇습니다, 세존이시여! 여래에게는 혜안이 있습니다." "수보리여! 그대 생각은 어떠한가? 여래에게 법안法眼이 있는가?" "그렇습니다, 세존이시여! 여래에게는 법안이 있습니다." "수보리여! 그대 생각은 어떠한가? 여래에게 불안佛眼이 있는가?" "그렇습니다, 세존이시여! 여래에게는 불안이 있습니다." "수보리여! 그대 생각은 어떠한가? 여래는 항하의 모래에 대해서 설하였는가?" "그렇습니다, 세존이시여! 여래는 이 모래에 대해 설하셨습니다." "수보리여! 그대 생각은 어떠한가? 한 항하의 모래와 같이 이런 모래만큼의 항하가 있고, 이 여러 항하의 모래 수만큼 부처님 세계가 그만큼 있다면 진정 많다고 하겠는가?" "매우 많습니다, 세존이시여!" 부처님께서 수보리에게 말씀하셨습니다. "그 국토에 있는 중생의 여러 가지 마음을 여래는 다 안다. 왜냐하면 여래는 여러 가지 마음이 모두 다 마음이 아니라 설하였으므로 마음이라 말하기 때

문이다. 그것은 수보리여! 과거의 마음도 얻을 수 없고 현재의 마음도 얻을 수 없고 미래의 마음도 얻을 수 없는 까닭이다."

19. "수보리여! 그대 생각은 어떠한가? 어떤 사람이 삼천대천세계에 칠보를 가득 채워 보시한다면 이 사람이 이러한 인연으로 많은 복덕을 얻겠는가?" "그렇습니다, 세존이시여! 그 사람이 이러한 인연으로 매우 많은 복덕을 얻을 것입니다." "수보리여! 복덕이 실로 있는 것이라면 여래는 많은 복덕을 얻는다고 말하지 않았을 것이다. 복덕이 없기 때문에 여래는 많은 복덕을 얻는다고 말한 것이다."

20. "수보리여! 그대 생각은 어떠한가? 신체적 특징을 원만하게 갖추었다고 여래라고 볼 수 있겠는가?" "아닙니다, 세존이시여! 신체적 특징을 원만하게 갖추었다고 여래라고 볼 수는 없습니다. 왜냐하면 여래께서는 원만圓滿한 신체를 갖춘다는 것은 원만한 신체를 갖춘 것이 아니라고 설하셨으므로 원만한 신체를 갖춘 것이라고 말씀하셨기 때문입니다." "수보리여! 그대 생각은 어떠한가? 신체적 특징을 갖추었다

고 여래라고 볼 수 있겠는가?" "아닙니다, 세존이시여! 신체적 특징을 갖추었다고 여래라고 볼 수는 없습니다. 왜냐하면 여래께서는 신체적 특징을 갖춘다는 것이 신체적 특징을 갖춘 것이 아니라고 설하셨으므로 신체적 특징을 갖춘 것이라고 말씀하셨기 때문입니다."

21. "수보리여! 그대는 여래가 '나는 설한 법이 있다'는 생각을 한다고 말하지 말라. 이런 생각을 하지 말라. 왜냐하면 '여래께서 설하신 법이 있다'고 말한다면, 이 사람은 여래를 비방하는 것이니, 내가 설한 것을 이해하지 못했기 때문이다. 수보리여! 설법이라는 것은 설할 만한 법이 없는 것이므로 설법이라고 말한다." 그때 수보리 장로長老가 부처님께 여쭈었습니다. "세존이시여! 미래에 이 법 설하심을 듣고 신심을 낼 중생이 조금이라도 있겠습니까?" 부처님께서 말씀하셨습니다. "수보리여! 저들은 중생이 아니요 중생이 아닌 것도 아니다. 왜냐하면 수보리여! 중생이라 하는 것은 여래가 중생이 아니라고 설하였으므로 중생이라 말하기 때문이다."

22. 수보리가 부처님께 여쭈었습니다. "세존이시여! 부처님께서 가장 높고 바른 깨달음을 얻은 것은 법이 없는 것입니까?" 부처님께서 말씀하셨습니다. "그렇다, 그렇다. 수보리여! 내가 가장 높고 바른 깨달음에서 조그마한 법조차도 얻을 만한 것이 없었으므로 가장 높고 바른 깨달음이라 말한다."

23. "또한 수보리여! 이 법은 평등하여 높고 낮은 것이 없으니 이것을 가장 높고 바른 깨달음이라 말한다. 자아도 없고, 개아도 없고, 중생도 없고, 영혼도 없이 온갖 선법을 닦음으로써 가장 높고 바른 깨달음을 얻게 된다. 수보리여! 선법善法이라는 것은 선법이 아니라고 여래는 설하였으므로 선법이라 말한다."

24. "수보리여! 삼천대천세계에 있는 산들의 왕 수미산須彌山만큼의 칠보 무더기를 가지고 보시하는 사람이 있다고 하자. 또 이 반야바라밀경의 사구게만이라도 받고 지니고 읽고 외워 다른 사람을 위해 설해 주는 사람이 있다고 하자. 그러면 앞의 복덕은 뒤의 복덕에 비해 백에 하나에도 미치지 못하고, 천에 하나 만에 하나 억에 하나에도 미치지 못하며 더 나아가서

어떤 셈이나 비유로도 미치지 못한다."

25. "수보리여! 그대 생각은 어떠한가? 그대들은 여래가 '나는 중생을 제도하리라'는 생각을 한다고 말하지 말라. 수보리여! 이런 생각을 하지 말라. 왜냐하면 여래가 제도한 중생이 실제로 없기 때문이다. 만일 여래가 제도한 중생이 있다면, 여래에게도 **자아・개아・중생・영혼**이 있다는 집착이 있는 것이다. 수보리여! 자아가 있다는 집착은 자아가 있다는 집착이 아니라고 여래는 설하였다. 그렇지만 범부凡夫들은 자아가 있다고 집착한다. 수보리여! 범부라는 것도 여래는 범부가 아니라고 설하였다."

26. "수보리여! 그대 생각은 어떠한가? 서른두 가지 신체적 특징(32相)으로 여래라고 볼 수 있는가?" 수보리가 대답하였습니다. "그렇습니다, 그렇습니다. 서른두 가지 신체적 특징으로도 여래라고 볼 수 있습니다." 부처님께서 말씀하셨습니다. "수보리여! 서른두 가지 신체적 특징으로도 여래라고 볼 수 있다면 전륜성왕도 여래이겠구나!" 수보리가 부처님께 말씀드렸습니다. "세존이시여! 제가 부처님께서 말씀하신 뜻을

이해하기로는, 서른두 가지 신체적 특징을 가지고는 여래를 볼 수 없습니다." 그때 세존께서 게송偈頌으로 말씀하셨습니다.

**"형색으로 나를 보거나(若以色見我)**
**음성으로 나를 찾으면(以音聲求我)**
**삿된 길 걸을 뿐(是人行邪道)**
**여래 볼 수 없으리(不能見如來)."**

27. "수보리여! 그대가 '여래는 신체적 특징을 원만하게 갖추지 않았기 때문에 가장 높고 바른 깨달음을 얻은 것이다'라고 생각한다면, 수보리여! '여래는 신체적 특징을 원만하게 갖추지 않았기 때문에 가장 높고 바른 깨달음을 얻은 것이다'라고 생각하지 말라. 수보리여! 그대가 '가장 높고 바른 깨달음의 마음을 낸 자는 모든 법이 단절되고 소멸되어 버림을 주장한다'고 생각한다면, 이런 생각을 하지 말라. 왜냐하면 가장 높고 바른 깨달음의 마음을 낸 자는 법에 대하여 단절되고 소멸된다는 관념을 말하지 않기 때문이다."

28. "수보리여! 보살이 항하의 모래 수만큼 세계에 칠보를 가득 채워 보시한다고 하자. 또 어떤 사람이 모든 법이 무아임을 알아 인욕을 성취한다고 하자. 그러면 이 보살의 공덕은 앞의 보살이 얻은 공덕보다 더 뛰어나다. 수보리여! 모든 보살들은 복덕을 누리지 않기 때문이다." 수보리가 부처님께 여쭈었습니다. "세존이시여! 어찌하여 보살이 복덕을 누리지 않습니까?" "수보리여! 보살은 지은 복덕에 탐욕을 내거나 집착하지 않아야 하기 때문에 복덕을 누리지 않는다고 설한 것이다."

29. "수보리여! 어떤 사람이 '여래는 오기도 하고 가기도 하며 앉기도 하고 눕기도 한다'고 말한다면, 그 사람은 내가 설한 뜻을 이해하지 못한 것이다. 왜냐하면 '여래'란 오는 것도 없고 가는 것도 없으므로 여래라고 말하기 때문이다."

30. "수보리여! 선남자 선여인이 삼천대천세계를 부수어 가는 티끌을 만든다면, 그대 생각은 어떠한가? 이 티끌들이 진정 많겠는가?" "매우 많습니다, 세존이시여! 왜냐하면 티끌들이 실제로 있는 것이라면 여래

께서는 티끌들이라고 말씀하지 않으셨을 것이기 때문입니다. 그것은 여래께서 티끌들은 티끌들이 아니라고 설하셨으므로 티끌들이라고 말씀하신 까닭입니다. 세존이시여! 여래께서 말씀하신 삼천대천세계는 세계가 아니므로 세계라 말씀하십니다. 왜냐하면 세계가 실제로 있는 것이라면 한 덩어리로 뭉쳐진 것이겠지만, 여래께서 한 덩어리로 뭉쳐진 것은 한 덩어리로 뭉쳐진 것이 아니라고 설하셨으므로, 한 덩어리로 뭉쳐진 것이라 말씀하셨기 때문입니다." "수보리여! 한 덩어리로 뭉쳐진 것은 말할 수가 없는 것인데 범부들이 그것을 탐내고 집착할 따름이다."

31. "수보리여! 어떤 사람이 여래가 '자아가 있다는 견해, 개아가 있다는 견해, 중생이 있다는 견해, 영혼이 있다는 견해를 설했다'고 말한다면, 수보리여! 그대 생각은 어떠한가? 이 사람이 내가 설한 뜻을 알았다 하겠는가?" "아닙니다, 세존이시여! 그 사람은 여래께서 설한 뜻을 알지 못한 것입니다. 왜냐하면 세존께서는 자아가 있다는 견해, 개아가 있다는 견해, 중생이 있다는 견해, 영혼이 있다는 견해가 자아가 있다는 견해, 개아가 있다는 견해, 중생이 있다는 견

해, 영혼이 있다는 견해가 아니라고 설하셨으므로 자아가 있다는 견해, 개아가 있다는 견해, 중생이 있다는 견해, 영혼이 있다는 견해라고 말씀하셨기 때문입니다.” “수보리여! 가장 높고 바른 깨달음을 얻고자 하는 이는 일체법에 대하여 이와 같이 알고, 이와 같이 보며, 이와 같이 믿고 이해하여 법이라는 관념을 내지 않아야 한다. 수보리여! 법이라는 관념은 법이라는 관념이 아니라고 여래는 설하였으므로 법이라는 관념이라 말한다.”

32. “수보리여! 어떤 사람이 한량없는 아승지 세계에 칠보를 가득 채워 보시한다고 하자. 또 보살의 마음을 낸 어떤 선남자 선여인이 이 경을 지니되 사구게만이라도 받아 지니고 읽고 외워 다른 사람을 위해 연설해 준다고 하자. 그러면 이 복이 저 복보다 더 뛰어나다. 어떻게 남을 위해 설명해 줄 것인가? 설명해 준다는 관념에 집착하지 말고 흔들림 없이 설명해야 한다. 왜냐하면 일체 모든 유위법은 꿈 · 허깨비 · 물거품 · 그림자 · 이슬 · 번개 같으니 이렇게 관찰할지라.” 부처님께서 이 경을 다 설하시고 나니, 수보리 장로와 비구 · 비구니 · 우바새 · 우바이와 모든 세상의 천신 ·

인간 · 아수라들이 부처님의 말씀을 듣고 매우 기뻐하며 믿고 받들어 행하였습니다.

## ※ 불설아미타경(佛說阿彌陀經)

01. 이와 같이 내가 들었습니다. 한때 부처님께서 사위국 기수급고독원에서 큰 비구 천이백오십인과 함께 계시었습니다. 이들은 모두 큰 아라한으로 사람들에게 널리 알려진 선지식이었으니, 장로사리불·마하목건련·마하가섭·마하가전연·마하구치라·리바다·주리반타가·난타·아난다·라후라·교범바제·빈두로파라타·가루타이·마하겁빈나·박구라·아누루타와 같은 많은 훌륭한 제자들이었습니다. 또 여러 보살들이 계시었으니, 문수사리법왕자·아일다(미륵)보살·건타하제보살·상정진보살 등 이와 같은 많은 위대한 보살들과 석제환인 등 수많은 천인天人들도 함께 있었습니다.

02. 그때 부처님께서 장로사리불에게 말씀하셨습니다. "여기서 서쪽으로 십만억 불국토佛國土를 지나 한 세계가 있으니, 그 이름을 **극락極樂**이라 하고, 그 곳에 **아미타阿彌陀** 부처님이 계시니 지금도 법을 설하고 계시느니라.

03. 사리불아, 저 세계를 왜 극락이라 하는가 하면, 그 나라 중생은 일체의 괴로움이 없고, 다만 모든 즐거움만 받는 까닭으로 극락이라고 이름 하느니라. 또 사리불아, 극락세계는 일곱 겹의 난간과 일곱 겹의 보배그물과 일곱 겹의 가로수가 모두 네 가지 보배(四寶: 금·은·유리·파려)로 두루 둘러싸여 있으므로, 그 나라를 극락이라 이름 하느니라. 또 사리불아, 극락세계는 일곱 보배연못이 있어 여덟 가지 공덕의 물이 가득 차 있고, 연못 바닥은 순금모래로 덮여있으며, 둘레 네 계단은 금·은·유리·파려(수정)을 섞어 만들었느니라. 또 연못 위에 누각은 금·은·유리·파려·자거(산호)·붉은 진주·마노(녹색 보석)로 훌륭하게 꾸며져 있고, 연못 중앙에는 큰 수레바퀴 같은 연꽃이 있어 푸른색 꽃은 푸른빛을 내고, 누른 꽃은 누른빛을 내고, 붉은 꽃은 붉은빛을 내고, 흰 꽃은 하얀빛을 내며, 미묘하고 맑은 향기가 넘쳐나느니라. 사리불아, 극락세계는 이와 같은 공덕功德과 장엄藏嚴으로 이루어져 있느니라.

04. 또 사리불아, 저 극락세계는 항상 하늘나라의 음악이 연주되고, 대지는 황금색으로 빛나고 있는데, 밤

낮으로 끊임없이 하늘나라의 만다라꽃이 비 오듯 흩날리고 있느니라. 그 극락세계의 중생들은 항상 이른 아침마다 바구니에 여러 가지 아름다운 꽃을 담아서, 다른 십만억 불국토의 부처님들께 가서 공양 올리느니라. 그리고 바로 공양 때가 되기 전에 곧 극락세계로 되돌아와 공양을 하고 경행(經行, 산책)을 하느니라. 사리불아, 극락세계는 이와 같은 공덕과 장엄으로 이루어져 있느니라.

05. 또 사리불아, 저 극락세계에는 항상 다양한 기이하고 미묘한 여러 빛깔의 새들이 있으니, 백학 · 공작 · 앵무 · 사리(舍利 흰색앵무) · 가릉빈가(극락조) · 공명(共鳴, 하나의 몸에 머리가 두 개 달린 새) 등의 모든 새가 밤낮으로 여섯 시기에 평화롭고 우아한 맑은 소리로 노래하느니라. 그 소리는 다섯 가지의 능력(五根) · 다섯 가지의 힘(五力) · 일곱 가지의 깨달음의 구성요소(七菩提: 七覺支) · 여덟 가지의 성스러운 도(八支聖道) 등의 법을 연설해 내는 것이니라. 저 극락세계의 중생들은 그 소리를 듣고서 모두 다 **부처님을 수념(佛隨念)**하고, **법을 수념(法隨念)**하며, **승가를 수념(僧隨念)**하게 되느니라. 사리불아, 그대는 이러한 새들이 죄업罪業의 과

보로 태어났다고 생각하지 말라. 왜냐하면, 저 아미타 부처님 국토에는 삼악도(三惡道: 지옥 · 아귀 · 축생)가 없기 때문이니라. 사리불아, 그 극락세계에는 '삼악도'라고 하는 이름조차 없는데, 어떻게 그러한 업보가 있을 수 있겠는가! 이 모든 새들은 모두 아미타 부처님께서 법문을 하시고자 변화하여 몸을 나타낸 것이니라. 사리불아, 저 극락세계에 잔잔한 미풍이 불면 보배로 된 가로수와 보배로 된 그물에서 마치 백 천 가지 음악이 한꺼번에 울리는 것과 같이 아름다운 소리가 들린다. 이 소리를 듣는 사람들은 모두다 저절로 부처님을 수념하고, 법을 수념하며, 승가를 수념하게 되느니라. 저 극락세계는 이와 같은 공덕과 장엄으로 이루어져 있느니라.

06. 사리불아, 그대는 저 극락세계의 부처님을 왜 아미타 부처님이라 부르는지 알고 있느냐? 사리불아, 저 부처님의 광명은 한량이 없어서 시방세계를 다 비추어도 조금도 걸림이 없으므로 **무량한 광명의 부처님(無量光佛, Amitabha)**, 곧 아미타 부처님이라 하는 것이니라. 또 사리불아, 저 아미타 부처님과 그 나라 백성들의 수명은 한량이 없고, 끝이 없는 아승지겁

(Asamkhya)이니, 그래서 **무량한 수명의 부처님(無量壽佛, Amitayus)**, 곧 아미타 부처님이라 하는 것이니라. 사리불아, 아미타 부처님이 성불하신 지는 십겁의 세월이 지났느니라. 또 사리불아, 저 아미타 부처님에게는 한량없고 끝없이 많은 성문聲聞의 제자들이 있으니, 모두 아라한(應供)의 깨달음을 이루었고, 그 수는 어떤 수로도 헤아릴 수 없을 정도이니라. 또한 모든 보살대중의 수도 이와 같이 많으니라. 사리불아, 저 극락세계는 이와 같은 공덕과 장엄으로 이루어져 있느니라.

07. 또 사리불아, 극락세계에 태어나는 중생들은 모두 다시는 미혹에 빠지지 않고, 보리심에서 물러섬이 없는 불퇴진의 경지(avinivartanīya)에 있는 분들이니라. 그들 가운데에는 다음 생에 부처가 되는 일생보처一生補處의 보살들도 많아서 하나하나 헤아릴 수 없으니, 다만 무량무수한 아승지(헤아릴 수 없는 수)로 비유할 뿐이니라. 사리불아, 이 법문을 들은 중생들은 마땅히 서원을 세워 저 극락세계에 태어나기를 발원해야 하느니라. 왜냐하면, 그들은 극락세계에서 가장 선량하고 거룩한 이들과 한곳에 모여 살 수 있기 때

문이니라.

08. 그러나 사리불아, 작은 선근善根의 복덕인연으로는 저 극락세계에 왕생할 수 없느니라. 사리불아, 만약 어떤 선남자 선여인들이 아미타 부처님에 대한 말씀을 듣고, 그 이름을 마음에 깊이 억념憶念하여 하루, 이틀, 사흘, 나흘, 닷새, 엿새, 혹은 이레를 두고 한결같은 마음으로 조금도 흐트러짐 없이(一心不亂) 아미타 부처님의 명호를 염불하면, 그 사람이 수명이 다하여 임종할 때에 아미타 부처님께서 여러 성중들과 함께 그 사람 앞에 화현化現 하시느니라. 그래서 그 사람은 마음이 두려움에 흔들리지 않고(心不顚倒), 즉시 아미타 부처님의 극락세계에 왕생하게 되느니라. 사리불아, 나는 이와 같은 더없이 이익이 되는 도리를 알고 이런 말을 하는 것이니라. 만약 어떤 중생이 이 말을 듣는다면, 마땅히 서원을 세워 저 극락세계 왕생할 것을 발원해야 할 것이니라.

09. 사리불아, 내가 지금 아미타 부처님의 불가사의한 공덕의 이로움을 찬탄하는 것처럼, **동쪽 세계**에 계신 아촉비불 · 수미상불 · 대수미불 · 수미광불 ·

묘음불 등을 비롯한 항하(Ganges)의 모래알처럼 수많은 부처님들께서도 각기 그 부처님들이 계시는 나라에서 삼천대천세계에 두루 미치는 진실한 설법을 하셨느니라. 그대 중생들은 마땅히 이렇듯 아미타 부처님의 불가사의한 공덕을 칭찬하시고, 일체 모든 부처님들이 옹호하고 억념하시는 이 경을 믿어야만 하느니라.

10. 사리불아, 내가 지금 아미타 부처님의 불가사의한 공덕의 이로움을 찬탄하는 것처럼, **남쪽 세계**에 계신 일월등불 · 명문광불 · 대염견불 · 수미등불 · 무량정진불 등을 비롯한 항하의 모래알처럼 수많은 부처님들께서도 각기 그 부처님들이 계시는 나라에서 삼천대천세계에 두루 미치는 진실한 설법을 하셨느니라. 그대 중생들은 마땅히 이렇듯 아미타 부처님의 불가사의한 공덕을 칭찬하시고, 일체 모든 부처님들이 옹호하고 억념하시는 이 경을 믿어야만 하느니라.

11. 사리불아, 내가 지금 아미타 부처님의 불가사의한 공덕의 이로움을 찬탄하는 것처럼, **서쪽 세계**에 계신

무량수불 · 무량상불 · 무량당불 · 대광불 · 대명불 · 보상불 · 정광불 등을 비롯한 항하의 모래알처럼 수많은 부처님들께서도 각기 그 부처님들이 계시는 나라에서 삼천대천세계에 두루 미치는 진실한 설법을 하셨느니라. 그대 중생들은 마땅히 이렇듯 아미타 부처님의 불가사의한 공덕을 칭찬하시고, 일체 모든 부처님들이 옹호하고 억념하시는 이 경을 믿어야만 하느니라.

12. 사리불아, 내가 지금 아미타 부처님의 불가사의한 공덕의 이로움을 찬탄하는 것처럼, **북쪽 세계**에 계신 유염견불 · 최승음불 · 난저불 · 일생불 · 망명불 등을 비롯한 항하의 모래알처럼 수많은 부처님들께서도 각기 그 부처님들이 계시는 나라에서 삼천대천세계에 두루 미치는 진실한 설법을 하셨느니라. 그대 중생들은 마땅히 이렇듯 아미타 부처님의 불가사의한 공덕을 칭찬하시고, 일체 모든 부처님들이 옹호하고 억념하시는 이 경을 믿어야만 하느니라.

13. 사리불아, 내가 지금 아미타 부처님의 불가사의한 공덕의 이로움을 찬탄하는 것처럼, 하방세계에 계신

사자불 · 명문불 · 명광불 · 달마불 · 법당불 · 지법불 등을 비롯한 항하의 모래알처럼 수많은 부처님들께서도 각기 그 부처님들이 계시는 나라에서 삼천대천세계에 두루 미치는 진실한 설법을 하셨느니라. 그대 중생들은 마땅히 이렇듯 아미타 부처님의 불가사의한 공덕을 칭찬하시고, 일체 모든 부처님들이 옹호하고 억념하시는 이 경을 믿어야만 하느니라.

14. 사리불아, 내가 지금 아미타 부처님의 불가사의한 공덕의 이로움을 찬탄하는 것처럼, **상방세계**에 계신 범음불 · 숙왕불 · 향상불 · 향광불 · 대염견불 · 잡색보화엄신불 · 사라수왕불 · 보화덕불 · 견일체의불 · 여수미산불 등을 비롯한 항하의 모래알처럼 수많은 부처님들께서도 각기 그 부처님들이 계시는 나라에서 삼천대천세계에 두루 미치는 진실한 설법을 하셨느니라. 그대 중생들은 마땅히 이렇듯 아미타 부처님의 불가사의한 공덕을 칭찬하시고, 일체 모든 부처님들이 옹호하고 억념하시는 이 경을 믿어야만 하느니라.

15. 사리불아, 그대는 어찌 생각하는가? 이 경의 이름

을 왜 『**모든 부처님들이 호념하는 경(一切諸佛所護念經)**』이라 했는지를. 사리불아, 만약 어떤 선남자 선여인이 아미타 부처님 명호와 경을 듣고 잊지 않으면, 그들은 모든 부처님들의 염려와 가호를 받게 되어 위없는 바른 깨달음(阿耨多羅三藐三菩提)에서 물러나지 않게 되기 때문이니라. 그러므로 사리불아, 그대들은 마땅히 내 말과 모든 부처님들께서 말씀하신 가르침을 잘 믿고 받들어야 하느니라. 사리불아, 만일 어떤 사람이든 아미타 부처님의 극락세계에 왕생하기를 이미 발원하였거나, 이제 발원하거나, 장차 발원한다면 이들은 모두 위없는 바른 깨달음에서 물러나지 않게 될 것이니라. 따라서 이들은 저 극락세계에 이미 왕생했거나, 이제 태어나거나, 장차 왕생하게 될 것이니라. 그러므로 사리불아, 내 가르침을 믿는 모든 선남자 선여인들은 마땅히 저 극락세계에 태어날 것을 발원해야 하느니라.

16. 사리불아, 내가 이제 모든 부처님들의 불가사의한 공덕을 찬탄함과 같이, 저 모든 부처님들도 또한 나의 공덕을 찬탄하셨느니라.

**17. "석가모니 부처님께서 참으로 어렵고 희유한 일을 하셨도다. 시대가 혼탁하고(劫濁), 견해가 혼탁하고(見濁), 번뇌가 혼탁하고(煩惱濁), 중생이 혼탁하고(衆生濁), 수명이 혼탁(命濁)한 이 사바세계의 오탁악세五濁惡世에서 능히 위없는 바른 깨달음을 얻으셨도다. 그리고 모든 중생들을 위하시어 세상 사람들이 믿기 어려운 미묘한 법을 설법하셨도다."**

18. 사리불아, 마땅히 알아야 하나니, 나는 오탁악세의 이 사바세계에서 온갖 어려움을 능히 이겨내고 위없는 바른 깨달음을 이루었으며, 모든 중생들을 위해서 이처럼 믿기 어려운 법을 설하였느니라. 이는 참으로 어려운 일이라 할 수 있느니라.

19. 부처님께서 이처럼 **아미타경**을 설법하여 마치시니, 사리불을 비롯한 모든 비구들과 모든 세간의 천인, 아수라들이 부처님의 법문을 듣고 크게 기뻐하여 믿고 마음에 새기며 예배하고 물러갔습니다.

## ※관세음보살보문품(묘법연화경 觀世音菩薩普門品)

01. 그때 무진의無盡意보살이 곧 자리에서 일어나 오른쪽 어깨를 드러내고, 부처님께 합장하고 말씀드리기를, 세존이시여, **관세음보살**은 무슨 인연으로 이름을 **관세음觀世音**이라 하나이까? 부처님께서 무진의보살에게 말씀하시기를, 선남자야, 만일 한량없는 백천만억 중생들이 온갖 고뇌를 받을 적에 이 관세음보살의 이름을 듣고, 일심으로 관세음보살을 부르면 관세음보살이 곧바로 이 음성을 듣고 모두 다 해탈을 얻게 하느니라.

02. 만일 관세음보살의 이름을 지니는 사람은 혹시 큰 불속에 들어가더라도 불이 그 사람을 태우지 못하리니, 이는 관세음보살의 위신력威神力 때문이니라. 만일 큰물에 빠져 떠내려가더라도 관세음보살의 이름을 부르면, 곧 얕은 곳으로 이르게 되느니라. 만일 백천만억의 중생들이 금·은·유리·자거·마노·산호·호박·진주 등의 보배를 구하기 위하여 큰 바다에 들어갔을 때에 무서운 폭풍을 만나 그들이 탄

배가 표류하여 악귀(羅刹鬼)들의 나라에 들어가게 되더라도, 만일 그 가운데 한 사람만이라도 관세음보살의 이름을 부르면 모든 사람들이 다 악귀의 액난에서 벗어나게 되느니라. 이러한 인연으로 **관세음**이라 이름 하느니라. 또 어떤 사람이 만일 흉기로 해를 입게 되었을지라도 관세음보살의 이름을 부르면, 그들이 가진 칼이나 막대기가 곧 조각조각 부서져 능히 벗어날 수 있게 되느니라. 혹은 삼천대천국토에 가득한 야차·나찰들이 와서 사람들을 괴롭히려 하더라도, 관세음보살의 이름만 부르면 여러 악귀가 악한 눈으로 보지도 못하거늘, 하물며 어찌 해칠 수 있겠느냐. 또 어떤 사람이 죄가 있거나 죄가 없거나 간에 수갑과 쇠고랑에 손발이 채워지고 몸이 묶였을지라도 관세음보살의 이름만 부르면, 이것들이 다 끊어지고 풀어져 곧 벗어나게 되느니라. 만일 또 삼천대천국토에 흉악한 마음을 가진 도둑이 가득한 길을 상인의 우두머리가 여러 상인들을 이끌고 귀중한 보물을 가지고 험한 길을 지나갈 때, 그중에 한 사람이 말하기를, '여러 선남자들이여, 무서워 말고 두려워 말라. 그대들은 진심으로 관세음보살의 이름을 부르라. 이 보살은 능히 중생들의 두려움을 없애 주시니, 그대들이 이 관세음보살님의 명호를 염불하면, 이 도둑들로부터 무사히 벗어나게 되리라.' 이에 여러 상인들이 이 말을 듣고 모두 소리를 내어 나무관세음보살을 염불한다면, 곧 그러한 어려움에서 벗어나게 될 것이니라. 무진의보살이여, 관세음보살마하살의 위신력은 이와 같이 훌륭하니라.

03. 또 만일 어떤 중생이 음욕이 많더라도 관세음보살을 항상 생각하고 공경하면, 곧 음욕을 여의게 되며, 혹은 성내는 마음(瞋恚)이 많더라도 관세음보살을 생각하고 공경하면 곧 그러한 마음에서 벗어날 수 있으며, 혹은 어리석은 마음(愚癡)이 많더라도 관세음보살을 항상 생각하고 공경하면 곧 그러한 어리석은 마음에서 벗어날 수 있게 되느니라. 무진의보살이여, 관세음보살에겐 이처럼 크고 거룩한 힘이 있어 모두를 이롭게 함이 많으니, 중생은 마땅히 항상 관세음보살의 이름을 염불해야 할 것이니라.

04. 만일 어떠한 여인이 아들을 낳고자 관세음보살을 예배하고 공양하면 곧 복덕과 지혜를 지닌 아들을 낳게 될 것이며, 만일 딸을 낳기를 원한다면 곧 단정하고 예쁜 딸을 낳게 될 것이니라. 이러한 아들과 딸은

곧 전생에 복덕의 씨앗을 심었기 때문에 사람들의 사랑과 존경을 받게 될 것이니라. 무진의보살이여, 관세음보살은 이와 같은 위신력을 갖추고 있느니라. 만일 또 중생이 관세음보살을 공경하고 예배하면 그 복덕이 헛되지 않을 것이니, 그러므로 중생들이 모두 관세음보살의 이름을 지녀 염불해야 할 것이니라.

05. 무진의보살이여, 만일 어떤 사람이 62억 항하의 모래알처럼 수없이 많은 보살의 이름을 염불하고, 또 목숨이 다하도록 음식과 의복·침구와 의약 등으로 공양한다면, 그대는 어떻게 생각하는가? 이 선남자 선여인의 공덕이 얼마나 많겠는가? 무진의보살이 대답하기를, 그 공덕은 매우 많을 것입니다, 세존이시여. 부처님께서 다시 말씀하시기를, 만일 어떤 사람이 관세음보살의 이름을 염불하고 잠깐이라도 예배하고 공양하면, 앞에 말한 사람과 그 복이 다를 바 없어, 백천만억 겁의 오랜 세월이 흘러도 그 공덕은 그대로 남아 있을 것이니라. 무진의보살이여, 관세음보살의 이름을 마음에 억념하고 염불하면 이와 같이 한량없고 끝이 없는 복덕의 이익을 얻게 될 것이니라.

06. 무진의보살이 부처님께 말씀드리기를, 세존이시여, 관세음보살은 어떻게 이 사바세계에 머무시며, 중생을 위하여 어떻게 설법하시며, 그 방편의 힘은 어떠하나이까? 부처님께서 무진의보살에게 말씀하시기를, 선남자여, 만일 어떠한 국토의 중생이 있어 부처님께서 직접 몸으로 제도할 사람이라면 관세음보살이 곧 부처님의 몸으로 화현하여 법을 설하며, 벽지불辟支佛의 몸으로 제도할 대상이라면 곧 벽지불의 몸으로 화현하여 법을 설하며, 성문聲聞의 몸으로 제도할 대상이라면 곧 성문의 몸으로 화현하여 법을 설하며, 범천왕梵天王의 몸으로 제도할 대상이라면 곧 범천왕의 몸으로 화현하여 법을 설하며, 제석천帝釋天의 몸으로 제도할 대상이라면 곧 제석천의 몸으로 화현하여 법을 설하며, 자재천自在天의 몸으로 제도할 대상이라면 곧 자재천의 몸으로 화현하여 법을 설하며, 대자재천大自在天의 몸으로서 제도할 대상이면 곧 대자재천의 몸으로 화현하시어 법을 설하며, 천대장군天大將軍의 몸으로서 제도할 대상이면 곧 천대장군의 몸으로 화현하여 법을 설하며, 비사문毘沙門의 몸으로 제도할 대상이면 곧 비사문의 몸으로 화현하여 법을 설하며, 소왕小王의 몸으로 제도할 대상이면 곧 소왕의 몸으로 화현하여 법을 설하며, 장자長者의 몸으로 제도할 대

상이면 곧 장자의 몸으로 화현하여 법을 설하며, 거사居士의 몸으로서 제도할 대상이면 곧 거사의 몸으로 화현하여 법을 설하며, 재관宰官의 몸으로 제도할 대상이면 곧 재관의 몸으로 화현하여 법을 설하며, 바라문의 몸으로 제도할 대상이면 곧 바라문의 몸으로 화현하여 법을 설하며, 또 비구·비구니·우바새·우바니의 몸으로 제도할 대상이면 비구·비구니·우바새·우바니의 몸으로 화현하여 법을 설하며, 장자·거사·관리·바라문 등의 부인의 몸으로 제도할 대상이면 곧 그들 부인의 몸으로 화현하여 법을 설하며, 어린 소년과 어린 소녀의 몸으로 제도할 대상이면 곧 소년소녀의 몸으로 화현하여 법을 설하며, 하늘·용·야차·건달바·아수라·가루라·긴나라·마후라가·사람·사람 아닌 존재 등의 몸으로 제도할 대상이라면 모두 그러한 몸으로 화현하여 법을 설하며, 집금강신執金剛神의 모습으로 제도할 대상이라면 곧 집금강신으로 화현하여 법을 설하느니라. 무진의보살이며, 관세음보살은 이러한 공덕을 성취하여 가지가지의 온갖 모습으로 여러 국토에 화현하며, 중생을 제도하여 해탈을 얻게 하느니라.

07. 이러한 까닭으로 모든 사람들은 마땅히 일심으로 관세음보살을 공양해야 하느니라. 관세음보살 마하살은 두렵고 위급한 모든 어려움을 겪을지라도 능히 그러한 두려움과 위급함을 없애 주느니라. 그러므로 이 사바세계에서 '**두려움이 없게끔 베풀어 주는 분(施無畏者)**'이라고 하는 것이니라. 무진의보살이 다시 부처님께 말씀드리기를, 세존이시여, '제가 지금 마땅히 관세음보살에게 공양하겠나이다'하고 곧바로 목에 걸었던 백천만 냥의 여러 가지 보주寶珠와 영락瓔珞을 풀어 관세음보살에게 공양올리고 말씀드리기를, 어진 분이시여! 가르침에 따라 올리는 진보와 영락을 받아주소서. 그때에 관세음보살이 이를 흔쾌히 받으려 하지 않으므로, 무진의보살이 다시 관세음보살에게 말씀드리기를, 어진 분이시여, 저희들을 불쌍히 여기시어 이 영락을 받으소서. 그때에 부처님께서 관세음보살에게 이르시기를, 관세음보살이여, 이 무진의보살과 사부대중과 하늘・용・야차・건달바・아수라・가루라・긴나라・마후라가・사람・사람 아닌 이들을 불쌍히 여기어 이 영락을 받을지니라. 바로 이때 관세음보살이 모든 사부대중과 하늘・용・사람・사람 아닌 존재들을 불쌍히 여기어 그러한 영락을 받아 둘로 나누어서 하나는 석가모니 부처님께 받들

어 공양올리고, 하나는 다보불탑多寶佛塔에 받들어 공양 올렸느니라. 무진의보살이여, 관세음보살은 이와 같은 자재한 신통력이 있어 사바세계에 머물며 화현하느니라.

08. 그때에 무진의보살이 게송으로 부처님께 말씀드리기를,

**미묘한 모습을 갖추신 세존이시여**(世尊妙相具)!
**이제 제가 거듭 질문 드리나니**(我今重問彼),
**불자는 그 어떤 인연으로**(佛子何因緣)
**관세음보살이라 부르게 되었나이까**(名爲觀世音)?

**신묘한 모습을 갖추신 세존께서**(具足妙相尊)
**게송으로 무진의보살에게 대답하시기를**(偈答無盡意),
**그대는 관음**觀音**의 보살행을 잘 들을지니**(汝聽觀音行),
**세상 곳곳에 감응하여 화현하느니라**(善應諸方所).

**관세음보살의 큰 서원 바다와 같으니**(弘誓深如海),

헤아릴 수 없이 긴 세월 동안(歷劫不思議)
천억의 부처님 모시고 받들며(侍多千億佛),
크고 청정한 원력을 세웠느니라(發大淸淨願).

내 이제 그대에게 간략히 말하리니(我爲汝略說),
관세음보살의 이름을 듣거나 모습을 보고(聞名及見身)
헛되지 않게 마음으로 깊이 염불하면(心念不空過),
능히 모든 고통을 소멸하게 될 것이니라(能滅諸有苦).

가령 해치려는 사람에게 떠밀려(假使興害意)
큰 불구덩이에 떨어지는 경우라도(推落大火坑)
관세음보살을 염불하는 그 힘으로(念彼觀音力)
불구덩이는 곧 연못으로 변하게 되느니라(火坑變成池).

혹은 만일 큰 바다에 표류하여(或漂流巨海)
용·물고기·귀신의 난을 만나는 경우라도(龍魚諸鬼難)
관세음보살을 염불하는 그 힘으로(念彼觀音力)
험한 파도도 빠뜨릴 수 없게 되느니라(波浪不能沒).

혹은 수미산의 높은 봉우리에서(或在須彌峯)
사람에게 떠밀려 떨어지는 경우라도(爲人所推墮)
관세음보살을 염불하는 그 힘으로(念彼觀音力)
허공에 머무는 해처럼 머물게 되느니라(如日虛空住).

혹은 악한 사람에게 쫓기어(或被惡人逐)
험준한 금강산에서 떨어지는 경우라도(墮落金剛山)
관세음보살을 염불하는 그 힘으로(念彼觀音力)
털끝 하나도 다치지 않게 되느니라(不能損一毛).

혹은 원수와 도적을 만나서(或値怨賊繞)
칼을 들고 달려와 해치려 하는 경우에도(各執刀加害)
관세음보살을 염불하는 그 힘으로(念彼觀音力)
그들이 모두 자비심을 일으키게 되느니라(咸卽起慈心).

혹은 난세의 어려운 고난을 만나(或遭王難苦)
형장에 끌려가 목숨을 잃게 되는 경우라도(臨刑欲壽終)
관세음보살을 염하는 그 힘으로(念彼觀音力)

형장의 칼이 조각으로 흩어지게 되느니라(刀尋段段壞).

혹은 옥중에 갇힌 몸이 되어(或囚禁枷鎖)
손발이 형틀에 묶이게 되는 경우라도(手足被杻械)
관세음보살을 염불하는 그 힘으로(念彼觀音力)
저절로 풀려나 자유를 얻게 되느니라(釋然得解脫).

저주하며 여러 가지 독약으로(呪詛諸毒藥)
나의 몸을 해치려고 하는 경우에도(所欲害身者)
관세음보살을 염불하는 그 힘으로(念彼觀音力)
해치려는 자에게 화가 돌아가게 되느니라(還著於本人).

혹은 악독한 나찰들과(或遇惡羅刹)
독룡 등의 여러 귀신들을 만날지라도(毒龍諸鬼等)
관세음보살을 염불하는 그 힘으로(念彼觀音力)
감히 모두 해치지 못하게 되느니라(時悉不敢害).

또 사나운 짐승들에 둘러싸여(若惡獸圍遶)

이빨과 발톱에 두려워하는 경우라도(利牙爪可怖)
관세음보살을 염불하는 그 힘으로(念彼觀音力)
짐승들은 멀리 달아나게 되느니라(疾走無邊方).

독사와 온갖 독충들이(蚖蛇及蝮蝎)
불꽃처럼 독기를 뿜어낼지라도(氣毒煙火燃)
관세음보살을 염불하는 그 힘으로(念彼觀音力)
소리만 듣고도 저절로 달아나게 되느니라(尋聲自迴去).

우뢰와 천둥이 일고 번개가 치며(雲雷鼓掣電)
큰비와 우박이 쏟아지는 경우라도(降雹澍大雨)
관세음보살을 염불하는 그 힘으로(念彼觀音力)
때맞춰 한순간에 사라지게 되느니라(應時得消散).

중생들이 곤경과 재앙을 만나(衆生被困厄)
한량없는 고통을 받게 되는 경우라도(無量苦逼身)
관세음보살의 신묘한 지혜의 힘은(觀音妙智力)
능히 세상의 괴로움을 구제해 내느니라(能救世間苦).

신통한 힘을 구족하고(具足神通力)
지혜와 방편 널리 닦아(廣修智方便)
시방 세계의 모든 국토에(十方諸國土)
몸을 나투지 않는 곳 없네(無刹不現身)

온갖 종류의 악도의 세계(種種諸惡趣)
지옥·아귀·축생들의(地獄鬼畜生)
생로병사의 모든 고통을(生老病死苦)
점차로 소멸하여 주시네(以漸悉令滅).

진실하고 청정한 마음으로 살피시고(眞觀淸淨觀)
넓고 큰 지혜로 살피시며(廣大智慧觀)
연민과 자비의 마음으로 살피시니(悲觀及慈觀),
보살의 서원 항상 우러러보아야 하네(常願常瞻仰).

티 없이 청정한 광명(無垢淸淨光)
태양 같은 지혜로 모든 어둠을 밝혀(慧日破諸闇)
삼재三災와 팔난八難을 능히 조복시키고(能伏災風火),

널리 온 세상을 밝게 비추도다(普明照世間).

대비심으로 우레(세상의 고난)를 막아주고(悲體戒雷震)
신묘한 큰 구름 같은 자비의 마음으로 (慈意妙大雲)
감로수 진리의 비를 뿌리시어(澍甘露法雨),
뜨거운 번뇌의 불길 소멸해 주시네(滅除煩惱焰).

시비다툼으로 법정에서 송사를 하거나(諍訟經官處)
전쟁의 두려움 속에 놓이게 되더라도(怖畏軍陣中)
관세음보살을 염불하는 그 힘으로(念彼觀音力)
모든 원한의 어려움이 모두 사라지네(衆怨悉退散).

미묘한 소리, 세상을 살피는 소리(妙音觀世音)
범음과 해조음은(梵音海潮音)
저 세간의 소리보다 수승하니(勝彼世間音),
이러한 까닭에 항상 수념隨念해야 하네(是故須常念).

☞ 범음과 해조음: 부처님과 보살의 음성, 혹은 부처님의 가르침과 설법을 상징함.

**억념하고 수념하며 의심하지 말아야 하고**(念念勿生疑).
**관세음보살은 청정한 성인이시니**(觀世音淨聖),
**고뇌와 죽음의 액난 속에서**(於苦惱死厄)
**능히 믿고 의지할 분이도다**(能爲作依怙).

**일체의 여러 공덕 두루 갖추셨고**(具一切功德)
**자비로운 눈으로 중생을 살피시며**(慈眼視衆生)
**그 복이 바다처럼 한량없으시니**(福聚海無量),
**마땅히 머리 숙여 예배할지어다**(是故應頂禮).

09. 그때에 지지보살持地菩薩이 곧 자리에서 일어나 부처님 앞으로 나아가 부처님께 말씀드리기를, 세존이시여, 만일 어떠한 중생이 이러한 **관세음보살보문품**의 관세음보살님의 자재한 행업과 널리 드러내 보이고 나타내시는 신통함을 듣는다면, 마땅히 이 사람의 공덕이 적지 않음을 알겠나이다. 부처님께서 이 보문품을 설하실 때에 대중 가운데 팔만사천의 중생들이 모두 위없이 높고 평등한 아뇩다라삼먁삼보리(無上正等覺)심을 일으켰느니라.

# ※ 화엄경 보현행원품(華嚴經 普賢行願品)

01. 그때에 **보현보살普賢菩薩마하살**은 부처님의 거룩한 공덕을 찬탄하고 나서 여러 보살과 선재善財동자에게 말하였습니다. 선남자여, 부처님의 공덕은 비록 시방세계의 모든 부처님께서 수없이 많은 세월을 두고 계속하여 말씀하시더라도 이루 다 말씀하지 못할 것이니라. 만약 이러한 여래의 공덕을 성취하고자 한다면, 마땅히 **열 가지 큰 행원(十種廣大行願)**을 닦아야만 하느니라.

02. 그 열 가지 행원이란 무엇인가? **첫째는 모든 부처님께 예배하고 공경하는 것이요(禮敬諸佛), 둘째는 부처님을 칭찬하고 찬탄하는 것이요(稱讚如來), 셋째는 널리 공양함이요(廣修供養), 넷째는 자신의 죄업을 참회하는 것이요(懺除業障), 다섯째는 남이 짓는 공덕을 함께 기뻐하는 것이요(隨喜功德), 여섯째는 설법해 주기를 청함이요(請轉法輪), 일곱째는 부처님이 세상에 오래 머무르시기를 청함이요(請佛住世), 여덟째는 항상 부처님을 따라 배움이요(常隨佛學), 아홉째는 항상**

**중생들을 수순함이요(恒順衆生), 열째는 수행의 공덕을 모두 다 회향하는 것이니라(普皆廻向).**

03. 선재동자가 말하였습니다. 거룩하신 성인이시여, 어떻게 예배하고 공경하며, 나아가 어떻게 회향해야 하옵니까? 보현보살이 선재동자에게 말씀하시기를, 선남자여, **'부처님께 예배하고 공경한다는 것'**은 온 법계, 허공계, 시방삼세 모든 부처님 세계의 극히 미세한 티끌처럼 많은 부처님들께 보현의 수행과 서원의 힘으로 깊은 믿음의 마음을 일으켜 마치 눈앞에 계신 듯 받들어 공양하고, 청정한 몸과 말과 뜻으로 항상 예배하고 공경하는 것이니라. 한 분 한 분 부처님 계신 곳마다 헤아릴 수 없이 많은 몸을 나타내어 그 모든 부처님께 두루 예배하고 공경하는 것이니라. 허공계虛空界가 다하면 나의 예배와 공경도 다하겠지만, 허공계가 다할 수 없으므로 나의 예배와 공경도 다함이 없느니라. 이와 같이 하여 중생계가 다하고 중생의 업이 다하고 중생의 번뇌가 다하면, 나의 예배와 공경도 다하겠지만, 중생계와 중생의 번뇌가 다함이 없으므로 나의 예배와 공경도 다함이 없는 것이니라. 생각 생각이 상속하여 끊임이 없이 몸과

말과 뜻으로 짓는 일에 지치거나 싫어하는 생각이 없느니라.

04. 선남자여, 또한 **'부처님을 찬탄한다는 것'**은 모든 법계·허공계·시방삼세의 불국토佛國土에 헤아릴 수 없이 많은 부처님이 계시고, 그 한 분 한 분 부처님이 계신 곳마다 한량없는 보살들이 둘러싸 모시고 있느니라. 내 마땅히 깊고 깊은 수승한 지혜로 눈앞에 계신 듯 받들고, 각각 변재천녀辯才天女보다도 더 뛰어난 변재로써 부처님의 한량없는 공덕을 찬탄하여, 미래세가 다하도록 계속하고 끊이지 않고, 끝없는 법계에 두루 하는 것이니라. 이와 같이 하여 허공계가 다하고 중생계가 다하고 중생의 업이 다하고 중생의 번뇌가 다하면, 나의 찬탄도 다하겠지만, 허공계와 중생의 번뇌가 다함이 없으므로 나의 찬탄도 다함이 없느니라. 생각 생각이 상속하여 끊임이 없이 몸과 말과 뜻으로 짓는 일에 지치거나 싫어하는 생각이 없느니라.

05 선남자여, 또한 **'널리 공양한다는 것'**은 온 법계·허공계·시방삼세 모든 불국토에 헤아릴 수 없이 많

은 부처님이 계시고, 그 한 분 한 분 부처님이 계신 곳마다 보살들이 둘러싸 모시고 있느니라. 나 보현의 행원의 원력으로 깊고 깊은 믿음과 지혜를 일으켜 눈앞에 계신 듯 받들고, 여러 가지 훌륭한 공양구供養具로 공양한다. 이른바 꽃과 꽃타래(華雲)와 천상의 음악(天音樂雲)과 천산개운天傘蓋雲이며, 옷(天衣服雲)과 여러 가지 하늘의 향인 바르는 향(塗香), 사르는 향(燒香), 가루향(末香) 등이니, 이와 같은 공양구가 각각 수미산須彌山만 하니라. 또한 여러 가지 등을 밝히나니 바로 우유등(酥燈) · 기름등(油燈) · 향유등(香油燈)이며, 등의 심지는 각각 수미산 같고 기름은 큰 바닷물 같으니라. 이러한 여러 가지 공양구로 항상 공양하는 것이니라. 선남자여, 그러나 모든 공양 가운데는 **법공양法供養**이 가장 으뜸이니라. 이른바 부처님 말씀대로 수행하는 공양과 중생들을 이롭게 하는 공양과 중생을 거두어 주는 공양과 중생의 고를 대신 받는 공양과 선근善根을 부지런히 닦는 공양과 보살의 행업行業을 버리지 않는 공양과 보리심菩提心을 여의지 않는 공양이 바로 그것이니라. 선남자여, 앞에 말한 많은 공양으로 얻는 공덕을 잠깐 동안 닦는 법공양의 공덕에 비교한다면 백분의 일에도 미치지 못하며, 천분의 일에도 미치지 못하며, 백천만억 분의 일에도 미치지 못하느니라. 왜냐하면, 모든 부처님께서는 법을 존중하기 때문이며, 부처님 말씀대로 수행하면 많은 부처님을 출생하게 하는 까닭이며, 또한 보살들이 법공양을 행하면 이것이 곧 부처님께 공양하는 것과 다름이 없기 때문이니, 바로 이러한 수행이 참다운 공양이니라. 이 넓고 크고 가장 수승한 공양은 허공계가 다하고 중생계가 다하고 중생의 업이 다하고 중생의 번뇌가 다하면, 나의 공양도 다할 것이지만, 허공계와 중생의 번뇌가 다함이 없으므로 나의 이 공양도 다함이 없느니라. 이처럼 생각 생각이 상속하여 끊임이 없이 몸과 말과 뜻으로 짓는 일에 지치거나 싫어하는 생각이 없느니라.

06. 선남자여, 또한 **'죄업을 참회한다는 것'**은 보살이 스스로 생각하기를, '내가 과거부터 지금까지 한량없는 세월을 살아오면서 탐내는 마음과 성내는 마음과 어리석은 마음으로 말미암아 몸과 말과 뜻으로 지은 모든 악업이 한량없고 끝이 없어, 만약 이 악업이 형체가 있다면 끝없는 허공으로도 그것을 다 받아들일 수 없을 것이니라. 내 이제 청정한 삼업三業으로 법계에 두루 계시는 모든 부처님과 보살님들 앞에 지성으

로 참회하고, 다시는 악업을 짓지 않으며, 항상 청정한 계행의 모든 공덕에 머물러 있으리라고 하는 것이니라. 이와 같이 하여 허공계가 다하고 중생계가 다하고 중생의 업이 다하고 중생의 번뇌가 다하면, 나의 참회도 다할 것이니라. 그러나 허공계와 중생의 번뇌가 다할 수 없으므로 나의 참회도 다함이 없느니라. 이처럼 생각 생각이 상속하여 끊임이 없이 몸과 말과 뜻으로 짓는 일에 지치거나 싫어하는 생각이 없느니라.

07. 선남자여, 또한 **'남이 짓는 공덕을 함께 기뻐한다는 것'**은 온 법계·허공계·시방삼세 불국토의 수많은 부처님들께서는 처음 발심하신 때로부터 모든 지혜(一切智)를 위하여 부지런히 복덕을 닦을 때 몸과 목숨을 돌보지 않으셨니라. 또한 헤아릴 수 없는 수많은 세월을 지나면서 그 세월 속에서 머리와 눈과 손발까지도 아낌없이 무량한 보시를 하셨느니라. 또 이와 같은 고행을 하시면서 여러 가지 바라밀문波羅蜜門을 원만히 갖추셨고, 여러 가지 보살의 지혜(菩薩智地)를 증득해 들어가 모든 부처님의 위없는 보리를 성취하셨으며, 열반에 드신 뒤에는 사리舍利를 나누어 공양하

셨느니라. 이와 같은 모든 선근(善根: 功德行)을 내가 다 따라 함께 기뻐하며, 저 모든 세계의 여섯 갈래의 길(六趣: 지옥・아귀・축생・아수라・인간・천상)에서 네 가지(四生: 胎生・卵生・濕生・化生)로 태어난 모든 중생들이 짓는 티끌만 한 공덕일지라도 내가 모두 따라서 기뻐했느니라. 시방삼세의 모든 성문聲聞과 벽지불(辟支佛: 獨覺)과 배울 것이 남아 있는 수행자(有學)나 더 이상 배울 것이 없는 수행자(無學)가 지은 모든 공덕도 내가 함께 기뻐하며, 모든 보살들이 한량없는 행하기 어려운 고행(難行)을 닦으면서 가장 높은 진리(無上正等菩提)를 구하던 그 넓고 큰 공덕(廣大功德) 또한 내가 모두 함께 기뻐하는 것이니라. 이와 같이 하여 허공계가 다하고 중생계가 다하고 중생의 업이 다하고 중생의 번뇌가 다하여도, 나의 이러한 함께 기뻐함은 다함이 없느니라. 생각 생각이 상속하여 끊임이 없이 몸과 말과 뜻으로 짓는 일에 지치거나 싫어하는 생각이 없느니라.

08. 선남자여, 또한 **'설법하여 주시기를 청한다는 것'**은 온 법계・허공계・시방삼세 불국토의 아주 작은 티끌처럼 지극히 미미한 것에도 광대한 부처님 세계

가 있으니, 이 낱낱의 세계에서 잠깐 동안에 헤아릴 수 없는 무량한 부처님이 바른 깨달음(等正覺)을 이루시고, 많은 보살들에 둘러싸여 계시느니라. 그때 내가 그 모든 부처님께 몸과 말과 뜻으로 여러 가지 방편으로 설법하여 주시기를 은근히 청하는 것이니라. 이와 같이 하여 허공계가 다하고 중생계가 다하고 중생의 업이 다하고 중생의 번뇌가 다하여도, 내가 모든 부처님들께 항상 바른 법을 설하여 주시기를 청하는 것은 다함이 없을 것이니라. 생각 생각이 상속하고 끊임이 없이 몸과 말과 뜻으로 짓는 일에 지치거나 싫어하는 생각이 없느니라.

09. 선남자여, 또한 '**부처님께 이 세상에 오래 계시기를 청한다는 것**'은 온 법계・허공계・시방삼세의 모든 불국토의 티끌처럼 지극히 많은 모든 부처님들께서 장차 열반에 드시려 하거나 또는 모든 보살과 성문・연각緣覺과 배울 것이 남아 있는 수행자나 더 이상 배울 것이 없는 수행자, 나아가 일체 모든 선지식들에게 두루 청하기를, '열반에 드시지 말고, 헤아릴 수 없는 세월이 흘러도 일체중생을 이롭게 하여 주소서.'라고 하는 것이니라. 이와 같이하여 허공계가 다하고 중

생계가 다하고, 중생의 업이 다하고 중생의 번뇌가 다하여도, 나의 이 권청權請은 다함이 없느니라. 생각 생각이 상속하여 끊임이 없이 몸과 말과 뜻으로 짓는 일에 지치거나 싫어하는 생각이 없느니라.

10. 선남자여, 또한 **'항상 부처님을 따라 배운다고 하는 것'**은 이 사바세계의 비로자나 여래(法身佛)께서는 처음 발심하신 때로부터 정진하여 물러나지 않으시고, 말로 다 표현할 수 없는 수많은 몸과 목숨을 보시하고, 살갗의 가죽을 벗겨 종이를 삼고 뼈를 쪼개어 붓을 삼고 피를 뽑아 먹물을 삼아서 경전을 쓰시기를 수미산처럼 하셨느니라. 이처럼 불법을 소중히 여기셨기 때문에 신명身命을 아끼지 않으셨는데, 하물며 왕위나 도시나 시골 촌락이나 궁전이나 정원 등의 일체 소유와 여러 가지 실천하기 어려운 수행이나 고행인들 무슨 문제가 될 수 있겠느냐. 나아가 보리수 아래에서 큰 깨달음(大菩提)을 이루시던 일이나, 여러 가지 신통을 보이고 변화를 일으키시며, 많은 대중이 모인 곳에서 여래의 화신化身을 나타내시기도 하였느니라. 여러 보살들이 모인 도량이나 혹은 성문과 벽지불 등이 모인 도량, 혹은 전륜성왕과 작은 나라의

왕과 그 권속들이 모인 도량, 혹은 찰제리 · 바라문 · 장자 · 거사들인 모인 도량, 나아가 천天 · 용龍 등의 팔부신중과 사람과 사람이 아닌 존재(非人) 등이 모인 도량에서 원만하신 음성으로 마치 큰 우렛소리가 울리는 듯이, 그들의 좋아하는 욕구에 따라 법을 설하여 중생들을 성숙시키고 열반에 드셨느니라. 이와 같은 모든 수행의 일들을 내가 다 따라서 배우는 것이니라. 지금의 비로자나 부처님과 같이 온 법계 · 허공계 · 시방삼세 모든 부처님 세계의 티끌 속에 계시는 모든 부처님들께도 이와 같이 하여 항상 내가 따라 배우는 것이니라. 이와 같이 하여 허공계가 다하고 중생계가 다하고 중생의 업이 다하고 중생의 번뇌가 다하여도, 나의 이 본받아 배우는 일은 끝이 없을 것이니라. 생각 생각이 상속하여 끊임이 없이 몸과 말과 뜻으로 짓는 일에 지치거나 싫어하는 생각이 없느니라.

11. 선남자여, 또한 **'항상 중생을 수순한다는 것'**은 온 법계 · 허공계 · 시방세계에 있는 중생들이 여러 가지 차별이 있어 이른바 알(卵)에서 나고, 태(胎)로 나고, 습기(濕)로 나고, 화해서(化) 나기도 하는데, 그

들은 물(水)과 불(火)과 바람(風)과 땅(地)을 의지하여 살기도 하며, 혹은 허공이나 풀과 나무에 의지하여 살기도 하느니라. 저렇듯 여러 가지 생류生類와 여러 가지 몸・여러 가지 형상・여러 가지 모양・여러 가지 수명・여러 가지 종족・여러 가지 이름・여러 가지 심성・여러 가지 지견・여러 가지 욕망・여러 가지 생각과 행동・여러 가지 거동・여러 가지 의복・여러 가지 음식으로 살아가느니라. 여러 마을이나 성읍城邑이나 궁전에서 살기도 하며, 나아가 그들은 또 모든 천・용 등의 팔부신중과 사람과 사람 아닌 존재들이기도 하느니라. 또한 발 없는 것・두 발 가진 것・네 발 가진 것・여러 발 가진 것・형체가 있는 것・형체가 없는 것・생각 있는 것・생각 없는 것・생각 있는 것도 아니요 생각 없는 것도 아닌, 이러한 여러 가지 중생들을 내가 다 수순하여 여러 가지로 섬기며 공양하기를 마치 부모와 같이 공경하며, 스승이나 아라한이나 나아가 부처님과 조금도 다름없이 받들어 공양하느니라. 병든 이에게 어진 의원이 되어주고, 길 잃은 이에게는 바른길을 가리켜주고, 어두운 밤에는 등불이 되고, 가난한 이에게는 재물을 얻게 하느니라. 보살은 이와 같이 평등하게 모든 중생을 이롭게 하느니라. 왜냐하면, 보살이 능히 중생을 수순하면 곧 모든 부처님을 수순하며 공양하는 것과 같고, 중생을 존중히 받들어 섬기면 곧 여래를 존중히 받들어 섬기는 것과 같으며, 중생으로 하여금 기뻐하는 마음을 나게 하면 곧 모든 부처님을 기쁘게 하는 것과 같기 때문이니라. 또한 모든 부처님께서는 큰 자비의 마음(大悲心)으로 근본을 삼으시는 까닭에 **중생으로 인하여 큰 자비심을 일으키고, 큰 자비심을 인하여 보리심을 일으키고, 보리심을 인하여 정등정각正等正覺의 큰 깨달음을 이루시기 때문이니라.** 그것은 마치 넓은 벌판의 모래밭 가운데 서 있는 한 큰 나무의 뿌리가 만약 물을 만나면, 가지와 잎과 꽃과 열매가 모두 무성해지는 것과 같아서 생사광야生死曠野의 보리수도 또한 그러하나니라. 즉 모든 중생으로 나무뿌리를 삼고, 여러 부처님이나 보살들은 꽃과 열매를 삼아 자비의 물로 중생을 이롭게 하면, 곧 여러 부처님과 보살들의 지혜의 꽃과 열매를 맺게 되기 때문이니라. 왜냐하면, 만약 보살들이 자비의 물로 중생을 이롭게 하면 곧 마침내 큰 깨달음(아뇩다라삼먁삼보리)을 성취하는 까닭이니라. 그러므로 보리는 중생에게 열매 맺는 것이니, 만약 중생이 없다면 모든 보살들도 마침내 큰 깨달음을 이루지 못하는 것이니라. 선남자여, 그대는 이러한 이치를 마땅히 알아야만 하느니라. 중생에게 마음을 평등히 함으로써 능히 원만한 자비를 성취하고, 자비심으로 중생을 따름으로써 곧 부처님께 공양을 올리는 결과를 성취하게 되는 것이니라. 보살은 이와 같이 중생을 수순해야 하느니라. 허공계가 다하고 중생계가 다하고 중생의 업이 다하고 중생의 번뇌가 다해도, 나의 이러한 수순함은 다함이 없을 것이니라. 생각 생각이 상속하고 끊임이 없이 몸과 말과 뜻으로 짓는 일에 지치거나 싫어하는 생각이 없느니라.

12. 선남자여, 또한 '**지은 공덕을 널리 회향한다는 것**'은 처음에 부처님께 예배하고 공경하는 것으로부터 중생을 수순하는 것까지의 모든 공덕을 온 법계·허공계의 모든 중생에게 남김없이 회향하여, 중생으로 하여금 항상 안락하고 모든 병고가 없기를 바라는 것이니라. 나쁜 짓을 하고자 하면 하나도 이루어지지 않고, 선업을 닦고자 하면 모두 다 속히 성취하여, 일체의 나쁜 악도의 문(惡趣門)은 닫아버리고, 인간과 천상과 열반에 이르는 바른길은 활짝 열어 보이며, 모든 중생들이 지어서 쌓아온 악업惡業으로 인하여 얻게 되는 모든 지극히 무거운 괴로운 과보(苦報)는 내가 대신

받으며, 저 중생들로 하여금 모두 다 해탈을 얻게 하여, 마침내는 구경의 위없는 깨달음(無上菩提)을 성취하게 하는 것이니라. 보살은 이와 같이 그 닦은 바의 공덕을 회향하는 것이니라. 허공계가 다하고 중생계가 다하고 중생의 업이 다하고 중생의 번뇌가 다하여도, 나의 이 회향은 다하지 않을 것이니라. 생각 생각이 상속하여 끊임이 없이 몸과 말과 뜻으로 짓는 일에 지치거나 싫어하는 생각이 없느니라.

13. 선남자여, 이것으로 보살마하살菩薩摩訶薩의 **열 가지 큰 서원(十種大願)**이 원만히 갖추어진 것이니라. 만약 모든 보살이 이 큰 서원을 따라 수행해 나아가면 능히 모든 중생을 성숙시키고, 위없는 깨달음(아뇩다라삼먁삼보리)에 수순(隨順: 이르게)하게 되는 것이니, 곧 능히 보현보살의 바다와 같이 한량없는 모든 행원(諸行願海)을 원만히 성취하는 것이니라. 이러한 까닭에 선남자여, 그대들은 이러한 이치를 마땅히 분명히 알아야 하느니라. 만약 어떤 선남자 선여인이 시방세계에 가득한 한량없고 끝이 없어 말로 다 표현할 수 없이 많은 모든 부처님 세계에 가득 찬 가장 좋은 미묘한 칠보와 또한 모든 인간과 천상에서 가장 수승한 안

락安樂으로써 저 모든 세계에 있는 중생들에게 보시하고, 저 모든 세계의 부처님과 보살들께 공양하기를 무량겁이 지나도록 그치지 않고 계속해서 얻게 되는 공덕과, 또 어떤 사람이 이 원왕(願王: 十種大願)을 잠깐 동안 듣고 얻게 되는 공덕을 비교하면, 앞에 말한 공덕은 뒤의 것의 백분의 일도 되지 못하고, 천분의 일에도 미치지 못하며, 나아가 미세한 수의 궁극(우파니사타분: 인도의 算法, 數之極)의 일에도 또한 미치지 못하느니라.

13-1. 또 어떤 사람이 깊은 신심으로 이러한 큰 서원을 받아 지녀 읽고 외우거나, 나아가 한 게송만이라도 베껴 쓴다면, 무간지옥에 떨어질 죄업이라도 즉시 소멸되고, 이 세상에서 받은 몸과 마음의 모든 병과 모든 고뇌와 나아가 지극히 작은 모든 악업까지도 모두 소멸될 것이니라. 또한 온갖 마군魔軍·야차夜叉·나찰羅刹과 혹은 구반다鳩槃茶·비사사毘舍闍·부다部多 등의 피를 빨고 살을 먹는 모든 악한 귀신들이 다 멀리 달아나거나, 혹은 신심을 내어 몸소 가까이 와서 수호할 것이니라.

13-2. 이러한 까닭에 만약 어떤 사람이 보현의 행원(願王)을 독송한다면, 세상을 살아감에 있어 조금의 장애도 없게 되어 마치 공중의 달이 구름을 벗어나 밖으로 나오듯, 아무런 걸림이 없게 될 것이니라. 그러므로 모든 부처님과 보살들이 칭찬하고, 모든 인간들과 천상세계의 사람들이 마땅히 다 예배하고 공경하며, 모든 중생이 두루 공양할 것이니라. 이러한 선남자는 훌륭한 사람의 몸을 받아서 보현보살의 모든 공덕을 원만히 갖추고, 마땅히 오래지 않아 보현보살과 같은 미묘한 몸을 성취하여 서른두 가지 대장부다운 모습을 갖추게 될 것이니라. 만약 인간이나 천상세계에 태어나면, 태어나는 곳마다 항상 좋은 가문에 태어나게 될 것이고, 능히 모든 악도의 길(惡趣)을 깨뜨리며, 모든 나쁜 벗을 다 멀리하고, 모든 외도外道를 다스려 항복받으며, 온갖 번뇌에서 해탈하여 마치 사자의 왕이 뭇 짐승들을 굴복시키는 것과 같이 할 것이며, 능히 모든 중생의 공양을 받게 될 것이니라.

13-3. 나의 모든 육신(六根)이 다 흩어지고, 친척과 권속들이 다 버리고 떠나며, 모든 위엄과 세력도 다 사라지고, 정승대신과 궁성 안팎과 코끼리 · 말 · 수레 ·

보배나 재물 등의 모든 것도 다시는 따라오지 못하지만, 오직 이 열 가지 서원만은 떠나지 않고 언제나 앞길(死後의 길)을 인도하여 한순간에 극락세계에 왕생하도록 할 것이니라. 왕생하는 즉시에 아미타불 · 문수사리보살 · 보현보살 · 관자재보살 · 미륵보살 등을 친견하게 될 것이니, 이 모든 보살들은 모습이 단아하고 공덕을 갖추신 분들로, 함께 아미타불 곁에 둘러앉아 있을 것이니라. 그때에 그는 스스로가 연꽃 속에 태어났음을 보게 되고, 아미타 부처님으로부터 수기授記를 받게 될 것이니라. 수기를 받고는 무수한 세월을 지나서는 널리 시방의 세계에 두루 다니면서 지혜의 힘으로써 중생들의 마음에 따라 그들을 이롭게 할 것이니라. 또한 오래지 않아 마땅히 보리도량菩提道場에 앉아서 마군들을 항복받고, 정각의 깨달음을 성취하며, 미묘한 법문을 설법하여 능히 불국토의 티끌처럼 헤아릴 수 없는 많은 중생으로 하여금 보리심을 일으키게 하고, 그 근기와 성품을 따라서 교화하여 성숙시키며, 나아가 한량없는 미래의 세월이 다하도록 널리 일체 중생들을 이롭게 할 것이니라.

13-4. 선남자여, 저 모든 중생들이 이 열 가지 보현행

원을 듣고 믿고, 다시 받아 지녀 읽고 외우며, 널리 남을 위하여 설한다면, 이 사람이 지은 공덕은 부처님을 제외하고는 아무도 알 수 있는 사람이 없느니라. 그러므로 그대들은 이러한 보현행원을 듣고 의심을 내지 말아야 하느니라. 마땅히 지성으로 받아 지녀서 능히 읽고, 읽고는 외우며, 외우고는 지니고, 나아가 베껴 써서 널리 다른 사람들을 위하여 설해야 하느니라. 이러한 모든 사람들은 한 생각 동안에 모든 행원을 다 성취할 것이며, 그 얻는 복덕은 한량이 없고 끝이 없어, 능히 번뇌의 큰 고통의 바다에 빠진 중생들을 제도하여 마침내 생사의 윤회에서 벗어나 아미타불 극락세계에 왕생하게 될 것이니라.

14. 그때에 보현보살마하살이 이러한 뜻을 거듭 펴기 위해 널리 시방을 두루 살피면서 게송을 설하였습니다.

**끝이 없는 시방세계에 계시는** (所有十方世界中)
**과거 현재 미래 삼세의 부처님들께**(三世一切人獅子)
**제가 청정한 몸과 말과 뜻으로**(我以淸淨身語意),
**빠짐없이 두루 예경하옵니다**(一切徧禮盡無餘).

보현보살 행원의 위신력으로(普賢行願威神力)
널리 모든 부처님 전에 나아가(普現一切如來前)
한 몸으로 다시 무수히 몸을 드러내어(一身復現刹塵身)
한량없는 부처님께 예경 올립니다(一一徧禮刹塵佛).

티끌처럼 헤아릴 수 없는 많은 부처님(於一塵中塵數佛)
각처의 보살들 모인 곳에 계시네(各處菩薩衆會中).
끝없는 법계의 티끌 속 또한 그러하니(無盡法界塵亦然),
부처님들 충만하심을 깊이 믿나이다(深信諸佛皆充滿).

저마다 갖가지 음성으로써(各以一切音聲海)
다함없는 미묘한 말씀 널리 전하며(普出無盡妙言詞)
미래의 세월이 다할 때까지(盡於未來一切劫),
부처님의 깊은 공덕 찬탄하나이다(讚佛甚深功德海).

아름답기 으뜸가는 온갖 꽃타래(以諸最勝妙華鬘)
좋은 음악 좋은 향수 좋은 일산들(妓樂塗香及傘蓋)
이와 같은 가장 좋은 장신구로써(如是最勝莊嚴具)

시방삼세 부처님께 공양하나이다(我以供養諸如來).

으뜸가는 좋은 의복 좋은 향들과(最勝衣服最勝香)
가루향 사르는 향 등불 촛불을(末香燒香與燈燭)
하나하나 수미산 높이로 모아서(一一皆如妙高聚)
저는 모든 부처님께 공양 올립니다(我悉供養諸如來).

제가 광대하고 수승한 지혜로써(我以廣大勝解心)
시방삼세 부처님을 깊이 믿고(深信一切三世佛)
보현보살 행원의 큰 힘으로(悉以普賢行願力)
모든 부처님께 널리 공양 올립니다(普徧供養諸如來).

지난세상 제가 지은 모든 악업은(我昔所造諸惡業)
모두 탐욕 성냄 어리석음을 말미암아(皆由無始貪恚癡)
몸과 말과 뜻의 삼업으로 지은 것이니(從身語意之所生),
제가 이제 남김없이 참회하나이다(一切我今皆懺悔).

시방삼세 여러 부류의 모든 중생들과(十方一切諸衆生)

성문 연각 유학 무학 많은 수행승과(二乘有學及無學)
모든 부처님과 보살님들께서(一切如來與菩薩)
쌓으신 온갖 공덕 따라 기뻐하나이다(所有功德皆隨喜).

시방세계 두루 비추는 등불이시고(十方所有世間燈)
맨 처음 큰 깨달음을 성취하신 부처님께(最初成就菩提者)
제가 이제 지성으로 권청하오니(我今一切皆勸請),
위없는 묘한 법문 설법하여 주옵소서(轉於無上妙法輪).

모든 부처님 만약 열반에 드시려 한다면(諸佛若欲示涅槃)
제가 이제 지성으로 권청드리오니(我悉至誠而勸請),
원컨대 이 세상에 오래도록 상주하시어(惟願久住刹塵劫)
모든 중생 이롭고 행복하게 하옵소서(利樂一切諸衆生)!

예경하고 찬탄하고 공양한 공덕과(所有禮讚供養佛)
세상에 머무시며 설법교화 청한 공덕과(請佛住世轉法輪)
따라 기뻐하고 참회한 온갖 선근을(隨喜懺悔諸善根),
중생들과 보리도에 회향하나이다(廻向衆生及佛道).

제가 모든 부처님을 따라 배우고(我隨一切如來學)
보현보살 원만한 행을 닦고 익혀서(修習普賢圓滿行)
지난 과거세상 모든 부처님들과(供養過去諸如來)
현재 시방의 부처님께 공양 올립니다(及與現在十方佛).

오는 세상 모든 천인 인간 스승들에게(未來一切天人師)
모든 마음에 즐거움이 원만해지기를(一切意樂皆圓滿)
널리 삼세의 부처님을 따라 배우오니(我願普隨三世學),
속히 큰 깨달음 성취하기를 원하옵니다(速得成就大菩提).

존재하는 시방의 모든 불국토 세계를(所有十方一切刹)
광대청정하고 미묘하게 장엄하여(廣大淸淨妙莊嚴),
모든 부처님 대중들이 둘러 모시고(衆會圍遶諸如來)
큰 보리수 아래에 앉아 계시네(悉在菩提樹王下).

시방세계 존재하는 모든 중생들이(十方所有諸衆生)
근심 걱정 다 벗어나 항상 안락하고(願離憂患常安樂),
깊고 깊은 정법의 이로움을 얻어서(獲得甚深正法利)

모든 번뇌 남김없이 소멸해지이다(滅除煩惱盡無餘).

제가 큰 깨달음 얻으려 수행할 때에(我爲菩提修行時)
나는 세상 어디서나 숙명통을 얻었고(一切趣中成宿命),
언제나 출가하여 청정한 계행을 닦아(常得出家修淨戒)
죄업 파계 없는 청정한 마음이었네(無垢無破無穿漏).

천신 용왕 야차들 구반다들과(天龍夜叉鳩槃茶)
사람과 사람 아닌 존재들에까지(乃至人與非人等)
그들이 쓰고 있는 여러 언어로써(所有一切衆生語),
갖가지 음성으로 설법하였네(悉以諸音而說法).

부지런히 청정한 바라밀을 닦아(勤修淸淨波羅蜜)
항상 보리심을 잊지 않았고(恒不忘失菩提心),
모든 번뇌업장 남김없이 소멸하여(滅除障垢無有餘)
일체의 미묘한 보살행을 성취하였네(一切妙行皆成就).

모든 미혹과 죄업과 삿된 경계와(於諸惑業及魔境)

세상살이 번잡한 삶 속에서 해탈 얻나니(世間道中得解脫),
마치 연꽃에 물이 묻어있지 않고(猶如蓮華不着水)
해와 달이 허공에 머물지 않음과 같네(亦如日月不住空).

모든 악도의 온갖 괴로움 다 없애주고(悉除一切惡道苦)
일체 중생에게 균등히 행복을 베푸나니(等與一切群生樂),
이처럼 티끌같이 많은 세월을 실천해도(如是經於刹塵劫)
시방중생 이롭게 하는 보살행 다함이 없네(利益恒無盡).

저는 항상 중생들을 수순하면서(我常隨順諸衆生)
오는 세상 무량겁의 세월 다할 때까지(盡於未來一切劫),
언제나 보현보살의 광대한 행을 닦아서(恒修普賢廣大行)
위없는 큰 깨달음 원만히 성취하리다(圓滿無上大菩提).

나와 같이 보현행을 닦는 수행자들은(所有與我同行者)
태어나는 곳마다 함께 모이고(於一切處同集會)
몸과 말과 뜻의 행업을 모두 함께하여(身口意業皆同等)
일체의 행원을 같이 닦아지이다(一切行願同修學).

나를 이롭게 하는 선지식들께서(所有益我善知識)
나를 위해 보현행을 드러내 보이시고(爲我顯示普賢行),
항상 저와 함께 이 법회에 모여서(常願與我同集會)
어느 때나 기쁜 맘 내기를 원하옵니다(於我常生歡喜心).

모든 부처님을 친견하기를 바라옵고(願常面見諸如來)
불자대중 부처님을 외호하여 모시어(及諸佛子衆圍遶),
널리 성대하게 공양을 올리는 일(於彼皆興廣大供)
이 세상 다하도록 싫증내지 않겠나이다(盡未來劫無疲厭).

원컨대 모든 부처님의 미묘 법문 지니고(願持諸佛微妙法)
갖가지 보리행을 밝게 드러내며(光顯一切菩提行),
궁극의 청정한 보현보살의 도를(究竟淸淨普賢道)
오는 세상 다하도록 끝까지 닦겠나이다(盡未來劫常修習).

저는 시방법계 어느 세상에서나 (我於一切諸有中)
닦는바 복과 지혜 다함이 없고(所修福智恒無盡),
선정 지혜 방편 해탈 등의(定慧方便及解脫)

한량없는 모든 공덕 모두 이루겠나이다(獲諸無盡功德藏).

한 티끌 속에 수많은 티끌세계 담겨있고(一塵中有塵數刹)
그러한 세계마다 무량한 부처님 계시니(一一刹有難思佛),
한 곳 한 곳 부처님의 법회도량에서(一一佛處衆會中)
보리행 연설하심을 저는 항상 뵙나이다(我見恒演菩提行).

끝없는 시방세계 모든 법계의 바다(普盡十方諸刹海)
털끝처럼 무량한 삼세의 바다(一一毛端三世海)
한량없는 부처님과 국토의 바다에서(佛海及與國土海)
저는 두루두루 영원히 수행하오리다(我徧修行經劫海).

모든 부처님의 음성 청정하시니(一切如來語淸淨),
한 말씀마다 많은 음성 갖추셨네(一言具衆音聲海).
중생들 마음에 따른 즐거운 음성이시니(隨諸衆生意樂音),
부처님의 모든 음성 변재의 설법이시네(一一流佛辯才海).

시방 삼세의 모든 부처님께서(三世一切諸如來)

저렇듯 다함없는 말씀의 바다로(於彼無盡語言海)
항상 깊은 이치 묘한 법문 설법하시니(恒轉理趣妙法輪),
저는 깊은 지혜로 두루 깨달아 가리다(我深智力普能入).

내가 오는 세상까지 깊이 들어가 봐도(我能深入於未來)
일체의 모든 겁이 다 한 생각일 뿐이네(盡一切劫爲一念).
과거 현재 미래의 모든 시간까지도(三世所有一切劫)
일념으로 이어지니 내 모두 깨달아가리 (爲一念際我皆入).

한 생각으로 과거 현재 미래의(我於一念見三世)
일체 부처님을 모두 친견하고 (所有一切人獅子)
또한 부처님 경계 속을 들어가나니(亦常入佛境界中),
환술과 같은 해탈과 위신력이네(如幻解脫及威力).

한 터럭 끝 지극히 미세한 가운데에(於一毛端極微中)
삼세의 장엄한 세계가 드러나니(出現三世莊嚴刹),
시방의 티끌세계 모든 터럭 끝마다(十方塵刹諸毛端)
내 모두 깊이 들어가 장엄하리다(我皆深入而嚴淨).

오는 세상 비출 밝은 등불로(所有未來照世燈)
성도하셔 설법하며 중생을 깨닫게 하고(成道轉法悟群有)
부처님 일 다 마치시고 열반에 드실 때(究竟佛事示涅槃),
내 두루 나아가서 친히 모시오리다(我皆往詣而親近).

신속하게 두루 미치는 신통의 힘(速疾周徧神通力)
넓은 문에 두루 들어가는 대승의 힘(普門徧入大乘力)
지혜와 보살행을 널리 닦은 공덕의 힘(智行普修功德力)
위신력으로 널리 덮어주는 자비의 힘과(威神普覆大慈力),

두루 청정하게 장엄한 복덕의 힘(徧淨莊嚴勝福力)
집착 없고 의지함 없는 지혜의 힘(無着無依智慧力)
선정 지혜 방편의 모든 위신력(定慧方便諸威力)
널리 두루 쌓은 보리의 힘과(普能積集菩提力),

청정한 일체 선업의 힘(淸淨一切善業力)
모든 번뇌 소멸시키는 힘(摧滅一切煩惱力)
온갖 마군 항복받는 힘(降伏一切諸魔力)

원만히 닦은 보현행원의 모든 힘으로(圓滿普賢諸行力),

모든 세상 두루 청정하게 장엄하며(普能嚴淨諸刹海)
일체 중생들을 해탈하게 하며(解脫一切衆生海)
모든 법을 잘 분별하며(善能分別諸法海)
지혜바다 깊이깊이 들어가며(能甚深入智慧海),

모든 보살행을 청정히 두루 닦으며(普能淸淨諸行海)
일체의 모든 서원을 원만히 하며(圓滿一切諸願海)
모든 부처님을 친히 모셔 공양하며(親近供養諸佛海)
무량겁의 세월을 부지런히 수행하며(修行無倦經劫海),

삼세의 일체 모든 부처님들의(三世一切諸如來)
가장 수승한 보리도인 모든 행원을(最勝菩提諸行願)
내가 모두 공양하고 원만히 닦아(我皆供養圓滿修)
보현보살 행원으로 깨달음을 이루리다(以普賢行悟菩提).

모든 부처님에게는 장자가 있으니(一切如來有長子)

그 이름 거룩하신 보현보살이시네(彼名號曰普賢尊).
제가 지금 온갖 선근으로 회향하오니(我今廻向諸善根)
모든 지혜와 행이 그와 같아지이다(願諸智行悉同彼).

원컨대 몸과 말과 뜻이 항상 청정하고(願身口意恒淸淨)
모든 수행과 세계도 또한 그러하기를(諸行刹土亦復然).
이와 같은 지혜를 보현이라 하나니(如是智慧號普賢),
바라건대 저도 더불어 같아지게 하소서(願我與彼皆同等).

저는 청정하신 보현보살의 행과(我爲徧淨普賢行)
문수보살의 모든 대원을 두루 닦아(文殊師利諸大願)
원만히 온갖 불사 남김없이 닦아(滿彼事業盡無餘)
오는 세상 다하도록 싫증냄이 없으며(未來際劫恒無倦),

제가 닦는바 보살행이 한량없으니(我所修行無有量)
무량한 많은 공덕 모두 이루며(獲得無量諸功德),
끝이 없는 모든 보살행에 머물러서(安住無量諸行中)
일체의 신통력을 깨달으리다(了達一切神通力).

문수보살의 용맹하고 크신 지혜와(文殊師利勇猛智)
보현보살의 지혜의 행 또한 그러하시니(普賢慧行亦復然),
제가 이제 모든 선근공덕 회향하여(我今廻向諸善根)
그분들 따라 모든 것 항상 배우오리다(隨彼一切常修學).

삼세의 모든 부처님이 찬탄하시는(三世諸佛所稱歎)
이와 같은 가장 훌륭한 모든 큰 서원들(如是最勝諸大願)
제가 이제 온갖 선근을 회향하는 것은(我今廻向諸善根)
보현보살 수승행을 얻고자 함입니다(爲得普賢殊勝行).

원컨대 제가 이 목숨 다해 마치려 할 때(願我臨欲命終時)
모든 번뇌와 업장 다 소멸하옵고(盡除一切諸障礙),
극락세계 아미타불 친견하여(面見彼佛阿彌陀)
한 순간에 극락세계에 왕생하게 하소서(卽得往生安樂刹).

제가 이미 극락세계에 왕생하였다면(我旣往生彼國已)
눈앞에서 이러한 대원 모두 이루옵고(現前成就此大願),
모든 행원 남김없이 원만해져서(一切圓滿盡無餘)

일체중생 이롭고 행복하게 하여지다(利樂一切衆生界).

저 아미타 부처님 회상 모두 청정하시니(彼佛衆會咸清淨)
저는 그때 수승한 연꽃 속에 태어나서(我時於勝蓮華生)
무량한 광명이신 아미타불 친견하옵고(親覩如來無量光),
저는 그 앞에서 성불수기 받아지이다(現前授我菩提記).

아미타 부처님의 수기를 받고 나서는(蒙彼如來授記已)
헤아릴 수 없는 무수한 화신을 드러내고(化身無數百俱胝)
지혜의 힘으로 넓은 세계 두루 다니며(智力廣大徧十方),
널리 일체 중생을 이롭게 하오리다(普利一切衆生界).

나아가 허공세계가 다하고(乃至虛空世界盡)
중생과 그들의 업과 번뇌가 다하며(衆生及業煩惱盡)
이와 같은 모든 것이 다함이 없다면(如是一切無盡時),
나의 서원도 마침내 다함이 없으리다(我願究竟恒無盡).

시방에 존재하는 끝없는 국토를(十方所有無邊刹)

온갖 보배로 장엄하여 여래께 공양하고(莊嚴衆寶供如來),
최승의 안락을 하늘과 인간에 보시하며(最勝安樂施天人)
온 세계의 티끌 같은 겁을 지난다 해도(經一切刹微塵劫),

어떤 사람이 수승한 이 보현행원을(若人於此勝願王)
한 번 듣고 나서 능히 믿음을 내어(一經於耳能生信)
수승한 깨달음을 얻고자 갈망한다면(求勝菩提心渴仰),
이 공덕 앞의 공덕보다 더 수승하리라(獲勝功德過於彼).

언제나 나쁜 벗을 멀리하고(卽常遠離惡知識)
영원히 모든 악도의 세계에서 벗어나며(永離一切諸惡道),
속히 무량광 아미타 부처님을 친견하고(速見如來無量光)
이러한 수승한 보현행원을 갖추오리다(具此普賢最勝願).

이러한 사람은 수승한 수명을 얻고(此人善得勝壽命)
인간 중에서도 좋은 선처에 태어나며(此人善來人中生)
오래잖아 마땅히 행원을 성취할 것이니(此人不久當成就),
저 보현보살의 행원과 같을 것이니라(如彼普賢菩薩行).

지난날에 어리석어 지혜의 힘 없는 탓에(往昔由無智慧力)
다섯 가지 무간지옥 떨어질 죄 지었어도(所造極惡五無間)
이러한 보현보살 큰 행원 읽고 외우면(誦此普賢大願王),
한 생각에 저 죄업 모두 소멸하리라(一念速疾皆消滅).

태어날 때마다 좋은 가문 좋은 얼굴(族姓種類及容色)
훌륭한 모습 밝은 지혜 모두 원만하여서(相好智慧咸圓滿)
모든 마군 외도들도 범접 못하리니(諸魔外道不能摧)
삼계중생에게 온갖 공양 능히 받으리라(堪爲三界所應供).

오래잖아 보리수 아래 앉아서(速詣菩提大樹王)
마군의 무리들을 모두 항복받고서(坐已降伏諸魔衆)
무상정각 성취하고 법을 설하여(成等正覺轉法輪),
모든 중생 널리 이롭게 하리라(普利一切諸含識).

만약 누구든지 이러한 보현행원을(若人於此普賢願)
받아 지녀 독송하고 연설한다면(讀誦受持及演說),
그 과보는 부처님만 능히 아시나니(果報唯佛能證知)

**반드시 보리도를 얻게 되리라**(決定獲勝菩提道).

**누구든지 이러한 보현행원을 독송하라**(若人誦此普賢願).
**내가 작은 한 부분의 선근만을 말한다면**(我說少分之善根)
**한 생각에 모든 공덕 원만해져서**(一念一切悉皆圓)
**중생들의 청정한 서원 모두 성취하리라**(成就衆生淸淨願).

**내가 이러한 수승한 보현보살의 행과**(我此普賢殊勝行)
**끝없는 수승한 복덕을 모두 회향하오니**(無邊勝福皆廻向),
**바라건대 고해 속에 빠진 모든 중생이**(普願沈溺諸衆生)
**하루속히 극락세계에 왕생하게 하옵소서**(速往無量光佛刹).

15. 그때에 보현보살마하살이 부처님 앞에서 이 광대한 보현행원의 청정한 게송을 설하시니, 선재동자는 한량없이 뛸 듯 기뻐하였고, 모든 보살들도 모두 크게 기뻐하였습니다. 여래께서도 '훌륭하도다, 훌륭하도다'라고 말씀하시며 칭찬하시었습니다.

16. 그때에 부처님이 거룩한 여러 보살마하살과 함께

이 헤아릴 수 없는 해탈 경계의 수승한 법문을 연설하실 때, 문수사리文殊舍利보살을 상수(上首:우두머리)로 한 여러 훌륭한 보살들과 그들이 성숙시킨 6천의 비구와, 미륵보살彌勒菩薩을 상수로 한 현세의 모든 보살과 무구보현無垢普賢 보살을 상수로 한 일생보처一生補處로서 관정위(灌頂位: 부처의 경지에 오른 보살)에 있는 모든 대보살들과 시방의 세계에서 모인 모든 세계의 티끌처럼 많은 모든 보살마하살들과, 큰 지혜를 가진 사리불·마하목건련 등을 상수로 한 모든 훌륭한 성문들과 천상과 인간 등의 모든 세간의 주인들과, 하늘·용왕·야차·건달바·아수라·가루라·긴나라·마후라가·사람인 듯 아닌 듯한 일체의 대중들이 부처님의 말씀을 듣고 모두 크게 기뻐하여 믿어 받들어 행하였습니다.

## ※원각경 보안보살장(圓覺經, 普眼菩薩章)

01. 이때 보안보살普眼菩薩이 대중 가운데 있다가 곧 자리에서 일어나서 부처님의 발에 예를 갖추고, 오른쪽으로 세 번 돌고, 무릎을 꿇고 합장한 후 부처님께 여쭈었습니다. 대자대비하신 세존이시여, 바라옵건대, 이 법회에 모인 모든 보살대중과 더불어 말세의 모든 중생을 위하여 보살의 단계적인 수행에 대하여 설법하여 주시옵소서. 어떻게 사유하며, 어떻게 머물러 수행하고 계율을 지켜야 하옵니까? 중생이 아직 깨닫지 못했으니, 어떤 방편을 써야 두루 깨닫게 하겠습니까? 세존이시여, 만약 저들 중생이 바른 방편과 바른 사유 없이 여래께서 설하신 이 삼매에 대한 가르침을 듣는다면, 마음이 미혹되고 답답한 마음이 생겨 원만한 깨달음(圓覺)에 들어갈 수 없을 것입니다. 원컨대, 자비를 베푸시어 저희들과 말세중생들을 위하여 간단히 방편을 말씀해 주시옵소서. 이렇듯 말을 마친 후에, 다시 오체투지五體投地로 절을 하며 세 번을 반복하여 설법하시기를 청하였습니다.

02. 이때 부처님이 보안보살에게 말씀하셨습니다. 훌륭하고 훌륭하구나. 선남자야, 그대들이 이제 보살들과 말세의 중생들을 위하여 여래의 수행하는 절차와 생각과 머물러 수행함과 나아가 여러 가지 방편을 묻는구나. 내 그대들을 위해 설해 줄 것이니, 그대들은 자세히 들으라. 이때 보안보살이 기쁜 마음으로 가르침을 받들며, 대중들과 함께 조용히 듣고자 하였습니다.

03. 선남자야, 저 새롭게 공부하려는 보살과 말세중생들이 여래의 청정한 원각심圓覺心을 구하고자 한다면, **바른 알아차림**(正念: sati, 알아차림, 억념)으로 모든 환(幻: 생멸하는 번뇌)을 멀리 여의어야만 하느니라. 먼저 여래의 사마타(Samatha, 止, 禪定) 수행에 의지하여 계율을 견고하게 지키고, 편안한 장소에서 대중과 함께 조용한 방에 단정히 앉아서 항상 이렇게 생각해야 하느니라. '지금 나의 이 몸은 사대(四大: 地水火風) 요소가 화합하여 형성된 것이니, 이른바 머리카락 · 털 · 손발톱 · 치아 · 살갗 · 근육 · 뼈 · 골수 · 때 등의 더러운 물질들은 모두 흙(土)으로 돌아가고, 침 · 눈물 · 고름 · 피 · 진액 · 거품 · 가래 · 눈물 · 정액 · 대소변 등은

모두 물(水)로 돌아가며, 따뜻한 기운은 불(火)로 돌아가고, 움직이고 돌아다니는 것은 바람(風)으로 돌아가느니라.

04. 사대 요소가 뿔뿔이 흩어지면, 이제 허망한 육신은 어디에 있겠는가? 곧 알아야 하나니, 이 몸은 마침내 실체가 없는 것이고, 비록 화합하여 형상이 이루어졌으나, 사실은 환영과 같은 것이니라. 네 가지 인연이 거짓으로 모여 헛되이 육근(六根)이 있게 된 것이니, 육근과 사대가 안팎으로 이루어지고, 이룬 뒤에는 허망하게도 조건의 기운(緣氣)이 있게 되고, 그 안에 쌓여 모인 것이 마치 조건의 상(緣相)이 있는 듯한데, 그것을 거짓 이름하여 '**마음(心)**'이라 하는 것이니라. 선남자야, 이 허망한 마음은 만약 육진(六塵: 형상色, 소리聲, 냄새香, 맛味, 감촉觸, 마음의 대상法)이 없으면 존재가 불가능할 것이니라. 사대가 나뉘어 해체되면 육진도 얻지 못할 것이고, 육진을 이루는 조건들 가운데 각각이 흩어져 사라진다면, 마침내 반연해 서 있는 마음도 볼 수 없는 것이니라. 선남자야, 저 중생들의 허망한 육신이 소멸하는 까닭으로 허망한 마음도 소멸하고, 허망한 육진의 경계 역시 소멸하는 것이니라. 허망한

경계가 소멸함으로 허망함의 소멸도 또한 소멸하고, 허망함의 소멸이 소멸하므로 허망함이 아닌 것은 소멸하지 않나니, 비유하건대 거울에 때가 없어지면 광명이 나타나는 것과 같으니라.

05. 선남자야, 몸과 마음이 모두가 환영이고 더러운 때(垢)이며, 따라서 때라는 상(垢相)이 영원히 사라지면 시방세계가 청정해짐을 알아야 하느니라. 선남자야, 비유하자면 깨끗한 마니보주摩尼寶珠가 오색을 비추어지면 네 방향을 따라 각각 그 빛깔이 드러나는데, 어리석은 사람들은 그러한 마니보주를 보고 실제로 오색이 그 안에 들어있다고 아는 것과 같으니라. 선남자야, 원각인 청정한 성품(圓覺淨性)은 몸과 마음을 통해 드러나며, 대상의 종류에 따라 각각 다르게 응하느니라. 저 어리석은 사람들은 청정한 원각에 진실로 이와 같은 몸과 마음의 자상(自相, 實體)이 있다고 말하는 것도 또한 그와 같으니라. 이런 까닭에 환영을 멀리 떠나지 못하는 것이니라. 이러한 이유로 나는 몸과 마음을 '환영의 때(幻垢)'라고 하는 것이니, 환영의 때를 떠난 분을 '보살菩薩'이라 이름하느니라. 때(垢)가 다하여 상대(對)하는 경계가 제거되면, 대하는 것도, 때도

이름을 말할 것도 없느니라.

06. 선남자야, 이러한 보살과 말세의 중생들이 모든 것이 환영임을 깨달아서 비춰진 영상(影像, 煩惱)을 멸하게 되면, 이때에 문득 끝없는 청정함을 얻게 되는 것이니, 끝없는 허공도 원각에서 드러난 것이니라.

**깨달음이 원만하고 밝은 까닭에**(覺圓明故)

**마음의 청정함이 드러나고**(顯心淸淨) ,

**마음이 청정한 까닭에**(心淸淨故)

**보이는 경계가 청정하고**(見塵淸淨),

**보이는 것이 청정한 까닭에**(見淸淨故)

**안근**(眼根, 눈)**이 청정하고**(眼根淸淨),

**안근이 청정한 까닭에**(根淸淨故)

**안식**(眼識, 보는 알음알이)**이 청정하고**(眼識淸淨),

**안식이 청정한 까닭에**(識淸淨故)

**들리는 경계도 청정하고**(聞塵淸淨),

**들리는 경계가 청정한 까닭에**(聞淸淨故)

**이근**(耳根, 귀)**이 청정하고**(耳根淸淨),

**이근이 청정한 까닭에**(根淸淨故)
**듣는 알음알이가 청정하고**(耳識淸淨),
**듣는 알음알이가 청정한 까닭에**(識淸淨故)
**지각하는 경계가 청정하나니**(覺塵淸淨),

이와 같이 코(鼻)·혀(舌)·몸(身)·뜻(意)에 있어서
또한 이와 같으니라.

07. 선남자야, 눈이 청정한 까닭에 색(色, 형상)의 경계가 청정하고, 색의 경계가 청정한 까닭에 소리의 경계가 청정하며, 향·맛·감촉·법의 경계도 또한 이와 같으니라. 선남자야, 육진의 경계가 청정한 까닭에 땅의 요소(地大)가 청정하고, 땅의 요소가 청정한 까닭에 물의 요소(水大)가 청정하며, 불의 요소(火大)·바람의 요소(風大)도 또한 이와 같으니라. 선남자야, 사대가 청정한 까닭에 십이처(十二處: 六根+六境)·십팔계(十八界: 六根+六境+六識)·이십오유(二十五有: 三界의 六道를 윤회하는 모든 존재)가 청정하느니라. 저것들이 청정하기 때문에 10력十力·4무소외四無所畏·4무애지四無碍智·불18불공법佛十八不共法·37조도품三十七助道品 등이

청정하며, 이와 같이 팔만사천 다라니문陀羅尼門도 모두 청정하느니라.

08. 선남자야, 모든 실상의 성품이 청정하기 때문에 한 몸이 청정하고, 한 몸이 청정하기 때문에 많은 몸이 청정하며, 많은 몸이 청정하기 때문에 나아가 시방 중생의 원각圓覺도 청정하느니라. 선남자야, 한 세계가 청정한 까닭에 많은 세계가 청정하고, 많은 세계가 청정하기 때문에 이와 같이 나아가 마침내는 허공을 다하고, 삼세를 두루 하는 모든 것이 평등하고, 청정해서 움직이지 않느니라.

09. 선남자야, 허공이 이와 같이 평등하여 움직이지 않기 때문에 깨달음의 성품(覺性)도 평등하여 동요하지 않음을 알아야 하느니라. 사대가 동요하지 않으므로 깨달음의 성품도 평등하여 동요하지 않음을 마땅히 알아야 한다. 이와 같이 나아가 팔만사천 다라니문도 평등하여 동요하지 않음이니, 마땅히 깨달음의 성품 역시도 평등하여 움직이지 않음을 알아야 하느니라.

선남자야, 깨달음의 성품이 두루 가득하고 청정하며, 동요하지 않고 원만하여 끝이 없는 까닭에 마땅히 육근六根도 법계에 두루 가득함을 알아야 하느니라. 육근이 두루 가득함으로 육진六塵도 법계에 두루 가득함을 알아야 하고, 육진이 두루 가득함으로 사대四大가 법계에 두루 가득하며, 이처럼 나아가 팔만사천 다라니문도 법계에 두루 가득함을 알아야 하느니라.

선남자야, 저 미묘한 깨달음의 성품이 두루 가득한 까닭에 육근의 성품(根性)과 육진의 성품(塵性)이 무너짐도 섞임도 없는 것이며, 육근의 성품과 육진의 성품이 무너짐이 없는 까닭에 이와 같이 나아가 다라니문도 무너짐과 섞임이 없는 것이니라. 이는 마치 백천 개의 등불이 한 방에 비치면, 그 불빛이 두루 가득하여 무너짐도 섞임도 없는 것과 같은 것이니라.

10. 선남자야, 깨달음을 성취한 보살은 법에 속박되지도 않고, 법에서의 해탈을 구하지도 않으며, 생사를 싫어하지도 않고, 열반을 좋아하지도 않으며, 계행 지키는 사람을 공경하지도 않고, 파계하는 자를 미워하지도 않으며, 오래 수행한 사람을 소중히 여기지도 않

으며, 처음 배운 사람을 깔보지도 않느니라. 왜냐하면, 일체가 모두 원각이기 때문이니라. 비유하자면, 눈빛(眼光)이 눈앞의 대상을 비춤에 있어 그 빛이 원만하여 사랑함도 미워함도 없는 것과 같으니라. 왜냐하면, 빛의 실체(體, 바탕, 근원)가 둘이 아니기 때문에 사랑함도 미워함도 없기 때문이니라.

11. 선남자야, 보살과 말세 중생들이 이 마음을 닦아(깨달음을) 성취한 사람은, 이에 닦음도 없고, 성취함도 없느니라. 원각만이 널리 두루 비추고 적멸하여 둘이 없느니라. 그러한 마음에는 백천만억 아승지阿僧祇의 말할 수 없이 많은 항하의 모래와 같은 모든 부처님 세계가 마치 허공 꽃(空華)이 어지러이 피었다가 사라지는 것처럼, 붙지도 않고 떨어지지도 않으며(不卽不離), 얽매임도 없고 벗어남도 없느니라(無縛無脫). 바야흐로 중생이 본래의 부처를 성취하니, 생사와 열반이 결국 지난밤 꿈과 같은 줄을 알아야 하느니라.

선남자야, 생사와 열반이 지난밤 꿈과 같은 까닭에 생사와 열반은 일어남도 멸함도 없으며, 오고 감도 없음을 알아야 하느니라. 그 증득한 진리는 얻을 것도 없고 잃을 것도 없으며, 취할 것도 버릴 것도 없느니라. 그러한 진리를 증득한 사람은 작위(作)도 그침(止)도 없고, 맡김(任)도 멸함(滅)도 없느니라. 이러한 깨달음(證) 속에서는 주체(能)도 없고 객체(所)도 없으니, 마침내 깨달을 대상도 없고, 깨닫는 주체도 없어서 모든 법의 성품이 평등하여 무너지지 않느니라.

12. 선남자야, 모든 보살들이 이와 같이 수행하고, 이와 같이 점차로 닦아 나아가고, 이와 같이 사유하고, 이와 같이 머물러 지키고, 이와 같이 방편을 쓰고, 이와 같이 깨달아야 되나니, 이와 같은 수행으로 법을 구하면 미혹하여 번민하지 않을 것이니라. 그때에 세존께서 이 뜻을 거듭 널리 펴시고자 게송으로 말씀하셨습니다.

**보안아, 그대는 마땅히 알아야 하나니**(普眼汝當知),
**시방세계의 모든 중생들의**(一切諸衆生)
**몸과 마음은 모두 환영과 같아서**(身心皆如幻),
**육체는 사대**(四大: 地水火風)**에 속하고**(身相屬四大)
**마음은 육진의 경계에 귀속되나니**(心性歸六塵),

죽어서 사대가 각기 흩어지고 나면(四大體各離)
무엇을 화합된 몸이라 하겠는가(誰爲和合者)?

이와 같이 점차로 수행해 나가면(如是漸修行),
모든 마음이 두루 청정하여서(一切悉淸淨)
모든 경계 대상에 동요되지 않고(不動遍法界),
작위·그침·맡김·멸함도 없게 되며(無作止任滅),
또한 증득한 주체도 없게 되느니라(亦無能證者).

모든 깨달음의 경계조차도(一切佛世界)
오히려 허공의 꽃과 같으니(猶如虛空華),
과거 현재 미래가 모두 평등하여(三世悉平等)
마침내 오고 감도 없느니라(畢竟無來去).

처음 보리심을 일으킨 보살이나(初發心菩薩)
더불어 말세의 모든 중생들이(及末世衆生)
부처님의 진리에 들고자 한다면(欲求入佛道),
마땅히 이와 같이 닦고 익혀야 되느니라(應如是修習).

# ※ 지장보살본원경(地藏菩薩本願經)

1-01. 이와 같이 나는 들었습니다. 한때 부처님께서 도리천에서 어머님을 위하여 설법하셨습니다. 이때 시방의 한량없는 세계에서 이루 말할 수 없이 많은 부처님과 보살마하살들이 모두 법회에 와서 찬탄하셨습니다.

**"석가모니 부처님께서는 오탁악세**五濁惡世**에서 불가사의한 큰 지혜와 신통력을 나타내시어 억세고 거친 중생들을 조복하시고, 괴로움과 즐거움의 법**(苦樂法)**을 알게 하여 바른 길로 인도하신다."**

1-02. 그리고 각기 시자들을 보내시어 세존께 문안드렸습니다. 이때 부처님께서 웃음을 머금으시고 백천만억의 대광명운大光明雲을 놓으셨습니다. 이른바 대원만광명운大圓滿光明雲·대자비광명운大慈悲光明雲·대지혜광명운大智慧光明雲·대반야광명운大般若光明雲·대삼매광명운大三昧光明雲·대길상광명운大吉

祥光明雲・대복덕광명운大福德光明雲・대공덕광명운大功德光明雲・대귀의광명운大歸依光明雲・대찬탄광명운大讚歎光明雲이었습니다. 이러한 이루 헤아릴 수 없이 많은 광명의 구름을 놓으시고, 또다시 여러 가지 미묘한 음성을 내셨습니다. 이른바 보시바라밀음檀波羅蜜音・지계바라밀음尸波羅蜜音・인욕바라밀음羼提波羅密音・정진바라밀음毗離耶波羅蜜音・선정바라밀음禪波羅蜜音・반야바라밀음般若波羅密音・자비음慈悲音・희사음喜捨音・해탈음解脫音・무루음無漏音・지혜음智慧音・대지혜음大智慧音・사자후음師子吼音・대사자후음大師子吼音・운뢰음雲雷音・대운뢰음大雲雷音이었습니다.

1-03. 이와 같은 말로 다할 수 없는 음성을 내시니, 사바세계와 타방국토에 있는 무량 억의 천신・용・귀신들도 도리천궁에 모였습니다. 이른바 사천왕천四天王天・도리천忉利天・수염마천須燄摩天・도솔타천兜率陀天・화락천化樂天・타화자재천他化自在天・범중천梵衆天・범보천梵輔天・대범천大梵天・소광천少光天・무량광천無量光天・광음천光音天・소정천少淨天・무량정천無量淨天・변정천遍淨天・복생천福生

天・복애천福愛天・광과천廣果天・엄식천嚴飾天・무량엄식천無量嚴飾天・엄식과실천嚴飾果實天・무상천無想天・무번천無煩天・무열천無熱天・선견천善見天・선현천善現天・색구경천色究竟天・마혜수라천摩醯首羅天・비상비비상처천非想非非想處天 등의 모든 천신・용・귀신의 대중들이었습니다. 또한 타방국토와 사바세계의 해신海神・강신江神・하신河神・수신樹神・산신山神・지신地神・천택신川澤神・묘가신苗稼神・주신晝神・야신夜神・공신空神・천신天神・음식신飮食神・초목신草木神 등도 모두 법회에 모였습니다. 또한 타방국토와 사바세계의 여러 큰 귀왕들인 이른바 악목귀왕惡目鬼王・담혈귀왕噉血鬼王・담정기귀왕噉精氣鬼王・담태란귀왕噉胎卵鬼王・행병귀왕行病鬼王・섭독귀왕攝毒鬼王・자심귀왕慈心鬼王・복리귀왕福利鬼王・대애경귀왕大愛敬鬼王 등도 법회에 모여들었습니다.

1-04. 그때 석가모니 부처님께서 문수사리법왕자文殊師利法王子 보살마하살에게 말씀하셨습니다. "그대는 여기에 모인 모든 부처님과 보살들, 그리고 천인과 용과 귀신들을 모두 볼 수가 있는가? 그대는 이 세계와

저 세계, 그리고 이 국토와 다른 국토로부터 와서 도리천에 모인 대중들의 수를 알 수 있겠는가?" 문수사리보살이 말씀드렸습니다. "세존이시여, 저의 신통력으로는 천겁을 헤아리더라도 알 수 없습니다." 부처님께서 문수사리에게 말씀하셨습니다. "내가 불안佛眼으로 관찰하여도 그 수를 다 헤아리지 못할 것이니라. 이 모든 대중들은 지장보살이 오랜 세월을 지내오면서 이미 제도하였거나 지금 제도를 하고 있거나 앞으로 제도할 이들이며, 이미 성취시켰거나 지금 성취시키고 있거나 앞으로 성취시킬 이들이니라."

1-05. 문수사리보살이 부처님께 말씀드렸습니다. "세존이시여, 저는 오랜 과거로부터 선근善根을 닦아 걸림 없는 지혜(無碍智)를 얻었으므로 부처님의 말씀을 듣고 마땅히 믿어 받아 지닐 수 있사옵니다. 그러나 소승인 성문(小果聲聞)이나 천룡팔부天龍八部, 미래세의 모든 중생들은 비록 부처님의 진실하신 말씀을 듣더라도 반드시 의혹을 품을 것이며, 설령 받아들였더라도 곧 다시 비방하게 될 것이옵니다. 오직 원하옵건대 세존이시여, 지장보살마하살은 과거에 어떠한 수행을 닦았고, 어떠한 서원을 세웠기에 이처럼 불가사

의한 일을 능히 성취할 수 있었는지를 자세히 말씀하여 주시옵소서."

1-06. 부처님께서 문수사리보살에게 말씀하셨습니다. "비유하건대 저 삼천대천세계에 가득한 풀 · 나무 · 숲 · 벼 · 삼나무 · 대나무 · 갈대들, 그리고 산과 돌과 미세한 티끌까지 갖가지 많은 물건을 하나하나 세어서 그 수만큼의 항하(恒河, 갠지스강)가 있다고 가정하고, 그 많은 항하의 모래알만큼의 세계가 있으며, 그 세계 안에 있는 티끌 하나를 1겁劫으로 삼고, 또다시 그 모든 겁 동안에 쌓여있는 먼지 수만큼의 겁이 있다고 하더라도 지장보살이 십지十地의 과위果位를 증득한 이후로 교화한 중생의 숫자는 앞에서 비유한 수보다도 천 배는 많을 것이니라. 하물며 지장보살이 성문과 벽지불의 지위에 있을 동안 교화한 이들을 어찌 다 헤아릴 수 있겠는가."

1-07. 문수사리여, 이러한 지장보살의 위신력과 서원은 가히 측량할 수 없느니라. 만약 미래세에 선남자 선여인이 지장보살의 명호를 듣고 찬탄하거나, 우러러 예배하거나, 명호를 부르거나, 공양을 올리거나,

형상을 그리거나, 형상을 조성하거나, 형상을 보기 좋게 칠을 한다면, 이 사람은 마땅히 백 번을 도솔천에 태어나게 되고 영원히 악도에 떨어지지 않게 되느니라. 문수사리여, 이러한 지장보살마하살은 아주 오랜 겁 전에 어떤 장자의 아들이었느니라.

1-08. 그때 세상에는 사자분신구족만행여래師子奮迅具足萬行如來라는 부처님이 계셨는데, 장자의 아들은 부처님의 상호가 천복千福으로 장엄되어 있음을 보고, 그 부처님께 '어떤 수행과 서원을 세워야 이런 상호를 얻을 수 있나이까?'라고 질문하였느니라. 사자분신구족만행여래께서는 장자의 아들에게, '이런 몸을 얻고자 하면, 마땅히 오랫동안 온갖 고통 받는 중생들을 제도하여 해탈시켜 주어야 하느니라.'라고 말씀하셨느니라. 문수사리여, 그때 장자의 아들은 부처님의 말씀을 듣고 곧 큰 서원을 세웠느니라. '저는 미래세의 헤아릴 수 없는 겁이 다할 때까지 죄업으로 고통받는 육도중생에게 널리 방편을 베풀어 그들 모두를 해탈시키고, 나 자신도 불도를 이루리라.'라고. 그로부터 백천만억 나유타(那由他 nayuta)라는 이루 말할 수 없는 겁이 지난 지금까지도 보살행을 닦고

있느니라.

1-09. 또 과거 헤아릴 수 없이 오랜 아승지겁阿僧祇劫 전에 부처님이 계셨으니, 명호가 각화정자재왕여래覺華定自在王如來요, 여래의 수명은 사백천만억의 아승지겁이었느니라. 그 부처님께서 열반하신 뒤 형상을 따르는 시대(像法時代)에 한 바라문의 딸이 있었는데, 과거의 생에 쌓은 복이 두터워 여러 사람들로부터 흠모와 공경을 받았으며, 어느 곳을 가거나 머물거나 앉거나 눕거나 천신들이 그를 보호해 주었느니라. 그러나 그의 어머니는 삿된 도를 믿기를 좋아하고, 항상 불법승 삼보를 업신여겼느니라. 이때에 딸이 여러 가지 방편을 써서 어머니로 하여금 바른 소견을 내게 하였지만, 어머니는 온전한 믿음을 가지지 않았고, 오래지 않아 목숨이 다하여 그의 혼신魂神은 무간지옥無間地獄에 떨어졌느니라.

1-10. 그때 바라문의 딸은 어머니가 세상에 살았을 때 인과를 믿지 않고 악업을 일삼았으므로 당연히 악도에 떨어졌을 것으로 짐작하여, 집을 팔아 좋은 향과 꽃 등 여러 가지 공양물을 구하여 각화정자재왕여래

의 탑이 있는 절에 가서 공양을 올렸느니라. 그때 바라문의 딸은 절에 모셔져 있는 각화정자재왕여래의 존상과 탱화가 매우 단정하고 위엄 있고 원만한 것을 보고, 더욱 우러러 예배하고 공경하는 마음을 일으키며 생각하였느니라. '부처님께서는 큰 깨달음(大覺)을 얻으신 분이니, 온갖 지혜를 갖추셨을 것이다. 만약 부처님이 세상에 계셨을 때, 내 어머니가 돌아가신 뒤에 가신 곳을 여쭈어 보았다면, 반드시 알려주셨을 것이다.' 이어 바라문의 딸이 오랫동안 부처님을 우러러 보고 슬피 울면서 기도를 올리고 있을 때, 홀연히 공중에서 소리가 들렸느니라. '울고 있는 성녀聖女여, 너무 슬퍼하지 말라. 내가 이제 어머니가 간 곳을 보여주리라.'

1-11. 이에 바라문의 딸은 공중을 향하여 합장하고 아뢰기를, '어떤 신묘한 덕을 갖추신 분이시기에 제 걱정을 풀어주시려 하옵니까? 저는 어머니가 돌아가신 뒤 밤낮으로 생각하였으나, 어머니가 다시 태어난 곳을 여쭈어볼 곳이 없었습니다.' 그때 다시 공중에서 그녀에게 이르는 소리가 들리기를, '내가 그대가 정성을 다해 예배한 과거의 각화정자재왕여래이니라. 그

대가 어머니를 생각하는 마음이 다른 중생들보다 배나 더하기에 특별히 그대에게 알려주는 것이니라.' 바라문의 딸은 이 소리를 듣고, 너무 감동하여 몸부림치다 온몸에 상처를 입고 쓰러지니, 좌우 있던 사람들이 부축하고 보살펴주어 한참 만에 깨어났느니라. 이에 그녀는 다시 공중을 향하여 아뢰기를, '원컨대 부처님께서는 저를 불쌍히 여기시어 제 어머니가 태어난 곳을 어서 말씀하여 주시옵소서. 저는 머지않아 죽을 것만 같습니다.'

1-12. 그때 각화정자재왕여래께서 바라문의 딸에게 말씀하시기를, '그대는 공양 올리기를 마치거든 곧바로 집에 돌아가 단정히 앉아 나의 명호를 염불하라. 그리하면 곧 그대의 어머니가 태어난 곳을 알게 될 것이니라.' 이에 바라문의 딸은 곧 부처님께 예배를 드리고 바로 집으로 돌아와 단정히 앉아 어머니를 생각하며, 하루 밤낮을 지나도록 각화정자재왕여래를 염불하였느니라. 이에 문득 자신의 몸이 어떤 바닷가에 가 있었는데, 끓고 있는 바닷물 위로 몸이 쇠로 되어 있는 많은 험악한 짐승들이 동서로 날아다니고 있었고, 바닷속에는 백천만이나 되는 남녀들이 물에 빠져

허우적거리다가 그 험악한 짐승들에게 잡아먹히는 것이 보였느니라. 또 손과 눈이 여럿이고 다리와 머리도 여럿이며, 입에서는 갈고리와 같이 날카로운 이가 밖으로 튀어나온 다른 야차夜叉들이 험악한 짐승들에게 죄인들을 몰아주기도 하고, 또 스스로 거칠게 움켜잡아 발과 머리를 묶어놓는 등, 그 고통받는 형상은 천만 가지나 되어 차마 눈 뜨고 볼 수 없었느니라. 그러나 바라문의 딸은 염불하는 공덕의 힘으로 아무런 두려움이 없었느니라.

1-13. 그곳에는 무독無毒이라는 귀왕鬼王이 있었는데, 다가와 머리 숙여 바라문의 딸을 맞으며 말하기를, '보살이시여, 어떻게 이곳에 오셨습니까?' 이에 바라문의 딸이 귀왕에게 묻기를, '이곳은 어디입니까?' 귀왕이 대답하기를, '이곳은 대철위산大鐵圍山 서쪽 첫째 바다입니다.' 바라문의 딸이 다시 묻기를, '철위산 안에 지옥이 있다는데 사실입니까?' 귀왕이 답하기를, '참으로 지옥이 있습니다.' 바라문 딸이 묻기를, '제가 어떻게 이 지옥에 오게 되었습니까?' 귀왕이 답하기를, '부처님의 위신력이 아니면, 업력業力 때문일 것입니다. 이 두 가지가 인연이 아니면 이곳에 올 수

없습니다.'

1-14. 바라문 딸이 묻기를, '이 물은 무슨 연유로 끓어오르며, 어찌하여 죄인들과 악한 짐승들이 이렇듯 많습니까?' 귀왕이 답하기를, '이들은 염부제閻浮提에서 악업을 지은 중생들로서, 죽은 지 49일이 지나도록 그를 공덕을 지어 고난에서 건져주는 이가 없거나, 살았을 때 착한 인연을 지은 것이 없으면, 어쩔 수 없이 본래 지은 악업(本業)에 따라 지옥에 떨어지게 되어, 자연히 이 바다를 먼저 건너게 되는 것입니다. 이 바다 동쪽으로 십만 유순(由旬, yojana)을 지나면 또 다른 바다가 있는데, 그곳의 고통은 이곳의 배나 되며, 그 바다 동쪽에 또 다른 바다가 있는데, 거기의 고통은 또 그 배가 됩니다. 이 바다에서의 고통은 신구의身口意 삼업으로 지은 악업 때문에 스스로 받는 것이기에 이곳을 업의 바다(業海)라고 하는 것입니다.' 바라문의 딸이 다시 묻기를, '지옥은 어디에 있습니까?' 귀왕이 대답하기를, '저 세 바다 속에 큰 지옥이 있고, 그 수가 백 천 가지이며, 각기 차별이 있습니다. 큰 지옥이 열여덟이며, 다음으로 오백이 있고, 또 그 다음으로 천백이나 있는데, 그 지독한 고통

은 한량이 없습니다.’

1-15. 바라문 딸이 또다시 묻기를, ‘제 어머니가 돌아가신 지가 오래되지 않았는데, 혼신이 어느 곳에 갔는지를 알 수 있겠습니까?’ 귀왕이 다시 묻기를, ‘보살의 어머님은 생전에 어떤 행업行業을 닦으셨습니까?’ 바라문 딸이 대답하기를, ‘제 어머니는 그릇된 소견으로 삼보를 헐뜯었고, 간혹 잠깐 믿다가도 이내 불경한 짓을 저지르곤 했습니다. 돌아가신 지 오래되지 않았으나, 태어난 곳이 어디인지 알지 못합니다.’ 귀왕이 다시 묻기를, ‘보살의 어머니는 성씨가 무엇입니까?’ ‘제 부모는 모두 바라문 종족으로 아버지는 시라선견尸羅善現, 어머니는 열제리悅帝利입니다.’

1-16. 무독귀왕이 합장하여 머리를 조아리며 바라문 딸에게 말하기를, ‘성스러운 분께서는 근심하거나 슬퍼하지 말고 집으로 돌아가십시오, 죄녀罪女 열제리는 천상에 태어난 지 사흘이 지났습니다. 효순한 자식이 어머니를 위하여 각화정자재왕여래의 탑이 있는 절에 공양을 올리고 복을 닦고 보시한 공덕으로 성녀의 어머니뿐만 아니라, 그날 무간지옥에 있던 죄

인들 모두가 함께 천상에 태어나 행복을 누리게 되었습니다.'

1-17. 무독귀왕이 이 같은 말을 마치고 합장하며 물러가니, 꿈결같이 집으로 돌아온 바라문의 딸은 모든 사실을 깨닫고, 곧 각화정자재왕여래의 탑전에서 큰 서원을 세우기를, '원컨대 저는 미래의 겁이 다하도록 죄업의 고통에 빠진 중생이 있다면, 널리 방편을 펴서 그들을 모두 해탈하도록 하겠나이다.' 부처님께서 문수사리에게 말씀하시기를, "그때의 무독귀왕은 지금의 재수보살財首菩薩이고, 바라문의 딸은 지금의 **지장보살地藏菩薩**이니라."

2-01. 그때 백천만억의 생각할 수도, 셀 수도, 말할 수도 없이 많은 무량한 아승지(阿僧祇, asa khya) 세계에 있는 지옥에 몸을 나투셨던 지장보살의 분신들이 도리천에 모여들었습니다. 또한 여래의 위신력으로 인해 자기가 받은 업의 세계로부터 벗어난 천만억 나유타那由他의 무리들이 향과 꽃을 가지고 와서 부처님께 공양을 올렸습니다.

2-02. 그들은 모두가 지장보살의 교화를 받아 아뇩다라삼먁삼보리에서 영원히 물러나지 않게 된 이들이었으며, 머나먼 겁으로부터 생사의 물결에 휩쓸려 내려오면서 육도六道를 윤회하며, 한순간도 쉼 없는 고통을 받다가 지장보살의 넓고 큰 자비와 깊은 서원으로 깨달음을 얻은 이들이었습니다. 그들은 도리천에 이르러 아주 기쁜 마음으로 여래를 우러르며 잠시도 한눈을 팔지 않았습니다.

2-03. 그때 세존께서 금빛 팔을 펴시어 가히 생각할 수도, 헤아릴 수도, 말할 수도 없이 많은 백천만억 무량한 아승지 세계의 모든 지장보살마하살 분신들의 이마를 어루만지시며 말씀하셨습니다.

"나는 오탁악세(五濁惡世: 命濁 · 衆生濁 · 煩惱濁 · 見濁 · 劫濁)에서 거칠고 억센 중생을 교화하여 그들의 마음을 바르게 다스리고 삿된 것을 버리고 바른길로 돌아가게 하였느니라. 그러나 그 중 열에 한두 명은 여전히 악습이 남아 있느니라. 그러므로 나는 천백억의 분신을 나타내어 널리 방편을 베풀어 교화하나니, 근기가 뛰어난 이들은 법을 듣고 곧바로 믿어서 받아 지닐 것이며, 이미 선한 과보를 받고 있는 이들은 더욱 부지런히 정진할 것을 권하면 바로 깨달음을 성취할 것이며, 아둔한 이들은 오래도록 교화해야만 바야흐로 불법에 귀의할 것이며, 업력이 무거운 자들은 우러러 공경하는 마음조차 끝내 내지 못할 것이니라. 이러한 중생들은 각기 근기의 차별이 있기에, 분신을 나타내어 제도하여 그들을 제도하는 것이니라. 어떤 때는 남자나 여인의 몸으로 나타내기도 하고, 어떤 경우는 천신이나 용과 귀신의 몸으로 나타내기도 하며, 혹은 귀신·산림·하천·냇물·못·샘·우물의 모습으로 나타내어 사람들을 이롭게 하고 제도하며, 때로는 제석천왕·범왕·전륜왕·거사·국왕·재상·관리 등의 몸으로 나타내며, 혹은 비구·비구니·우바새·우바니의 몸이나 성문·아라한·벽지불·보살 등의 몸을 나타내어 교화하고 제도하는 것이니, 단지 부처의 몸만을 나타내는 것이 아니니라. 그대들은 내가 오랜 겁의 세월 동안 이와 같이 교화하기 어려운 억세고 거친 죄업으로 고통받던 중생들을 해탈시켰음을 통찰해야 하느니라. 그러나 아직 불선한 마음을 다스리지 못한 자들은 죄업의 과보를 받게 될 것이니라. 그들이 만약 악도에 떨어져 큰 괴로움을 받게 될 때에는, 그대는 마땅히 내가 도리천궁에서 간곡히 부촉한 것을 기억하여 사바세계에 미륵불이 오실 때까지 중생들을 해탈시켜 모든 고통에서 영원히 벗어나게 하고, 부처님의 수기授記를 받도록 해야 하느니라."

2-04. 그때 여러 세계에서 온 모든 지장보살의 분신들이 다시 한 몸을 이루어 애절한 마음으로 눈물을 흘리면서 부처님께 말씀드렸습니다. "저는 오랜 영겁의 세월 전부터 부처님의 인도를 받아 불가사의한 위신력과 큰 지혜를 갖추었습니다. 저는 저의 분신으로 하여금 백천만억 항하의 모래알처럼 많은 세계에 몸을 두루 드러내고, 한 세계마다 백천만억의 분신을 나투어 백천만억의 사람들을 제도하여 삼보께 귀의하고 예경하도록 하며, 영원히 생사를 여의고 열반의 즐거움에 이르게 하겠나이다. 다만 그들이 부처님의 가르침 속에서 털끝 하나, 물방울 하나, 모래알 하나, 티끌 하나만큼이라도 선한 일을 한다면, 제가 점차 제도하여 해탈시켜 큰 이로움을 얻도록 하겠나이다. 오직 바라옵건대, 세존께서는 후세의 악업중생들에 대해서 심려하지 마시옵소서."

2-05. 이와 같이 부처님께 세 번을 거듭 말씀드리자,

부처님께서 지장보살을 찬탄하시며 말씀하셨습니다. "훌륭하고도 훌륭하도다. 내가 그대를 도와 더욱 기쁘게 하리니, 그대는 능히 아득히 먼 오랜 겁의 세월로부터 세운 큰 서원을 성취하여, 널리 중생을 제도한 연후에 곧바로 부처님의 깨달음을 증득할 것이니라."

3-01. 그때 부처님의 어머니 마야부인이 공경 합장하고 지장보살께 여쭈었습니다. "성자시여, 염부제(閻浮提= 인간세계) 중생이 짓는 업의 차별과 받는 과보는 어떠합니까?" 지장보살이 대답하셨습니다. "천만세계의 모든 국토에는 지옥이 있기도 하고 없기도 하며, 여인이 있기도 하고 없기도 하며, 불법佛法이 있기도 하고 없기도 하며, 성문승이나 벽지불도 역시 마찬가지입니다. 이처럼 지옥의 죄보도 한 가지만 있는 것은 아닙니다."

3-02. 마야부인이 다시 지장보살께 질문하기를, "바라옵건대 염부제에서 지은 죄업으로 인해 악도에 떨어져 받는 과보에 대해 듣고자 하옵니다." 지장보살이 대답하시를, "성모聖母시여, 원컨대 잘 들으소서. 제

가 대강 말씀드리겠습니다." 마야부인께서 말씀하기를, "원컨대 성자께서는 말씀하여 주십시오."

3-03. 그때 지장보살이 성모께 말씀하셨습니다. "남염부제에서의 죄보의 이름은 이와 같습니다. 만약 어떤 중생이 부모에게 불효하거나 혹 살해까지 했다면, 당연히 무간지옥에 떨어져서 천만억겁이 지나도 벗어날 기약이 없습니다. 또 만약 어떤 중생이 부처님의 몸에 피를 내거나 삼보를 비방하거나 경전을 공경하지 않는다면, 이 역시 무간지옥에 떨어져서 천만억겁이 지나도 벗어날 기약이 없습니다. 또한 만약 어떤 중생이 사원의 재물을 훔쳐서 손해를 끼치거나, 비구・비구니 스님들을 욕되게 하거나, 사원 내에서 음욕을 자행하거나, 살생을 하거나 해친다면, 이러한 무리도 당연히 무간지옥에 떨어져서 천만억겁이 지나도 벗어날 기약이 없습니다. 또 만약 어떤 중생이 마음은 사문沙門이 아니면서도 거짓으로 사문이 되어 사원의 재물을 함부로 쓰거나 신도를 속이고 계율을 어겨 갖가지 악업을 짓는다면, 이러한 무리도 당연히 무간지옥에 떨어져 천만억겁이 지나도 벗어날 기약이 없습니다. 또 만약 어떤 중생이 사원의 재산을 훔치거나, 재물・

곡식·음식·의복 등을 단 한 가지만이라도 주지 않는 것을 가지는 것도 당연히 무간지옥에 떨어져서 천만억겁이 지나도 벗어날 기약이 없습니다. 성모시여, 만약 중생이라도 이와 같은 죄업을 지으면 마땅히 오무간지옥(오역죄로 가게 되는 고통이 가장 극심한 지옥)에 떨어져서 잠시라도 고통이 멈추기를 원하여도 이룰 수가 없습니다."

3-04. 마야부인이 거듭 지장보살께 질문하기를, "어떤 것을 무간지옥이라고 이름하나이까?" 지장보살이 말씀하시기를, "성모시여, 모든 지옥은 대철위산 안에 있는데, 그중 큰 지옥이 열여덟 곳이 있으며, 그다음의 지옥이 또 오백 곳이 있는데 그 이름이 각기 다르고, 또 그다음의 지옥이 천백이나 있는데 역시 이름이 각각 다릅니다. 무간지옥은 지옥의 성城이 순전히 쇠로 만들어져 있으며, 둘레가 팔만여 리里이고, 그 높이는 일만 리이며. 성 위에는 불무더기가 빈틈없이 타오르고 있습니다. 그 지옥의 성 안에는 다른 지옥이 서로 이어졌는데, 그 이름도 각각 다릅니다. 그중에서도 특별한 지옥이 있는데, 이름을 **'무간無間'**이라고 합니다. 그 무간지옥의 둘레는 만팔천 리이고, 담장의 높

이는 천 리이며, 쇠로 둘러싸여 있습니다. 위의 불은 밑으로 타 내려오고 밑의 불은 위로 솟구치며, 쇠로 된 뱀과 쇠로 된 개가 불을 뿜으면서 담장 위를 동서로 쫓아다닙니다. 그 무간지옥의 내부에는 넓이가 만 리나 되는 큰 평상이 있습니다. 그곳에서는 한 사람이 죄를 받아도 그 몸이 그 평상 위에 가득 차고, 천만인이 죄를 받아도 역시 각자의 몸이 그 평상 위에 가득 차는 것을 보게 되니, 갖가지 죄업으로 인해 받게 되는 과보가 이와 같습니다.

3-05. 또 모든 죄인은 온갖 고통을 두루 다 받습니다. 그곳에는 이빨은 칼날과 같고 눈빛은 번개와 같으며, 손에는 구리 손톱이 달린 천백의 야차와 악귀들이 죄인을 끌고 다니며 창자를 꺼내어 끊기도 하고, 어떤 야차는 큰 쇠창으로 죄인의 입과 코를 찌르고, 혹은 배와 등을 꿰뚫어 공중에 던졌다가 도로 받아서 평상 위에 놓기도 합니다. 또 쇠 독수리는 죄인의 눈을 쪼아 먹고, 쇠뱀은 죄인의 목을 감아 조이며, 온몸 마디마디에 긴 못을 내리박고, 혀를 뽑아내어 쟁기로 갈며, 창자를 꺼내어 토막 내어 자르고, 뜨거운 구리 쇳물을 입에 부으며, 뜨거운 철사로 몸

을 감는 등 만 번 죽였다가 만 번 살렸다가 합니다. 죄업으로 받는 과보가 이와 같지만, 억겁을 지내도 벗어날 기약이 없습니다. 그러다가 이 세계가 무너지면 다른 세계로 옮겨가게 되고, 그 세계가 무너지면 또 다른 세계로 옮겨가게 되며, 또 거듭거듭 옮겨가다가 이 세계가 다시 이루어지면 또 이 세계로 돌아오게 됩니다. 무간지옥의 죄에 대한 과보는 그 내용이 이와 같습니다.

3-06. 또 죄업으로 인해 느끼는 것(業感)이 다섯 가지가 있어 **'오무간'**이라 하는데, 그 다섯 가지는 다음과 같습니다. 첫째는 여러 겁을 거듭하여 밤낮으로 죄에 대한 과보를 받는데, 잠깐 동안도 쉴 틈이 없으므로 무간이라 하며, 둘째는 한 사람만 있어도 가득 차고 많은 사람이 있어도 역시 가득 차기 때문에 무간이라 하며, 셋째는 쇠몽둥이 · 독수리 · 뱀 · 이리 · 개 · 맷돌 · 톱 · 도끼 · 가마솥에서 끓는 물 · 쇠그물 · 쇠사슬 · 쇠나귀 · 쇠말 등의 형벌기구가 있어, 생가죽으로 목을 조르고 뜨거운 쇳물을 몸에 부으며, 배가 고프면 쇠구슬을 삼키게 하고 목이 마르면 쇳물을 마시게 하기를, 해가 다하고 겁이 다하여 나유타那由他 겁

이 지나도록 고통이 끊임없이 이어지기에 무간이라 하며, 넷째는 남자나 여자나, 중앙에 태어났거나 변방에 태어났거나, 늙은이나 어린이나, 귀하거나 천하거나, 혹은 용·신·천인·귀신을 불문하고 죄업에 따라 받는 고통의 느낌이 모두 같으므로 무간이라 하며, 다섯째는 만약 이 지옥에 떨어지면 처음 들어갈 때부터 백천 겁이 되어도 하루 낮 하룻밤 사이에 만 번 죽었다가 만 번 살아나기를 반복하기에 한순간이라도 멈추기를 바라지만, 죄업이 다해야만 비로소 다른 생을 받게 됩니다. 이렇듯 과보의 고통이 끊임없이 이어지기 때문에 무간이라고 하는 것입니다. 성모시여, 무간지옥에 대한 것을 대강 말하자면 이와 같으며, 만약 지옥의 형벌 기구 등의 이름과 모든 고통을 상세히 말씀드리자면 한 겁 동안을 말하여도 다 할 수 없습니다."

3-07. 마야부인은 이 말을 듣고는 근심 깊은 얼굴로 합장하여 정례하고 물러갔습니다.

4-01. 이때 지장보살마하살이 부처님께 말씀드렸습니다. "세존이시여, 저는 부처님의 위신력을 받았기 때

문에 백천만억 세계에 수많은 분신의 몸을 나투어 고통받는 모든 업보중생을 구원하고 있습니다. 만약 부처님의 크신 자비의 힘이 아니라면 저는 능히 이러한 변화를 할 수 없을 것입니다. 제가 이제 또다시 부처님의 부촉(付囑: 불법의 계승과 유통을 당부함)하심을 받들어 미륵부처님께서 성불하실 때까지 육도의 중생을 해탈시키도록 힘을 다하겠사오니, 원컨대 세존이시여, 염려하지 마시옵소서."

4-02. 부처님께서 지장보살에게 말씀하셨습니다. "모든 중생이 해탈하지 못하는 이유는 타고난 성향과 마음으로 정해진 것이 아니니라. 다만 악한 습으로 악업을 짓고 선한 습으로 선업을 지어, 그로 인해 선악의 과보 받으면서 경계에 따라 태어나 오도(五道:천・인・축생・아귀・지옥)를 윤회하면서 잠시도 쉬지 못하는 것이니라. 티끌처럼 많은 수의 겁을 지나도록 미혹과 죄업의 장애에서 벗어나지 못하나니, 이는 마치 물고기가 그물 안에 있으면서 흐르는 물속에 있는 줄로 아는 것과 같아서, 미혹과 죄업의 장애의 그물에서 벗어났다가 또다시 걸리고 마는 것이니라. 내가 이러한 중생들을 근심하였더니, 그대가 이미 원력을 세웠고, 또

많은 겁을 이어오며 거듭 서원을 다져 죄 많은 중생들을 널리 제도하겠다고 말하니, 내가 다시 무엇을 근심하겠는가."

4-03. 이러한 말씀을 하실 때에 법회 가운데에 있던 정자재왕定自在王보살이 부처님께 말씀드렸습니다. "세존이시여, 지장보살이 여러 겁을 내려오면서 각각 어떠한 원을 발하였기에 이토록 세존의 은근하신 찬탄을 받게 되었나이까? 바라옵건대 세존께서 간략히 말씀하여 주시옵소서."

4-04. 그때 세존께서 정자재왕보살에게 말씀하셨습니다. "자세히 듣고 자세히 들어라. 그리고 잘 숙고하고 생각하여라. 내가 그대를 위하여 분별하여 설명하겠다. 지나간 과거 한량없는 아승지 나유타의 말할 수도 없이 오랜 겁 전에 한 부처님이 계셨으니, 명호는 일체지성취여래一切智成就如來・응공應供・정변지正遍知・명행족明行足・선서善逝・세간해世間解・무상사無上士・조어장부調御丈夫・천인사天人師・불세존佛世尊이시며, 그 부처님의 수명은 육만 겁이었느니라. 이 부처님께서 출가하시기 전에는 작은 나라의

왕이었으며, 이웃 나라의 왕과 벗이 되어 열 가지 선업(十善業)을 함께 실천하여 중생을 이롭게 하였느니라. 그런데 이웃 나라의 백성들이 여러 가지 악업을 많이 행함으로 두 왕이 의논하여 여러 가지로 방편을 베풀어 그들을 가르쳤느니라. 한 왕은 '빨리 불도를 이루어서 널리 이 중생들을 남김없이 제도하리라'고 발원하였고, 다른 한 왕은 '만약 죄업으로 고통받고 있는 중생들을 제도하여 그들을 안락하게 하지 못하고, 큰 깨달음(菩提)에 이르게 하지 못한다면, 나는 언제까지라도 부처가 되기를 바라지 않으리라'고 발원하였느니라."

4-05. 부처님께서는 정자재왕보살에게 계속 말씀을 하셨습니다. "속히 성불해야겠다고 발원한 왕은 곧 일체지성취여래이시며, 죄업으로 고통받는 중생을 제도하지 못하면, 영원히 성불하지 않을 것을 발원한 왕은 곧 **지장보살**이니라. 또 과거 한량없는 아승지 겁 전에 한 부처님께서 세상에 출현하셨으니, 명호는 청정연화목여래淸淨蓮華目如來이고 수명은 사십 겁이셨느니라. 그 부처님의 상법像法시대에 한 아라한이 있어 중생을 복락으로 인도하였는데, 그들의 근기에 따라 차

례로 교화하다가 우연히 **광목光目**이라는 한 여인을 만났느니라.

4-06. 광목이 아라한에게 음식을 공양 올리니, 나한은 소원이 무엇인지 물었느니라. 광목이 대답하기를, '제가 어머니가 돌아가신 날에 복을 지어 천도해 드리고자 하나, 어머니가 다시 태어난 곳이 어디인지 모릅니다.' 이에 아라한이 그녀를 가엾이 여겨 선정에 들어 관찰해보니, 광목의 어머니가 악도에 떨어져 큰 고통을 받는 것이 보였으므로 광목에게 물었느니라. '그대의 어머니가 지금 악도에 떨어져서 아주 큰 고통을 겪고 있는데, 생전에 어떠한 죄업을 지었습니까?' 광목이 대답하기를, '저의 어머니는 습관적으로 물고기와 자라 등을 즐겨 드셨습니다. 그중에도 특히 새끼 자라를 지지고 볶아 많이 드셨는데, 아마 그 수가 천만의 배나 될 듯싶습니다. 존자께서는 자비심으로 불쌍히 여기시어 저의 어머니를 어떻게 구제할 수 있는 방법을 가르쳐 주시옵소서.'

4-07. 아라한이 이를 가엾이 여기고 방편을 지어 광목에게 권했느니라. '그대는 지극한 정성으로 청정연

화목여래를 염불하고, 그 여래의 형상을 그리거나 조성하여 모시도록 하십시오. 그렇게 하면 산 사람도 죽은 사람도 모두 좋은 과보를 얻을 것입니다.' 광목이 이 말을 듣고는 곧 아끼던 재물을 팔아 부처님의 형상을 그려 모시고 공양을 올리며, 공경하는 마음으로 슬피 울면서 우러러 예배하였느니라. 그러다가 문득 새벽녘 꿈에 부처님을 친견하니, 금빛이 찬란하기가 수미산과 같았느니라. 부처님께서는 큰 광명을 놓으시며 광목에게 말씀하시기를, '그대의 어머니는 오래지 않아 그대의 집에 태어날 것이다. 그리고 배고프고 추운 것을 느낄 때쯤이면 곧 말을 하게 될 것이니라.'

4-08. 그 이후에 광목의 집에서 여종이 자식을 낳았는데, 태어난 지 사흘도 되지 않아 이내 머리 숙여 슬피 울며 광목에게 말하기를, '생사의 원인이 되는 행업의 인연(業緣)에 따라 과보를 스스로 받게 되는구나. 나는 너의 어머니로 어둠 속에서 오랫동안 있었다. 너와 이생에서 헤어진 이후로 큰 지옥에 떨어졌다가 이제야 네가 쌓은 복력에 힘입어 마땅히 이번 생을 받았지만, 이런 하천한 사람이 되었구나. 더욱더 단명하여 열세

살이 되면 다시 악도에 떨어질 수밖에 없다. 내가 이 죄업의 과보에서 벗어날 무슨 방법이 없겠느냐?'

4-09. 광목은 이러한 말을 듣자마자 자기 어머니임을 알아 의심하지 않고, 목이 메어 슬피 울면서 그 종의 자식에게 물었느니라. '우리 어머니가 틀림없다면 생전에 본래 지은 죄업을 아실 것입니다. 어떠한 업을 지었기에 악도에 떨어졌습니까?' 종의 자식이 말하기를, '살생하고 불법을 헐뜯으며 비방한 두 가지 죄업으로 지옥의 과보를 받았는데, 네가 복을 지어 나를 구제하여 주지 않았다면, 이러한 죄업의 과보에서 결코 풀려나지 못했을 것이다.'

4-10. 광목이 다시 묻기를 '지옥에서 받는 죄업에 따른 고통은 어떠했습니까?' 종의 자식이 대답하기를, '그 고통은 백천년을 두고 말해도 차마 다 말할 수 없을 것이다.' 광목이 이 말을 듣고는 더욱 슬피 울면서 허공을 향해 우러러 말하기를, '원하옵건대 저의 어머니를 지옥에서 영원히 벗어나게 하여 주시옵소서. 이생에서 열세 살에 수명을 마치고 나서도 무거운 죄보로 다시는 악도에 떨어지지 않게 하여 주시옵소서.

시방의 모든 부처님이시여, 자비심으로 저를 가엾게 여기시어 제가 어머니를 위하여 발원하는 저의 이 광대한 서원을 들어 주시옵소서. 만약 제 어머니가 삼악도와 하천한 신분과 나아가 여인의 몸에서 영원히 벗어나고, 영겁 동안 그러한 죄업의 과보를 다시는 받지 않게 된다면, 저는 오늘부터 백천만억 겁 동안 세계에 있는 모든 지옥과 삼악도의 한량없는 죄업으로 고통받는 중생들을 구원하기를 서원합니다. 그들로 하여금 지옥·아귀·축생의 몸을 벗어나게 하겠나이다. 그리고 죄업의 과보를 받는 이들이 모두 다 성불하고 난 이후에야 저 또한 바야흐로 정각을 이루겠습니다.'

4-11. 이러한 서원을 마치자마자 청정연화목여래의 말씀이 들려왔느니라. '훌륭하구나. 광목아! 그대가 큰 자비심과 연민의 마음으로 어머니를 위하여 이렇듯 광대한 원력을 세웠구나. 내가 통찰해보니 그대의 어머니는 이생에서 열세 살에 죽고 나면, 지금의 죄업에 대한 과보에서 벗어나 바라문으로 다시 태어나서 백세의 수명을 살 것이다. 그 과보가 다한 뒤에는 다시 무우국토無憂國土라는 나라에 태어나서 헤아릴 수

없는 수명을 살다가 나중에는 불과佛果를 성취하여, 널리 항하의 모래알처럼 많은 인간과 하늘 사람들을 제도하게 될 것이다.'라고 하셨느니라."

4-12. 부처님께서 다시 정자재왕보살에게 말씀하셨습니다. "그때 광목을 복락으로 인도한 아라한이 바로 무진의無盡意보살이고, 광목의 어머니는 해탈解脫보살이며, 광목은 곧 지장보살이니라. 이처럼 지장보살은 과거 아득히 먼 겁부터 이와 같은 자비심과 연민의 마음으로 항하의 모래알처럼 많은 원력을 세우고 널리 중생을 제도하여 왔느니라.

4-13. 미래의 세상에서 남자나 여자 중에서 선행을 닦지 않은 자, 악업을 행하는 자, 인과를 믿지 않는 자, 사음과 거짓말을 하는 자, 이간질과 나쁜 말을 하는 자, 대승을 비방하는 자와 같은 모든 악업을 짓는 중생들은 반드시 악도에 떨어질 것이니라. 그러나 선지식을 만나 그의 권유로 손가락을 한 번 튕길 동안만이라도 지장보살에게 귀의한다면, 이러한 모든 중생들은 곧바로 삼악도의 죄업에 대한 과보에서 벗어나게 될 것이니라. 또한 만약 지극한 마음으로 부처

님께 귀의하여 예경하고 찬탄하며, 향・꽃・의복과 갖가지 진귀한 보물이나 음식으로 공양을 올리는 사람들은 미래의 백천만억 겁 동안에 항상 천상세계에 태어나서 수승하고 신묘한 즐거움을 받게 될 것이며, 천상세계의 복이 다해서 다시 인간세계에 태어나더라도 백천겁 동안에 제왕이 되어 전생의 모든 인과에 대한 본말을 기억하게 될 것이니라. 정자재왕보살이여, 이와 같이 지장보살에게는 불가사의한 큰 위신력이 있어서 널리 중생을 이롭게 하나니, 그대들 모든 보살들은 마땅히 이 경을 기록하여서 널리 유포해야 하느니라."

4-14. 정자재왕보살이 부처님께 말씀드렸습니다. "세존이시여, 원컨대 염려하지 마시옵소서. 저희 천만억 보살마하살들은 반드시 부처님의 위신력을 받들어 널리 이 경을 전법하여 염부제(閻浮提: 인간세계) 중생을 이롭게 하겠나이다." 정자재왕보살이 이렇듯 말씀드린 후에 공경하는 마음으로 합장하며 예배하고 물러갔습니다.

4-15. 그때 사천왕四天王이 함께 자리에서 일어나 합

장 공경하며 부처님께 말씀드렸습니다. “세존이시여, 지장보살은 오랜 겁 전에 이미 이러한 큰 원을 세웠는데, 어찌하여 지금까지도 중생들을 다 제도하지 못하고 다시 광대한 서원을 발원하나이까? 원하옵건대 세존께서는 저희들을 위하여 말씀하여 주시옵소서.”

4-16. 부처님께서 사천왕에게 말씀하셨습니다. “훌륭하고 훌륭하도다. 내 이제 그대들과 현재, 미래의 하늘의 천인과 인간들을 널리 이롭게 하기 위하여, 지장보살이 저 사바세계 염부제의 나고 죽는 생사의 길에서 자비심으로써 모든 죄업으로 인해 고통받는 중생을 제도하여 해탈케 하는 방편에 대하여 말해줄 것이니라.” 사천왕이 말씀드리기를, “세존이시여, 원컨대 즐거이 듣고자 하옵니다.”

4-17. 부처님께서 사천왕에게 말씀하셨습니다. “지장보살이 아득히 오랜 겁 전부터 지금까지 중생을 제도하였으나 아직까지도 그 원願을 다 마치지 못하고 거듭 원을 세우고 있는 것은, 지장보살이 자비심과 연민의 마음으로 이 사바세계에서 죄업으로 인해 고통 받는 중생들이 미래의 한량없는 겁의 세월에 있어서도

업의 원인이 되는 악업의 굴레를 끊지 못하고 있음을 통찰하기 때문이니라. 이와 같은 까닭으로 또 다시 거듭거듭 원을 일으켜 사바세계의 염부제 속에서 백천 만억 방편을 베풀어 중생들을 교화하는 것이니라.

4-18. 사천왕이여, 지장보살은 만약 살생하는 자들을 만나면 그 숙업宿業의 재앙(과보)으로 단명하게 되는 과보를 일깨워주며, 만약 도둑질하는 자들을 만나면 빈궁한 고초를 겪는 과보를 일깨워주며, 만약 사음하는 자들을 만나면 참새·비둘기·원앙새로 태어나는 과보를 말해주며, 만약 악담하는 자들을 만나면 친족 간에 서로 다투는 과보에 대해 말해주며, 만약 남들을 헐뜯는 자들을 만나면 혀가 없거나 입에 부스럼이 생기는 과보를 일깨워주며, 만약 화를 잘 내는 자들을 만나면 얼굴에 더럽고 추악한 풍창이 생기는 과보를 말해주며, 만약 탐내고 인색한 자들을 만나면 구하는 바 소원대로 되지 않는 과보를 말해주며, 만약 먹고 마심에 있어 질서가 없는 자들을 만나면 늘 굶주리고 목말라서 목에 병이 생기는 과보가 있음을 일깨워주며, 만약 함부로 사냥을 즐기는 자들을 만나면 놀라고 미쳐서 목숨마저 잃게 되는 과보를 말해주고, 만약 부모의 뜻

을 어기고 거역하는 패륜의 자식들을 만나면 천재지변의 재앙으로 죽게 되는 과보를 말해주며, 산이나 숲에 불을 지르는 방화자들을 만나면 미쳐서 정신없이 헤매다가 죽게 되는 과보를 말해주며, 만약 친부모나 계부계모에게 악독하게 불효하는 자들을 만나면 반대로 내생에 똑같이 학대받는 과보를 말해주며, 만약 그물로 살아 있는 어린 짐승들을 잡는 자들을 만나면 가족들이 흩어지고 이별하는 과보를 말해주느니라.

4-19. 또한 불법승 삼보를 헐뜯고 비방하는 자들을 만나면 눈멀고 귀먹고 벙어리가 되는 과보를 말해주며, 만약 부처님의 법을 경시하고 가르침을 업신여기는 자들을 만나면 영원히 악도에 떨어지는 과보를 말해주며, 만약 사원의 시주 물건을 파괴하거나 함부로 쓰는 자들을 만나면 억겁의 세월 동안 지옥에 떨어져서 윤회하는 과보를 말해주며, 만약 출가 수행승들의 청정한 수행을 오염시키거나 속이는 자들을 만나면 영원히 축생에 태어나는 과보를 말해주고, 만약 끓는 물·불·낫·도끼 등의 흉기로 남을 해치거나 다치게 하는 자들을 만나면 윤회하면서 서로 되갚게 되는 과보를 말해주며, 만약 계율을 파계하고 삼보께 올리는

재齋를 방해하는 자들을 만나면 짐승이나 새가 되어 굶주리는 과보를 말해주며, 만약 재물을 이치에 맞지 않게 함부로 쓰는 자들을 만나면 구하는 바가 막혀 더 이상 얻지 못하는 과보를 말해주며, 자신이 잘났다는 아만심我慢心이 높은 자들을 만나면 부림을 당하는 천한 몸이 되는 과보를 말해주며, 만약 이간질하는 말로 서로 다투게 하는 자들을 만나면 혀가 없거나 실없이 말만 많은 사람으로 태어나는 과보를 말해주며, 만약 삿된 견해에 빠져 있는 자들을 만나면 변방에 미개한 사람으로 태어나는 과보를 말해주느니라.

4-20. 이와 같은 내용은 염부제 중생들이 몸과 입과 뜻으로 짓는 악습의 결과로 받게 되는 백 천 가지의 과보 가운데 일부만을 말한 것이니라. 이러한 염부제의 중생들이 짓는 죄업에 따라 받게 되는 과보의 차별에 따라 지장보살이 백 천 가지 방편으로 교화하느니라. 그러나 중생들은 먼저 지은 죄업으로 인해 지옥에 떨어져 여러 겁이 지나도록 벗어날 기약이 없나니, 그대들은 사람들을 보호하고 국토를 보호하며 지장보살을 도와 여러 가지 업으로 인해 중생들이 미혹에 빠지는 일이 없도록 해야만 하느니라." 사천왕은 이러한

부처님의 말씀을 듣고, 눈물을 흘리며 슬피 탄식하면서 합장하고 물러갔습니다.

5-01. 그때 보현보살마하살이 지장보살에게 말씀하셨습니다. "어진 분이시여, 하늘·용 등의 팔부신중과 현재와 미래의 모든 중생을 위하여 사바세계 염부제의 죄업으로 인해 고통받는 중생들이 업보로 받는 지옥의 이름과 괴로운 과보에 대해 말씀하시어 미래세의 말법시대 중생으로 하여금 이 과보를 알게 하여 주시옵소서."

5-02. 지장보살이 대답하셨습니다. "어진 분이시여, 내가 이제 부처님의 위신력과 보현보살의 힘을 이어받아 지옥의 이름과 죄업의 과보에 대해 간략히 말씀을 드리겠습니다. 어진 분이시여, 염부제의 동쪽에는 철위산鐵圍山이 있는데, 이 산은 어둡고 깊어서 해와 달의 빛이 닿지 못하며, 거기에 극무간極無間이라 불리는 지옥이 있습니다. 또한 대아비大阿鼻·사각四角·비도飛刀·화전火箭·협산夾山·통창通槍·철거鐵車·철상鐵床·철우鐵牛·철의鐵衣·천인千刃·철려鐵驢·양동烊銅·포주抱柱·유화流火·경설耕舌·좌

수剉首 · 소각燒腳 · 담안啗眼 · 철환鐵丸 · 쟁론諍論 · 철수鐵鈇 · 다진多瞋 등의 이름이 붙은 지옥들이 있습니다."

5-03. 지장보살이 또다시 말씀하셨습니다. "어진 분이시여, 철위산 안에는 이와 같은 지옥들이 헤아릴 수 없을 정도로 많습니다. 또한 규환叫喚 · 발설拔舌 · 분뇨糞尿 · 동쇄銅鎖 · 화상火象 · 화구火狗 · 화마火馬 · 화우火牛 · 화산火山 · 화석火石 · 화상火床 · 화량火梁 · 화응火鷹 · 거아鋸牙 · 박피剝皮 · 음혈飮血 · 소수燒手 · 소각燒腳 · 도자倒刺 · 화옥火屋 · 철옥鐵屋 · 화랑火狼 등의 지옥들이 있습니다. 이러한 지옥들 속에는 각각 또 다른 작은 지옥들이 있는데, 하나나 둘, 셋이나 넷인 경우도 있고, 나아가 백이나 천 개의 작은 지옥들이 있는 경우도 있으며, 역시 이름들이 모두 각각 다릅니다."

5-04. 지장보살이 거듭 보현보살에게 말씀하셨습니다. "어진 분이시여, 이 모든 지옥들은 염부제에서 악업을 행한 중생들이 업에 따라 과보를 받는 곳입니다. 업의 힘(業力)이란 매우 커서 수미산에 비길 만하고,

큰 바다보다도 더욱 깊어 성스러운 깨달음의 길(聖道)을 가로막습니다. 그러므로 중생들은 아무리 작은 악업이라도 가벼이 여겨 죄에 대한 과보가 없다고 여겨서는 안 될 것입니다. 털끝만 한 악업이라도 죽고 난 이후에는 그 죄업에 대한 과보를 모두 받아야만 하는 것입니다. 설령 어버이와 자식처럼 지극히 가까운 사이라 할지라도 죽어서 가는 길은 각기 다르며, 서로 만난다고 하더라도 죄업에 대한 과보를 대신 받을 수는 없습니다. 제가 이제 부처님의 위신력을 계승하여 지옥에서 죄업에 대한 과보로 고통받는 사항들을 간략히 말씀드리오니, 오직 원컨대 어진 분께서는 잠시 저의 말을 경청해 주시기 바랍니다."

5-05. 보현보살이 대답하셨습니다. "나는 이미 오래전부터 삼악도의 악업에 대한 과보를 익히 알고 있지만, 어진 분이 말씀하시기를 바라는 까닭은 후세의 말법시대에 악업을 행하는 모든 중생들로 하여금 어진 분의 말씀을 듣고, 부처님께 귀의토록 하려는 이유 때문입니다."

5-06. 지장보살이 말씀하셨습니다. "어진 분이시여,

지옥에서 악업으로 인해 받게 되는 과보는 이러합니다. 어떤 지옥은 죄인의 혀를 뽑아서 소로 하여금 밭을 갈듯 하고, 어떤 지옥은 죄인의 심장을 꺼내어 야차夜叉가 먹도록 하며, 어떤 지옥은 끓는 가마솥 물에 죄인의 몸을 삶고, 어떤 지옥은 죄인으로 하여금 벌겋게 달궈진 구리기둥을 안도록 하며, 어떤 지옥은 맹렬한 불덩이를 날려 죄인을 태우며, 어떤 지옥은 언제나 찬 얼음으로 얼어붙어 있으며, 어떤 지옥은 한없는 똥오줌으로 덮여 있으며, 어떤 지옥은 위아래에서 쇠뭉치와 화살이 날아들며, 어떤 지옥은 수많은 불창으로 찌르며, 어떤 지옥은 몽둥이로 가슴과 등을 내리치며, 어떤 지옥은 손발을 태우며, 어떤 지옥은 쇠뱀이 몸을 휘감으며, 어떤 지옥은 무쇠개에게 물려 쫓기며, 어떤 지옥은 무쇠나귀에게 끌려 다니게 합니다.

5-07. 어진 분이시여, 이처럼 악업으로 인해 받게 되는 많은 과보에는 각각의 지옥마다 백 천 가지의 형벌도구들이 있습니다. 그것들은 모두 구리・쇠요・돌・불로 만들어진 것들인데, 이 네 가지는 여러 업의 과보로 인해 생겨난 것들입니다. 만약 지옥에서 받는 악업의 과보에 대한 사항들을 자세히 말하고자

한다면 지옥마다 백 천 가지의 고초가 있는데, 어떻게 그 많은 지옥의 고초를 말로 다 표현할 수 있겠습니까? 내가 이제 부처님의 위신력과 어진 분의 질문을 받들어 대강 말씀드린 것이 이와 같습니다. 만약 더 자세히 설명하고자 한다면, 겁이 지나도 끝이 없을 것입니다."

6-01. 그때 세존께서 온몸으로 큰 빛을 내시어 백 천억 항하의 모래알처럼 많은 모든 부처님 세계를 두루 비추시며, 큰 음성으로 모든 부처님 세계의 보살마하살과 하늘 · 용 · 귀신 · 사람 · 사람이 아닌 무리들에게 말씀하셨습니다. "모두들 들으라, 내가 이제 지장보살이 불가사의한 위신력과 큰 자비의 힘을 드러내어 악입으로 인해 고통받는 중생들을 구원하는 일에 대해 칭찬하고 찬탄하리라. 내가 열반한 뒤에 그대들 모든 보살과 하늘 · 용 · 귀신 등은 널리 방편을 베풀어 이 경經을 지키고, 모든 중생들로 하여금 모든 괴로움에서 벗어나 열반의 즐거움(涅槃樂)을 얻도록 해야 하느니라."

6-02. 이렇게 말씀하시자 법회에 참석하고 있던 보광

普廣보살이 공경하는 마음으로 합장하며 부처님께 말씀드렸습니다. "지금 부처님께서는 지장보살에게 불가사의한 큰 위신력이 있음을 찬탄하셨나이다. 세존이시여, 오직 바라옵건대 미래 말법시대의 중생들을 위하여 지장보살이 인간과 천상에 이익을 주는 인과에 관한 일들을 말씀하여 주시옵소서. 그리하여 모든 하늘과 용 등의 팔부신중과 미래세의 중생들로 하여금 부처님의 말씀을 받들어 지니게 하시옵소서."

6-03. 그때 세존께서 보광보살과 사부대중들에게 말씀하셨습니다. "자세히 듣고 자세히 들으라. 내가 마땅히 그대들을 위하여 **지장보살이 인간과 천상을 이롭게 하는 복덕에 대한 사항**들을 간략히 말하리라." 보광보살이 말씀드리기를, "세존이시여, 바라옵건대 기쁜 마음으로 듣겠나이다."

6-04. 부처님께서 말씀하셨습니다. "미래의 세상에서 만약 선남자 선여인들 중에서 지장보살마하살의 명호를 듣고 합장하는 사람과 찬탄하는 사람, 예배하는 사람과 연모하는 사람 등은 모두 30겁의 죄업에서 벗어나게 될 것이니라. 보광보살이여, 만약 선남자

선여인들 중에서 지장보살의 형상을 그리거나 흙・돌・아교・칠・금・은・구리・철 등을 이용하여 지장보살의 형상을 조성하여 한 번이라도 우러러 예배하는 자들은 모두 백 번을 거듭하여 33천(= 도리천)에 태어나서 영원히 악도에 떨어지지 않게 될 것이니라. 비록 천상의 복이 다하여 인간으로 다시 태어난다고 하더라도 나라의 왕이 되는 등 큰 이로움을 잃지 않게 될 것이니라.

6-05. 만약 어떤 여인이 여자 몸을 싫어한다면, 지장보살의 형상을 그리거나 흙・돌・아교・칠・금・은・구리・철 등으로 조성된 형상에 정성을 다하여 공양 올리되, 날마다 게을리하지 않고 항상 꽃・향・음식・의복・비단・깃발・돈・보물 등으로 공양을 올린다면, 이 선여인은 이생에서 받은 여인의 몸을 마친 다음 생부터는 백천만 겁이 지나도록 세계에서 다시는 어떤 여인으로도 태어나지 않게 될 것이니라. 하물며 어찌 다시 여자 몸을 받을 수 있겠는가. 다만 자비심으로 원력을 세워 중생을 제도하기 위하여 스스로 여자의 몸을 받는 경우는 제외하느니라. 이렇듯 지장보살에게 공양한 힘과 공덕의 힘으로 백천만 겁 동안

다시는 여자의 몸을 받지 않게 될 것이니라.

6-06. 또한 보광보살이여, 추하고 병이 많은 어느 여인이 자신의 모습을 염오하여 지장보살의 형상을 한 끼 식사하는 동안만이라도 지극한 마음으로 우러러 예배한다면, 이 사람은 천만 겁 동안에 원만한 상호를 갖춘 몸으로 태어나며, 모든 질병 또한 없을 것이니라. 또한 이 여인이 만약 여자의 몸을 싫어하지 않는다면, 백천만억 겁 동안에 항상 왕녀나 왕비, 나아가 재상이나 큰 장자의 딸로 단정하게 태어나고 모든 모습 또한 원만할 것이니라. 이는 곧 지극한 마음으로 지장보살을 우러러 예배했기 때문에 이와 같은 복을 받게 되는 것이니라.

6-07. 또한 보광보살이여, 만약 어떤 선남자 선여인이 지장보살의 형상 앞에서 여러 가지 악기로 연주하고 노래하여 찬탄하고, 향과 꽃으로 공양하며, 나아가 또 다른 한 사람이나 많은 사람들에게 이와 같이 하도록 권한다면, 이들 모두는 현세나 미래세에 항상 백천의 여러 신들이 밤낮으로 따라다니며 수호하여 나쁜 일에 관한 것은 귀에 들리지도 않게 할 것이니라. 하물

며 직접 횡액을 당하는 일이 있을 수 있겠는가!

6-08. 또한 보광보살이여, 미래의 세상에 만약 악인·악신·악귀 등이 어떤 선남자 선여인이 지장보살의 형상에 귀의하여 공양하고 공경하며, 찬탄하고 그 형상에 예배하는 것을 보고서 망령되이 꾸짖고 헐뜯거나, 공덕과 이익이 없다고 비방하며 비웃거나, 돌아서서 잘못한다고 비난하거나, 또는 사람들에게 함께 비방하기를 권하여 한 사람, 혹은 많은 사람이 그르다고 말하게 하거나, 더 나아가 한순간이라도 꾸짖고 훼방하는 마음을 생기게 하는 자가 있다면, 이와 같은 사람은 현겁(賢劫: 현재의 住劫, 이 세상)의 일천의 부처님(千佛)이 모두 열반에 드시고 난 이후까지도 훼방한 죄업의 과보로 인해 아비지옥에 떨어져서 지극히 무거운 과보를 받게 될 것이니라. 이러한 현겁이 지나고 나서야 바야흐로 아귀의 과보를 받게 되며, 다시 천겁이 지나야 축생의 과보를 받게 되며, 또다시 천겁이 지나야 비로소 사람의 몸을 받게 되느니라. 비록 사람의 몸으로 태어난다고 하더라도 빈궁하고 하천할 것이며, 온전한 몸과 마음(六根: 眼耳鼻舌身意)을 갖추지 못하고, 많은 악업이 그의 몸을 장애하여 또다시 악도에

떨어지게 되느니라. 이러한 까닭으로 보광보살이여, 다른 사람이 공양 올리는 것을 비난하고 헐뜯기만 하여도 이러한 죄보를 받게 되거늘, 하물며 별도의 나쁜 소견을 내어서 직접 헐뜯으면 어떠하겠는가!

6-09. 또한 보광보살이여, 만약 미래의 세상에서 어떤 선남자나 선여인들 중에 오랫동안 병상에 누워 있으면서 살려고 하여도, 죽으려고 하여도 마음대로 되지 않는 상태이거나, 혹은 꿈속에서 악귀나 친족들이 나타나거나, 험한 길에서 헤매거나, 많은 도깨비에게 홀리거나, 귀신들과 함께 놀거나 하는 경우가 있는데, 세월이 지날수록 점점 몸이 쇠약해지고 자다가도 괴로워 처참하게 소리치며 괴로워하는 사람들이 있다면, 이러한 모든 현상들은 모두 다 악업에 대한 과보의 경중이 아직 정해지지 않아서 죽기도 어렵고, 병이 낫기도 어렵게 된 경우라 할 수 있으니, 일반 남녀의 평범한 눈으로는 이러한 현상을 도저히 알 수 없느니라.

6-10. 이러한 경우에는 다만 마땅히 모든 불보살님의 형상 앞에서 이 지장경을 한 번이라도 큰 소리로

독송하거나 혹은 병자가 아끼는 물건이나 의복·보배·장원莊園·집 등을 병자 앞에 놓고 큰 목소리로, '저희들 아무개 등은 이 아픈 사람을 위하여 경전과 불상 앞에 이러한 재물들을 공양 올립니다. 이것으로 불보살님의 형상을 조성하거나, 탑이나 절을 짓거나, 등불을 밝힐 수 있도록 절의 시주 재물로 보시하겠습니다.' 이렇듯 아픈 사람이 알아들을 수 있도록 세 번을 말해야 하느니라. 만약 병자의 모든 의식이 흩어지고 기운이 다 소진되었더라도 하루 이틀 사흘에서 나흘에서 칠일에 이르도록 큰 소리로 이렇게 말해야 하고, 큰 목소리로 이 경을 독송해야 하느니라. 이렇게 하면 이 사람이 목숨을 마친 뒤에 숙세의 허물과 무거운 죄업으로 인해 오무간지옥에 떨어지게 되는 경우라도, 영원히 해탈을 얻어 태어나는 곳마다 항상 숙명을 알 수 있게 되느니라. 하물며 선남자 선여인들 중에 스스로 이 경전을 사경寫經하거나, 다른 사람으로 하여금 사경하게 하거나, 스스로 보살의 형상을 조성하고 그리거나, 남들에게 그렇게 하도록 권선한다면, 이 사람은 그러한 공덕으로 반드시 큰 이로움을 얻게 될 것이니라.

6-11. 그러므로 보광보살이여, 만약 어떤 사람이 이 경전을 독송하거나, 또는 한순간이라도 이 경전을 찬탄하며 공경하는 사람을 보게 되면, 그대는 반드시 백천 가지 방편으로 이들에게 권선하여 부지런히 정진하게 하여 물러나지 않도록 해야 하며, 그렇게 하면 그들도 능히 현재와 미래에 백천만억의 불가사의한 공덕을 얻을 수 있을 것이라고 해야 하느니라.

6-12. 또한 보광보살이여, 만약 미래세의 모든 중생들이 꿈이나 잠결에 온갖 귀신들이 슬퍼하거나 울거나 근심하거나 탄식하거나 두려워하는 등의 여러 모습을 보인다면, 이는 일생이나 열생, 백생, 천생 과거세의 부모·형제·자매·남편·아내 등의 가족들이 악도에서 벗어나지도 못하고 스스로도 복력으로도 구원할 희망이 없으므로, 마땅히 방편을 써서 숙세의 가족들에게 호소하여 악도에서 구원하여 줄 것을 원하는 것이니라. 보광보살이여, 그대는 신통력으로 그러한 사람들로 하여금 모든 불보살님의 형상 앞에서 지극한 마음으로 이 지장경을 독송하게 하거나, 다른 사람들에게 청하여 세 번이나 일곱 번을 읽게 하여라. 이와 같이 하면 악도에 떨어진 권속들이 경전을 독송하는

소리가 끝나자마자 마땅히 해탈을 얻어 다시는 영원히 꿈결에 나타나지 않게 될 것이니라.

6-13. 또한 보광보살이여, 만약 미래세에 비천한 무리나 모든 자유를 잃은 사람들이 숙세의 업보를 깨닫고 참회를 하고자 하거든, 지극한 마음으로 지장보살의 존상을 우러러 예배하면서 이레 동안 지장보살의 명호를 만 번을 염불하도록 하여라. 이와 같이 하는 사람들은 현생의 과보를 다 마친 후에는 천만번의 생 동안에 항상 존귀한 몸으로 태어나게 되고, 다시는 삼악도의 고통을 겪지 않게 될 것이니라.

6-14. 또한 보광보살이여, 만약 미래세의 염부제에서 찰제리(Ksatriya, 무인계급) · 바라문 · 장자 · 거사 출신의 모든 사람들과 혹은 이 밖에 다른 신분으로 태어난 아이들이 있다면, 남자아이든 여자아이든지 상관없이 칠 일 동안에 일찍이 이 불가사의한 경전을 독송해 주고, 또다시 지장보살의 명호를 만 번씩 염불해 주면, 이렇듯 새롭게 태어난 아기들은 숙세의 악업에 따른 과보에서 문득 벗어나서 안락하게 잘 성장하게 될 것이며, 수명 또한 증장되게 될 것이니라. 만약 복덕을

갖고 태어난 아이들이라면, 더욱 안락하고 수명 또한 더 늘어나게 될 것이니라.

6-15. 또한 보광보살이여, 미래세 중생들은 매월 1일 · 8일 · 14일 · 15일 · 18일 · 23일 · 24일 · 28일 · 29일 · 30일 등의 십재일十齋日에 모든 죄업이 결집되어 그 죄업의 경중이 정해지게 되느니라. 남염부제 중생들의 모든 행동과 생각이 업 아닌 것이 없고 죄 아닌 것이 없거늘, 하물며 마음 내키는 대로 살생 · 도둑질 · 사음 · 거짓말 등의 백천 가지 죄업을 저질러서야 되겠는가. 만약 능히 이 십재일에 불보살님과 모든 성현의 존상 앞에서 이 지장경을 한편이라도 독경하면, 동서남북의 백유순百由旬 안에서는 모든 재앙이 없어지고, 집안의 어른이나 아이들도 현재나 미래 백천세에 악도에서 벗어나게 될 것이니라. 또한 매달 십재일마다 이 지장경을 한편씩 독송하면 현재 집안의 모든 횡액과 질병이 사라지고, 의복과 음식도 풍족하게 될 것이니라. 그러므로 보광보살이여, 지장보살은 이와 같은 말로 다 표현할 수 없을 정도의 백천만억의 위대한 위신력으로 이익을 주시는 보살행을 실천하시는 분임을 마땅히 알아야 하느니라. 염부제의 중생들

은 모두 지장보살과 큰 인연이 있으니, 중생들이 지장보살의 이름을 듣거나, 지장보살의 형상을 보거나, 이 경을 석 자나 다섯 자, 혹은 한 게송, 한 구절이라도 듣는 사람은 현세에서도 수승한 안락을 얻을 것이고, 미래세 백천만의 생에서도 항상 단정한 몸으로 존귀한 가문에 태어나게 될 것이니라."

6-16. 그때에 보광보살은 부처님께서 지장보살을 칭찬하고 찬탄하시는 것을 듣고 무릎 꿇어 합장하며 다시 부처님께 말씀드렸습니다. "세존이시여, 저는 오래전부터 이 지장보살이 지닌 이러한 불가사의한 신통력과 큰 서원력을 익히 알고 있었으나, 미래 중생에게도 널리 알려 이익을 주고자 짐짓 부처님께 여쭈었나이다. 세존이시여, 이 경의 이름은 무엇이라 하오며, 저희가 어떻게 유포하여야 할지 말씀하여 주시옵소서."

6-17. 부처님께서 보광보살에게 말씀하셨습니다. "이 경의 이름은 셋이니라. 하나는 『**지장본원경(地藏本願經)**』이고, 또 하나는 『**지장본행경(地藏本行經)**』이며, 또 다른 하나는 『**지장본서력경(地藏本誓力經)**』이니라. 이

는 지장보살이 오랜 겁 전부터 큰 서원을 거듭 세워 중생에게 이로움을 주는 것에서 연유한 것이니, 그대들은 이 서원에 따라 널리 유포하도록 하여라.” 보광보살은 부처님의 말씀을 깊이 새겨듣고는 합장하고 공경히 예배한 다음 물러갔습니다.

7-01. 그때 지장보살마하살이 부처님께 말씀드렸습니다. “세존이시여, 제가 이 염부제의 중생을 살펴보니, 행동하고 생각하는 모든 것이 죄업 아닌 것이 없나이다. 만약 선한 사람을 만나 착한 마음을 내더라도 다분히 처음에 낸 마음을 지키기 어렵고, 혹여 악한 인연을 만나게 되면 생각 생각에 점점 더 죄업을 더하게 됩니다. 이러한 무리의 사람들은 마치 무거운 돌짐을 지고 진흙길을 걷는 것과 같아서, 갈수록 몸은 지치고 짊어진 짐은 점점 무거워져 발이 더욱 깊이 빠져드는 것과 같습니다. 만약 다행히 선지식을 만나게 되면, 선지식이 그 짐을 덜어주거나 전부를 대신 짊어져 주기도 하는데, 이는 선지식에게 큰 힘이 있기 때문이옵니다. 또다시 그를 부축하여 힘을 내게 도와주고, 만약 인도하여 평지에 이르게 되면, 모름지기 지나온 험한 길을 살피게 하여 두 번 다시 그런 곳을 지나가지

않도록 하옵니다.

7-02. 세존이시여, 악업이 습관화된 중생들은 터럭만 한 죄업에서 시작해서 한량없는 죄업을 저지르는 데까지 이르게 되옵니다. 모든 중생들에게는 이와 같은 습성이 있기 때문에, 임종할 때에는 가족들이 마땅히 그를 위하여 선업의 복을 닦아 앞길을 열어 주어야 하옵니다. 이러한 때에는 깃발과 일산을 걸고 등불을 밝히거나, 존귀한 경전을 독송하거나, 부처님과 모든 성인의 존상 앞에 공양을 올리거나, 나아가 불보살님과 벽지불을 생각하면서 한 분 한 분의 명호를 분명히 염불하여서 임종하는 사람의 귀에 들려주어 본마음에 새겨지도록 해야 하옵니다. 그렇게 하면 그 중생이 지은 악업으로 인해 악도에 떨어지게 되는 경우라도, 그의 가족들이 그를 위하여 성스러운 인연을 닦은 바의 공덕으로 그가 지은 모든 죄업이 모두 소멸될 것이옵니다.

7-03. 또한 그가 죽은 뒤 49일 안에 가족들이 다시 널리 여러 가지 좋은 공덕을 지어주면, 그 중생은 영원히 악도에서 벗어나 인간과 천상에 태어나 수승하고

신묘한 즐거움을 받게 되오며, 현재의 가족들도 한량없는 이익을 받게 되옵니다. 그러므로 제가 지금 부처님을 앞에 모시고, 천 · 용 등의 팔부신중과 인간과 인간 아닌 무리들이 함께 모인 이 자리에서 염부제 중생들에게 임종하는 날에는 살생을 하거나 모든 악업의 인연을 짓지 말며, 귀신을 숭배하거나 도깨비들에게 제사하여 절하고 구하는 일 따위도 하지 말라고 권하는 것이옵니다. 왜냐하면 살생을 하거나 귀신에게 제사 지내는 것 등은 털끝만큼도 죽은 사람에게 아무런 이익이 되지 않을 뿐 아니라, 다만 죄업만 더욱 깊고 무겁게 할 뿐이기 때문이옵니다. 설령 다음 생이나 현생에서 성현의 위신력을 얻어 내생에 인간이나 천상에 태어나게 된다고 하더라도, 임종할 때 가족들이 악업을 지으면 죽은 사람이 그 재앙에 대해 변론하느라 좋은 곳에 태어남이 늦어지기 때문이옵니다. 하물며 임종하는 사람이 생전에 작은 선근의 공덕도 짓지 않았다면, 그 본업에 따라 스스로 악도에 떨어지는 과보를 받게 되는데, 가족들이 다시 악업을 더 무겁게 해서야 되겠나이까? 비유하자면, 이는 마치 어떤 사람이 먼 곳에서 출발하여 오는데, 식량은 떨어진 지 사흘이나 되고 짊어진 짐 또한 백 근이 넘는데, 문득 이웃 사람을 만나 그가 또다시 작은 짐이라도 부탁하여 더하면 어려움이 더 커지는 것과 같습니다. 세존이시여, 제가 염부제의 중생을 관찰하여 보니, 모든 부처님의 가르침을 따르면서 머리카락 하나 · 물 한 방울 · 모래 한 알 · 먼지 한 톨만큼만의 선업을 실천하게 되면, 이로 인한 공덕의 이익은 모두 자신이 얻게 됨을 볼 수 있었나이다."

7-04. 이러한 말씀을 하실 때에 법회 중에 대변大辯이라고 불리는 한 장자가 있었습니다. 이 장자는 오래 전에 이미 무생법無生法을 깨달아 시방세계의 중생들을 교화하여 제도하시는 분이었습니다. 장자가 회중에서 몸을 드러내어 합장하고 공경하면서 지장보살께 질문하였습니다. "보살이시여, 이 남염부제의 중생들이 목숨을 마친 뒤에 그의 가속들이 그를 위하여 공덕을 닦고 재를 베풀어 여러 가지 선업의 인연을 짓게 되면 목숨을 마친 사람이 큰 이익을 얻어 해탈할 수 있습니까?"

7-05. 지장보살이 대답하였습니다. "장자시여, 제가 지금 부처님의 위신력을 받들어 미래와 현재의 모든 중생들을 위해 그러한 일을 간략히 말씀드리겠습니

다. 장자시여, 미래와 현재의 모든 중생들이 임종을 맞이할 때에 한 분의 부처님의 명호나, 한 보살님의 명호나, 한 벽지불의 명호만 듣게 되어도 죄업이 있고 없고를 불문하고 모두 해탈을 얻게 될 것입니다. 만약 어떤 남자나 여자가 살아생전에 선업은 닦지 않고 악업만을 많이 지었다면, 죽은 뒤에 그 가족들이 그를 위하여 훌륭한 공덕을 지어 복을 닦아 주게 되면, 그 공덕의 칠분의 일은 죽은 사람에게 돌아가고, 나머지 칠분의 여섯은 산 사람의 이익이 될 것입니다. 그러므로 미래와 현재의 선남자 선여인들이 이 말을 명심하여 스스로 선업의 복을 닦으면, 그에 따른 공덕을 모두 얻을 수 있을 것입니다.

7-06. 세월의 무상함 속에 죽음이 기약 없이 닥쳐오면, 저승의 어둠 속을 헤매는 혼신(魂神: 영가, 혼령, 神識)이 되어 자신의 죄와 복을 알지 못하기에 49일 동안 바보와 귀머거리처럼 지내다가, 염라대왕 앞에서 모든 선악의 업과 그에 따른 과보를 따지는 심판이 있은 뒤에야 업에 따라 새로운 생을 받게 됩니다. 그렇듯 앞길을 알지 못하는 동안에 받게 되는 근심과 고통이 천만 가지인데, 더구나 모든 악도에 떨어진다면

어떠하겠습니까. 이렇듯 목숨을 마친 사람이 아직 다음 생을 받지 못하는 49일 동안에 모든 가족과 친척들이 복을 지어 자신을 고통에서 구해 주기를 간절히 바라다가 49일이 지나면 자신이 지은 업에 따라 과보를 받게 되는 것입니다. 그가 만약 죄업이 많은 중생이라면, 천백 년의 세월이 지나더라도 해탈할 날이 없을 것이며, 만약 그가 오무간지옥에 떨어질 큰 죄업을 지어 큰 지옥에 떨어진다면, 천겁 만겁의 세월 동안 온갖 고통을 받게 될 것입니다.

7-07. 또한 장자시여, 이런 죄업의 중생들이 목숨을 마친 뒤에 가족과 친척들이 그를 위해 재를 베풀어 선업을 도와줄 때에는, 재를 올리는 의식이 끝나기 전이나 재를 마친 이후에도 재에 올린 숭늉(米泔)이나 엽차(菜葉) 등을 함부로 땅에 버리지 말아야 하며, 나아가 모든 음식을 부처님과 스님들께 공양 올리기 전에 먼저 먹어서는 안 됩니다. 만약 이를 어기고 먼저 먹거나 부지런히 정성을 다해 지내지 않으면, 이 망자는 선업의 복력을 얻지 못할 것입니다. 그러나 만약 부지런히 정성을 다하고(精勤) 몸과 마음을 정갈하게(護淨) 하여 부처님과 스님들께 받들어 공양 올리면, 망자

는 그 공덕의 칠분의 일을 얻게 될 것입니다. 그러므로 장자시여, 염부제의 중생이 만약 부모나 가족들이 목숨을 마친 이후에 그들을 위하여 재를 베풀어 공양을 올리는 경우에 있어 지극한 마음으로 정성스럽고 부지런하게 하면, 산 사람과 죽은 사람 모두가 이익을 얻게 되는 것입니다."

7-08. 이러한 말씀을 하실 때에 도리천궁에 있던 천만억 나유타那由他의 염부제 귀신들 모두가 한량없는 보리심을 내었고, 대변 장자도 기쁜 마음으로 가르침을 받들면서 예배하고 물러갔습니다.

8-01. 그때 철위산 안의 한량없는 귀왕鬼王들이 염라천자閻羅天子와 함께 부처님이 계신 도리천으로 모여들었습니다. 이른바 악독귀왕惡毒鬼王·다악귀왕多惡鬼王·대쟁귀왕大諍鬼王·백호귀왕白虎鬼王·혈호귀왕血虎鬼王·적호귀왕赤虎鬼王·산앙귀왕散殃鬼王·비신귀왕飛身鬼王·전광귀왕電光鬼王·낭아귀왕狼牙鬼王·천안귀왕千眼鬼王·담수귀왕噉獸鬼王·부석귀왕負石鬼王·주모귀왕主耗鬼王·주화귀왕主禍鬼王·주복귀왕主福鬼王·주식귀왕主食鬼王·주재귀왕主財鬼王·

주축귀왕主畜鬼王 · 주금귀왕主禽鬼王 · 주수귀왕主獸鬼王 · 주매귀왕主魅鬼王 · 주산귀왕主產鬼王 · 주명귀왕主命鬼王 · 주질귀왕主疾鬼王 · 주험귀왕主險鬼王 · 삼목귀왕三目鬼王 · 사목귀왕四目鬼王 · 오목귀왕五目鬼王 · 기리실왕祁利失王 · 대기리실왕大祁利失王 · 기리차왕祁利叉王 · 대기리차왕大祁利叉王 · 아나타왕阿那吒王 · 대아나타왕大阿那吒王 등이었습니다. 이러한 대귀왕들은 각각 백천의 소귀왕들과 더불어 모두 염부제에 살고 있으면서 각자 맡은 바 임무와 머무는 곳이 따로 있었습니다. 이 모든 귀왕들이 염라천자와 함께 부처님의 위신력과 지장보살의 힘에 의지하여 도리천에 올라와서 한쪽에 서 있었습니다.

8-02. 그때 염라천자가 무릎 꿇고 합장하녀 부처님께 말씀드렸습니다. "세존이시여, 저희들이 지금 부처님의 위신력과 지장보살마하살의 힘을 받들어 바야흐로 이 도리천의 큰 법회에 오게 된 것은 좋은 이익을 얻을 수 있기 때문이옵니다. 제가 지금 작은 의심이 있어 감히 세존께 질문드리오니, 세존께서는 자비심으로 저희를 위해 말씀하여 주시옵소서." 부처님께서 염라천자에게 말씀하셨습니다. "그대는 무엇이든 물어

보라. 내 그대를 위해 설명해 주리라.”

8-03. 이때 염라천자가 세존을 우러러 예배하고 지장보살을 돌아보고는 부처님께 말씀드렸습니다. “세존이시여, 제가 지장보살을 통찰하여 보니, 육도六道의 세계에 있으면서 백천 가지 방편으로 악업으로 인해 고통받는 중생들을 제도하면서도 피곤해하거나 지쳐하지 않으셨습니다. 이렇듯 훌륭한 지장보살의 불가사의하고 신통한 보살행이 있음에도 불구하고, 그러나 모든 중생들은 악업의 과보에서 벗어났다가도 오래지 않아 또다시 악도에 떨어지고 있나이다. 세존이시여, 지장보살에게 이와 같은 불가사의한 신통력이 있음에도 불구하고 어찌하여 중생들은 훌륭한 불법에 의지하여 영원한 해탈을 얻지 못하옵니까? 세존이시여, 저희들을 위해 말씀하여 주시옵소서.”

8-04. 부처님께서 염라천자에게 말씀하셨습니다. “남염부제의 중생들은 성품이 억세고 거칠어 다스리고 길들이기 어렵지만, 지장보살은 백천 겁 동안 이와 같은 중생들을 한 사람 한 사람 구제하여 해탈로 인도하였느니라. 이렇듯 악업으로 인해 괴로움의 과보를 받

는 사람들이나, 나아가 큰 악도에 떨어진 중생들까지도 지장보살은 방편의 힘으로 그들을 본래의 업연業緣에서 구제하여 숙세에서 지은 악업의 일들을 깨닫게 하였느니라. 하지만 이러한 염부제의 중생들은 스스로 무거운 악습에 결박되어 육도를 왔다 갔다 윤회하므로(旋出旋入) 이렇듯 지장보살이 오랜 겁을 경과하면서 수고롭게 제도하여야 비로소 해탈을 얻게 되는 것이니라.

8-05. 비유하자면, 어떤 사람이 정신이 흐려 자기 본집을 잃고 헤매다가 잘못 험한 길로 들어섰는데, 거기에는 수많은 야차 · 호랑이 · 사자 · 구렁이 · 독사 등이 있었느니라. 이 사람은 험한 길에서 모름지기 잠깐 사이에 여러 독을 품은 짐승들과 곧바로 마주치게 되었는데, 이때에 문득 짐승들의 독성뿐만 아니라, 야차 등의 모든 독까지도 훌륭하게 막아낼 수 있는 많은 술법을 알고 있는 어떤 한 지혜로운 사람을 만났느니라. 길 잃은 사람이 험한 길로 계속 가려 하자, 지혜로운 사람이 말하기를, '이 가련한 사람이여, 어찌하여 이런 험한 길로 들어섰습니까? 무슨 특이한 술법이라도 있어서 능히 저 모든 사나운 것들의 독을 제어할

수 있다는 말입니까?' 길 잃은 사람은 문득 이러한 말을 듣고서야 비로소 위험한 길임을 깨닫고 곧 물러나서 그 길에서 벗어나고자 하였느니라. 그때 선지식이 이 사람의 손을 잡고 이끌어 험한 길에서 나와 모든 위험에서 벗어나게 하고, 다시 좋은 길로 인도하여 안전하게 해주며 또 말하였느니라. '딱한 사람아, 다음부터는 절대로 저 길로 들어가지 마시오. 저 길로 들어가면 마침내 좀처럼 벗어나기 어렵고, 목숨마저도 잃게 됩니다.' 이에 길을 잃었던 사람은 감동하였느니라. 서로 헤어질 때에 선지식은 또 말하기를, '만약 길 가는 사람들을 보게 되면, 그들이 아는 친지이거나, 남자이거나, 여자이거나 간에 저 길에는 여러 가지 악독한 것들이 많아서 목숨을 잃을 수 있음을 말해주어, 그들로 하여금 죽음의 길로 들어서지 못하게 하십시오.'라고 하는 내용과 같으니라.

8-06. 이렇듯 대자비를 갖춘 지장보살이 악업으로 인해 괴로움의 과보를 받는 중생들을 구제하여 천상세계나 인간 세상에 태어나게 하여 수승한 즐거움을 받도록 해주며, 이 모든 죄업의 중생들이 업에 따라 과보를 받는 육도윤회의 괴로움을 깨닫고, 생사윤회에

서 벗어나서 영원히 거듭 그러한 삶을 겪지 않게 하느니라. 이는 곧 저 길 잃은 사람이 잘못 험한 길로 들어갔을 때, 선지식을 만나 이끌려 나오게 되어 영원히 그런 길에 들어가지 않는 것과 같으며, 또한 그가 다른 사람들을 만나면 들어가지 말도록 권하며 스스로 말하기를, '이 어리석음으로 인하여 도리어 험한 경계에서 벗어나 해탈을 얻을 수 있었으니 다시는 들어가지 않을 것입니다.'라고 하는 것과 같으니라.

8-07. 만약 재차 같은 길을 밟는다면, 오히려 아직도 어리석어 일찍이 예전에 빠졌던 험한 길임을 알지 못해 혹여 목숨까지도 잃어버릴 수 있게 되나니, 이는 마치 지장보살이 악도에 떨어진 중생들을 방편의 힘으로 구제하여 인간이나 천상에 태어나게 하더라도 저들이 또다시 악도로 되돌아 들어가는 것과 같으니라. 만약 악업을 거듭 반복해 쌓는다면, 영원히 지옥에 떨어져 해탈할 기약이 없을 것이니라."

8-08. 그때 악독귀왕惡毒鬼王이 합장하고 공경하며 부처님께 말씀드렸습니다. "세존이시여, 한량없이 많은 수의 저희들 모든 귀왕이 염부제에 있으면서 사람

들에게 이익을 주기도 하고, 손해를 끼치기도 하는 데 있어 서로 같지 않은 것은 각각 서로 다른 업보 때문일 것입니다. 저희가 저희 권속들로 하여금 여러 세계를 돌아다녀보게 하면, 악함은 많고 선함은 적은 것 같습니다. 저희가 사람의 가정이나 도시 · 마을 · 장원 · 주택 등을 지나다가 혹여 어떤 남자나 여인이 티끌만 한 신한 일을 하거나, 불법승 삼보를 찬양하는 깃발이나 일산을 하나라도 달거나, 약간의 향과 꽃을 부처님 존상이나 보살상 앞에 공양 올리거나, 존귀한 경전을 독송하거나, 향을 사루며 경전의 한 구절과 한 게송이라도 공양하는 것 등을 보게 되면, 저희 귀왕들은 이 사람을 과거 · 현재 · 미래의 부처님께 예경하는 것과 같이 공경하여 예배하겠습니다. 또 큰 힘이 있거나 토지를 관장하는 작은 귀신들로 하여금 이들을 보호하게 하여 나쁜 일 · 횡액 · 몹쓸 질병 · 바라지 않는 일들이 이 사람의 집 근처 등에서조차 일어나지 않도록 할 것입니다. 하물며 그런 것들이 그들의 안으로 들어가게 하겠나이까."

8-09. 부처님께서 귀왕을 칭찬하셨습니다. "훌륭하고 훌륭하도다. 그대들과 염라천자가 그와 같이 선남자

선여인을 보호한다고 하니, 나 또한 범천왕과 제석천왕에 일러 그대들을 지키고 돕게 하겠느니라." 이러한 말씀을 하실 때에 법회에 참석하고 있던 주명귀왕主命鬼王이 부처님께 말씀드렸습니다. "세존이시여, 저의 본래 업연은 염부제 사람들의 수명을 주관하여 태어날 때와 죽을 때를 모두 알아 관장하는 것이옵니다. 저의 본래의 서원은 중생을 크게 이롭게 하려는 것이지만, 중생들은 제 뜻을 알지 못하여 나고 죽음에 편안함을 얻지 못하나이다.

8-10. 까닭에 이러한 염부제에 아기가 태어나고자 할 때에, 남아나 여아를 불문하고 집안사람들이 선한 일을 하게 되면, 집안이 더욱 이롭게 되고 토지신 또한 한없이 기뻐하여 아기와 산모를 보호하고, 큰 안락을 얻게 하며 가족들도 이롭게 하옵니다. 또 이미 아기를 낳은 뒤에도 삼가 살생하지 말아야 하는데, 중생들은 여러 가지 비린 것을 산모에게 먹이고, 널리 가족 친척들이 모여서 술을 마시고 고기를 먹으며, 노래를 부르고 풍악을 울리며 즐긴다면, 산모와 아기가 편안함과 즐거움을 얻지 못하게 되옵니다. 왜냐하면, 아기를 낳을 때가 되면 수없이 많은 악귀와 도깨비들

이 비린내 나는 피를 먹고자 하기 때문이옵니다. 그런 까닭에 제가 미리 집안의 토지신들로 하여금 산모와 아기를 잘 보호하여 편안하게 해주도록 하는 것이옵니다. 그러나 사람들은 마땅히 이에 감사하고 복을 베풀어 모든 토지신들에게 보답해야 함에도 불구하고 도리어 살생하여 잔치를 벌이니, 이로 인해 스스로 재앙을 불러들여 아이와 산모를 함께 해치게 되는 것이옵니다. 또한 저는 염부제에서 임종하는 사람이면, 모두 선악을 묻지 않고 악도에 떨어지지 않게 하려고 하는데, 하물며 스스로 선근을 닦아서 저의 힘을 도와주는 사람이라면 어떠하겠습니까? 하지만 이 염부제에서 선행을 한 사람들도 임종할 때에는 역시 백 천이나 되는 악독한 귀신들이 부모나 가족의 형상으로 변하여 망인을 이끌어 악도에 빠지게 하고자 하는데, 하물며 본래부터 악업을 쌓아온 사람들은 어떻겠습니까?

8-11. 세존이시여, 이와 같은 염부제의 남자나 여인이 임종할 때에는 정신이 혼미해져서 선악을 분간하지 못하고, 눈과 귀로 볼 수도 들을 수도 없습니다. 이때 망인의 가족들이 큰 공양을 베풀고 존귀한 경을

독송하며, 부처님과 보살님의 명호를 염불하면, 이러한 좋은 인연으로 능히 죽은 사람이 모든 악도에서 벗어나게 되고, 모든 마귀와 귀신들도 흩어지고 물러가게 되옵니다. 세존이시여, 일체 모든 어떤 중생이든지 임종하려고 할 때에, 만약 한 부처님의 명호나 한 보살님의 명호, 혹은 대승경전의 한 구절이나 한 게송이라도 듣게 된다면, 저는 이러한 사람들을 살펴보아 오무간지옥에 떨어질 살생의 죄를 제외하고, 나머지 소소한 악업으로 인해 악도에 떨어지게 되는 모든 사람들은 곧바로 제도하여 해탈을 얻도록 하겠나이다."

8-12. 부처님께서 주명귀왕에게 말씀하셨습니다. "그대가 큰 자비심으로 큰 원력을 세워 태어남과 죽음을 맞는 모든 중생을 보호하는구나. 미래의 세상에서 남녀의 중생들이 나고 죽을 때에도 그대는 이 서원에서 물러나지 말고, 모두를 해탈시켜 영원히 안락을 얻도록 하여라." 주명귀왕이 다시 부처님께 말씀드렸습니다. "원하옵건대, 염려하지 마시옵소서. 저는 이 몸이 다하도록 생각 생각마다 염부제의 중생들을 보호하여, 날 때나 죽을 때나 모두 안락을 얻도록 하겠나이

다. 다만 저는 모든 중생들이 나고 죽을 때에 저의 말을 믿고 받아들여 모두가 해탈을 얻고 큰 이익을 얻기를 바라옵니다.”

8-13. 그때 부처님께서 지장보살에게 말씀하셨습니다. “이 주명귀왕은 수명을 주관하는 귀왕으로, 이미 과거 백천생 동안 대귀왕이 되어 나고 죽는 중생을 보호하고 있느니라. 이는 보살이 자비원력으로 대귀왕의 몸을 나타낸 것이지, 실상은 귀왕이 아니니라. 앞으로 일백칠십 겁을 지나서 이 주명귀왕은 마땅히 성불할 것이며, 명호는 무상여래無相如來이고, 겁劫의 이름은 안락安樂이며, 세계의 이름은 정주淨住라고 하고, 그 부처님의 수명은 헤아릴 수 없는 겁이 될 것이니라. 지장보살마하살이여, 이 대귀왕의 일은 이렇게 불가사의하고 그가 제도하는 하늘과 사람들 또한 헤아릴 수가 없을 것이니라.”

9-01. 그때 지장보살마하살이 부처님께 말씀드렸습니다. “세존이시여, 저는 지금 미래 중생들에게 이익이 되는 일을 말하여, 그들이 태어나고 죽는 윤회의 삶 속에서 큰 이익을 얻게 하고자 하오니, 오직 원하옵건

대, 세존께서는 저의 말씀을 들어 주시옵소서.” 부처님께서 말씀하셨습니다. “그대가 지금 자비심을 일으켜 육도윤회의 삶 속에서 죄업으로 인해 고통받는 모든 중생들을 구제하고자 불가사의한 일을 말하려 하는구나. 지금이 바로 적절한 때이니, 어서 말하여라. 나는 곧 열반에 들 것이니, 그대가 그러한 서원을 모두 이루게 되면, 나도 또한 현재와 미래의 모든 중생들에 대한 근심이 없게 될 것이니라.”

9-02. 지장보살이 부처님께 말씀드렸습니다. “세존이시여, 한량없는 아승지겁阿僧祇劫 전에 무변신여래無邊身如來라는 명호의 부처님께서 세상에 출현하셨습니다. 만약 남녀를 불문하고 이 부처님의 명호를 듣고 삼깐이라도 공경하는 마음을 내면, 곧 사십 겁 동안의 나고 죽으면서 지은 무거운 죄업에서 벗어날 수 있었습니다. 하물며 그 부처님의 형상을 조성하거나 탱화로 그려 모시고 공양, 찬탄하는 사람은 어떠했겠나이까? 그러한 사람들은 한량없고 끝이 없는 복락을 얻을 수 있었습니다. 또 항하의 과거 모래알처럼 많은 겁 전에 보성여래寶性如來라는 명호의 부처님께서 세상에 출현하셨습니다. 만약 남녀를 불문하고 이 부처님

의 명호를 듣고 손가락 한 번 튕길 순간만이라도 신심을 일으켜 귀의하면, 이러한 사람은 위없는 진리(無上道)에서 물러나지 않았습니다. 또 과거에 파두마승여래波頭摩勝如來라는 명호의 부처님께서 세상에 출현하셨습니다. 만약 남녀를 불문하고 이 부처님의 명호를 들어 귀를 스치기만 해도, 이러한 사람은 천 번을 욕계欲界의 여섯 하늘 세계(六欲天) 가운데 태어날 수 있었습니다. 하물며 지극한 마음으로 부처님의 명호를 염불하는 사람은 어떠했겠습니까? 또 이루 말할 수 없는 과거 아승지겁 전에 사자후여래師子吼如來라는 명호의 부처님께서 세상에 출현하셨습니다. 만약 남녀를 불문하고 이 부처님의 명호를 듣고 한마음으로 귀의하면, 이러한 사람은 한량없는 모든 부처님을 친견하여 마정수기(부처님이 머리 정수리를 만져주며 미래에 성불함을 증명해 줌)를 받을 수 있었습니다. 또 과거 세상에 구류손불拘留孫佛이라는 명호의 부처님께서 세상에 출현하셨습니다. 만약 남녀를 불문하고 이 부처님의 명호를 듣고 지극한 마음으로 우러러 예배하거나 찬탄하면, 이러한 사람은 현겁賢劫의 일천 부처님의 회상에서 대범왕大梵王이 되어서 가장 높은 계위階位의 수기를 받았습니다. 또 과거 세상에 비바시불毘婆尸佛이라는 명호의 부처님께서 세상에 출현하셨습니다.

만약 남녀를 불문하고 이 부처님의 명호를 들으면 영원히 악도에 떨어지지 않고, 항상 인간이나 천상에 태어나 수승하고 신묘한 즐거움을 받을 수 있었습니다. 또 과거 한량없고 셀 수 없는 항하의 모래알처럼 많은 겁 전에 보승여래寶勝如來라는 명호의 부처님께서 세상에 출현하셨습니다. 만약 남녀를 불문하고 이 부처님의 명호를 듣게 되면, 마침내 악도에 떨어지지 않고 항상 천상세계에 태어나서 수승하고 신묘한 즐거움을 받았습니다. 또 과거 세상에 보상여래寶相如來라는 명호의 부처님께서 세상에 출현하셨습니다. 만약 남녀를 불문하고 이 부처님의 명호를 듣고 공경하는 마음을 내면, 이러한 사람은 오래지 않아서 아라한과를 얻을 수 있었습니다. 또 과거 무량한 아승지겁 전에 가사당여래袈裟幢如來라는 명호의 부처님께서 세상에 출현하셨습니다. 만약 남녀를 불문하고 이 부처님의 명호를 들으면, 일백 번의 대겁大劫 동안 나고 죽는 죄업에서 벗어날 수 있었습니다. 또 과거에 대통산왕여래大通山王如來라는 명호의 부처님께서 세상에 출현하셨습니다. 만약 남녀를 불문하고 이 부처님의 명호를 듣는다면, 이러한 사람은 항하의 모래알처럼 많은 부처님을 친견하여 설법하심을 듣고, 반드시 깨달음을 성취할 수 있었습니다. 또한 과거에 정월불淨月佛 · 산왕불山王佛・지승불智勝佛・정명왕불淨名王佛・지성취불智成就佛・무상불無上佛・묘성불妙聲佛・만월불滿月佛・월면불月面佛과 같이 말할 수도 없이 많은 부처님께서 계셨습니다.

9-03. 세존이시여, 현재나 미래의 하늘 사람이나 인간이나 남녀를 불문하고, 만약 모든 중생들이 한 부처님의 명호만을 염불하여도 그 공덕은 한량이 없는데, 하물며 많은 부처님의 명호를 염불한다면 어떠하겠나이까? 이러한 중생들은 살아서나 죽은 이후에나 스스로 큰 이익을 얻어 마침내 악도에 떨어지지 않을 것이옵니다. 또한 만약 어떤 사람이 목숨을 마치고자 할 때에, 집안 가족들 중에서 한 사람이라도 병자를 위하여 한 부처님의 명호를 소리 높여 염불한다면, 이 목숨을 마치는 사람의 악업에 대한 과보가 오무간지옥에 떨어질 큰 죄업만 아니라면, 나머지 죄업 등은 모두 소멸되옵니다. 그러나 이러한 비록 오무간지옥에 떨어지게 되는 큰 죄업이 지극히 무거워서 억겁의 세월을 지나도 도저히 벗어날 수 없는 것이지만, 이 사람이 임종할 때에 다른 사람이 그를 위하여 부처님의 명호를 염불하여 주면, 그 공덕으로 인해 이 무거운 죄업

도 점차 소멸하게 되옵니다. 하물며 그 중생 스스로가 염불하면 어떠하겠나이까? 무량한 복을 얻게 되고, 한량없는 죄업도 소멸될 것이옵니다."

10-01. 그때 지장보살마하살이 부처님의 위신력을 받들어 자리에서 일어나 무릎을 꿇고 합장하며 부처님께 말씀드렸습니다. "세존이시여, 제가 업에 따라 육도를 윤회하는 중생의 보시 공덕을 헤아려보니, 가볍고 무거운 차별이 있습니다. 한생만 복을 받기도 하고, 십생 동안 복을 받기도 하며, 백생이나 천생 동안 큰 복을 받는 경우도 있는데, 이는 무슨 까닭이옵니까? 오직 원하옵건대 세존이시여, 저희들을 위하여 말씀하여 주시옵소서."

10-02. 부처님께서 지장보살에게 말씀하셨습니다. "내가 지금 도리천궁에 모인 모든 대중들에게 염부제의 보시 공덕의 가벼움과 무거움을 헤아려 그대들에게 설법하니, 그대들은 자세히 듣도록 하라." 지장보살이 부처님께 말씀드렸습니다. "저희들은 이 같은 의문 나는 일들에 대한 말씀을 즐거이 듣고자 하옵니다."

10-03. 부처님께서 말씀하셨습니다. "염부제에 있는 여러 국왕을 비롯한 재상 · 대신 · 대장자大長者 · 대찰리大刹利 · 대바라문大婆羅門 등이 가장 빈천하고 빈궁한 자들을 만나거나, 꼽추 · 벙어리 · 귀머거리 · 장님과 같은 여러 장애인들을 만나서 보시하고자 할 때에는, 큰 자비심과 겸손한 마음으로 미소를 지으면서 직접 보시하거나 혹은 사람을 시켜 보시하면서 부드러운 말로 위로해야만 한다. 이렇게 보시하면, 이들이 얻게 되는 복덕과 이익은 백 개의 항하에 있는 모래알처럼 많은 부처님께 보시한 공덕과 같을 것이니라. 왜냐하면 이러한 높은 신분의 사람들이 가장 빈천한 이들과 장애인들에게 큰 자비심을 내었기 때문이니라. 그들이 얻는 복과 이익은 백천 생 동안 항상 칠보七寶를 구족할 정도이니, 하물며 입고 먹을 것에 있어 부족함이 있겠는가.

10-04. 또한 지장보살이여, 만약 미래의 세상에서 모든 국왕이나 바라문 등이 부처님의 탑이나 사원에 가서 부처님의 존상이나 보살 · 성문 · 벽지불 등의 존상을 친견하여 스스로 준비하고 마련한 공양물을 올리고 보시하면, 이들 국왕 등은 3겁 동안 제석천왕이 되

어 수승하고 신묘한 즐거움을 받게 될 것이니라. 만약 보시한 복덕과 이익을 법계에 회향한다면, 이들은 10겁 동안 항상 대범천왕大梵天王이 될 것이니라. 또한 지장보살이여, 만약 미래의 세상에 모든 국왕이나 바라문 등이 선대의 허물어지고 파괴된 불탑이나 사원, 또는 경전이나 불상을 보고 신심을 내어 보수하되, 스스로 준비하고 마련한 것으로 하거나, 다른 사람들에게 권선하여 수많은 사람에게 보시하는 인연을 맺어준다면, 이들 국왕 등은 백 천생 동안 항상 전륜성왕轉輪聖王이 될 것이며, 함께 보시한 다른 사람들 또한 백 천생 동안 항상 작은 나라의 왕이 될 것이니라. 또 탑묘 앞에서 회향하는 마음을 낸다면, 이들 모두도 부처님의 진리를 성취하게 될 것이니라. 이처럼 이들의 선업에 대한 과보는 한량이 없고 끝이 없느니라.

10-05. 지장보살이여, 미래의 세상에서 모든 국왕이나 바라문 등이 늙고 병든 사람이나 해산하는 여인을 보고, 잠깐이라도 큰 자비심을 내어 의약·음식·침구 등을 보시하여 안락하게 해주면, 이로 인한 복덕과 이익은 생각할 수 없을 정도로 크니라. 일백겁 동안에 언제나 정거천淨居天의 주인이 되고, 다시

이백 겁 동안은 항상 육욕천六欲天의 주인이 되며, 마침내 성불하여 영원히 악도에 떨어지지 않고, 백천 생 동안 귀로 괴로운 소리를 듣지 않게 될 것이니라. 또한 지장보살이여, 만약 미래의 세상에서 국왕이나 바라문 등이 능히 이와 같이 보시하면, 무량한 복을 얻게 되고, 다시 법계에 회향하면 보시의 많고 적음을 불문하고 마침내 성불하게 되느니라. 하물며 제석천왕 · 범천왕 · 전륜왕이 되는 과보뿐이겠는가. 그러므로 지장보살이여, 널리 중생들에게 권선하여 그들로 하여금 이와 같은 보시의 실천을 배우도록 해야 하느니라.

10-06. 또한 지장보살이여, 만약 미래의 세상에서 선남자 선여인이 부처님의 가르침 속에서 털끝이나 먼지만큼의 작은 선근善根을 심어도 그로 인해 받게 되는 복과 이익은 무엇에도 비유도 할 수 없을 정도로 많으니라. 또 지장보살이여, 미래의 세상에서 만약 선남자 선여인이 부처님이나 보살의 존상, 혹은 벽지불이나 전륜왕 등의 존상을 친견하여 보시하고 공양을 올리면, 한량없는 복을 얻어 항상 인간이나 천상세계에 태어나서 수승하고 신묘한 즐거움을 받게 될 것이

며, 만일 법계에 회향한다면 이러한 사람들의 복과 이익도 비유할 수 없을 정도로 많을 것이니라.

10-07. 또다시 지장보살이여, 미래의 세상에서 만약 선남자 선여인이 대승경전의 한 게송이나, 한 구절이라도 듣고 소중한 마음을 내어 찬탄하고 공경하며 보시하고 공양을 올린다면, 이러한 사람은 한량없고 끝이 없는 큰 과보를 얻을 것이며, 또 법계에 회향한다면 그 복은 비유할 수 없을 정도로 많을 것이니라. 또한 지장보살이여, 미래의 세상에서 만약 선남자 선여인이 새롭게 조성된 부처님의 탑과 사원이나 대승경전을 친견하여 보시하고 공양 올리며 합장하여 찬탄하고 예경 드리거나, 혹은 만약 조성한 지 오래되어 헐고 부서진 불탑이나 사원과 대승경전 등을 새롭게 보수하고 관리하되, 홀로 신심을 내어 하거나 혹은 다른 많은 사람들에게 권하여 신심을 내게 하여 함께 한다면, 이러한 사람들은 삼십생 동안 항상 작은 나라의 왕이 될 것이며, 인연을 맺어준 사람들 또한 항상 전륜성왕이 되어 훌륭한 법으로 모든 작은 나라의 왕들을 교화하게 될 것이니라.

10-08. 또다시 지장보살이여, 미래의 세상에서 만약 선남자 선여인이 부처님 가르침 속에서 선근을 심기 위해 공양을 올려 보시하거나, 혹은 탑이나 사원을 보수하거나, 혹은 경전을 잘 편찬하여 관리하는 등의 불사를 하면서, 이와 같은 훌륭한 불사에 대한 공덕을 털 하나 · 티끌 한 톨 · 모래 한 알 · 물 한 방울만큼이라도 다만 능히 법계에 회향한다면, 이러한 사람들은 백천생 동안 수승하고 신묘한 즐거움을 받게 될 것이니라. 하지만 만약 자기 집안의 가족이나 자신만의 이익을 위한 것으로 회향한다면, 이에 대한 과보는 곧 삼생의 즐거움에 지나지 않을 것이니, 이는 만 가지 공덕의 과보에서 하나의 과보만을 얻는 것이라 할 수 있느니라. 이러한 까닭에 지장보살이여, 보시에 따른 인연의 공덕이 이와 같으니라."

11-01. 그때 견뢰지신堅牢地神이 부처님께 말씀드렸습니다. "세존이시여, 저는 예전부터 한량없이 많은 보살마하살을 우러러 뵙고 예배하였는데, 모두가 위대한 불가사의한 신통력과 지혜로 널리 중생들을 제도하셨지만, 지장보살마하살은 다른 보살들보다 서원이 더 깊고 크셨습니다. 세존이시여, 이러한 지장보살은 염

부제에 큰 인연이 있었던 것 같습니다. 문수・보현・관음・미륵보살님 같은 분들 또한 백 천 가지 몸으로 화현하여 육도의 중생들을 제도하셨지만, 그 서원은 마침내 끝남이 있었습니다. 그러나 지장보살님만큼은 육도의 모든 중생을 교화하고자 서원을 세우신 겁의 수가 백천억 항하의 모래알처럼 많은 것 같습니다. 세존이시여, 제가 살펴보건대 미래와 현재의 중생이 살고 있는 곳의 남쪽 청결한 땅에다 흙・돌・대죽・나무 등으로 집을 세우고, 그 안에 지장보살의 탱화를 그리거나 금・은・동・철 등으로 형상을 조성하여 모셔놓고 향을 사르고 공양하며 예배하고 찬탄한다면, 이러한 사람이 사는 곳에서 열 가지 이익을 얻게 되옵니다.

11-02. 그 열 가지란, 첫째는 토지에 풍년이 들고, 둘째는 집안이 언제나 평안하며, 셋째는 먼저 죽은 가족이 천상에 태어나고, 넷째는 살아 있는 가족들은 수명이 증장되며, 다섯째는 바라는 바가 뜻대로 이루어지고, 여섯째는 수재나 화재가 없으며, 일곱째는 헛되이 재물을 잃지 않고, 여덟째는 나쁜 꿈을 꾸지 않게 되며, 아홉째는 출입할 때 신장들이 보호하여 주고, 열째는 성스러운 인연들을 많이 만나게 되는 것 등이옵

니다. 세존이시여, 미래세나 현세의 중생들이 사는 곳에서 만약 능히 지장보살에게 이러한 공양을 올리게 되면, 이와 같은 이익을 얻을 것이옵니다."

11-03. 견뢰지신이 또다시 부처님께 말씀드렸습니다. "세존이시여, 미래의 세상에서 만약 선남자 선여인이 사는 곳에서 이 경전과 보살의 형상을 친견하여, 곧 경전을 독송하고 보살께 공양을 올리면, 저는 본래의 신통력을 다해 밤낮으로 항상 이러한 사람들을 보호하여 물·불·도둑으로 인한 크고 작은 횡액과 온갖 나쁜 일들을 모두 소멸시켜 줄 것이옵니다."

11-04. 부처님께서 견뢰지신에게 말씀하셨습니다. "견뢰지신이여, 그대의 큰 신통력에는 모든 신들이 미치지 못할 것이니라. 왜냐하면 염부제의 토지를 비롯한 땅에 있는 초목·모래·돌·벼稻·삼麻·대竹·갈대葦·곡식·쌀·보배 등도 그대의 신통력에 의지하여 존재하는 것이기 때문이니라. 또한 그대가 지장보살의 중생을 이롭게 하는 일에 대하여 그렇듯 찬탄하니, 그 공덕만으로도 그대의 신통력은 저 보통 지신地神들보다 백천 배나 클 것이니라. 만약 미래의 세

상에서 선남자 선여인이 지장보살에게 공양을 올리고, 이 경을 독송하며 『**지장본원경(地藏本願經)**』의 가르침에 따라 한 가지 일이라도 실천하는 사람이 있다면, 그대는 본래 구족한 신통력으로 그들을 보호하여 문득 온갖 재해와 뜻대로 되지 않은 일들이 없도록 해야 할 것이니라. 하물며 잘못된 피해를 입히는 일이 있어서야 되겠는가. 그리고 유독 그대만 그러한 사람들을 보호하고자 해서는 안 되니, 제석천과 범천의 권속, 하늘의 모든 권속들 또한 그러한 사람들을 보호해야 하느니라. 이렇듯 무슨 까닭으로 성현들이 이들을 보호하는가? 이는 모두 지장보살의 형상에 예배하고 이 『지장보살본원경』을 독송하는 공덕으로 마침내 자연스럽게 고해에서 벗어나 열반의 즐거움을 얻을 수 있기 때문이니라. 이러한 이유로 큰 보호를 받게 되는 것이니라."

12-01. 그때 부처님께서 정수리 위에서 백천만억의 큰 백호의 광명(大毫相光)을 놓으시니, 이른바 백호상광白毫相光・대백호상광大白毫相光・서호상광瑞毫相光・대서호상광大瑞毫相光・옥호상광玉毫相光・대옥호상광大玉毫相光・자호상광紫毫相光・대자호상광大紫毫相光・

청호상광靑毫相光・대청호상광大靑毫相光・벽호상광碧毫相光・대벽호상광大碧毫相光・홍호상광紅毫相光・대홍호상광大紅毫相光・녹호상광綠毫相光・대녹호상광大綠毫相光・금호상광金毫相光・대금호상광大金毫相光・경운호상광慶雲毫相光・대경운호상광大慶雲毫相光・천륜호광千輪毫光・대천륜호광大千輪毫光・보륜호광寶輪毫光・대보륜호광大寶輪毫光・일륜호광日輪毫光・대일륜호광大日輪毫光・월륜호광月輪毫光・대월륜호광大月輪毫光・궁전호광宮殿毫光・대궁전호광大宮殿毫光・해운호광海雲毫光・대해운호광大海雲毫光이었습니다.

12-02. 정수리 위에서 이와 같은 백호의 광명을 놓으신 이후에, 미묘한 음성으로 천・용 등의 팔부신중과 사람・사람 아닌 모든 대중에게 말씀하셨습니다. "들으라, 내가 오늘 이 도리천궁에서 지장보살이 인간과 천상을 이롭게 하는 일, 헤아릴 수 없는 일, 성인의 지위에 뛰어오르는 일, 십지十地를 증득한 일, 마침내는 무상정등정각의 깨달음에서 물러나지 않는 일들에 대하여 드높여 찬탄할 것이니라."

12-03. 이러한 말씀을 하실 때에 법회에 참석하고 있

던 관세음보살이 자리에서 일어나서 무릎을 꿇고 합장하며 부처님께 말씀드렸습니다. "세존이시여, 지장보살마하살이 큰 자비심을 갖추고, 악업으로 인해 고통 받는 중생들을 불쌍히 여겨 천만억 세계에서 천만억의 몸을 나타내는 온갖 공덕과 불가사의한 위신력에 대해 저는 이미 세존과 시방세계의 한량없는 모든 부처님께서 한목소리로 지장보살을 찬탄하심을 들었습니다. 그런데 어찌하여 과거와 현재와 미래의 모든 부처님께서 지장보살의 그러한 공덕을 오히려 다 말씀하시지 못하신다고 하옵니까? 또한 앞서 세존께서 널리 대중에게 말씀하시기를, '지장보살이 중생들을 이롭게 하는 일에 대해 찬탄하여 말씀하시고자 한다.'고 하셨으니, 오직 원하옵건대 세존이시여, 현재와 미래의 모든 중생들을 위하여 지장보살의 불가사의한 일을 찬탄하시어 천 · 용 · 팔부신중들로 하여금 우러러 예배하고 복을 얻을 수 있게 하여 주시옵소서."

12-04. 부처님께서 관세음보살에게 말씀하셨습니다. "그대는 사바세계에 큰 인연이 있어서 하늘 · 용 · 남자 · 여자 · 신 · 귀신들과 나아가 육도의 죄업으로 인

해 고통받는 중생까지도 그대의 이름을 듣거나 그대의 형상을 보거나 그대를 연모하거나 그대를 찬탄하면, 이러한 모든 중생들은 모두 위없는 최상의 깨달음에서 물러나지 않고, 항상 인간이나 천상에 태어나 뛰어난 즐거움을 받으며, 장차 인과가 성숙하면 부처님의 수기를 받게 하는구나. 그대가 지금 큰 자비심으로 중생들과 천·용 등의 팔부신장들을 가엾이 여겨, 내가 지장보살이 천상과 인간들에게 베푸는 불가사의한 이익에 대해 말하는 것을 듣고자 하는구나. 그대는 마땅히 자세히 들어라. 내가 이제 그대를 위해 설할 것이니라." 관세음보살이 말씀드렸습니다. "오직 그렇게 하겠나이다. 세존이시여, 원컨대 기쁘게 듣겠나이다."

12-05. 부처님께서 말씀하셨습니다. "현재와 미래의 모든 세계 속에 있는 천인天人이 천상에서 받은 복이 다하여 다섯 가지 쇠퇴하는 모습(五衰相)이 나타나 장차 악도에 떨어지게 될 때가 있을 것이니라. 이러한 때에 천인들 중 남녀를 불문하고, 지장보살의 형상을 보거나 명호를 듣고, 한 번이라도 우러르고 한 번이라도 예경하게 되면, 이러한 모든 사람에게는 천복이 더

해져서 큰 즐거움을 받게 되며, 영원히 삼악도에 떨어지는 과보를 겪지 않게 될 것이니라. 하물며 지장보살의 형상을 보거나 명호를 듣고 향 · 꽃 · 의복 · 음식 · 보배 등으로 보시하고 공양한다면 어떠하겠는가. 그들이 얻는 공덕과 복과 이익은 한량없고 끝이 없을 것이니라.

12-06. 또한 관세음보살이여, 만약 현재나 미래의 모든 세계 속에 있는 육도의 중생들이 목숨을 마치려 할 때에, 지장보살의 명호를 들려주어 그 한 소리라도 귓가에 스치게 하면, 이 모든 중생들은 길이 삼악도의 괴로움을 겪지 않게 될 것이니라. 하물며 임종하고자 할 때에, 부모나 가족들이 그 죽어가는 사람의 집이나 재물과 보배와 의복 등을 팔아 지장보살의 형상을 조성하거나 탱화를 그린다면 어떠하겠는가. 혹은 병든 사람이 목숨을 마치기 전에 지장보살의 형상을 눈으로 직접 보게 하고, 명호를 귀로 듣게 하며, 부처님 가르침을 바르게 아는 가족들이 집과 보배 등을 팔아 그를 위해 지장보살상을 조성하거나 탱화를 그리게 한다면, 만약 그 사람이 악업의 과보로 인해 중병을 앓게 되는 경우라도, 이러한 공덕으로 병이 치유되고 수

명 또한 증장될 것이니라. 또한 만약 이 사람이 목숨이 다하고 나서도 그동안에 지은 죄업으로 인해 마땅히 악도에 떨어지게 되었더라도, 이러한 공덕으로 죽은 뒤에 모든 죄와 업장이 소멸되어, 곧바로 인간이나 천상세계에 태어나서 수승하고 신묘한 즐거움을 받게 될 것이니라.

12-07. 또한 관세음보살이여, 만약 미래의 세상에서 어떤 남자나 여인이 젖먹이 때나 세 살, 혹은 다섯 살이나 열 살이 되기 이전에 부모나 형제자매를 잃는 경우가 있을 수 있느니라. 이러한 사람이 장성하여 그 부모나 가족들을 생각하고 그리워하지만 어느 곳에 떨어졌는지, 어느 세계에 태어났는지, 어느 하늘에 태어났는지를 알지 못하느니라. 이러한 경우 이 사람이 만약 지장보살의 형상을 조성하거나 탱화로 그려 모시며, 나아가 지장보살의 명호를 듣고 한 번이라도 우러러보고 예배를 올리면서, 첫날부터 칠일이 되는 날까지 처음 일으킨 마음을 잃지 않고 지장보살의 형상을 친견하고 명호를 염불하면서 예배하고 공양 올린다면, 이러한 사람의 가족들은 자신들이 지은 악업으로 인해 악도에 떨어져서 여러 겁을 지내야만 하는 경

우라도, 그 사람들의 자녀나 형제자매가 지장보살의 형상을 조성하고, 예배한 공덕에 힘입어 곧 해탈을 얻어서 인간이나 하늘에 태어나 수승하고 신묘한 즐거움을 얻게 될 것이니라. 그리고 이러한 사람들의 가족들에게 복력이 있어서 이미 인간이나 하늘에 태어나서 수승하고 신묘한 즐거움을 받고 있는 경우라면, 이러한 공덕으로 인해 성인의 지위에 오르게 되는 원인(聖因)이 더욱 증장되어 한량없는 즐거움을 받게 될 것이니라. 더욱더 이 사람이 다시 21일 동안 일심으로 지장보살의 형상에 우러러 예배하고, 명호를 만 번 염불하면, 지장보살이 끝없는 화신의 몸을 나타내어 그 가족들이 태어난 곳을 알려주거나, 혹은 꿈에 지장보살이 나타나 큰 신통력으로 친히 이 사람을 그 가족들이 있는 세계로 데려가 보여 줄 것이니라.

12-08. 또한 매일 지장보살의 명호를 천 번씩 염불하여 천 일에 이르게 되면, 지장보살은 그가 사는 곳의 토지신으로 하여금 그의 목숨이 다하는 날까지 보호하게 하느니라. 당연히 현세에서 입고 먹는 것이 풍족해지고, 모든 질병과 고통이 없어지며, 어떠한 횡액도 그의 집안에 들어서지 못하게 될 것이니라. 하

물며 어찌 그 모든 재앙이 그의 몸에 미칠 수 있겠는가. 마침내 이러한 사람은 지장보살에게서 미래에 반드시 깨달음을 성취한다는 마정수기를 받게 될 것이니라.

12-09. 또다시 관세음보살이여, 만약 미래세의 선남자 선여인들 중에서 넓고 큰 자비심을 일으켜 모든 중생을 제도하고자 하거나, 위없는 보리심을 닦고자 하거나, 삼계의 고통에서 벗어나고자 하는 사람이 있다면, 지장보살의 형상을 보거나 명호를 듣고 지극한 마음으로 귀의하여 향·꽃·의복·보배·음식 등으로 공양을 올리고 예배해야 하느니라. 그렇게 하면 이러한 선남자 선여인이 바라는 소원이 속히 이루어질 것이고, 장애 또한 영원히 없게 될 것이니라.

12-10. 다시 또 관세음보살이여, 만약 미래의 세상에서 선남자 선여인이 현재와 미래에 백천만억의 원력과 백천만억의 일(불사, 보살행)을 이루고자 한다면, 마땅히 지장보살의 형상에 귀의하여 예배하고 공양을 올리며 찬탄하면, 원하는 것과 구하는 것 모두를 이루게 될 것이니라. 또한 지장보살이 큰 자비로써 영원히

자신을 보호해주기를 원한다면, 이 사람은 꿈속에서 곧 지장보살의 마정수기를 받게 될 것이니라.

12-11. 또한 관세음보살이여, 미래세에 만약 선남자 선여인이 대승경전에 대한 깊이 존중하는 마음과 지극한 믿음의 마음을 내어 읽고 외우고자 하지만, 눈 밝은 스승을 만나 가르침을 잘 받는다고 하더라도 읽은 것을 금방 잊어버리고, 시간이 지나도 독송하지 못하는 경우가 있느니라. 이러한 사람은 과거 전생에 지은 악업으로 인한 장애가 아직 소멸되지 않아 대승경전을 독송할 만한 성향이 없기 때문이니라. 이와 같은 사람은 지장보살의 명호를 듣거나 지장보살의 형상을 친견하여, 지극한 정성의 마음(本心)으로 공경스럽게 이러한 사실을 아뢰고, 향·꽃·의복·음식과 여러 가지 진귀한 것 등을 지장보살에게 공양을 올려야 하느니라. 또한 깨끗한 물 한 그릇을 지장보살의 형상 앞에 하루 낮 하룻밤 동안 올렸다가, 합장하고 물을 내려 마시겠다고 청한 다음, 머리를 남쪽으로 향하게 하고 지극히 정성스런 마음으로 마셔야 하느니라. 물을 마신 이후에는 7일이나 21일 동안 오신채를 비롯해 술과 고기를 마시거나 먹지 않고, 삿

된 음행과 거짓말과 모든 살생을 삼가면, 이러한 선남자 선여인의 꿈속에 지장보살이 끝없는 화신의 몸을 나타내어 이마의 정수리에 물을 부어줄 것(灌頂水)이니라. 이러한 꿈을 깨고 나면 곧 총명함을 얻게 되어 경전을 한 번 읽어 귓가를 스치기만 하여도, 곧 길이 기억하여 한 글귀 한 게송까지도 오랫동안 잊어버리지 않게 될 것이니라.

12-12. 다시 또 관세음보살이여, 만약 미래의 세상에서 사람들이 의복과 음식이 부족하여 구하여도 뜻대로 구해지지 않거나, 질병이 많고 흉하고 쇠퇴한 일이 많아서 집안이 불안하고 가족이 흩어지거나, 혹은 뜻하지 않은 재앙(橫事)이 많이 생겨서 몸을 괴롭게 하거나, 잠자는 동안에 꿈속에서 놀라고 두려운 일이 많이 생긴다면, 이러한 사람은 지장보살의 명호를 듣거나 지장보살의 형상을 보며 지극한 마음으로 공경하며 만 번을 염불해야 하느니라. 이렇게 하면 모든 좋지 않은 일들이 점차 사라지고, 안락함을 얻게 될 것이며, 먹고 입는 것 또한 풍족해지고 잠자는 동안의 꿈에서도 편안해질 것이니라.

12-13. 또한 관세음보살이여, 미래의 세상에서 선남자 선여인이 생계에 관한 일 때문이거나 공적 · 사적인 일 때문이거나 나고 죽는 일 때문이거나 급한 일 때문에 산과 숲속으로 들어가거나 강이나 바다 같은 큰물을 건너거나 험한 길을 지나가야만 할 경우에는 먼저 지장보살의 명호를 만 번만 염불하면, 그가 지나는 곳마다 토지신이 그를 보호하여, 가고 머물고 앉고 눕는 모든 일이 언제나 편안할 것이며, 혹여 호랑이 · 늑대 · 사자 등의 온갖 사납고 독한 짐승들을 만나게 되더라도 능히 해를 입지 않게 될 것이니라."

12-14. 부처님께서 거듭 관세음보살에게 말씀하셨습니다. "이러한 지장보살은 염부제에 큰 인연이 있으니, 만약 모든 중생들에게 지장보살의 형상을 보고 명호를 들어 이익이 되는 모든 일들을 말하고자 한다면, 백천 겁 동안을 말하여도 다 말할 수 없을 것이니라. 그러므로 관세음보살이여, 그대는 신통력으로 이 경전을 유포시켜 사바세계의 중생으로 하여금 백천만 겁 동안 길이 안락을 누릴 수 있도록 해야만 하느니라."

12-15. 이때에 세존께서 다시 게송으로 설하여 말씀

하셨습니다.

**“지장보살 위신력을 관찰해 보니**(吾觀地藏威神力),
**항하사겁 설하여도 다하기 어렵네**(恆河沙劫說難盡).
**한순간 보고 듣고 예배하여도**(見聞瞻禮一念間),
**이로움은 인간과 천상에서 한량없네**(利益人天無量事).

**남자거나 여자거나 용이거나 신이거나**(若男若女若龍神)
**지은 복 다하여 악도에 떨어질지라도**(報盡應當墮惡道)
**지극한 마음으로 지장보살에게 귀의하면**(至心歸依大士身),
**수명은 늘어나고 죄업장애 소멸한다네**(壽命轉增除罪障).

**어려서 부모님 은혜사랑 잃어버리니**(少失父母恩愛者)
**부모 혼신 어디에 계신지 알지 못하고**(未知魂神在何趣),
**형제자매 모든 친척 모두 흩어지니**(兄弟姊妹及諸親)
**성장한 이후에도 모두 알지 못하네**(生長以來皆不識).

**지장보살 형상을 조성하거나 그려놓고**(或塑或畫大士身)

간절한 맘으로 쉼없이 우러러 예배하며(悲戀瞻禮不暫捨)
삼칠일 동안 그 명호를 염불하면(三七日中念其名),
지장보살 다함없는 화신을 나툰다네(菩薩當現無邊體).

그의 가족 태어난 곳을 보여주며(示其眷屬所生界)
악도에 떨어져 있더라도 곧 건져 주나니(縱墮惡趣尋出離),
만약 초심에서 물러남 없이 정진한다면(若能不退是初心)
곧바로 성스러운 마정수기 받게 된다네(即獲摩頂受聖記).

위없는 보리를 닦고자 하는 자(欲修無上菩提者)
삼계고통 벗어나고자 하는 자(乃至出離三界苦)
이미 큰 자비심을 일으켰다면(是人既發大悲心),
먼저 지장보살상에 예배해야 하나니(先當瞻禮大士像),
일체 모든 서원 속히 성취되고(一切諸願速成就)
업장 또한 영원히 사라진다네(永無業障能遮止).

어떤 사람 발심하여 경전을 공부하여(有人發心念經典)
어리석은 중생들 피안으로 제도하고자(欲度群迷超彼岸)

헤아릴 수 없는 원력을 세웠지만(雖立是願不思議)
배운 것 금방 잊고 장애 많음은(旋讀旋忘多廢失)
자신이 지은 악업장애 때문이니(斯人有業障惑故),
대승경전 공부해도 기억하지 못하네(於大乘經不能記).

향·꽃·의복·음식·여러 공양구를(供養地藏以香華)
지장보살에게 공양 올리고(衣服飮食諸玩具)
청정수를 지장보살 전에 올렸다가(以淨水安大士前)
하루 낮밤 지난 뒤에 마신 다음(一日一夜求服之),
깊은 신심 일으켜서 오신채를 비롯하여(發殷重心愼五辛)
술과 고기 삿된 음행 거짓말을 삼가하고(酒肉邪婬及妄語),
삼칠일 동안 살생을 금하면서(三七日內勿殺害)
지극한 마음으로 지장보살 명호 염불하면(至心思念大士名),
꿈속에서 끝없는 보살화신 친견하고(卽於夢中見無邊)
깨어나면 문득 지혜총명 얻을 것이니(覺來便得利根耳),
이러한 경전의 가르침 귓가에만 스쳐도(應是經敎歷耳聞)
천만생 동안 영원히 잊지 않나니(千萬生中永不忘),
이는 지장보살 불가사의한 신통력으로(以是大士不思議)

그에게 이러한 지혜를 얻게 한 것이라네(能使斯人獲此慧).

가난과 질병으로 고생하는 중생들(貧窮衆生及疾病)
집안마저 몰락하여 가족들도 흩어지고(家宅凶衰眷屬離),
잠을 자면 꿈자리마저도 불안하고(睡夢之中悉不安)
바라는 것 뜻대로 얻어지지 않을 때에(求者乖違無稱遂)
지심으로 지장보살께 우러러 예경하면(至心瞻禮地藏),
모든 나쁜 일 모두 다 소멸되고(一切惡事皆消滅)
꿈속에서도 편안함을 얻게 되고(至於夢中盡得安)
의복과 음식 또한 풍족해지네(衣食豐饒神鬼護).

산림에 들어가고 바다를 건너고자 할 때(欲入山林及渡海)
사나운 짐승 나쁜 사람 비롯하여(毒惡禽獸及惡人)
악신악귀 사나운 태풍으로(惡神惡鬼并惡風)
온갖 어려움과 시련을 만날지라도(一切諸難諸苦惱)
지장보살 거룩한 존상 앞에(地藏菩薩大士像)
미리 예배하고 공양 올리면(但當瞻禮及供養),
어떠한 산림이나 바다에서도(如是山林大海中)

모든 악한 재앙 모두 소멸된다네(應是諸惡皆消滅).

관세음이여, 지심으로 새겨들을지니(觀音至心聽吾說),
지장보살 다함없는 신통력과 공덕은(地藏無盡不思議)
백천만겁 다하여도 다 설할 수 없나니(百千萬劫說不周),
지장보살 위신력을 널리 알려야 하리(廣宣人士如是力).

만약 지장보살 명호 듣는 사람 있어서(地藏名字人若聞)
지심으로 존상에 우러러 예배하고(乃至見像瞻禮者)
향과 꽃 의복음식 받들어 공양 올린다면(香華衣服飮食奉),
백천 가지 신묘한 큰 즐거움 받는다네(供養百千受妙樂).

만약 이러한 공덕 법계에 회향한다면(若能以此迴法界)
필경 성불하여 생사윤회 벗어날 것이니(畢竟成佛超生死),
관세음이여, 이런 이치 깊이 깨달아(是故觀音汝當知),
세상 모든 국토에 널리 알려야 하네(普告恆沙諸國土)."

13-01. 그때, 세존께서 금빛 팔을 들어 지장보살마하

살의 이마를 어루만지시며 말씀하셨습니다. "지장보살이여, 그대의 신통력은 불가사의하고, 그대의 자비도 불가사의하며, 그대의 지혜도 불가사의하고, 그대의 변재辯才도 불가사의하도다. 시방의 모든 부처님들로 하여금 그대의 그 불가사의한 공덕을 천만 겁 동안 찬탄하시게 하여도, 능히 다 할 수 없으실 것이니라.

13-02. 지장보살이여, 지장보살이여! 내가 오늘 백천만억의 말로 다 표현할 수 없을 정도로 많은 모든 불보살과 천・용 등의 팔부신중이 모인 이 도리천궁 큰 법회에서, 또다시 인간과 천상의 모든 중생들과 불난 집과 같은 삼계三界를 벗어나지 못한 자들을 그대에게 부촉付囑하노라. 이러한 모든 중생들로 하여금 하루 낮밤이라도 악도에 떨어지는 중생들이 없게 해야만 하느니라. 하물며 어찌 다시 오무간지옥과 아비지옥 같은 곳에 떨어져서 영겁토록 벗어날 기약이 없게 해서야 되겠는가?

13-03. 지장보살이여, 이러한 남염부제의 중생들은 의지와 성품이 안정되지 못해서 악업에 익숙한 자들

이 많고, 비록 착한 마음을 일으킨다고 하더라도 곧 포기하고 말며, 혹여 악한 인연들을 만나게 되면 생각생각에 악을 증장시켜 나가느니라. 이러한 까닭으로 내가 이 몸을 백천억의 화신으로 나투어 중생들의 근기와 성향에 따라서 그들을 교화하고 제도하여 해탈시키는 것이니라.

13-04. 지장보살이여, 내가 이제 하늘과 인간의 무리들을 그대에게 간곡히 부촉하노니, 만약 미래의 세상에서 하늘과 인간, 선남자나 선여인 등이 불법 가운데에서 털끝 하나 · 티끌 한 알 · 모래 한 알 · 물 한 방울만큼의 작은 선근이라도 심는 자가 있다면, 그대는 법력으로 이러한 사람들을 보호하여 차례대로 위없는 진리를 닦게끔 하여 물러남이 없도록 해야 하느니라.

13-05. 지장보살이여, 미래의 세상에서 만약 하늘이나 인간이 업보에 따라 악도에 떨어지게 되는 경우에, 그 악도의 문 앞에서 한 부처님 · 한 보살의 명호나 대승경전의 한 구절 · 한 게송만이라도 외우는 자가 있다면, 그대는 이러한 모든 중생들을 바야흐로 신통력

과 방편으로써 구제해야 하느니라. 그들 앞에 다함없는 화신의 몸을 나타내어 그들을 위해 지옥을 깨부수고 하늘에 태어나게 하여 수승하고 신묘한 즐거움을 받도록 해야 하는 것이니라."

13-06. 이때 세존께서 다시 게송으로 말씀하셨습니다.

**"현재, 미래, 하늘과 인간의 중생들을**(現在未來天人衆)
**내 지금 간절히 그대에게 부촉하노니**(吾今慇懃付囑汝),
**그대, 큰 신통력과 방편으로 제도하여**(以大神通方便度)
**모든 악도에 떨어지지 않게 하라**(勿令墮在諸惡趣)**."**

13-07. 그때 지장보살마하살이 무릎 꿇고 합장하며 부처님께 말씀드렸습니다. "세존이시여, 다만 원하옵건대 염려하지 마옵소서. 미래의 세상에서 만약 선남자 선여인이 부처님의 가르침 속에서 한 생각으로 공경하는 마음을 낸다면, 저는 백천 가지 방편으로 이러한 사람들을 제도하여 나고 죽는 윤회 속에서 속히 해탈을 얻게 하겠나이다. 하물며 모든 선업에 대한 일을 듣고, 생각 생각을 이어가며 수행해 나아가는 자들이

있다면, 당연히 위없는 깨달음에서 영원히 물러나지 않도록 하겠나이다.”

13-08. 이러한 말씀을 하실 때에 법회에 참석하고 있던 허공장虛空藏보살이 부처님께 말씀드렸습니다. “세존이시여, 제가 도리천에 이르러서 여래께서 지장보살의 불가사의한 위신력을 찬탄하시는 것을 들었습니다. 만약 미래의 세상에서 선남자 선여인과 나아가 모든 하늘과 용 등이 있어 이 경전과 지장보살의 명호를 듣거나 형상에 예배한다면, 몇 가지의 복과 이익을 얻게 되나이까? 오직 원하옵건대 세존이시여, 현재와 미래의 모든 중생들을 위하시어 간략히 말씀하여 주시옵소서.”

13-09. 부처님께서 허공장보살에게 말씀하셨습니다. “자세히 듣고 자세히 들을지니, 내가 마땅히 그대를 위하여 분별하여 말하리라. 미래의 세상에서 선남자 선여인 등이 지장보살의 형상을 보거나, 이 경전을 듣거나 독송하고, 향 · 꽃 · 음식 · 의복 · 보물 등으로 보시하여 공양을 올리고 찬탄하고 예경하면, 스물여덟 가지의 이익을 얻게 되느니라.

①하늘과 용이 보호하고 ②좋은 과보가 날로 늘어나며 ③성인의 높은 지위에 이르게 되는 인연이 모이며 ④깨달음을 얻으려는 마음에서 물러나지 않으며 ⑤의복과 음식이 풍족해지며 ⑥질병에 걸리지 않으며 ⑦물과 불의 재앙에서 벗어나며 ⑧도적의 액난이 소멸하며 ⑨사람들에게 존경받게 되며 ⑩귀신이 도와주고 보호해주며 ⑪여자는 남자의 몸으로 태어날 수 있으며 ⑫임금이나 대신의 딸로 태어날 수 있으며 ⑬단정한 상호로 태어나며 ⑭많은 생을 천상에 태어나게 되며 ⑮때로는 제왕이 되기도 하며 ⑯숙명통을 얻게 되며 ⑰구하는 것을 모두 얻게 되며 ⑱가족들이 화목하고 행복해지며 ⑲모든 횡액이 소멸하며 ⑳영원히 악도에 떨어지지 않게 되며 ㉑가는 곳마다 막힘없이 다 통하며 ㉒밤에 꿈이 안락하며 ㉓선망한 조상들이 고통에서 벗어나며 ㉔전생에 쌓은 복을 가지고 태어나며 ㉕모든 성현들이 찬탄하시며 ㉖총명한 근기로 태어나며 ㉗자비와 연민의 마음이 향상되며 ㉘마침내는 부처가 될 것이니라.

13-10. 또한 허공장보살이여, 만약 현재와 미래에 하늘·용·귀신 등이 지장보살의 명호를 듣고 지장보

살의 형상에 예배하며, 혹은 지장보살의 본원本願에 대한 일을 듣고 수행하거나 찬탄하고 우러러 예배하면, 일곱 가지의 이익을 얻게 되느니라. ①속히 성현의 지위에 오르게 되며 ②악업이 소멸되며 ③모든 부처님이 보호해주시며 ④깨달음을 얻으려는 마음에서 물러나지 않게 되며 ⑤본원력이 더욱더 증장되며 ⑥숙명통을 얻게 되며 ⑦마침내 부처가 될 것이니라."

13-11. 그때 시방 여러 곳에서 오신 말로 다 표현할 수 없이 많은 모든 부처님들과 대보살들과 천·용 등의 팔부신중이 석가모니 부처님께서 지장보살의 불가사의한 큰 위신력에 대해 찬탄하심을 듣고, 일찍이 없던 일이라 찬탄하셨습니다.

13-12. 이때에 도리천에는 한량없는 향과 꽃과 하늘옷과 보배 구슬이 비 오듯 내려 석가모니 부처님과 지장보살께 공양을 올리며 법회를 끝마치니, 법회에 모였던 모든 대중들이 다시금 우러러 예경하고 합장하며 물러갔습니다.

## ● 회향게(迴向偈)

원이차공덕 보급어일체(願以此功德 普及於一切)
아등여중생 당생극락국(我等與衆生 當生極樂國)
동견무량수 개공성불도(同見無量壽 皆共成佛道)

"원하옵건대 이 공덕이 모든 중생에게 두루 하여 저와 중생들이 모두 극락세계에 태어나 아미타부처님을 친견하고 다함께 성불하여지이다."

☞ 모든 대승경전의 독경을 마치면서 독송하는 게송이다. 경전을 독송한 모든 공덕을 일체 모든 중생들에게 회향하여, 그들로 하여금 극락세계에 왕생하여 아미타불을 친견하기를 발원하고, 아울러 그들 모두가 마침내 성불하여 부처가 되기를 발원하는 내용이다.

# 광명진언光明眞言

oṃ amogha vairocana mahāmudrā

옴 아모가 와이로짜나 마하무드라

maṇipadma jvāla pravarttaya hūṃ

마니빠드마 즈왈라 쁘라와르따야 훔.

# 다라니 dhrani
# 독송편

1. **‘다라니(陀羅尼, dhrani)’**는 비교적 긴 장구章句로 되어 있는 주문呪文이다. 의역하여 ‘진언眞言’이라고도 하며, 총지總持·능지能持·능차能遮의 뜻을 담고 있다. ‘총지’란 모든 불법의 진리와 일체의 뜻을 간직하고 있다는 뜻이고, ‘능지’란 여러 선법善法을 능히 지니고 있다는 뜻이며, ‘능차’란 모든 악법惡法을 능히 막아주는 수승한 진리와 신비한 힘을 가지고 있다 뜻이다. 따라서 이러한 다라니는 그 다라니가 본래 가지고 있는 진리와 뜻을 번역하고 해석하기보다는 그 음만을 음사音寫하여 수지독송하는 경우가 대부분이다. 번역으로 말미암은 의미의 제한과 오역을 방지하고, 그 진리성과 신비성을 훼손하지 않고 그대로 간직하고자 하는 목적에서이다. 일반적으로는 긴 장구의 주문을 ‘다라니(= 大呪)’라 하는 데 비해, 짧은 단구短句의 주문을 ‘진언(= 呪)’이라 부르며 구별짓기도 한다. 후기 대승불교의 마지막 단계의 불교인 밀교密敎에서는 이러한 다라니와 진언을 일상적으로 수지독송함으로써 번뇌의 마음을 통일하고 궁극적인 진리를 깨달아 부처의 경지에 도달하는 것을 목적으로 하고 있기도 하다.

2. 「**다라니 독송편**」에서는 능엄신주·츰부다라니·불설소재길상다라니·무량수여래근본다라니·무량수불설왕생정토주·무구정광대다라니·관음보살본심미묘육자대명왕진언·법신진언·광명진언·약사유리광여래불대진언·항마진언 등 모두 11편의 다라니를 담았다. 이러한 다라니들은 현재 한국불교에서 출가 재가자를 막론하고 대중들에게 가장 많이 알려지고 독송되고 있는 다라니라 할 수 있다.

3. **능엄신주(楞嚴神呪)**는 『능엄경(楞嚴經)』에서 설해지고 있는 다라니이다. 능엄경의 정식 명칭은 『대불정여래밀인수증요의제보살만행수능엄경(大佛頂如來密因修證了義諸菩薩萬行首楞嚴經)』으로, 일반적으로 『수능엄경(首楞嚴經)』이라고도 불린다. 본경은 관정부(灌頂部: 밀교)에 속한 경으로 인도 나란타사(羅爛陀寺, Nālandā)에 숨겨져 있었던 것을 중국 당나라 시기에 한역된 이후에 선정의 중요성을 역설하고 있는 것으로 알려지면서 밀교보다는 선종에서 더욱 환대를 받은 경전이다. 그 이유는 선정 수행과 교학, 밀교가 하나로 융합된 경전으로 인식되었기 때문이다. 본경의 제7권에서 설해지고 있는 능엄신주는 본 경전의 핵심이라고 해도 과언이 아니다. 본 능엄신주는 대승불교 경전에 등장하는 주문 가운데 그 길이가 가장 길 뿐만 아니라, 본 신주를 독송하는 것만으로도 50가지의 마장魔障을 극복할 수 있을 정도의 영험이 있는 다라니로 받아들여지고 있다. 능엄경 제7권에서는 본 **능엄신주**에 대해서 다음과 같이 그 수승한 수행 효험과 수지독송의 공덕을 설하고 있다.

"아난아, 이 '불정광취실달다반달라비밀가타미묘장구(佛頂光聚悉怛多般怛羅秘密伽陀微妙章句)'는 시방의 모든 부처님을 출생하나니, 시방 여래께서 이 주문으로 인하시어 위없는 깨달음을 성취하셨으며, 시방의 여래께서 이 주문을 실천하시어 모든 마군을 항복 받으시며, 모든 외도들을 억눌러 따르게 하시며, 시방의 여래께서 이 주문을 타시고 보련화에 앉아 티끌과 같이 많은 국토에 응하시며, 시방 여래께서 주문을 머금으시고 티끌처럼 많은 국토에 큰 법륜을 굴리시며, 시방 여래께서 이 주문을 가지시고 능히 시방에 마정수기하시며, 스스로 깨달음을 이루지 못할지라도 또한 시방의 부처님에게서 수기를 받으며, 시방 여래께서 이 주문을 의지하시어 능히 시방에 모든 고통 받은 중생을 제도하느니라. 이른바 지옥고와 아귀의 고와 축생의 고와 눈멀고 귀먹은 고와 벙어리 되는 고와 원수끼리 모여 사는 고와 사랑하는 이를 이별하는 고와 구하여도 얻지 못하는 고와 오음이 치성한 고와 크고 작은 모든 횡액을 동시에 해탈하느니라."

본 신주는 현재 한국불교에서 출가자와 재가자를 불문하고 수행의 한 방편으로 가장 널리 수지독송되고 있는 대표적인 다라니이다. 예부터 수행 중에 나타날 수 있는 마장을 없애고 정진공덕의 성취를 위한 방편으로 많은 수행자들이 본 신주를 지송해 오고 있다. 특히 선종에서는 본 신주와 천수대비주, 불정존승다라니와 함께 선밀禪密을 함께 닦는 수행법으로도 받아들여 지속적으로 독송되어 왔다. 요즘은 일반 대중들에게까지 많이 알려지고 보급되어 점차 본 다라니를 수지독송하는 불자들이 늘어나고 있는 추세이기도 하다. 업장과 삶의 장애의 소멸을 이루고, 마음의 괴로움과 불안을 치유하며, 원력의 성취와 복락을 발원하고자 하는 사람들은 누구나가 본 신주를 일심으로 수지독송하면 반드시 좋은 결과를 얻게 될 것이다.

4. **츰부다라니**는 『지장십륜경(地藏十輪經)』서품에 수록되어 있으며, '구족수화길상광명대기명주총지장구(具足水火吉祥光明大記明呪總持章句)'라고도 불린다. 경에서는 이 다라니를 설하신 연유를 "이 다라니는 모든 번뇌를 맑혀주고, 싸움을 종식시키고, 나쁜 생각을 없애 주느니라. 이 다라니는 모든 희망을 이루어주고, 모든 곡식을 여물게 하며, 모든 부처님의 가호를

받게 해주고, 모든 보살님의 가호를 받게 해주느니라." 라고 설하고 있다. 이러한 경전의 말씀에 근거하여 일반적으로 이 진언을 지장보살진언의 대표적인 진언으로 믿으며, 이러한 진언의 독송을 통해 살아 있는 사람과 모든 영가의 혼탁하고 삿된 기운을 맑혀주고, 진리의 등불을 항상 밝히게 하여 정법이 흐트러지지 않게 하며, 모든 생명들이 서 있는 자리에서 불법을 배우고 닦는 수행을 하도록 하고, 나아가 탐진치 삼독심의 어둠에서 벗어나 깨달음에 이르게 하는 등등의 수승한 공덕을 지닌 진언으로 받아들이고 있다. 지장보살의 원력을 담고 있는 진언이라는 믿음으로 특히 한국불교에서는 이 진언을 조상천도나 백중 영가천도 기간에 영가의 천도를 발원하며 자주 독송하고 있기도 하다.

5. **불설소재길상다라니(佛說消災吉祥陀羅尼)**는 『대위덕소재길상다라니경(大威德消災吉祥陀羅尼經)』에서 설해지고 있는 다라니로, 또 다른 이름으로 '소재길상신주(消災吉祥神咒)', '불설치성광대위덕소재길상다라니(佛說熾盛光大威德消災吉祥陀羅尼)'이라고도 불린다. 경에서는 "만약 이 신주를 108편을 독송하면 재난이 즉시 소멸하고 상서로움이 이르게 된다(若誦此咒一百八遍，災難即除，吉祥隨至)."라고 설하고 있다. 한국불교에서는 주로 신중단을 향해 신중기도를 모시는 경우에 본 다라니를 독송한다. 개인적으로 특별한 재앙의 소멸과 복락을 발원하는 경우에 이 다라니를 정성을 다해 일심으로 독송하면 그에 따른 가피를 얻을 수 있다.

6. **무량수여래근본다라니(無量壽如來根本陀羅尼)**는 『구품왕생아미타삼마지집다라니경(九品往生阿彌陀三摩地集陀羅尼經)』, 『대불정광취다라니

경(大佛頂廣聚陀羅尼經)』에 실려 있는 다라니이다. 본 다라니의 수지독송 공덕에 대해 「대정장 제19권 71항(大正藏第十九卷 七十一頁)」에 실려 있는 본 경전에서는 "이러한 무량수다라니를 어쩌다 한 번만이라도 독송하게 되면, 곧 몸으로 지은 열 가지 죄업(十惡)과 네 가지 무거운 죄업(四重)과 무간지옥에 빠지는 다섯 가지 죄업(五無間罪) 등의 죄업이 모두 다 소멸되게 된다. 만약 비구·비구니 등의 수행자가 계율을 어겨 근본적인 죄(根本罪: 망어·사음·도둑질·살생의 4바라이죄)를 범했더라도 본 다라니를 일곱 번 독송하여 마치면, 즉시에 계품이 청정해지게 되며, 만약 일만 번을 외우게 되면 보리심을 잃거나 잊지 않게 되어 삼매를 얻게 되며, 만약 보리심이 몸 안에서 뚜렷이 드러나게 되면 교결한 밝음이 원만하여져서 가히 마음이 깨끗한 달과 같이 된다. 목숨을 마치려 할 때에 이르러서는 무량수여래를 친견하고, 더불어 헤아릴 수 없는 보살 대중이 함께 오셔서 주위를 둘러싸 수행자를 맞이하므로, 몸과 마음이 안락하게 되어 곧 극락세계의 가장 높은 지위에 왕생(上品上生)하여 보살의 지위를 증득하게 된다."라고 설하고 있다. 우리나라에서는 이러한 경전의 말씀에 의지하여 본 다라니를 선망 조상의 천도와 극락왕생을 발원하며 주로 독송하고 있다.

7. **무량수불설왕생정토주(無量壽佛說往生淨土呪)**의 본래 명칭은 '발일체업장근본득생정토다라니(拔一切業障根本得生淨土陀羅尼)'이다. 간략히 왕생주(往生呪)라고도 하며, 또 다른 이름으로 사감로주(四甘露呪)·왕생정토신주(往生淨土神呪)·아미타불근본비밀신주(阿彌陀佛根本秘密神呪) 등으로 불리기도 한다. 아미타불을 주불로 모시는 정토종淨土宗에서 중요하게 수지독송되는 대표적인 다라니 가운데 하나이다. 유송(劉宋, 420-

479)시대 천축삼장법사(天竺三藏法師)인 구나발타나求那跋陀羅에 의해 번역된 『소무량수경(小無量壽經)』에 실려 있으며, 이 다라니를 수지독송함으로써 모든 악업의 장애를 벗어나 곧바로 아미타 부처님이 계시는 극락정토에 왕생할 수 있게끔 하는 아미타 부처님의 크신 원력과 신묘한 힘을 담고 있는 다라니로 받아들여지고 있다. 까닭에 우리나라에서는 전생의 죄업과 업장소멸 및 왕생정토를 발원하며 외우는 진언 가운데 하나이다. 영가의 천도를 위한 목적으로 외워도 좋고, 문상을 할 때나 생물을 방생할 때에도 이 진언을 독송하면 좋다.

8. **무구정광대다라니(無垢淨光大陀羅尼)**는 당나라 시대에 서역 출신인 미타산(彌陀山)에 의해 번역된 『무구정광대다라니경(無垢淨光大陀羅尼經)』에 실려 있는 다라니이다. 경의 명칭을 '무구정광대다라니경'이라고 한 것은 본 경이 더러움이 없이 깨끗하며 영롱한 빛과 같은 다라니에 대한 경전이라는 의미를 갖는다. 제목에서처럼 이 경전에서는 다라니를 통해 얻을 수 있는 여러 가지 공덕을 설명하는 내용이 담겨 있다. 특히 본경에서는 본경의 다라니를 수지독송하면 그 공덕으로 단명한 사람은 장수할 수 있을 뿐만 아니라, 죽어서도 나쁜 곳에 태어나지 않을 수 있고, 또한 아픈 사람은 빠르게 회복하게 되며, 죄와 업장이 소멸되고, 신통을 얻으며, 더 나아가 사후에는 극락왕생은 물론 도솔천과 같은 천상세계에 태어나게 될 것임을 설하고 있다. 본경에서는 또한 수지독송의 구체적 방법으로 다라니의 독송은 물론, 서사書寫를 비롯한 소탑의 제작불사와 공양이라는 구체적인 방식을 자세히 서술하고 있다.

9. **관음보살본심미묘육자대명왕진언(觀世音菩薩本心微妙六字大明王眞言)**은 『대승장엄보왕경(大乘莊嚴寶王經, Kāra avyūha Sūtra)』과 『육자대명왕다라니경(六字大明王陀羅尼經)』에 실려 있다. 보통 육자진언(六字眞言), 본심진언(本心眞言)이라고도 부른다. 또한 본 진언은 관세음보살이 가지고 있는 무량한 자비와 수승한 가피를 모두 담고 있는 진언이라는 뜻에서 **'관세음진언'**이라고 부르기도 한다. 경전에서는 본 다라니를 수지독송함으로써 탐진치 삼독심과 같은 모든 번뇌를 끊어 지혜와 자비심을 증득하게 되고, 여러 가지 삶의 재앙과 마장을 물리치며, 정신적 육체적 병과 질환 등을 치유하고, 모든 재난에서 관세음보살이 자비와 가호로 구제해 주며, 더 나아가 마침내 모든 번뇌의 장애에서 벗어나 궁극적인 깨달음에 이르게 됨을 설하고 있다. 한국은 물론 티베트, 중국, 대만, 등에서 가장 널리 수지독송되고 대표적인 다라니이다.

이렇듯 본 다라니가 널리 독송되고 있는 이유는 본 진언이 여섯 자로 된 짧은 단어로 되어 있기에 누구나가 쉽게 독송할 수 있는 이유도 있고, 더 나아가 진언의 여섯 자가 담고 있는 상징적인 뜻이 크기 때문이다. 육자진언을 우리말로 옮기면 '온 우주(Om)에 충만하여 있는 지혜(mani)와 자비(padme)가 지상의 모든 존재(hum)에게 그대로 실현될지어다.' 라는 뜻이다. 이는 곧 육자진언을 염송하면 온 법계에 두루 한 지혜와 자비가 수행자에게 실현된다는 의미이기도 하다. 본래 '옴Om'은 태초 이전부터 울려오는 우주의 소리(에너지)를 의미하여 보통 성음聖音이라 하며, '마니mani'는 여의주如意珠로서 깨끗한 지혜를 상징하고, '반메padme'는 연꽃으로서 무량한 자비를 상징하며, '훔Hum'은 우주의 개별적 존재 속에 담겨 있는 소리를 의미하며, 우주 소리(Om)를 통합하는 기능의 의미를 가지고 있다. 이러한 의미와 뜻을 함축하고 있기에 본 육자진언을 염송하면 사람의 내면적 에너지, 즉 지혜와 자비의 힘을 활성화시켜서 우주의 에너지와 통합할 수 있게 되고, 이를 바탕으로 마침내 모든 번뇌에서 벗어나 마침내 궁극적인 열반의 깨달음에 이르게 된다는 것이다.

10. **법신진언(法身眞言)**은 광명의 진리불인 법신불, 즉 밀교에서 근원적인 진리본체를 상징하여 부르는 대일여래(大日如來) 부처님을 상징하는 진언이다. 대승불교에서는 부처님의 몸(佛身)을 크게 세 가지 측면에서 설명하고 있는데, 바로 법신法身・보신報身・화신化身(= 應身)을 내용으로 하는 삼신불三身佛 사상이다. 법신은 깨달음의 궁극적인 경지와 지혜(般若, pannā), 진리 그 자체(眞理實相)를 의인화하여 부르는 이름이며, 이러한 법신을 상징하는 부처님이 바로 비로자나불(vairocana)이다. 보신은 중생의 구제를 위해 큰 서원을 세우고 마침내 수행의 결과로 깨달음을 성취하신 부처님을 의미하며, 이를 상징하는 부처님이 바로 노사나불盧舍那佛이며, 아미타불과 약사여래불이 바로 보신을 대표하는 부처님이다. 마지막으로 화신은 중생의 교화와 구제를 위한 원력으로 일부러 이 사바세계에 몸을 나투신 부처님을 의미하며. 석가모니불이 바로 화신을 대표하는 부처님이다. 이러한 삼신의 부처님을 해석하는 데 있어서 각 종파에 따라 조금씩 그 견해를 달리하지만, 일반적으로는 이 세 불신이 서로 다른 별개의 부처님이 아니라, 결국 동일한 불신을 지칭하는 다른 이름에 지나지 않는 것으로 보는 천태종의 견해를 수용하고 있다.

본 진언이 바로 법신에 대한 진언이라고 하였는데, 신라의 고승인 원효성사는 이러한 법신에 대해 『대승기신론소(大乘起信論疏)』에서 ①진여는 전체성・보편성・영원성을 지닌 대총상大總相이며, 진여는 참된 이해를 낳게 하는 원리원칙으로서의 법이고, 진여는 열반에 들어갈 수 있는 문이 되며, 일심을 그 체로 하고 있고, 불생불멸로서 시간성을 초월하고 있으며, 망념을 떠나 있기 때문에 말로써 설명될 수 있는 것도, 문자와 개념으로 알릴 수 있는 것도, 분석적 사변이 닿을 수 있는 것도 아니라고 설명하고 있다. 또한 이러한 진여법신의 덕성에 대해 ①큰 지혜광명이며(大智慧光明), ②모든 대상세계를 남김없이 두루 비춰 주며(偏照法界), ③진실한 인식이며(眞實識知), ④그 자성이 청정하며(自性淸淨), ⑤영원함・행복・실상・청정함(常樂我淨)이며, ⑥청량하고 변화하지 않고 자재하다(淸凉不變自在)라고 설명하고 있다.

이렇듯 법신을 함축적으로 나타내고 있는 법신진언은 일반적으로 전생의 무거운 업장의 소멸과 깨달음을 통한 법신의 체득을 발원하며 외우는 대표적인 진언이다. 진언의 첫 글자인 '옴Om' 자는 모든 다라니의 으뜸이 되는 자이며, 모든 공덕의 정상이 되는 글자이므로 대부분 진언의 머리에 둔다. '아A・비Vi・라Ra・훔Hum・캄Kham' 이 다섯 글자는 비로자나 부처님의 몸을 뜻하는 글자이다. '아'는 대원경지大圓鏡智, '비'는 묘관찰지妙觀察智, '라'는 평등성지平等性智, '훔'은 성소작지成所作智, '캄'은 법계체성지法界體性智의 뜻을 담고 있다고 해석하기도 한다. 보통 다라니의 맨 마지막에 쓰이는 '사바하Svaha'는 회향의 의미를 담고 있으며, '이루어지게 하옵소서'라는 뜻을 나타낸다.

11. **광명진언(光明眞言)**은 당대에 불공(不空, Amoghavajra, 705-774) 삼장법사가 번역한 『불공견색비로자나불대관정광진언(不空羂索毘盧遮那佛大灌頂光眞言)』에 실려 있다. 불공대관정광진언(不空大灌頂光眞言)・불공견색비로자나불대관정광명진언(不空羂索毘盧遮那佛大灌頂光明眞言)이라고도 하며, 줄여서 그냥 광언(光言)이라고도 한다. 법신진언과 같이 대광명불이신 비로자나불(毘盧遮那佛, 大日如來)에 대한 진언이며, 일체 제불보살의 총주總呪에 해당한다. 광명진언은 그 명료함과 중요성으로 밀교의 가장 중심적인 지위를 차지하고 있으며, 비로자나불(法身, 眞如)을 근본으로 하는 밀교의 시조에 해당하는 진언이라 할 수 있다. 까닭에 광명진언은 모든 진언 중에 가장 중심이 되는 진언으로서 진언의 으뜸(眞元)으로 받아들여지고 있다. 이러한 광명진언은 한국의 불자는 물론 전 세계 불자들에게 가장 많이 염송되는 대표적인 진언 가운데 하나이다.

본 진언을 대략 해석한다면, "옴(om), 불공견색(amogha) 비로자나(vairocana)이시여! 대수인(**大手印**, mahamudra)으로서 마니보주(**如意寶**, 지혜 mani)와 연꽃(padma, 자비), 광명(jvala)으로 나아가게(pravarttaya, **進化**) 하소서(hum)." 라는 정도의 뜻을 담고 있다. 이러한 광명진언을 수지독송하는 사람은 과거에 지은 열 가지 악업(十惡業)과 무간지옥에 떨어지게 되는 오역죄五逆罪, 그리고 살생, 투도, 사음, 망어 등의 네 가지 무거운 죄업(四重罪) 등의 모든 죄업의 장애에서 벗어나게 되고, 설령 이러한 죄업으로 인해 지옥・아귀・아수라의 세계에 태어나는 경우라도 그러한 악처의 괴로움에서 벗어나 서방극락정토에 왕생할 수 있다고 한다. 또한 선세의 죄업에 대한 과보로 얻게 되는 일체의 병환과 병장病障 등을 소멸하고, 귀신병 등을 치유하며, 지혜와 변재, 수명장수 등의 복락을 얻게 된다고 한다.

12. **약사유리광여래불대진언(藥師瑠璃光如來佛大眞言)**은 약사관정진언(藥師灌頂真言)이라고도 하고, 줄여서 약사주(藥師咒)라고도 하며, 약사여래 부처님의 근본진언이다. 대당大唐 삼장법사 의정(義淨: 635~713) 스님에 의해 번역된 『약사유리광칠불본원공덕경(藥師琉璃光七佛本願功德經)』에 실려 있다. 경에서는 본 진언을 수지독송하는 사람은 그 수지독송 공덕으로 업장을 정화하여 온갖 질병에서 벗어나 건강하게 살 수 있고, 나아가 수명장수 할 수 있으며, 죽음에 임해서는 설령 지옥에 떨어지는 죄업을 지었더라도 약사유리여래의 원력과 신통력에 힘입어 그러한 죄업의 인과에서 벗어나 정토에 환생하거나 여덟 보살의 호위를 받아 서방극락세계에 왕생할 수 있음을 밝히고 있다. 무엇보다 본 진언은 병고에 시달리고 있는 사람의 빠른 건강회복과 수명장수를 발원하며 독송하는데 가장 적합한 진언이라 할 수 있다.

13. **항마진언(降魔眞言)**은 불법승 삼보에 귀의하여 도량을 옹호하고 불자들을 외호하는 역할을 담당하는 선신善神들을 모신 신중단神衆壇을 향해서 하는 중단권공中壇勸供 의식집에 실려 있는 진언이다. 앞에 실은 다른 다라니들과는 달리 그 경전의 출처와 범어 원문을 찾아도 찾을 수 없다. 일반적으로 본 진언은 악한 기운을 정화하고, 마장장애를 소멸시키며, 모든 재난과 액운을 물리치고, 불선한 신들을 조복 받아 불법에 귀의시켜 그러한 신들로 하여금 자비심을 일으키게 하고, 더 나아가 부

처님 도량과 불자들을 옹호하게끔 교화시키려는 목적으로 주로 독송한다. 까닭에 본 다라니편 맨 마지막에 실었으며, 특별히 안택기도와 사고 예방을 위한 각종 고사, 교통 안전 등을 발원하는 경우에 있어서도 본 진언을 많이 독송한다.

# ※ 능엄경대불정능엄신주 (楞嚴經大佛頂楞嚴神呪, Shurangama Mantra In Sanskrit)

스타타가토 스니삼 시타타 파트람

아파라지탐 프라튱기람 다라니

**제1회 비로진법회(毘盧眞法會)**

나망 사르바 붇다 보디사트 베뱌 나모 삽타남 사먀삼 붇다 코티남 사스라바카 삼가남 나모 로케아르 한타 남 나모 스로타 판나남 나모 스크르타 가미남 나모 아나 가미남 나모 아나 가미남 나모 로케 사먀가타남 사먀프라티 판나남 나모 라트나트 라야야 나모 바가바 테 드르다 수라세나 프라하라 나라자야 타타가타 야 아르하테 사먀삼붇다야 나모 바가바테 아미타바야 타 타가타 야아르하테 사먀삼붇다야 나모 바가바테 악소 바야 타타가타 야아르하테 사먀삼붇다야 나모 바가바 테 바이사이 쟈구루 바이투랴 프라바라자야 타타가타 야아르하테 사먀삼붇다야 나모 바가바테 삼푸스 피타

사렌 드라라자야 타타가타 야아르하테 사먁삼붇다야 나모 바가바테 사캬무나예 타타가타 야아르하테 사먁삼붇다야 나모 바가바테 라트나 쿠수마 케투라자야 타타가타 야아르하테 사먁삼붇다야 나모 바가바테 타타가타 쿠라야 나모 바가바테 파드마 쿠라야 나모 바가바테 바즈라 쿠라야 나모 바가바테 마니 쿠라야 나모 바가바테 가르자 쿠라야 나모 데바르시남 나모싣다 비댜 다라남 나모 싣다 비댜 다라르시남 사파누그라하 사마르타남 나모 브라흐마네 나모 인드라야 나모 바가바테 루드라야 우마파티사 헤야야 나모 나라 야나야 락삼미사 헤야야 팜차 마하 무드라 나마 스크르타야 나모 마하 카라야 트리푸라 나가라 브드라파나 카라야 아디묵토카 스마사니 바시니 마트르가나 나망 스크르타야 에뵤 나망 스크르트바 이만 바가바타 스타타가토스니삼 시타타파트람 나마 파라지타 프라튱기람 사르바데바 나마 스크르탐 사르바데 베뱌 푸지탐 사르바데 베스차 파리파리탐 사르바 부타그라하 니그라하 카림 파라비댜 체다나 카림 두남타남 사트바남 다마캄 두스타남 니바라님 아카라므르튜 프라사마나 카림 사르바 반다 나목 사나 카림 사르바 두스타 두스바프 나니바라님 차투라 시티남 그라하사 하스라남 비드밤사나 카림 아스타빔 사티남 낙사트라남 프라사다나 카림 아스타남 마하 그라하남 비드밤사나 카림 사르바 사트루니 바라님 그람 두스바프 나남차 나사님 비사사 스트라 아그니우다 카우 트라님 아파라 지타구라 마하 찬남 마하 디프탐 마하 테잠 마하 스베탐 즈바라 마하 바라 스리야 판다라 바시님 아랴타라 브르쿠팀 체바잠 바즈라 마레티 비스루탐 파드마크맘 바즈라 지흐바차 마라체바 파라지타 바즈라단디 비사라차 산타바이데하 푸지타 사이미루파 마하 스베타 아랴타라 마하 바라 아파라 바즈라 상카라 체바 바즈라 코마리 쿠란다리 바즈라 하스타차 마하 비댜 타타캄차 나마리카 쿠숨 바라타나 체바 바이로차나 쿠다르 토스니사 비즈름 바마나차 바즈라 카나카프라 바로차나 바즈라 툰디차 스베타차 카마랔사 사시프라바 이톄테 무드라가나 사르베랔삼 쿠르반투 마마샤

### 제2회 석존응화회(釋尊應化會)

옴 리시가나 프라사스타 타타가토 스니사 훔브룸 잠바나 훔브룸 스탐바나 훔브룸 보하나 훔브룸 마타나 훔브룸 파라비댜 삼박사나카라 훔브룸 사르바 약사랔사사 그라하남 비드밤사나 카라 훔브룸 차투라시티

남 그라하사 하스라남 비나사나 카라 훔브룸 아스타빔 사티남 낙사 트라남 프라사다나 카라 훔브룸 아스타남 마하 그라하남 비드밤사나카라 락사락사 맘 바가밤 스타타가토스니사 마하 프라튱기레 마하 사하스아부제 사하스라 시르사이 코티사타 사하스라 네트레 아벰다 즈바리 타나타나카 마하 바즈로다라 트르부바나 만다라 옴 스바스티르 바바투 마마

### 제3회 관음합동회(觀音合同會)

라자 바야 초라 바야 아그니 바야 우다카 바야 비사 바야 사스트라 바야 파라차크라 바야 두르빅사 바야 아사니 바야 아카라므르튜 바야 다라니부미 캄파 바야 우르카파타 바야 라자단다 바야 나가바야 비듀 바야 수프라니바야 약사 그라하 락사사 그라하 프레타 그라하 파사차 그라하 부타 그라하 쿰반다 그라하 푸타나 그라하 카타푸타나 그라하 스칸다 그라하 아파스마라 그라하 운마다 그라하 차야 그라하 레바티 그라하 우자 하리냐 가르바 하리냐 자타 하리냐 지비타 하리냐 루디라 하리냐 바사 하리냐 맘사 하리냐 메다 하리냐 마자 하리냐 반타 하리냐 아수챠 하리냐 치차 하리냐 테삼 사르베삼 사르바 그라하남 비댬 친다야

미 키라야미 파리브라자카 크르탐 비댭 친다야미 키라야미 다카다키니 크르탐 비댭 친다야미 키라야미 마하 파수파티 루드라 크르탐 비댭 친다야미 키라야미 타트바가루 다사헤야 크르탐 비댭 친다야미 키라야미 마하 카라 마트르가나 크르탐 비댭 친다야미 키라야미 카파리카 크르탐 비댭 친다야미 키라야미 자야카라 마두카라 사르바르타 사다나 크르탐 비댭 친다야미 키라야미 차투르바기니 크르탐 비댭 친다야미 키라야미 브름기리티카 난디 케스바라 가나파티 사헤야 크르탐 비댭 친다야미 키라야미 나그나스 라마나 크르탐 비댭 친다야미 키라야미 아르한타 크르탐 비댭 친다야미 키라야미 비타라카 크르탐 비댭 친다야미 키라야미 바즈라파니 크르탐 비댭 친다야미 키라야미 브라흐마 크르탐 루드라 크르탐 나라야나 크르탐 비댭 친다야미 키라야미 바즈라파니 구햐카디파티 크르탐 비댭 친다야미 키라야미 락사 락사 맘

### 제4회 강장절섭회(剛藏折攝會)

바가밤 시타타파트라 나모스투테 아시타나라르카 프라바스푸타 비카시타타파트레 즈바라즈바라 다카다카 비다카비다카 다라다라 비다라비다라 친다친다 빈

다빈다 훔훔 파트파트 스바하 헤헤 파트 아모가야 파트 아프라티하타야 파트 바라프라다야 아수라 비드라파카야 파트 사르바데베뱌 파트 사르바 나게뱌 파트 사르바약세뱌 파트 사르바락사세뱌 파트 사르바가루데뱌 파트 사르바간다르베뱌 파트 사르바아수레뱌 파트 사르바킨다레뱌 파트 사르바 마호라게뱌 파트 사르바부테뱌 파트 사르바피사체뱌 파트 사르바쿰반데뱌 파트 사르바푸타네뱌 파트 사르바카타푸타네뱌 파트 사르바두르람기테뱌 파트 사르바두스프렉시테뱌 파트 사르바즈바레뱌 파트 사르바아파스마레뱌 파트 사르바스라마네뱌 파트 사르바티르티케뱌 파트 사르바운맘데뱌 파트 사르바 비댜차레뱌 파트 자야카라마두카라 사르바르타 사다케뵤 비댜차례뱌 파트 차투르바기니뱌 파트 바즈라 코마리 쿠란다리 비댜라제뱌 파트 마하프라튱기레뱌 파트 바즈라상카라야 프라튱기라라자야 파트 마하카라야 마트르가나 나마스크르타야 파트 인드라야 파트 브라흐미니예 파트 루드라야 파트 비스나비예 파트 비스네비예 파트 브라흐미예 파트 아그니예 파트 마하카리예 파트 로드리예 파트 카라단디예 파트 아인드리예 파트 마트리예 파트 차문디예 파트 카라라트리예 파트 카파리예 파트 아디묵토카 스마사나 바시니예 파트 예케칀타 사트바

마마.

### 제5회 문수홍전회(文殊弘傳會)

두스타친타 파파친타 로드라친타 비드바이사친타 아마이트라친타 우트파다얀티 키라얀티 만트라얀티 자판티 조한티 우자하라 가르바하라 루디라하라 맘사하라 메다하라 마자하라 바사하라 자타하라 지비타하라 마랴하라 바랴하라 간다하라 푸스파하라 파라하라 사샤하라 파파친타 로두라친타 비드바이라 친타 우트파다얀티 키라얀티 마트라얀티 자판티 조한티 우자하라 가르바하라 루디라하라 맘사하라 메다하라 마자하라 바사하라 자타하라 지비타하라 마랴하라 바랴하라 간다하라 푸스파하라 파라하라 사샤하라 파파친타 두스타친타 데바그라하 나가그라하 약사그라하 락사사그라하 아수라그라하 가루나그라하 킨다라그라하 마호라가그라하 프레타그라하 피사차그라하 부타그라하 푸타나그라하 카타푸타나그라하 쿰반다그라하 스칸다그라하 운마다그라하 차야그라하 아파스마라그라하 다카다키니그라하 레바티그라하 자미카그라하 사쿠니그라하 난디카그라하 람비카그라하 칸타파니그라하 즈바라 에카히카 드바이티야카 트레티야카 차투르타카 니탸즈바라 비사마즈바라 바티카 파이티카 스레스미카 산디파티카 사르바즈바라 시로르티 아르다바베다카 아로차카 악시로감 무카로감 흐르드로감 카르나수람 단다수람 흐르다야수람 마르마수람 파라스바수람 프르스타수람 우다라수람 카티수람 바스티수람 우루수람 잠가수람 하스타수람 파다수람 사르방가프라튱가수람 부타베타다 다카다키니 즈바라다드루칸듀키티 바로타바이 사르파로하링가 소사트라 사가라 비사요가 아그니 우다카 마라베라 칸타라 아카라므르튜 트라이무카 트라이라타카 브르스치카 사르파나쿠라 심하 뱌그라 릭사 타라릭사 차마라지비베 테삼 사르베삼 시타타파트라 마하바즈로오스니삼 마하프라튱기람 야바드바 다사요자나 반타레나 사마반담 카로미 디시반담 카로미 파라비다 반담 카로미 테조반담 카로미 하스타 반담 카로미 파다 반담 카로미 사르방가프라튱가 반담 카로미 『타댜타 옴 아나레 아나레 비사다 비사다 반다반다 반다니반다니 바이라 바즈라파니 파트 훔브룸 파트 스바하 나모스타타가타야 수가타야르하테 사먁삼붇다야 시담투 반트라 파다 스바하』

## ● 회향게(回向偈)

상래현전청정중(上來現前淸淨衆)

풍송능엄비밀주(諷誦楞嚴秘密呪)

회향삼보중룡천(廻向三寶衆龍天)

수호가람제성중(守護伽藍諸聖衆)

삼도팔난구리고(三途八難俱離苦)

사은삼유진첨은(四恩三有盡霑恩)

국계안녕병혁소(國界安寧兵革銷)

풍조우순민안락(風調雨順民安樂)

대중훈수희승진(大衆熏修希勝進)

십지돈초무난사(十地頓超無難事)

삼문청정절비우(三門淸淨絶非虞)

단신귀의증복혜(檀信歸依增福慧)

시방삼세일체불(十方三世一切佛)

제존보살마하살(諸尊菩薩摩訶薩)

마하반야바라밀(摩訶般若波羅蜜)

"지금 함께하는 청청한 대중들이 능엄경의 비밀주를

함께 독송하옵고, 삼보와 용과 천신의 대중들과 가람을 수호하는 모든 성중들께 회향하나이다. 삼악도와 팔난의 괴로움에서 벗어나고, 사은四恩과 삼유三有의 모든 은혜에 힘입어 세상은 다툼이 없이 평화롭고 비바람도 순조로워 국민들은 안락하게 하소서. 대중들이 닦는 도업은 날로 진보하여 문득 십지十地를 어렵지 않게 뛰어넘고, 신구의 삼업은 청정하여 모든 번뇌 끊어지며, 신심으로 귀의하고 복과 지혜 향상되게 하소서. 시방세계 삼세의 모든 부처님들과 존귀하신 모든 보살마하살님들처럼, 모든 번뇌 벗어나 수승한 지혜 완성 이루어지이다."

## ※ 츰부다라니(지장보살 다라니, ksam Bhu Dhrani)

『츰부 츰부 츰츰부 아가셔츰부 바결랍츰부 암발랍츰부 비라츰부 발절랍츰부 아루가츰부 담뭐츰부 살더뭐츰부 살더닐하뭐츰부 비바루가 찰붜츰부 우붜셤뭐츰부 내여나츰부 붤랄여 삼므디랄나츰부 찰나츰부 비실바리여츰부 셔살더랄바츰부 비어자수재 맘히리 담미셤미 잡결랍시 잡결랍믜스리 치리 시리 결랄붜뷜러 발랄디 히리 벌랄비 뭘랄저러니달니 헐랄달니 붜러져져져져 히리 미리 이결타 탑기 탑규루 탈리 탈리 미리 뭐대 더 대 구리 미리 앙규 즈더비 얼리 기리 붜러기리 규차섬믜리 징기 둔기 둔규리 후루 후루 후루 규루술두미리 미리디 미리대 뷘자더 허러히리 후루 후루 루』

## ※ 불설소재길상다라니 (佛說消災吉祥多羅尼, jvala mahaugra dharani)

『나무 사만다 못다남 아바라지 하다사 사나남 다냐타 옴 카카 카혜 카혜 훔훔 아바라 아바라 바라 아바라 바라 아바라 지따지따 지리지리 빠다빠다 선지가 시리예 사바하』

## ※ 무량수여래근본다라니(無量壽如來根本陀羅尼)

『나모 라트나 트라야야 나마흐 아르야 아미타바야 타타가타야 아르하테 삼약 삼부따야 타드야타 옴 암리테 암리토드바베 암리타 삼바베 암리타 가르베 암리타 시떼 암리타 테제 암리타 비크란테 암리타 비크란테 가이네 암리타 가가나 키르티카레 암리타 둔두비 사르베 사르바르르타 사다네 사르바 카르마 크레사 크사야 카레 스바하』

## ※ 무량수불설왕생정토주(無量壽佛說往生淨土呪)

『나무 아미다바야 다타가다야 다디야타 아미리 도바비 아미리다 싯담바비 아미리다 비가란제 아미리다 비가란다 가미니 가가나 깃다가례 사바하』

☞ **전생의 죄업과 업장 소멸 및 왕생정토를 발원하며 외우는 진언 가운데 하나이다. 영가의 천도를 위한 목적으로 외워도 좋은 진언이다. 문상**問喪**을 할 때나 생물을 방생할 때에도 이 진언을 외운다.**

## ※ 무구정광대다라니(無垢淨光大陁羅尼)

『나무 삽다삽다 디뱌 삼약삼몯다 구디남 반리숟다마나사 바짇다반리딋디다남 나무바가바디 아미다유 사사다다아다사 옴 다다아다숟뎨 아유비수달니 싱하라 싱하라 살바다다아 다비리야 바리나 반라디 싱하라 아유 살마라 살마라 살바다다아다 삼매염 몯디몯디 몯댜비몯다 몯다야 몯다야 살바바바 아바라나비 숟뎨 비아다마라 배염 소몯다몯뎨 호로호로 스바하』

## ※ 관세음보살 본심미묘 육자대명왕진언 (觀世音菩薩本心微妙六字大明王眞言)

『옴 마니 반메 훔』

## ※ 법신진언(法身眞言)

『나모 사만따 붇다남 옴 아비라 훔 캄 스와하』

## ※ 광명진언(光明眞言)

『옴 아모가 바이로차나 마하무드라
마니 파드마 즈바라 프라바르타야 훔』

## ※ 약사여래유리광여래대진언(藥師瑠璃光如來佛大眞言)

『나무 바가 바제 비살사 구로 벽류리 바라 바아라 사야 다타 아다야 아라하제 삼먁 삼붇다야 다냐타옴 비살서 비살서 비살사 삼모 아제 사바하』

## ※ 항마진언(降魔眞言)

아이금강삼등방편(我以金剛三等方便)
신승금강반월풍륜(身乘金剛半月風輪)
단상구방남자광명(壇上口放喃字光明)
소여무명소적지신(燒汝無明所積之身)
역칙천상공중지하(亦勅天上空中地下)
소유일체작제장난(所有一切作諸障難)
불선심자개래호궤(不善心者皆來胡跪)
청아소설가지법음(聽我所說加持法音)
사제포악패역지심(捨諸暴惡悖逆之心)
어불법중함기신심(於佛法中咸起信心)
옹호도량(擁護道場) 역호시주(亦護施主) 강복소재(降福消災)

『옴 소마니 소마니 훔 하리한나 하리한나 훔 하리한나 바나야 훔 아나야 혹 바아밤 바아라 훔 바탁 사바하』
(3번)

## 자애(慈, mettā 메타) 발원

"모든 살아 있는 존재들이 고통으로부터 벗어나 자유롭기를!

모든 살아 있는 존재들이 증오로부터 벗어나 자유롭기를!

모든 살아 있는 존재들이 번민으로부터 벗어나 자유롭기를!

모든 살아 있는 존재들이 스스로를 보호하여 행복하기를!

# 참회와 발원문편

1. 본 「**참회와 발원문편**」에서는 행선축원문(行禪祝願文)·이산혜연선사발원문(怡山惠然禪師發願文)·네 가지 무량한 마음(四無量心)에 대한 발원·자애발원문(慈愛發願文)·수행공덕 회향 발원문·108 대참회문(百八大懺悔文)·연지대사왕생극락발원문(蓮池大師往生極樂發願文)·영가천도 발원문 (靈駕薦度發願文, 勸往歌)등 모두 8편의 발원문을 실었다. 모두 예불, 참회, 독경, 법회, 천도의식 등에서 주로 독송되는 발원문들이다.

2. 「**행선축원문(行禪祝願文)**」은 나옹혜근(懶翁惠勤: 1320~1376) 선사가 지은 것으로, 원래 선방에서 주로 봉행하는 발원문이다. 일반적으로 아침예불을 모실 때에 주로 독송된다. 삼보에 대한 귀의와 공경예배, 나라의 평안과 전법 교화, 복과 지혜의 성취, 대승보살님들의 보살행에 대한 배움과 실천 다짐, 도량의 안정과 평안, 그리고 마침내 모든 존재들의 성불 등을 발원하는 원력의 내용을 담고 있다. 개인적으로 예경과 독경의식을 마치고 봉독해도 좋은 내용의 발원문이다.

3. 「**이산혜연선사발원문(怡山惠然禪師發願文)**」은 자비의 화신이신 관세음보살의 무량한 큰 자비행을 본받아 모든 시방세계를 두루 다니면서 일체중생을 구제하고자 발원하는 큰 원력을 담고 있는 발원문이다. 모든 사찰에서 저녁예불 시간에 주로 독송되었는데, 근래에 들어서는 아침과 저녁 예불시간에 모두 독송되는 경우가 늘어나고 있다. 일반적으로 본 발원문의 저자가 이산혜연(怡山惠然) 선사로 통용되고 있지만, 원래는 당나라 말기에 중국 복건성福建省 복주福州 사람으로 알려진 이산

교연(怡山皎然, 혹은 怡山然, 長生皎然) 선사라는 주장도 있다. 교연선사의 생몰연대는 구체적으로 알려지지 않고 있으며, 육조혜능선사의 2대 제자 가운데 한 사람인 청원행사(靑原行思: ?~741)의 문하인 설봉의존(雪峰義存: 822~908)의 법제자로 알려져 있다. 지금 독송되는 한글 번역문은 동국역경원을 설립하고 초대원장을 지내신 운허(耘虛: 1892~1980) 큰스님이 번역하였는데, 원작을 능가하는 세련된 번역으로 전국적으로 통용되는 데 큰 기여를 하였다는 평을 받고 있다. 까닭에 일부에서는 본 발원문을 '운허스님의 발원문'이라고 불러야 한다는 의견도 있다.

4. 「**네 가지 무량한 마음(四無量心)에 대한 발원**」은 모든 존재에 대한 행복발원이다. '네 가지 무량한 마음(四無量心: 慈心 · 悲心 · 喜心 · 捨心)'이란 곧 불법승 삼보에 귀의한 모든 불자와 수행자, 나아가 위로는 진리를 구하고 아래로는 일체중생을 구원하고자 발심하여 원력을 세운 모든 보살이 구족해야 할 한량없는 자비심이라 할 수 있다. 천수천안의 방편으로 일체중생들을 구제하시는 관세음보살은 바로 이러한 사무량심을 원만히 구족하신 대표적인 자비보살이다. 우리들이 이러한 네 가지 무량심으로 모든 존재들의 안락과 행복을 위해 발원하는 것은 결국 나 자신의 탐욕과 성내는 마음을 다스리고, 다른 존재를 위한 자비심을 키우고 향상시켜 나가는 데 큰 도움을 주기 때문이다. 제법의 실상을 꿰뚫어 통찰하는 지혜를 성취하는 것도 매우 중요하지만. 더불어 뭇 생명을 섭수하여 구제하고 교화하는 데 가장 기본이 되는 이러한 네 가지 무량한 자비심을 키우고 향상시키는 것 또한 모든 불자와 수행자에게 매우 필요한 기본적인 덕목이라 할 수 있다.

본 발원문은 삼보에 대한 예경, 찬탄, 경전 등의 독송의식을 끝마치면서 마지막에 「**자애발원문**」과 함께 독송하기에 좋은 발원문이다. 매일 이러한 사무량심 발원을 하면 저절로 탐욕심과 성내는 마음이 줄어들고, 상대적으로 자비심은 날로 증장되어 나가는 성과를 얻게 될 것이다.

5. 「**자애발원문(慈愛發願文)**」: 불교는 지혜와 자비의 종교이다. 지혜는 모든 제법의 실상을 바르게 통찰하는 냉철한 머리이고 밝은 눈이며, 자비는 세상의 모든 존재들을 평등하게 사랑하고 포용하는 뜨거운 가슴이고 따뜻한 손이다. '자비慈悲'는 두 가지 의미를 담은 복합어이다. '자'는 빠알리어로 '멧따metta'인데, '자애'라는 뜻이다. 산스크리트어로는 '마이트리maitri'라 한다. 이러한 멧따는 복합적인 뜻을 담고 있는데, 이를 나열하면 자애(loving-kindness) · 친절(friendliness) · 자비심(benevolence) · 선의(good will) · 사랑(love) · 우호(amity) · 우정(friendship) · 동정(sympathy) · 친밀함(close mental union) 등등이다. 또한 '비'는 빠알리어로 '까루나karuna'인데, '연민', '동정'의 뜻을 담고 있다. 이는 다른 존재들의 아픔과 고통에 공감하고 함께 나누고자 하는 마음이라 할 수 있다.

「**자애발원**」은 바로 이러한 자비심을 바탕으로 모든 존재들이 괴로움과 미움과 무명에서 벗어나 행복과 안락을 얻기를 발원하는 발원문이다. 초기경전인 『**자애경**』을 독송하고 바로 이어서 본 자애발원을 하면 더욱 좋고, 아니면 다른 경전을 독송하고 나서도 본 발원문을 함께 독송하며 절을 해도 좋다. 개인적으로 자신의 탐욕과 성내는 마음을 다스리고 자비심을 향상시켜 마침내 자심해탈慈心解脫을 이루려는 서원으로 본 자애발원문을 독송해도 좋다. 참고로 부처님은 자애발원을 통해 얻게 되는 공덕에 대해 다음과 같이 설법하고 계시다.

"비구들이여, 자애에 의한 마음의 해탈을 발전시키고, 연마하고, 수레로 삼고, 근본으로 삼고, 굳건히 주합으로써 열한 가지 이익을 얻는다. 무엇이 열한 가지인가? ①편안하게 잠이 들고, ②편안하게 잠에서 깨어난다. ③악몽을 꾸지 않는다. ④사람들로부터 사랑을 받는다. ⑤사람 이외 것들로부터 사랑을 받는다. ⑥신들이 보호한다. ⑦불이나, 독이나, 무기가 해치지 못한다. ⑧쉽게 마음집중을 할 수 있다. ⑨안색이 밝다. ⑩죽을 때 혼미하지 않고 맑은 정신으로 죽는다. ⑪아라한이 되지 못하면 브라흐마 세계에서 태어난다. 이와 같이 자애에 의한 마음의 해탈을 발전시키고, 연마하고, 수레로 삼고, 근본으로 삼고, 굳건히 주합으로써 열한 가지 이익을 얻는다." -『AN 16, Metta Sutta』

6. 「**수행공덕 회향 발원문**」은 모든 독경과 다라니와 참회발원을 마치면서 맨 마지막에 하는 발원문이다. 자신이 실천한 수행의 공덕으로 삼보와 모든 천신들의 자비와 가호를 받아 삶의 모든 장애에서 벗어나서, 자신이 바라는 모든 일을 성취하고 행복과 안락을 얻기를 발원하는 내용의 발원문이다. 개인적인 수행을 마치면 독송해도 좋고, 공식적인 법회나 행사를 회향하면서 대중이 맨 마지막으로 함께 독송해도 좋은 내용의 발원문이라 할 수 있다.

7. 「**108 백팔대참회문(百八大懺悔文)**」: 일반적으로 「예불대참회문(禮佛大懺悔文)」이라고도 한다. 본 참회문은 청나라 시기에 율승律僧으로 유명했던 서옥(書玉: 1645~1721) 스님이 저술한 『대참회문약해(大懺悔文略解)』에 그 전문이 온전히 담겨 있다. 일반적으로 「팔십팔불대참회문(八十八佛大懺悔文)」으로도 알려져 있는데, 참회문에 『관약왕약상이보살경(觀藥王藥上二菩薩經)』에서 언급되고 있는 과거의 부처님인 53부처님의 명호와 『결정비니경(決定毗尼經)』에서 언급되고 있는 현재 시방세계의 부처님 명호인 35부처님의 명호를 담고 있기 때문이다. 이러한 88분의 부처님은 모두 중생들의 참회를 맡아 주관하는 부처님으로 알려져 있다. 그 구체적 시기는 알 수 없으나, 본 참회문은 중국에서는 옛날부터 사원에서 예불시간에 주로 행해져 왔으며, 우리나라에서도 특별한 참회법회와 기도를 봉행하는 경우나, 개인적인 참회수행을 하는 경우에 주로 행해져 왔다.

본 참회문의 내용은 크게 **찬례讚禮**·**발심發心**·**귀의歸依**·**참회懺悔**·**발원發願** 등의 다섯 부분으로 나뉘어 있다. 108 예배는 첫 게송의 1배, 금강상사에게 올리는 1배, 불법승 삼보에 올리는 1배, 발심의 1배, 삼보에 귀의하는 각 1배, 여래십호의 1배, 89분의 부처님 명호에 올리는 89번의 각 예배, 참회의 1배, 회향의 1배, 개별적인 발원에 하는 여덟 번의 예배, 총괄적인 회향에 하는 1배를 말한다. 참고적으로 불교에서 말하는 '참회懺悔'는 '잘못을 뉘우치다'라는 뜻의 '회과悔過'에서 비롯된 말인데, 이는 범어 '참마kṣama'를 중국어로 해석한 말이다. 참회는 곧 이러한 범어 '참마'와 중국어로 번역한 '참과'라는 두 단어가 혼합되어 만들어진 표현이다. 한편 '참懺'은 머리를 숙이는 것, '회悔'는 엎드린다는 뜻을 담고 있다. 부처님 가르침을 수행하는 수행자는 삼보의 발아래에 순종하여 머리를 숙이는 것이고, 가르침에 따라 수행하여 감히 부처님 가르침을 거역하지 않기에 엎드린다는 것이다. 또한 '참'을 '백법白法', '회'를 '흑법黑法'이라고도 하는데, 백법은 반드시 받들어 실천해야 할 선법(善法: 善業)이고, 흑법은 반드시 버리고 단절해야 할 악법(惡法: 惡業)을 의미한다. 이는 곧 미래의 선과善果를 닦고, 이미 지나간 과거의 악인惡因을 고치는 것을 의미하기도 한다. 또한 '참'은 이미 과거에 지은 과실을 들춰내고 허물을 드러내서 감히 숨기지 않는 것을 의미하고, '회'는 악업을 일으키는 번뇌의 불선한 마음을 싫어하고 끊고 후회하여 버리는 것을 의미한다. 또한 '참'은 '참慚'이라 하고 '회'는 '괴愧'라고도 하는데, 참은 하늘에 부끄러워하는 것이고, 괴는 사람들에게 부끄러워하는 것이다.

일반적으로 이러한 참회를 행하는 **참법懺法에는 '사참事懺'과 '이참理懺'**이 있다. 사참은 밤낮으로 하루 종일 삼업(三業: 身口意)을 청정하게 닦고, 존귀한 불상을 마주하여 죄과를 드러내 말하는 것이고, 이참은 몸과 마음을 단정히 하여 그 실상을 깊이 통찰하여 죄의 자성이 안과 밖에 있지 않으며, 중간에도 있지 않음을 깨닫고, 또한 죄를 짓는 주체인 마음을 통찰하여 안과 밖, 중간 어디에도 그 마음의 실상이 존재하지 않음을 깨닫는 것을 의미한다. 즉 죄업을 짓는 마음도 실체가 없어 공하고, 그러한 마음으로 짓는 죄업의 자성도 마침내 공하여 고정된 불변한 자성과 실상을 찾고 얻을 수 없는 무아無我·공성空性의 이치를 깨닫는 것을 의미한다.

8. 「**연지대사왕생극락발원문(蓮池大師往生極樂發願文)**」은 명말明末의 고승인 연지대사(蓮池大師: 1535~1615)가 지은 발원문으로 알려져 있다. 원래의 명칭은 서방발원문西方發願文이다. 연지대사는 중국불교 정토종의 제8대 조사로 알려진 큰스님이며, 자백진가紫柏真可・감산덕청憨山德清・우익지욱藕益智旭 스님과 함께 명말의 4대 고승으로 알려진 스님이다. 정토종의 제11대 조사인 성암대사(省庵大師: 1686~1734)는 그가 쓴 「서방발원문주(西方發願文注)」에서 본 발원문의 내용을 크게 6장으로 나누어 설명하고 있다. 즉 1장은 보리심을 일으키는 내용(發菩提心)・2장은 세 가지 장애에 대한 참회(懺悔三障)・3장은 네 가지 서원을 세우는 내용(立四弘誓)・4장은 정토에 왕생할 것을 구하는 내용(求生淨土)・5장은 다시 중생교화를 위해 사바세계로 되돌아오려는 내용(回入娑婆)・6장은 모든 수행공덕을 보리와 중생과 실상묘리에 회향하는 내용(總申回向)이라는 것이다. 이러한 내용의 발원을 담은 본 발원문은 우리나라에서는 주로 선망부모와 조상영가의 극락왕생을 발원하면서 영단을 향해 독송하고 있다. 하지만 탐진치 삼독심을 끊고 모든 악업의 굴레에서 벗어나 아미타 부처님이 계시는 극락정토에 왕생하여, 마침내 보리의 깨달음을 성취할 것을 발원하며 수행하는 정토행자淨土行者라면, 언제 어디서든지 본 발원문을 독송하는 것도 무방하다.

9. 「**영가천도 발원문(靈駕薦度發願文, 勸往歌)**」은 영가의 왕생극락을 발원하며 독송하는 또 다른 발원문이다. 세상과 육체와 인생의 무상함을

일깨우고, 번뇌의 마음에서 벗어나 참된 지혜의 성품과 존재의 실상을 깨달아 정토세계에 왕생하여 영원한 안락의 삶을 살 것을 발원하는 내용이다. 천도재의식이나 개인적인 영가를 위한 기도와 발원을 할 때 독송하기에 알맞은 발원문이다.

## ※ 행선축원문(行禪祝願文 · 나옹스님 발원문)

조석향등헌불전(朝夕香燈獻佛前)

귀의삼보예금선(歸依三寶禮金仙)

국계안녕병혁소(國界安寧兵革消)

천하태평법륜전(天下太平法輪轉)

원아세세생생처(願我世世生生處)

상어반야불퇴전(常於般若不退轉)

여피본사용맹지(如彼本師勇猛智)

여피사나대각과(如彼舍那大覺果)

여피문수대지혜(如彼文殊大智慧)

여피보현광대행(如彼普賢廣大行)

여피지장무변신(如彼地藏無邊身)

여피관음삼이응(如彼觀音三二應)

시방세계무불현(十方世界無不現)

보령중생입무위(普令衆生入無爲)

문아명자면삼도(聞我名者免三途)

견아형자득해탈(見我形者得解脫)

여시교화항사겁(如是敎化恒沙劫)

필경무불급중생(畢竟無佛及衆生)

원제천룡팔부중(願諸天龍八部衆)

위아옹호불이신(爲我擁護不離身)

어제난처무제난(於諸難處無諸難)

여시대원능성취(如是大願能成就)

산문숙정절비우(山門肅靜節悲優)

사내재앙영소멸(寺內災殃永消滅)

토지천룡호삼보(土地天龍護三寶)

산신국사보정상(山神局司補禎祥)

준동함령등피안(蠢動含靈登彼岸)

세세상행보살도(世世常行菩薩道)

구경원성살반야(究竟圓成薩婆若)

마하반야바라밀(摩訶般若波羅密)

아침저녁 부처님께 향과등불 올리옵고

삼보님께 귀의하고 부처님께 예배하니

나라안팎 안녕하고 전쟁난리 없어지며
온세상은 태평하고 부처님법 펴져이다.
바라나니 세세생생 나는곳곳 어디에나
언제든지 반야지혜 물러나지 않으오리.

석가세존 용맹지혜 저도같이 본받아서
노사나불 대각과를 저도같이 이루옵고
문수보살 큰지혜를 저도같이 갖추어서
보현보살 크나큰원 저도같이 행하오며
지장보살 무변신을 저도같이 펼치오며
관음보살 서른둘몸 저도같이 나투오리.
온세상의 곳곳마다 빠짐없이 몸을나퉈
널리중생 교화하여 열반언덕 들게하며
나의이름 듣는이는 삼악도를 벗어나고
나의모양 보는이는 해탈도를 얻으소서.
이와같이 교화하기 항사겁에 다함없어
부처이니 중생이니 필경에는 없사이다.
온세상의 모든시주 소원성취 하시옵고

여기모인 모든이들 엎드려서 비옵나니
선망부모 모든인연 극락왕생 하시옵고
살아계신 스승부모 바다처럼 오래살고
온법계의 고된영가 괴로운곳 여의소서.
산문안팍 고요하여 슬픔걱정 끊어지며
도량안팍 모든재앙 길이길이 없어지며
토지신과 천룡팔부 삼보님을 보호하사
산신님과 가람선신 상서롭게 도우시며
미물들과 범부성현 피안언덕 함께가서
세세생생 끊임없이 보살의길 행하여서
마침내는 일체종지 원만하게 이루오리.
바라건대 하늘과용 여덟종류 신중님들
저희들을 지켜주사 항상함께 하옵소서
어려운일 당하는곳 그어려움 없애주고
이와같은 큰서원을 성취하게 하옵소서.
마하반야 바라밀

나무석가모니불

나무석가모니불

나무시아본사석가모니불(반배)

## ※ 이산혜연선사발원문(怡山惠然禪師發願文)

시방삼세 부처님과 팔만사천 큰법보와
보살성문 스님네께 지성귀의 하옵나니
자비하신 원력으로 굽어살펴 주옵소서.
저희들이 참된성품 등지옵고 무명속에
뛰어들어 나고죽는 물결따라 빛과소리
물이들고 심술궂고 욕심내어 온갖번뇌
쌓았으며 보고듣고 맛봄으로 한량없는
죄를지어 잘못된길 갈팡질팡 생사고해
헤매면서 나와남을 집착하고 그른길만
찾아다녀 여러생에 지은업장 크고작은
많은허물 삼보전에 원력빌어 일심참회
하옵나니 바라옵건대,
부처님이 이끄시고 보살님네 살피옵서
고통바다 헤어나서 열반언덕 가사이다.
이세상에 명과복은 길이길이 창성하고

오는세상 불법지혜 무럭무럭 자라나서
날적마다 좋은국토 밝은스승 만나오며
바른신심 굳게세워 아이로서 출가하여
귀와눈이 총명하고 말과뜻이 진실하며
세상일에 물안들고 청정범행 닦고닦아
시리같이 엄한계율 털끝인들 범하리까
점 잖은 거동으로 모든생명 사랑하여
이내목숨 버리어도 지성으로 보호하리.
삼재팔난 만나잖고 불법인연 구족하여
반야지혜 드러나고 보살마음 견고하여
제불정법 잘배워서 대승진리 깨달은뒤
육바라밀 행을닦아 아승지겁 뛰어넘고
곳곳마다 설법으로 천겁만겁 의심끊고
마군중을 항복받고 삼보님을 뵙사올제
시방제불 섬기는일 잠깐인들 쉬오리까.
온갖법문 다배워서 모두통달 하옵거든
복과지혜 함께늘어 무량중생 제도하며
여섯가지 신통얻고 무생법인 이룬뒤에

관음보살 대자비로 시방법계 다니면서
보현보살 행원으로 많은중생 건지올제
여러갈래 몸을나퉈 미묘법문 연설하고
지옥아귀 나쁜곳엔 광명놓고 신통보여
내모양을 보는이나 내이름을 듣는이는
보리마음 모두내어 윤회고를 벗어나되
화탕지옥 끓는물은 감로수로 변해지고
검수도산 날센칼날 연꽃으로 화하여서
고통받던 저중생들 극락세계 왕생하며
나는새와 기는짐승 원수맺고 빚진이들
갖은고통 벗어나서 좋은복락 누려지다.
모진질병 돌적에는 약풀되어 치료하고
흉년드는 세상에는 쌀이되어 구제하되
여러중생 이익한일 한가진들 빼오리까
천겁만겁 내려오던 원수거나 친한이나
이세상의 권속들도 누구누구 할것없이
얽히었던 애정끊고 삼계고해 뛰어나서
시방세계 중생들도 모두성불 하사이다.

허공끝이 있사온들 이내소원 다하리까
유정들도 무정들도 일체종지 이루어지이다.

나무석가모니불
나무석가모니불
나무시아본사석가모니불(반배)

## ※ 네 가지 무량한 마음(四無量心)에 대한 발원

내가 행복하기를, 고통으로부터 벗어나 자유롭기를, 증오로부터 벗어나 자유롭기를. 번민으로부터 벗어나 자유롭기를, 스스로를 보호하여 행복하기를!

☞ **먼저 자기 자신에 대한 행복발원이다. 자신이 먼저 행복해야 남을 위한 행복도 발원할 수 있기 때문이다.**

01. **자애**(慈 mettā 메타)

모든 살아 있는 존재들이 고통으로부터 벗어나 자유롭기를! 모든 살아 있는 존재들이 증오로부터 벗어나 자유롭기를! 모든 살아 있는 존재들이 번민으로부터 벗어나 자유롭기를! 모든 살아 있는 존재들이 스스로를 보호하여 행복하기를!

02. **연민**(悲 karu ā 까루나)

모든 살아 있는 존재들이 일체의 고통으로부터 벗어나 자유롭게 되기를!

### 03. **환희**(喜 muditā 무디따)

모든 살아 있는 존재들이 그들이 성취한 행복으로부터 벗어나지 않기를!

### 04. **평정**(捨 upekkhā 우뻭까)

모든 살아 있는 존재들의 삶은 자신의 업이기에, 자신이 업의 상속자이고, 업으로 인해 태어나고, 업의 굴레로부터 벗어날 수 없으며, 업을 의지하여 살아가는 것이라네. 우리는 자신이 짓는 착한 행위이든 나쁜 행위이든, 그 결과는 자기 자신이 받아야만 하네.

모든 좋은 축복이 함께하고, 모든 천신들이 그대(우리)를 보호하며, 모든 **붓다의 위신력**으로 그대에게 끊임없는 길상吉祥이 함께하기를!(반배)

모든 좋은 축복이 함께하고, 모든 천신들이 그대(우리)를 보호하며, 모든 **담마의 위신력**으로 그대에게 끊임없는 길상吉祥이 함께하기를!(반배)

모든 좋은 축복이 함께하고, 모든 천신들이 그대(우리)

를 보호하며, 모든 **상가의 위신력**으로 그대에게 끊임 없는 길상吉祥이 함께하기를!(반배)

# ※ 자애발원문(慈愛發願文)

01. 거룩한 부처님께 귀의합니다!(절)

02. 수승한 담마에 귀의합니다!(절)

03. 청정한 상가에 귀의합니다!(절)

04. 다섯 가지 제한 없이 가득 채운 **모든 중생들이** 원한이 없기를, 악의가 없기를, 근심이 없기를! 행복하게 살기를 발원합니다.(절)

05. 다섯 가지 제한 없이 가득 채운 **모든 생명들이** 원한이 없기를, 악의가 없기를, 근심이 없기를! 행복하게 살기를 발원합니다.(절)

06. 다섯 가지 제한 없이 가득 채운 **모든 존재들이** 원한이 없기를, 악의가 없기를, 근심이 없기를! 행복하

게 살기를 발원합니다.(절)

07. 다섯 가지 제한 없이 가득 채운 **모든 인간들이** 원한이 없기를, 악의가 없기를, 근심이 없기를! 행복하게 살기를 발원합니다.(절)

08. 다섯 가지 제한 없이 가득 채운 **몸을 가진 모든 자들이** 원한이 없기를, 악의가 없기를, 근심이 없기를! 행복하게 살기를 발원합니다.(절)

09. 일곱 가지 한정적으로 가득 채운 **모든 여자들이** 원한이 없기를, 고통이 없기를, 근심이 없기를! 행복하게 살기를 발원합니다.(절)

10. 일곱 가지 한정적으로 가득 채운 **모든 남자들이** 원한이 없기를, 고통이 없기를, 근심이 없기를! 행복하게 살기를 발원합니다.(절)

11. 일곱 가지 한정적으로 가득 채운 **모든 성자들이** 원한이 없기를, 고통이 없기를, 근심이 없기를! 행복

하게 살기를 발원합니다.(절)

12. 일곱 가지 한정적으로 가득 채운 **모든 범부들이** 원한이 없기를, 고통이 없기를, 근심이 없기를! 행복하게 살기를 발원합니다.(절)

13. 일곱 가지 한정적으로 가득 채운 **모든 신들이** 원한이 없기를, 고통이 없기를, 근심이 없기를! 행복하게 살기를 발원합니다.(절)

14. 일곱 가지 한정적으로 가득 채운 **모든 인간들이** 원한이 없기를, 고통이 없기를, 근심이 없기를! 행복하게 살기를 발원합니다.(절)

15. 일곱 가지 한정적으로 가득 채운 **악도에 떨어진** 모든 자들이 원한이 없기를, 고통이 없기를, 근심이 없기를! 행복하게 살기를 발원합니다.(절)

16. 열 가지 모든 방향으로 가득 채운 **동쪽에 있는 모든 중생들이** 원한이 없기를, 고통이 없기를, 근심이

없기를! 행복하게 살기를 발원합니다.(절)

17. 열 가지 모든 방향으로 가득 채운 **서쪽에 있는 모든 중생들이** 원한이 없기를, 고통이 없기를, 근심이 없기를! 행복하게 살기를 발원합니다.(절)

18. 열 가지 모든 방향으로 가득 채운 **북쪽에 있는 모든 중생들이** 원한이 없기를, 고통이 없기를, 근심이 없기를! 행복하게 살기를 발원합니다.(절)

19. 열 가지 모든 방향으로 가득 채운 **남쪽에 있는 모든 중생들이** 원한이 없기를, 고통이 없기를, 근심이 없기를! 행복하게 살기를 발원합니다.(절)

20. 열 가지 모든 방향으로 가득 채운 **동남방에 있는 모든 중생들이** 원한이 없기를, 고통이 없기를, 근심이 없기를! 행복하게 살기를 발원합니다.(절)

21. 열 가지 모든 방향으로 가득 채운 **서북방에 있는 모든 중생들이** 원한이 없기를, 고통이 없기를, 근심이

없기를! 행복하게 살기를 발원합니다.(절)

22. 열 가지 모든 방향으로 가득 채운 **동북방에 있는 모든 중생들이** 원한이 없기를, 고통이 없기를, 근심이 없기를! 행복하게 살기를 발원합니다.(절)

23. 열 가지 모든 방향으로 가득채운 **서남방에 있는 모든 중생들이** 원한이 없기를, 고통이 없기를, 근심이 없기를! 행복하게 살기를 발원합니다.(절)

24. 열 가지 모든 방향으로 가득 채운 **아래에 있는 모든 중생들이** 원한이 없기를, 고통이 없기를, 근심이 없기를! 행복하게 살기를 발원합니다.(절)

25. 열 가지 모든 방향으로 가득 채운 **위에 있는 모든 중생들이** 원한이 없기를, 고통이 없기를, 근심이 없기를! 행복하게 살기를 발원합니다.(절)

26. 어디 있거나 무엇을 하거나 괴로운 이들이 고통과 절망과 괴로움에서 벗어나 모두 행복해질 수 있기를

발원합니다.(절)

27. 고통에 시달리는 사람, 몸이 아파 고통받는 사람, 이들 모두가 고통에서 벗어나 모두 행복해질 수 있기를 발원합니다.(절)

28. 아름다움을 보지 못하는 사람, 탐욕에 물들어 고뇌하는 사람, 화를 잘 내는 사람, 그들 모두가 청정한 몸과 마음으로 모두 행복해질 수 있기를 발원합니다.(절)

29. 거리를 방황하는 불우한 청소년, 밥을 못 먹고 굶주림에 지쳐 있는 가난한 사람, 힘없어 소외된 모든 이웃들이 모두 행복해질 수 있기를 발원합니다.(절)

30. 출퇴근하면서 피곤과 짜증에 물들어 있는 사람들에게 자비를 보냅니다. 그들 모두가 증오와 악의에서 벗어나 그저 모두 행복해질 수 있기를 발원합니다.(절)

31. 선하고 아름다운 마음을 가지려고 노력하는 이에

게 자비를 보냅니다. 고통과 적의에서 벗어나 그저 모두가 행복해질 수 있기를 발원합니다.(절)

32. 몸과 마음의 고통을 받는 존재에게 메타(metta 자비)를 보냅니다. 그들에게 그저 아픈 몸은 쾌차하며, 근심은 행복으로, 고뇌는 평온으로, 절망은 안락으로, 좌절은 희망으로 바뀌어 그들 모두가 행복해질 수 있기를 발원합니다.(절)

33. 세상에 대한 원망과 증오와 악의로 가득 찬 마음을 가지고 있는 이들에게 자비의 마음이 가득하길 발원합니다.(절)

34. 온갖 사고와 질병과 싸우며 고통받는 이들에게 희망과 행복이 함께 하기를! 이생에 또 다음 생에서 고통받지 않는 이들이 되기를 발원합니다.(절)

35. 늘 번뇌 속에서 지내는 사람, 고뇌 속에서 지내는 사람, 그 마음의 청정함을 이해하고 볼 줄 모르는 무명한 이들에게 청정한 지혜의 안목이 성장하기를 발

원합니다.(절)

36. 이 모든 발원이 불법승 삼보의 무량한 자비와 가호로 원만히 성취되기를! 이러한 발원의 공덕으로 탐진치 삼독심으로부터 벗어나 지극히 행복한 열반에 이르러 모두가 평안하고 행복해질 수 있기를 발원합니다.(절)

나무석가모니불
나무석가모니불
나무시아본사석가모니불!(반배)

## ※ 수행공덕 회향 발원문

1. 모든 붓다와 담마와 상가의 가피加被로, 불보・법보・승보 삼보의 가호加護로, 모든 보살마하살님의 크신 원력과 자비와 위신력으로, 팔만사천 법문의 힘으로, 경장・율장・논장 삼장의 힘으로, 탐진치 삼독의 번뇌와 싸워 승리한 모든 아라한과 조사님의 수행공덕으로, 일체 중생의 질병・두려움・장애・고뇌・불운・불길한 전조가 마치 아침햇살에 이슬이 증발하듯이, 한순간 모두 깨끗이 소멸되기를 발원하나이다.

2. 저의 참회발원과 수행의 공덕으로 수명이 증장되고, 재화가 증장되고, 안락이 증장되고, 명성이 증장되고, 지혜와 자비의 힘이 증장되고, 선한 아름다움이 증장되어, 언제나 안락한 행복이 증장되기를 발원하나이다.

3. 저의 삼보에 대한 굳센 믿음과 예배공덕과 불법승 삼보의 무량한 자비와 위신력으로 모든 고통・질병・

공포 · 원한 · 슬픔, 그리고 일체의 위험과 고뇌와 수많은 삶의 장애가 마치 따뜻한 봄날에 눈 녹듯이 깨끗이 소멸되기를 발원하나이다.

4. 저의 선한 마음과 선한 행업의 결과로 승리 · 성취 · 재화 · 이익 · 안전 · 행운 · 안락 · 기력 · 지복 · 장수 · 용모 · 부 · 명예가 증장되고 성취되기를 발원하나이다.

5. 모든 좋은 축복이 함께하고, 모든 천신들이여 저희들을 수호하소서. 세상에서 가장 존귀하신 붓다의 무량한 가피의 힘으로 제게(그대에게) 언제나 평안과 행복이 함께하여지이다.

6. 모든 좋은 축복이 함께하고, 모든 천신들이여 저희들을 수호하소서. 수승한 담마의 무량한 가피의 힘으로 제게(그대에게) 언제나 평안과 행복이 함께 하여지이다.

7. 모든 좋은 축복이 함께하고, 모든 천신들이여 저희

들을 수호하소서. 청정한 상가의 무량한 가피의 힘으로 제게(그대에게) 언제나 평안과 행복이 함께 하여지이다.

8. 모든 좋은 축복이 함께하고, 모든 천신들이여 저희들을 수호하소서. 수승한 담마의 무량한 가피의 힘으로 제게(그대에게) 언제나 평안과 행복이 함께하여지이다.

9. 모든 좋은 축복이 함께하고, 모든 천신들이여 저희들을 수호하소서. 청정한 상가의 무량한 가피의 힘으로 제게(그대에게) 언제나 평안과 행복이 함께하여지이다.

나무석가모니불
나무석가모니불
나무시아본사 석가모니불(반배)

# ※ 108 대참회문(百八大懺悔文)

001. 크고 크신 자비심으로 중생을 불쌍히 여기시고, 크고 크신 환희심(喜心)와 평등심(捨心)으로 중생들을 구제하시며, 거룩한 모습 광명으로 장엄하시니, 저희들이 지극한 마음으로 예배드립니다.(절)

002. 지심귀명례 금강상사(절)

003. 귀의불 귀의법 귀의승(절)

004. 제가 이제 발심하여 예배드림은 제 스스로 복을 얻거나, 천상에 태어나거나, 성문과 연각, 보살의 지위를 구하고자 함이 아니요, 오직 최상승最上乘을 의지하옵고, 위없는 진리에 대한 깨달음의 마음(菩提心)을 일으키기 위함이옵니다. 원하옵건대 시방세계 모든 중생이 모두 함께 위없는 깨달음(阿耨多羅三藐三菩提)을 얻어지이다.(절)

005. 지심귀명례 시방 진허공계 일체제불(절)

006. 지심귀명례 시방 진허공계 일체존법(절)

007. 지심귀명례 시방 진허공계 일체현성승(절)

008. 지심귀명례 여래 · 응공 · 정변지 · 명행족 · 선서 · 세간해 · 무상사 · 조어장부 · 천인사 · 불세존(절)

009. 지심귀명례 보광불(절)

010. 지심귀명례 보명불(절)

011. 지심귀명례 보정불(절)

012. 지심귀명례 다마라발전단향불(절)

013. 지심귀명례 전단광불(절)

014. 지심귀명례 마니당불(절)

015. 지심귀명례 환희장마니보적불(절)

016. 지심귀명례 일체세간락견상대정진불(절)

017. 지심귀명례 마니당등광불(절)

018. 지심귀명례 혜거조불(절)

019. 지심귀명례 혜덕광명불(절)

020. 지심귀명례 금강뢰강보산금광불(절)

021. 지심귀명례 대강정진용맹불(절)

022. 지심귀명례 대비광불(절)

023. 지심귀명례 자력왕불(절)

024. 지심귀명례 자장불(절)

025. 지심귀명례 전단굴장엄승불(절)

026. 지심귀명례 현선수불(절)

027. 지심귀명례 선의불(절)

028. 지심귀명례 광장엄왕불(절)

029. 지심귀명례 금화광불(절)

030. 지심귀명례 보개조공자재력왕불(절)

031. 지심귀명례 허공보화광불(절)

032. 지심귀명례 유리장엄왕불(절)

033. 지심귀명례 보현색신광불(절)

034. 심귀명례 부동지광불(절)

035. 지심귀명례 항복중마왕불(절)

036. 지심귀명례 재광명불(절)

037. 지심귀명례 지혜승불(절)

038. 지심귀명례 미륵선광불(절)

039. 지심귀명례 선적월음묘존지왕불(절)

040. 지심귀명례 세정광불(절)

041. 지심귀명례 용종상존왕불(절)

042. 지심귀명례 일월광불(절)

043. 지심귀명례 일월주광불(절)

044. 지심귀명례 혜당승왕불(절)

045. 지심귀명례 사자후자재력왕불(절)

046. 지심귀명례 묘음승불(절)

047. 지심귀명례 상광당불(절)

048. 지심귀명례 관세등불(절)

049. 지심귀명례 혜위등왕불(절)

050. 지심귀명례 법승왕불(절)

051. 지심귀명례 수미광불(절)

052. 지심귀명례 수만나화광불(절)

053. 지심귀명례 우담발라화수승왕불(절)

054. 지심귀명례 대혜력왕불(절)

055. 지심귀명례 아촉비환희광불(절)

056. 지심귀명례 무량음성왕불(절)

057. 지심귀명례 재광불(절)

058. 지심귀명례 금해광불(절)

059. 지심귀명례 산해혜자재통왕불(절)

060. 지심귀명례 대통광불(절)

061. 지심귀명례 일체법상만왕불(절)

062. 지심귀명례 석가모니불(절)

063. 지심귀명례 금강불괴불(절)

064. 지심귀명례 보광불(절)

065. 지심귀명례 용존왕불(절)

066. 지심귀명례 정진군불(절)

067. 지심귀명례 정진희불(절)

068. 지심귀명례 보화불(절)

069. 지심귀명례 보월광불(절)

070. 지심귀명례 현무우불(절)

071. 지심귀명례 보월불(절)

072. 지심귀명례 무구불(절)

073. 지심귀명례 이구불(절)

074. 지심귀명례 용시불(절)

075. 지심귀명례 청정불(절)

076. 지심귀명례 청정시불(절)

077. 지심귀명례 사류나불(절)

078. 지심귀명례 수천불(절)

079. 지심귀명례 견덕불(절)

080. 지심귀명례 전단공덕불(절)

081. 지심귀명례 무량국광불(절)

082. 지심귀명례 광덕불(절)

083. 지심귀명례 무덕불(절)

084. 지심귀명례 나라연불(절)

085. 지심귀명례 공덕화불(절)

086. 지심귀명례 연화광유희신통불(절)

087. 지심귀명례 재공덕불(절)

088. 지심귀명례 덕념불(절)

089. 지심귀명례 선명칭공덕불(절)

090. 지심귀명례 홍염제당왕불(절)

091. 지심귀명례 선유보공덕불(절)

092. 지심귀명례 투전승불(절)

093. 지심귀명례 선유보불(절)

094. 지심귀명례 주잡장엄공덕불(절)

095. 지심귀명례 보화유보불(절)

096. 지심귀명례 보련화선주사라수왕불(절)

097. 지심귀명례 법계장신아미타불(절)

098. 이와 같은 일체 세계의 모든 부처님과 세존께서는 항상 이 세상에 상주하시나니, 모든 부처님께서는 마땅히 저희들을 자비심으로 살펴주시옵소서.

저희들이 이생에서, 혹은 전생에서 시작을 알 수 없는 세월을 살아오면서, 지어온바 그 죄업이 무겁습니다. 혹은 스스로 지었고, 혹은 다른 사람을 시켜 짓게 하였으며, 혹은 남이 짓는 죄업을 보고 함께 기뻐하기도 하였고, 혹은 탑전이나 삼보 도량에 있는 승가의 시주물품 등을 수없이 스스로 취하거나, 다른 사람을 시켜 취하게 하였고, 혹은 다른 사람이 훔치는 것을 보고 함께 따라서 기뻐하기도 하였습니다.

또는 오무간五無間 지옥에 떨어지게 되는 죄업을 혹

은 스스로 지었고, 혹은 다른 사람을 시켜 짓게 하였으며, 혹은 남이 짓는 죄업을 보고 함께 기뻐하기도 하였습니다. 또는 열 가지 불선한 죄업을 혹은 스스로 지었고, 혹은 다른 사람을 시켜 짓게 하였으며, 혹은 남이 짓는 죄업을 보고 함께 기뻐하기도 하였습니다.

이렇듯 지은 죄업의 장애가 본성을 덮어 감춰져 있기도 하고, 혹은 본성 밖으로 드러나기도 하면서, 마땅히 지옥에 떨어지거나, 아귀와 축생에 태어나거나, 모든 나머지 악도에 태어나거나, 변방의 땅에 천한 신분으로 태어나거나, 나아가 야만인으로 태어나게 될 것이옵니다. 이와 같은 곳에 태어나게 되는 모든 죄업을 제가 지금 모두 참회하옵니다.(절)

099. 오늘 모든 부처님께서는 마땅히 저희들의 참회를 알아주시고 증명하여 주시어, 마땅히 저희들을 억념憶念하여 주시옵소서. 저희들이 거듭 모든 부처님전에 발원하옵나니, 저희들이 참회하고 다짐한 말대로 이루어지게 하옵소서.

저희들은 이생부터, 혹은 남은 여생에 이르기까지, 일찍이 보시를 실천하고, 청정하게 계율을 지키며, 나아가 축생들에게도 한 덩이의 음식을 베풀고, 혹은 청정한 보살행 등을 닦아서 얻는 선근공덕과, 혹은 중생들을 제도하여 얻는 선근공덕과, 혹은 위없는 지혜를 깨달아 얻은 선근공덕을 모두 모아 헤아리고 정리하여 모두 다 위없는 궁극적인 깨달음에 회향하옵니다.

과거와 미래와 현재의 모든 부처님들께서 지은바 선근공덕을 회향하신 것처럼, 저희들도 또한 그와 같이 회향하옵니다. 저희들이 지은 모든 죄업을 다 참회하옵고, 모든 복덕 남김없이 다 기쁘게 회향하옵니다. 아울러 모든 부처님의 공덕을 청하오니, 원컨대 위없는 지혜를 성취하게 하옵소서. 과거 현재 미래에 상주하시는 모든 부처님께서는 중생들에게 가장 수승한 공덕의 바다이시니, 저희들이 이제 목숨을 다해 귀의하옵고 예배하옵니다.(절)

100. 시방세계에 계시는 과거・현재・미래의 모든 부처님들께 저희가 청정한 몸(身)과 말(語)과 뜻(意)으로

일체 두루두루 남김없이 예경 드리옵니다. 보현보살의 행원과 위신력으로 널리 모든 부처님 전에 몸을 나투고, 이 한 몸 또다시 티끌처럼 헤아릴 수 없는 몸으로 곳곳에 드러내어, 온 세계에 두루 하신 무량한 부처님들께 모두 예경 드리옵니다.(절)

101. 하나의 티끌 속에 그 티끌 수만큼 많은 부처님들이 각각의 보살대중 법회에 모여 계시며, 다함이 없는 티끌처럼, 무량한 법계 또한 그러하옵니다. 모든 부처님들이 시방세계에 충만해 계심을 깊이 믿습니다. 각각의 모든 부처님들께서 일체의 소리바다로써 널리 다함없는 미묘한 말씀을 설하시니, 미래의 모든 겁劫이 다할 때까지, 부처님의 깊고 깊은 공덕의 바다를 찬탄하옵니다.(절)

102. 가장 수승하고 미묘하게 만들어진 온갖 종류의 꽃다발과 기묘한 음악과 향료, 일산日傘, 이와 같은 가장 훌륭한 장엄구莊嚴具로써 저희들이 모든 부처님들께 공양 올립니다. 가장 좋은 의복과 가장 훌륭한 향과 가루향과 태우는 향과 연등과 촛불 등을 하나하나를 다 수미산처럼 쌓아서, 저희가 모든 부처님들께 빠

짐없이 다 공양 올리옵니다.

저희들이 광대하고 수승한 이해심으로 모든 삼세三世의 부처님들을 깊이 믿으며, 보현보살 행원의 크신 힘으로 두루 모든 부처님들께 공양 올립니다.(절)

103. 저희들이 옛날부터 지어왔던 모든 악업은 시작을 알 수 없는 한없이 먼 과거 전생에서부터 탐심과 성내는 마음과 어리석은 마음인 탐貪진瞋치癡 삼독심을 바탕 하여, 몸(身)과 말(語)과 뜻(意)을 좇아 지었습니다. 그 모든 죄업을 저희들이 이제 모두 다 참회하옵니다.(절)

104. 시방세계 일체의 모든 중생들과 성문 · 연각 · 배움이 아직 남아 있는 수행자(有學) · 더 이상 배움이 남아 있지 않은 성인(無學)을 비롯한 모든 부처님과 보살님들이 구족하신 온갖 공덕을 지성으로 받들어서 함께 기뻐하옵니다.(절)

105. 시방의 모든 세간을 비추시는 등불이시여, 최초

로 큰 보리를 성취하신 분이시여, 저희가 이제 위없는 미묘한 법륜을 굴리시기를 권청하옵니다.(절)

106. 모든 부처님께서 만약 대열반大涅槃을 보이려 하신다면, 저희가 지성으로 권청하옵니다. 오직 원컨대 헤아릴 수 없이 많은 곳에서 무량겁토록 오래 머물러 계시면서, 일체의 모든 중생들이 이롭고 즐거울 수 있게 하여 주시옵소서.(절)

107. 부처님을 예경하고 찬탄하고 공양한 공덕과 부처님이 세상에 오래 머무르시며 진리의 수레바퀴(法輪)를 굴리시기를 청한 공덕과 따라서 기뻐하고 참회한 모든 선근을 모든 중생들과 부처님의 진리에 회향하옵니다.(절)

108. 생각 생각에 밝은 지혜로 법계를 두루 비춰서, 널리 중생들을 제도하되, 결코 물러나지 않겠나이다. 나아가 허공의 세계가 다하고, 중생과 업과 번뇌가 다할 때까지, 그렇게 실천하겠나이다. 그러나 이와 같은 네 가지는 광대하여 끝이 없기에, 원하옵건대 지금의

회향 또한 이와 같이 끝이 없을 것이옵니다.(절)

나무대행보현보살

나무대행보현보살

나무대행보현보살마하살(반배)

## ※ 연지대사왕생극락발원문
## (蓮池大師往生極樂發願文)

01. 극락세계에 계시면서 중생을 이끌어 주시는 아미타불께 귀의하옵고, 극락세계 왕생하기 원하오니 자비하신 원력으로 굽어 살펴주시옵소서.

02. 저희들이 네 가지 은혜에 보답하고 삼계육도三界六道 중생들을 위하여 부처님의 위없는 도를 이룩하려는 원력으로 아미타불의 거룩하신 이름을 부르오며, 극락세계에 가서 나기를 발원하나이다.

03. 업장은 두텁고 복과 지혜 미약하여 마음은 더러움에 물들기 쉽고, 깨끗한 공덕 닦기 어렵기에 이제 부처님 앞에서 지극한 정성으로 예배하고 참회하나이다.

04. 저희들이 한량없는 옛적부터 오늘에 이르도록 몸과 입과 마음으로 한량없이 지은 죄업 모두 참회하오

며, 한량없이 맺어놓은 원한의 마음을 모두 풀어 버리옵고, 아미타 부처님처럼 넓고 크고 깊고 높은 서원 세우고, 나쁜 악업 멀리하여 다시 짓지 아니하고, 보살도를 항상 닦아 물러나지 아니하며, 정각을 이루어서 삼계중생 모두 제도하겠나이다.

05. 아미타부처님이시여, 대자대비 원력으로 저희들을 증명하시고, 저희들을 어여삐 여기시어 가피를 내리시어 삼매에도 꿈속에도 아미타불의 거룩하신 모습 뵙게 하옵소서. 아미타불의 장엄하신 극락세계로 인도하시어 아미타불의 감로수로 뿌려주시고, 광명으로 비춰주시고, 손으로 만져주시고, 옷으로 덮어주옵소서. 이로 인하여 업장은 소멸되고, 선근은 자라나고, 번뇌는 없어지고, 무명은 깨어져서, 원각의 미묘한 마음 뚜렷하게 열리어 항상 적광寂光의 참세계가 눈앞에 나타나게 하옵소서.

06. 또한 이 목숨 마치고자 할 때, 그 시간 미리 알아 여러 가지 병고 액난이 몸에서 없어지고 탐진치 온갖 번뇌 씻은 듯이 사라지며, 육근(六根: 눈 이 코 혀 몸 마음)은 화락하고 한 생각 분명하여, 이 몸을 버리기를 선

정에 드는 듯이 하게 하옵소서.

07. 그러한 때에 아미타 부처님께서 관음·대세지 두 보살님과 청정하신 팔부성중 거느리시고, 광명 놓아 맞아주시며, 대자대비로 이끄시어, 높고 넓은 누각들과 아름다운 깃발들과 맑은 향기 고운 음악으로 장엄한 거룩한 극락세계로 인도하여 주옵소서.

08. 이러한 광경 보는 사람 듣는 사람, 기쁘고 감격하여 위없는 보리심을 다 같이 일으키며, 이내 몸 연화보좌蓮花寶座 금강대金剛臺에 올라앉아 부처님 뒤를 따라 극락정토로 나아가지이다.

09. 칠보七寶로 된 연못 속에 상품상생上品上生하여 불보살님 위없는 미묘한 법문 듣고, 생멸의 마음에서 벗어난 위없는 깨달음(無生法忍) 얻사오며, 부처님 받들어 모시옵고, 미래에 부처되는 수기受記를 친히 받아 삼신三身·사지四智·오안五眼·육통六通·백천百千 다라니와 온갖 공덕을 모두 원만하게 성취하게 하옵소서.

10. 그러한 뒤엔 이 사바세계에 다시 되돌아와, 한량없는 화신化身의 몸으로 시방국토 다니면서 여러 가지 신통력과 온갖 방편으로 무량한 중생들을 제도하여 탐진치 삼독심에서 벗어나게 하고, 청정한 마음으로 극락세계에 함께 왕생하여, 다시금 물러나지 않는 깨달음의 자리에 오르게 하옵소서.

11. 이 세계가 끝이 없고, 중생이 끝이 없고, 번뇌 업장이 모두 끝이 없기에, 저의 이러한 서원 또한 다함이 없나이다. 저희들이 지금 예배하고 발원하여 닦아 지닌 공덕을 모든 중생에게 베풀고 회향하오니, 네 가지 은혜(부모·스승·국가·시주) 골고루 갚고, 삼계의 중생들을 모두 제도하여 다 함께 부처님이 깨달으신 큰 지혜(一切種智)를 이루게 하옵소서.

나무아미타불
나무아미타불
나무서방정토극락세계 아미타불.(반배)

## ※ 영가천도 발원문(靈駕薦度 發願文)

01. 영가시여 저희들이 일심으로 염불하니
무명업장 소멸하고 반야지혜 드러내어
생사고해 벗어나서 해탈열반 성취하사
극락왕생 하옵시고 모두성불 하옵소서.

02. 사대육신 허망하여 결국에는 사라지니
이육신에 집착말고 참된도리 깨달으면
모든고통 벗어나고 부처님을 친견하리.

03. 살아생전 애착하던 사대육신 무엇인고
한순간에 숨거두니 주인없는 목석일세
인연따라 모인것은 인연따라 흩어지니
태어남도 인연이요 돌아감도 인연인걸
그무엇을 애착하고 그무엇을 슬퍼하랴.

04. 몸뚱이를 가진자는 그림자가 따르듯이
일생동안 살다보면 죄없다고 말못하리

죄의실체 본래없어 마음따라 생기나니
마음씀이 없어질때 죄업역시 사라지네.

05. 죄란생각 없어지고 마음또한 텅비워서
무념처에 도달하면 참회했다 말하리라
한마음이 청정하면 온세계가 청정하니
모든업장 참회하여 청정으로 돌아가면
영가님이 가시는길 광명으로 가득하리.

06. 가시는길 천리만리 극락정토 어디인가
번뇌망상 없어진곳 그자리가 극락이니
삼독심을 버리고서 부처님께 귀의하면
무명업장 벗어나서 극락세계 왕생하리.

07. 제행은~ 무상이요 생자는~ 필멸이라
태어났다 죽는것은 모든생명 이치이니
임금으로 태어나서 온천하를 호령해도
결국에는 죽는것을 영가님은 모르는가?

08. ○○○ 영가이시여,

영가시여 어디에서 이세상에 오셨다가
가신다니 가시는곳 어디인줄 아시는가?

09. 태어났다 죽는것은 중생계의 흐름이라
이곳에서 가시며는 저세상에 태어나니
오는듯이 가시옵고 가는듯이 오신다면
이육신의 마지막을 걱정할것 없잖은가.

10. 일가친척 많이있고 부귀영화 높았어도
죽는길엔 누구하나 힘이되지 못한다네
맺고쌓은 모든감정 가시는길 짐이오니
염불하는 인연으로 남김없이 놓으소서.

11. 미웠던일 용서하고 탐욕심을 버려야만
청정하신 마음으로 불국정토 가시리라
삿된마음 멀리하고 미혹함을 벗어나야
반야지혜 이루시고 왕생극락 하오리다.

12. 본마음은 고요하여 옛과지금 없다하니
태어남은 무엇이고 돌아감은 무엇인가

부처님이 관밖으로 양쪽발을 보이셨고
달마대사 총령으로 짚신한짝 갖고갔네.

13. 이와같은 높은도리 영가님이 깨달으면
생과사를 넘었거늘 그무엇을 슬퍼하랴.
뜬구름이 모였다가 흩어짐이 인연이듯
중생들의 생과사도 인연따라 나타나니
좋은인연 간직하고 나쁜인연 버리시면
이다음에 태어날때 좋은인연 만나리라.

14. 사대육신 흩어지고 업식만을 가져가니
탐욕심을 버리시고 미움또한 거두시며
사견마저 버리시어 청정해진 마음으로
부처님의 품에안겨 왕생극락 하옵소서.

15. 돌고도는 생사윤회 자기업을 따르오니
오고감을 슬퍼말고 환희로써 발심하여
무명업장 밝히시면 무거운짐 모두벗고
삼악도를 뛰어넘어 극락세계 가오리다.

16. 이세상에 처음올때 영가님은 누구셨고
사바일생 마치시고 가시는이 누구신가
물이얼어 얼음되고 얼음녹아 물이되듯
이세상의 삶과죽음 물과얼음 같으오니
육친으로 맺은정을 가벼웁게 거두시고
청정해진 업식으로 극락왕생 하옵소서.

17. 영가시여 사바일생 다마치는 임종시에
지은죄업 남김없이 부처님께 참회하고
한순간도 잊지않고 부처님을 생각하면
가고오는 곳곳마다 그대로가 극락이니
첩첩쌓인 푸른산은 부처님의 도량이요
맑은하늘 흰구름은 부처님의 발자취요
뭇생명의 노랫소리 부처님의 설법이고
대자연의 고요함은 부처님의 마음이니
불심으로 바라보면 온세상이 불국토요
범부들의 마음에는 불국토가 사바로다.

18. 애착하던 사바일생 하룻밤에 꿈과같고
나다너다 모든분별 본래부터 공이거니
빈손으로 오셨다가 빈손으로 가시거늘

그무엇에 얽매여서 극락왕생 못하시나?

19. 저희들이 일심으로 독송하는 진언따라
지옥세계 무너지고 맺은원결 풀어지며
아미타불 극락세계 상품상생 하옵소서.

나무아미타불
나무아미타불
나무서방정토극락세계 나무아미타불.(반배)

## 부처님의 오도송悟道頌

Anekajātisaṁsāraṁ, sandhāvissaṁ, anibbisaṁ
Gahakārakaṁ gavesanto, dukkhā jāti punappunaṁ.
Gahakāraka diṭṭhosi Puna gehaṁ na kāhasi
Sabbā te phāsukā bhaggā, gahakūṭaṁ visaṅkhataṁ;
Visaṅkhāragataṁ cittaṁ, taṇhānaṁ khayamajjhagā.

"한량없는 세월, 생사윤회를 거듭하면서
집 짓는 자(갈애, taṇhā)를 찾아 헤매었으나
찾지 못하여 계속해서 태어났나니,
이는 괴로움(dukkha, 苦)이었네.

아, 집을 짓는 자여! 이제 그대를 보았노라.
그대는 이제 더 이상 집을 짓지 못하리라.
서까래(번뇌, 汚染源, Kilesa)는 부서졌고,
대들보(어리석음, 無明, avijjā)는 산산이 조각났네.
나의 마음은 닙빠나(nibbāna, 涅槃)에 이르렀고,
모든 갈애는 파괴되었네.

# 수행에 도움이 되는 말씀과 게송편

1. **‘수행에 도움이 되는 말씀과 게송’**은 삼보에 귀의하여 부처님 법을 배우고 닦아나가는 출가수행자, 혹은 신행을 실천해 나가는 일반 불자들이 기본적으로 배우고, 억념하고, 닦고, 실천해야 할 소중한 부처님 말씀과 역대 조사 큰스님들의 게송과 가르침들을 선별하여 정리하였다. 본편에 실은 부처님 말씀은 초기경전에서 설해지고 있는 불교의 근본교설인 삼법인·사성제를 비롯하여, 부처님의 오도송과 전법선언·정법과 사법·칠불통게·감각기능의 단속·계율과 보시와 그 공덕에 관한 가르침 등의 내용을 담고 있는 말씀들이다. 또한 게송은 화엄경의 핵심 가르침을 담은 법성게, 제법의 무상을 일깨우고 있는 무상게, 그리고 공양할 때 합송하는 공양게송 등이다.

이러한 부처님 말씀들과 게송들은 불자들이 이미 익히 배우고 알고 있는 것일 수도 있지만, 삼보를 믿고 의지하여 수행과 신행을 실천해 나가는 수행자와 불자들이 늘 억념하여 수순해야 될 가르침들이기에 거듭 항상 독송하고 되새겨야 할 가르침들이라 할 수 있다.

2. 본 「**수행에 도움이 되는 말씀과 게송편**」에서는 부처님의 오도송(悟道頌)·붓다의 전법선언·모든 진리는 사성제에 포함되나니·사성제에 대한 찬탄 게송·연기를 보는 자는 법을 보나니·법(三法印)은 여래의 출현 전에 존재하나니·삼법인에 대한 게송·자신과 법을 섬과 귀의처로 삼아라·칠불통게(七佛通偈)·법과 율이 그대의 스승이니·정법의 기준은 이러하니·법(法, Dhamma)과 율(律, Vinaya)의 8가지 특성은·바른 견해(正見)를 지닌 사람·삿된 견해(邪見)를 지닌 사람·전도된 인식

(顚倒夢想)에 빠져있는 사람 · 바른 가르침(正法)의 판단 기준 · 감각 기능(六門)을 단속해야 하나니 · 다섯 가지 장애(五蓋)를 제거할지니 · 가장 으뜸가는 보시 · 보시도 대상에 따라 과보가 다를지니 · 보시의 다섯 가지 이익 · 재가자의 계를 지키는 다섯 가지 이익 · 얻기 어려운 네 가지 · 진정한 일곱 가지 재산 · 자주 성찰해야 할 게송 · 발심하여 수행할 것을 권하는 말씀 · 법성게(法性偈) · 무상게(無常偈) · 회향 게송(回向偈頌) · 오관게(五觀偈) 공양게송 · 일반 공양게송 등을 담았다.

3. 본편에 실은 부처님 말씀과 게송들은 불교의 핵심적인 가르침을 담고 있는 매우 중요한 말씀과 게송들이라 할 수 있다. 이러한 부처님 말씀과 게송을 독송함에 있어, 다른 경전을 독송하고 나서 특별한 말씀과 게송을 선택해서 매일 독송해도 좋고, 아니면 차례대로 매일 몇 편의 말씀과 게송을 순서대로 독송하며 그 가르침의 뜻을 되새기고 익혀도 좋을 것이다.

## ※ 부처님의 오도송(悟道頌)
### (법구경 Dhammapada. 153, 154)

Anekajātisaṁsāraṁ, sandhāvissaṁ, anibbisaṁ

**아네-까자-띠상사-랑, 산다-윗상 아닙비상**

Gahakārakaṁ gavesanto, dukkhā jāti punappunaṁ.

**가하까-랑 가웨-산또- 둑카- 자-띠 뿌납뿌낭**

Gahakāraka diṭṭhosi Puna gehaṁ na kāhasi

**가하까-라까 딧토-시 뿌나 게-항 나 까-하시**

Sabbā te phāsukā bhaggā, gahakūṭaṁ visaṅkhataṁ;

**삽바- 떼- 파-수까- 박가- 가하꾸-땅 위상카땅**

Visaṅkhāragataṁ cittaṁ, taṇhānaṁ khayamajjhagā.

**위상카-라가땅 찟땅 딴하-낭 카야맛자가-**

"한량없는 세월, 생사윤회를 거듭하면서
집 짓는 자(갈애, ta hā)를 찾아 헤매었으나
찾지 못하여 계속해서 태어났나니,
이는 괴로움(dukkha, 苦)이었네.

아, 집을 짓는 자여! 이제 그대를 보았노라.
그대는 이제 더 이상 집을 짓지 못하리라.
서까래(번뇌, 汚染源, Kilesa)는 부서졌고,
대들보(어리석음, 無明, avijjā)는 산산이 조각났네.
나의 마음은 닙빤나(nibbāna, 涅槃)에 이르렀고,
모든 갈애는 파괴되었네."

## ❋붓다의 전법선언
**(대본기경, Mahāpadāna Sutta, DN.14)**

"내가 증득한 이 법은 심오하고 보기 어렵고 깨닫기 어렵고 고요하고 숭고하며, 사유의 영역을 뛰어넘고 미묘하여 현자만이 알 수 있는 것이니라.

그러나 사람들은 감각적 쾌락을 좋아하고, 감각적 쾌락에 물들어 있고, 감각적 쾌락에 탐닉하고 있다. 감각적 쾌락을 좋아하고, 감각적 쾌락에 물들어 있고, 감각적 쾌락에 탐닉하는 사람들이 이런 경지, 조건 짓는 법인 연기緣起를 본다는 것은 어렵도다.

또한 모든 형성의 그침·모든 집착의 포기·갈애의 소진·사라짐·소멸·열반을 본다는 것은 어렵다. 설혹 내가 법을 가르쳐도 저들이 내 말을 이해하지 못한다면, 그것은 나에게 피로를 주고 그것은 고달픈 일이니라.

진실로 불사不死의 문이 열렸도다.
귀 있는 이들은 믿음을 내어라.
범천梵天이여, 이 심오하고 숭고한 법을
사람들이 오해하여 해악을 줄까 여겨
나는 법을 설하려 하지 않았도다.
비구들이여, 세상의 이익을 위하여 법을 전하라.

비구들이여, 많은 사람의 유익을 위하고, 많은 사람의 행복을 위하고, 세상을 연민하고, 신과 인간의 유익과 행복을 위하여 길을 떠나라.

두 사람이 같은 길로 가지 마라. 비구들이여, 법을 설하라. 시작도 훌륭하고 중간도 훌륭하고 끝도 훌륭하며, 의미와 표현을 구족한 법을 설하여, 더할 나위 없이 완벽하고, 지극히 청정한 범행을 드러내라.

세상에는 눈에 먼지가 덜 낀 중생이 있나니, 법을 듣지 못하면 그들은 파멸할 것이다. 법을 들으면 그들은 법에 대해 구경의 지혜를 얻을 것이니라."

## ※ 모든 진리는 사성제에 포함되나니
**-『코끼리 발자국 비유 큰 경, Mahā-hatthipadopama Sutta, MN. 28』**

"세존께서 사왓티 제따와나의 아나타삔디까 사원에 머무실 때 사리뿟따 존자가 비구들에게 이와 같이 말하셨습니다.

도반들이여, 움직이는 생물의 어떠한 발자국이든 모두 코끼리의 발자국 안에 들어가고, 그 크기에서 그들 가운데 최상이듯이, 도반들이여, 착하고 선한 어떠한 법이든 모두 네 가지 성스러운 진리 안에 들어가느니라.

네 가지란 어떠한 것인가? 바로 괴로움의 성스러운 진리(苦聖諦)·괴로움의 일어남의 성스러운 진리(集聖諦)·괴로움의 소멸의 성스러운 진리(滅聖諦)·괴로움의 소멸에 이르는 길의 성스러운 진리(道聖諦)이니라."

# ※ 사성제四聖諦에 대한 찬탄 게송

1. 도道 중에서 성스러운 팔정도가 가장 최상이요, 진리 중에서 사성제가 가장 최상이요, 담마 중에서 탐욕 없음이 가장 최상이요, 두 발 가진 존재 중에서 혜안을 구족하신 부처님이 가장 최상이라네.

2. 부처님과 담마와 상가를 의지하여 나아가면, 그는 바른 지혜에 의해 네 가지 성스러운 진리를 깨달을 수 있다네.

3. 이러한 사성제는 괴로움(苦)과 · 괴로움의 원인(集)과 · 괴로움의 최종적인 소멸(滅)과 · 괴로움의 소멸로 인도하는 성스러운 여덟 가지의 도(道)이네.

4. 이러한 진리는 실로 가장 안전한 의지처요, 이러한 진리는 최상의 의지처이니, 이 네 가지 진리를 의지함으로써 모든 괴로움에서 벗어난다네.

5. 세상에는 여러 가지 성질의 괴로움이 있나니, 그것들은 집착을 근원으로 생겨난다네. 실로 어리석은 사람은 알지 못하여 집착을 만들고, 반복된 괴로움을 받나니, 그러므로 괴로움을 아는 자는 괴로움이 일어나는 근원을 관찰하여, 집착을 만들어서는 안 된다네.

## ※연기를 보는 자는 법을 보나니

**- 『코끼리 발자국 비유 큰 경, Mahā-hatthipadopama Sutta, MN. 28』**

"도반들이여, 참으로 세존께서는 '연기를 보는 자는 법(法: 조건 따라 생긴 법들)을 보고, 법을 보는 자는 연기를 본다'라고 말씀하셨습니다. 이러한 취착하는 다섯 가지 무더기(五取蘊)들은 조건에 따라 생긴(緣起) 것입니다. 이러한 취착하는 다섯 무더기들에 욕망하고, 집착하고, 좋아하고, 탐착하는 것은 괴로움의 일어남입니다. 이러한 취착하는 다섯 무더기들에서 탐욕과 욕망을 제거하고, 탐욕과 욕망을 버리는 것이 괴로움의 소멸입니다. 도반이여, 이러할 때 비구는 많은 것을 성취한 것입니다."

## ※ 법(三法印)은 여래의 출현 전에 존재하나니
**-『 출현 경, Uppādā Sutta, AN. 3.134』**

1. "비구들이여, **'모든 형성된 것은 무상하다(sabbe sa khārā anicca, 諸行無常)'**라는 것은 여래들께서 출현하신 후거나 출현하시기 이전에도 존재하는 요소(界)이며, 법으로 확립된 것이고, 법으로 결정된 것이니라. 여래는 이것을 투철하게 깨달았고 관통하였다. 투철하게 깨달았고 관통한 뒤 '모든 형성된 것은 무상하다'라고 알게 하고 가르치고 천명하고 확립하고 드러내고 분석하고 명확하게 하느니라.

2. 비구들이여, **'모든 형성된 것은 괴로움이다(sabbe sa khārā dukkha, 一切皆苦)'**라는 것은 여래들께서 출현하신 후거나 출현하시기 이전에도 존재하는 요소(界)이며, 법으로 확립된 것이고, 법으로 결정된 것이

니라. 여래는 이것을 투철하게 깨달았고 관통하였다. 투철하게 깨달았고 관통한 뒤 '모든 형성된 것은 괴로움이다'라고 알게 하고 가르치고 천명하고 확립하고 드러내고 분석하고 명확하게 하느니라.

3. 비구들이여, **'모든 형성된 것은 무아다(sabbe dhamma anattā, 諸法無我)'**라는 것은 여래들께서 출현하신 후거나 출현하시기 이전에도 존재하는 요소(界)이며, 법으로 확립된 것이고, 법으로 결정된 것이다. 여래는 이것을 투철하게 깨달았고 관통하였다. 투철하게 깨달았고 관통한 뒤 '모든 형성된 것은 무아다'라고 알게 하고 가르치고 천명하고 확립하고 드러내고 분석하고 명확하게 하느니라."

## 삼법인(Tilakkha a gāthā 三法印)에 대한 게송

### 01. 무상(無常 Anicca 아닛짜)

Sabbe saṅkhārā aniccāti.

**삽베 상카라 아닛짜 띠**

yadā paññāya passati,

**야다 빤냐야 빳사띠**

Atha nibbindati dukkhe,

**아타 닙빈다띠 둑케**

esa maggo visuddhiyā.

**에사 막고 위숫디야**

모든 조건적인 것들은 무상하느니라(諸行無常).
밝은 지혜로 이같이 통찰하면,
괴로움에서 벗어나리니,
이것이 청정에 이르는 길이니라.

## 02. 고(苦 Dukkha 둑카)

Sabbe saṅkhārā dukkhāti.

**삽베 상카라 둑카띠**

yadā paññāya passati,

**야다 빤냐야 빳사띠**

Atha nibbindati dukkhe,

**아타 닙빈다띠 둑케,**

esa maggo visuddhiyā.

**에사 막고 위숫디야**

모든 조건적인 것들은 괴로움이니라(一體皆苦).
밝은 지혜로 이같이 통찰하면,
괴로움에서 벗어나리니,
이것이 청정에 이르는 길이니라.

### 03. 무아(無我 Anattā 아낫따)

Sabbe dhammā anattāti,

**삽베 담마 아낫따 띠,**

yadā paññāya passati,

**야다 빤냐야 빳사띠,**

Atha nibbindati dukkhe

**아타 닙빈다띠 둑케**

esa maggo visuddhiyā.

**에사 막고 위숫디야**

모든 존재들은 무아이니라(諸法無我).
밝은 지혜로 이같이 통찰하면,
괴로움에서 벗어나리니,
이것이 청정에 이르는 길이니라.

## ※ 자신과 법을 섬과 키의처로 삼아라

**-『대반열반경, Mahāparinibbāna-sutta, DN.16』**

atta-dīpā viharatha atta-saraṇā anañña-saraṇā,
**앗따-디빠 위하라타 앗따-사라나 아난나-사라나,**
dhamma-dīpā dhamma-saraṇā anañña-saraṇā.
**담마-디빠 담마 –사라나 아난나-사라나.**

"자신을 섬(自洲, 自燈明)으로 삼고,
자신을 귀의처(自歸依)로 삼아 머물고,

남을 귀의처로 삼아 머물지 말라.

법을 섬(法洲, 法燈明)으로 삼고,
법을 귀의처(法歸依)로 삼아 머물고,
다른 것을 귀의처로 삼아 머물지 말라."

## ※ 칠불통게(七佛通偈: 법구경 Dhammapada, 183)

Sabbapapassa akaranam,
**삽바빠-빳사 아까라낭,**
kusalassa upasampada,
**꾸살랏사 우빠삼빠다,**
sacittapariyodapanam,
**사찟따빠리요-다빠낭,**
etam buddhana sasanam.
**에-땅 붓다-나 사-사낭.**

"모든 악업을 짓지 말고(諸惡莫作)
모든 선업을 받들어 실천하며(衆善奉行)
스스로 그 마음을 깨끗이 닦는 것(自淨其意),
이것이 모든 붓다의 가르침이니라(是諸佛敎)."

## ※ 법과 율이 그대의 스승이니

- 『대반열반경, Mahāparinibbāna-sutta, DN. 16』

"아난다여, 그대들에게 '스승의 가르침은 이제 끝나 버렸다. 이제 스승은 계시지 않는다.'라는 이런 생각이 들지도 모른다. 아난다여, 그러나 그렇게 보아서는 안 된다. 내가 가고 난 후에는 내가 그대들에게 가르치고 천명한 담마法와 율律이 그대들의 스승이 될 것이니라."

## ※정법의 기준은 이러하니

**-『간략함 경, AN. 8.53』**

"고따미여, 어떤 법들이 '탐욕을 사라지게 하고, 탐욕에 물들게 하지 않으며, 윤회의 족쇄를 벗어나게 하고, 윤회의 족쇄로 이끌지 않으며, 윤회를 감소시키고, 윤회를 증장시키지 않으며, 욕심에서 벗어나게 하고, 욕심으로 이끌지 않으며, 만족하게 하고, 불만족으로 이끌지 않으며, 한거하도록 하고, 무리지어 살도록 하지 않으며, 열심히 정진하게 하고, 게으름으로 이끌지 않으며, 공양하기 쉽게 하고, 공양하기 어렵게 하지 않는다'라고 그대가 알게 되면, '이것은 법이고 이것은 율이고 이것은 스승의 가르침이다.'라고 그대는 전적으로 호지護持해야 하느니라."

## ※법(法)과 율(律)의 8가지 특성은
**-『빠하라다경, Pahārāda sutta, AN. 8.19』**

1. "큰 바다가 순차적으로 기울어지고, 순차적으로 비탈지고, 순차적으로 경사지면서 절벽을 이룰 수 있듯이, 이 법과 율도 순차적으로 공부하고, 순차적으로 실천하고, 순차적으로 닦음으로써 완전한 지혜를 이룰 수 있느니라.

2. 큰 바다가 머무르며 해안을 침범하지 않듯이, 이 법과 율의 제자들도 목숨을 버릴지언정 계목戒目을 범하지 않아야 하느니라.

3. 큰 바다가 시체와 함께 머물지 않고 땅으로 내쳐버리듯이, 이 법과 율의 상가(僧家, Saṅgha)도 계를 지키지 않고, 나쁜 성품을 지니고, 불결하고, 의심하는 습관을 가지고, 비밀리에 행하고, 사문(沙門, samaṇa)이 아니면서 사문이라 주장하고, 청정범행淸淨梵行을 닦지 않으면서 청정범행을 닦는다고 주장하고, 안이 썩었고, 오염원들이 흐르고, 청정하지 않은 사람들과는

함께 머물지 않아야 하고, 상가가 함께 모여 곧바로 내쳐버려야 하느니라.

4. 강가Gaṅga · 야무나Yamunā · 아찌라와띠Aciravatī · 사라부Sarabhū · 마히Mahī와 같은 큰 강들이 큰 바다에 이르면, 이전의 이름을 버리고 바다라는 이름을 지니듯이, 끄샤뜨리야khattiye · 바라문brāhmaṇe · 와이샤vesse, 수드라sudde의 네 가지 계급의 사람들이 여래가 선언한 법과 율에 출가하면, 이전의 이름을 버리고 사꺄Sakya의 아들이라는 이름을 갖느니라.

5. 강이 흘러들고 비가 내려도 큰 바다가 모자라거나 넘치지 않듯이, 이 법과 율에서 많은 비구들이 취착取着이 없는 열반에 들어도 열반의 세계는 모자라거나 넘치지 않느니라.

6. 큰 바다가 하나의 맛인 짠맛을 지니고 있듯이, 이 법과 율도 하나의 맛인 해탈의 맛을 지니고 있다.

7. 큰 바다가 진주 · 수정 · 녹주석 · 소라 · 규석 · 산

호 · 은 · 금 · 루비 · 묘안석과 같은 여러 종류의 많은 보배를 지니고 있듯이, 이 법과 율도 사념처 · 사정근 · 사여의족 · 오근 · 오력 · 칠각지 · 팔정도와 같은 많은 보배(곧 37조도품)를 지니고 있느니라.

8. 큰 바다가 백 요자나(yojana 由旬), 이백 요자나, 삼백 요자나, 사백 요자나, 오백 요자나의 몸을 가진 큰 존재들이 머무는 곳이듯이, 이 법과 율도 예류자豫流者 · 예류과豫流果를 닦는 자 · 일래자一來者 · 일래과一來果를 닦는 자 · 불환자不還者 · 불환과不還果를 닦는 자 · 아라한阿羅漢 · 아라한과阿羅漢果를 닦는 자(곧 사쌍팔배四雙八輩) 등 큰 존재들이 머무는 곳이니라."

## ※ 바른 견해(正見)를 지닌 사람 - 『MN. 110』

"비구들이여, 바른 사람은 어떠한 견해를 지니는가? 이 세상에서 바른 사람은 '보시에는 공덕이 있다. 제사의 공덕도 있다. 공양의 공덕도 있다. 선업과 악업의 과보도 있다. 이 세상도 있고, 저세상도 있다. 어머니도(봉양에 대한 과보) 있고 아버지도(봉양에 대한 과보) 있다. 화생化生하는 존재(지옥중생, 천인)도 있다. 이 세상과 저세상에 대해 스스로 최상의 지혜로 실현하여 드러내는 바른 도를 구족한 사문·바라문도 있다'라는 견해를 지닌다. 바른 사람은 이러한 견해를 지니느니라."

☞ **①업과 업의 과보 ②생사윤회(sa sāra vatta)의 세계(三界) ③생사윤회의 세계를 인정하고 볼 수 있는 사람이 바른 견해를 가진 사람임을 가르침.**

## ※ 삿된 견해(邪見)를 지닌 사람 - 『MN. 117』

"비구들이여, 삿된 견해란 무엇인가? '보시에는 공덕이 없다. 제사의 공덕도 없다. 공양의 공덕도 없다. 선업과 악업의 과보도 없다. 이 세상도 없고, 저세상도 없다. 어머니도 없고, 아버지도 없다. 화생하는 존재도 없다. 이 세상과 저세상에 대해 스스로 최상의 지혜로 실현하여 드러내는 바른 도를 구족한 사문·바라문도 없다'라고 한다면, 비구들이여, 이것이 삿된 견해이니라."

☞ **①업과 업의 과보 ②생사윤회(Sa sāra vatta)의 세계 ③생사윤회의 세계를 알지 못하고 부정하는 사람을 삿된 견해를 가진 사람임을 가르침.**

## ※ 전도된 인식에 빠져있는 사람 - 『AN.4.49』

"삿된 견해에 빠지고 마음이 혼란하고, 인식이 전도된 중생들은 무상無常에 대해 항상恒常하다고, 괴로움苦에 대해 행복樂이라고, 무아無我에 대해 자아自我라고, 부정不淨한 것에 대해 깨끗하다淨고 인식하느니라. 그들은 마라(māra, 장애, 惡者)의 밧줄에 걸려서 속박으로부터 벗어나지 못하여, 태어남과 죽음으로 치달리면서 생사윤회를 거듭하느니라."

☞ **곧 제법의** 無常・苦・無我・不淨**을** 常・樂・我・淨**임을 주장하는 전도된 생각과 견해(**顚倒夢想**)를 가진 사람을 지칭.**

## ※ 바른 가르침(正法)의 판단 기준

### -『깔라마 경, Kalama Sutta AN.3.65』

“깔라마Kalama인: 세존이시여, (외도의 스승들은) 각자 자기의 주장을 설명하고, 칭찬하고, 다른 사람의 주장은 매도하고, 욕하고, 업신여기고, 경멸하옵니다. 이런 사문들 가운데 누가 진실을 말하고, 누가 거짓을 말하는지 그들의 주장은 저희들에게 미덥지 못하고 의심스럽습니다.

세존: 깔라마인들이여, 그대들이 믿지 못하고, 의심하는 것은 당연하니라. 미덥지 못한 곳에 의심이 일어나는 것이니, 깔라마인이여, ‘소문으로 들었다고 해서, 대대로 전승되어온 것이라고 해서, 누가 그렇다고 해서, 경전에 쓰여 있다고 해서, 논리적이라고 해서, 추론으로 이끌어낸 것이라고 해서, 이유가 적절하다고 해서, 사색하여 얻은 견해와 일치한다고 해서, 유명한 사람이 말했다고 해서, 자신의 스승이 말했다’고 해서 그 주장을 그대로 받아들여서는 안 되느니라.

깔라마인들이여, 그대들은 참으로 스스로가 '이러한 법들은 해로운 것이고, 이러한 법들은 비난받아 마땅하고, 이런 법들은 지혜로운 사람들의 비난을 받을 것이고, 이러한 법들을 전적으로 받들어 행하면 손해와 괴로움이 있게 된다'라고 알게 되면 그때 그것들을 버리도록 하여라.

깔라마인들이여, 이를 어떻게 생각하는가? 사람의 내면에서 탐욕이 일어나면, 그것은 그에게 이익이 되겠는가, 손해가 되겠는가? '손해가 되옵니다, 세존이시여.'

깔라마인들이여, 심한 탐욕을 가진 사람은 탐욕에 사로잡히고, 그것에 얼이 빠져 생명을 죽이고, 주지 않은 것을 갖고, 남의 아내에게 접근하고, 거짓말을 하게 된다. 또한 다른 사람에게도 그렇게 하도록 유도한다. 그러면 이것은 오랜 세월을 그에게 손해와 괴로움이 되지 않겠는가? '그렇습니다, 세존이시여.'

깔라마인들이여, 이를 어떻게 생각하는가? 사람의

내면에서 성냄이 일어나면 그것은 그에게 이익이 되겠는가, 손해가 되겠는가? '손해가 되옵니다, 세존이시여.'

깔라마인들이여, 포악한 사람은 성냄에 사로잡히고 그것에 얼이 빠져 생명을 죽이고, 주지 않은 것을 갖고, 남의 아내에게 접근하고, 거짓말을 하게 된다. 또한 다른 사람에게도 그렇게 하도록 유도한다. 그러면 이것은 오랜 세월 그에게 손해와 괴로움이 되지 않겠는가? '그렇습니다, 세존이시여.' 깔라마인들이여, 이를 어떻게 생각하는가? 사람의 내면에서 어리석음이 일어나면 그것은 그에게 이익이 되겠는가, 손해가 되겠는가? '손해가 되옵니다, 세존이시여.'

깔라마인들이여, 멍청한 사람은 어리석음에 사로잡히고 그것에 얼이 빠져 생명을 죽이고, 주지 않은 것을 갖고, 남의 아내에게 접근하고, 거짓말을 하게 된다. 또한 다른 사람에게도 그렇게 하도록 유도한다. 그러면 이것은 오랜 세월 그에게 손해와 괴로움이 되지 않겠는가? '그렇습니다, 세존이시여.'

깔라마인들이여, 이를 어떻게 생각하는가? 이러한 법들은 유익한 것인가, 해로운 것인가? '해로운 것입니다. 세존이시여.' 비난받아 마땅한 것인가, 그렇지 않은 것인가? 비난받아 마땅한 것입니다. 세존이시여. 지혜로운 사람에 의해 비난받을 일인가, 칭찬받을 일인가? '비난받을 일입니다. 세존이시여.' 전적으로 받들어 행하면 손해가 있고 괴롭게 되는가, 아닌가? 그대들의 생각에는 어떠한가? '세존이시여, 전적으로 받들어 행하면 손해가 되고 괴롭게 됩니다. 저희들은 이렇게 생각하옵니다.'

깔라마인들이여, 그래서 우리는 그와 같이 말했던 것이니라.

## ※ 감각 기능(六門)을 단속해야 하나니

**-『께왓다 경, Kevaddha Sutta, DN. 11』**

"그러면 어떻게 비구는 **감각의 대문(六門: 眼耳鼻舌身**

**意)**을 잘 지키는가? 께왓다여Kevaddha, 여기 비구는 눈으로 형상을 봄에 그 표상(全體相, nimitta)을 취하지 않으며, 또 그 세세한 부분상(細相, anubyañjana)을 취하지도 않습니다. 만약 그의 **눈의 감각 기능(眼根)**이 제어되어 있지 않으면, 욕심이나 싫어하는 마음 같은 불선한 법(不善法)들이 그에게 물밀 듯이 흘러들어 올 것입니다. 따라서 그는 눈의 감각 기능을 잘 단속하기 위해 수행하며, 눈의 감각 기능을 잘 지켜 보호하고, 눈의 감각 기능을 잘 단속하기에 이릅니다.

여기 비구는 귀로 소리를 들음에 그 표상을 취하지 않으며, 또 그 세세한 부분상을 취하지도 않습니다. 만약 그의 **귀의 감각 기능(耳根)**이 제어되어 있지 않으면 욕심이나 싫어하는 마음 같은 나쁜 해로운 법들이 그에게 물밀 듯이 흘러들어올 것입니다. 따라서 그는 귀의 감각 기능을 잘 단속하기 위해 수행하며, 귀의 감각 기능을 잘 지켜 보호하고, 귀의 감각 기능을 잘 단속하기에 이릅니다.

여기 비구는 코로 냄새를 맡음에 그 표상을 취하지 않으며, 또 그 세세한 부분상을 취하지도 않습니다. 만약 그의 **코의 감각 기능(鼻根)**이 제어되어 있지 않으면 욕심이나 싫어하는 마음이라는 나쁜 법들이 그에게 물밀 듯이 흘러들어올 것입니다. 따라서 그는 코의 감각 기능을 잘 단속하기 위해 수행하며, 코의 감각 기능을 잘 지켜 보호하고, 귀의 감각 기능을 잘 단속하기에 이릅니다.

여기 비구는 혀로 맛을 봄에 그 표상을 취하지 않으며, 또 그 세세한 부분상을 취하지도 않습니다. 만약 그의 **혀의 감각 기능(舌根)**이 제어되어 있지 않으면 욕심이나 싫어하는 마음이라는 나쁜 법들이 그에게 물밀 듯이 흘러들어올 것입니다. 따라서 그는 혀의 감각 기능을 잘 지켜 보호하기 위해 수행하며, 혀의 감각 기능을 잘 지켜 보호하고, 혀의 감각 기능을 살 단속하기에 이릅니다.

여기 비구는 몸으로 감촉을 느낌에 그 표상을 취하지 않으며, 또 그 세세한 부분상을 취하지도 않습니다. 만약 그의 **몸의 감각 기능(身根)**이 제어되어 있지 않으면 욕심이나 싫어하는 마음이라는 나쁜 법들이 그에게 물밀 듯이 흘러들어올 것입니다. 따라서 그는 몸의 감각 기능을 잘 단속하기 위해 수행하며, 몸의 감각 기능을 잘 지켜 보호하고, 몸의 감각 기능을 잘 단속하기에 이릅니다.

여기 비구는 마음(마노mano. 意)으로 법(法, 마노의 대상)을 지각함에 그 표상을 취하지 않으며, 또 그 세세한 부분상을 취하지도 않습니다. 만약 그의 **마음의 감각 기능(意根)**이 제어되어 있지 않으면 욕심이나 싫어하는 마음이라는 불선한 법들이 그에게 물밀 듯이 흘러들어올 것입니다. 따라서 그는 마음의 감각 기능을 잘 지켜 단속하기 위해 수행하며, 마음의 감각 기능을 잘 지켜 보호하고, 마음의 감각 기능을 잘 단속하기에 이릅니다.

그는 이러한 성스러운 감각 기능의 단속을 갖추어 안으로 더럽혀지지 않는 행복을 경험합니다. 께왓다여, 이와 같이 비구는 감각의 대문을 잘 지키는 것입니다."

## ※ 다섯 가지 장애(五蓋)를 제거할지니

-『께왓다 경, Kevaddha Sutta, DN. 11』

"그는 세상(= 五趣蘊)에 대한 감각적 욕심(慾愛, abhijjhā)을 제거하여 욕심을 버린 마음으로 머무른다. 욕심으로부터 마음을 청정하게 한다. 악의(惡意, vyāpāda)의 오점을 제거하여 악의가 없는 마음으로 머무른다. 모든 생명의 이익을 위하여 연민의 마음으로 악의의 오점으로부터 마음을 청정하게 한다. 해태와 혼침(懈怠 昏沈thīna-middha)을 제거하여 해태와 혼침이 없이 머무른다. 광명상光明想을 가져(ālokasaññī) 마음 챙기고 알아차리며, 해태와 혼침으로부터 마음을 청정하게 한다. 들뜸과 후회(掉擧 後悔 uddhacca-kukkucca)를 제거하여 들뜨지 않고 머무른다. 안으로 고요히 가라앉은 마음으로 들뜸과 후회로부터 마음을 청정하게 한다. 의심을 제거하여 의심을 건너서 머무른다. 유익한 법들에 아무런 의문이 없어서 의심으로부터 마음을 청정하게 한다."

## ※가장 으뜸가는 법의 보시

- 1.『보시경 Dāna sutta, AN2:13:1』 2.『헌공경 Yāga sutta, AN2:13:2』3. 『관대함경 Cāga sutta, AN2:13:3』4.『너그러움경 Pariccāga sutta, AN2:13:4』5.『나누어 가짐경 Saṁvibhāga sutta AN2:13:7』6.『도움경 aṅgaha sutta, AN2:13:8』

1. “비구들이여, **두 가지 보시布施**가 있다. 어떤 것이 둘인가? 재물(의복·음식·거처·약품 등)의 보시와 법의 보시이니라. 비구들이여, 이러한 두 가지 보시가 있다. 비구들이여, 이 두 가지 보시 가운데 법보시가 뛰어나니라.”

2. “비구들이여, **두 가지 헌공獻供**이 있다. 어떤 것이 둘인가? 재물의 헌공과 법의 헌공이니라. 비구들이여, 이러한 두 가지 헌공이 있다. 비구들이여, 이 두 가지 헌공 가운데 법의 헌공이 뛰어나니라.”

3. “비구들이여, **두 가지 관대함**이 있다. 어떤 것이 둘인가? 재물을 베푸는 관대함과 법을 베푸는 관대함이니라. 비구들이여 이러한 두 가지 관대함이 있다. 비

구들이여, 이 두 가지 관대함 가운데 법을 베푸는 관대함이 뛰어나니라."

4. "비구들이여, **두 가지 너그러움**이 있다. 어떤 것이 둘인가? 재물을 베푸는 너그러움과 법을 베푸는 너그러움이니라. 비구들이여, 이러한 두 가지 너그러움이 있다. 비구들이여, 이 두 가지 너그러움 가운데 법을 베푸는 너그러움이 뛰어나니라."

5. "비구들이여, **두 가지 나누어 가짐**이 있다. 어떤 것이 둘인가? 재물을 타인과 함께 나누어 가짐과 법을 타인과 함께 나누어 가짐이니라. 비구들이여, 이러한 두 가지 나누어 가짐이 있다. 비구들이여, 이 두 가지 나누어 가짐 가운데 법을 타인과 함께 나누어 가짐이 뛰어나니라."

6. "비구들이여, **두 가지 도움**이 있다. 어떤 것이 둘인가? 재물로 도움과 법으로 도움이니라. 비구들이여, 이러한 두 가지 도움이 있다. 비구들이여, 이 두 가지 도움 가운데 법으로 도움이 뛰어나니라."

## ※ 보시도 대상에 따라 과보가 다를지니
-『보시의 분석 경, Dakkhiṇāvibhaṅga Sutta, MN.III.4.142』

"동물에게 보시하면 백 배의 갚음이 기대된다. 계를 지키지 않는 속인에게 보시하면 천 배의 갚음이 기대된다. 계를 지키는 속인에게 보시하면 십만 배의 갚음이 기대된다. 탐욕에서 벗어난 분에게 보시하면 천억 배의 갚음이 기대된다. 수다원과를 실현하는 길에 들어선 분에게 보시하면 셀 수 없고, 측량할 수 없는 갚음이 기대된다. 수다원・사다함과를 실현하는 길에 들어선 사람・아나함과를 실현하는 길에 들어선 사람・아나함・아라한과를 실현하는 길에 들어선 사람・아라한・벽지불・부처님께 보시한다면 더 이상 말할 나위가 있겠는가?"

## ※ 보시의 다섯 가지 이익

**-『보시의 이익 경 dānānisaṃsa suttaṃ, AN.5.35』**

"비구들이여, 다섯 가지 보시의 이익이 있느니라. 많은 사람들이 좋아하고 마음에 들어 하고, 선하고 참된 사람들이 가까이하고, 좋은 명성이 따르고, 재가자의 법으로부터 멀어지지 않고, 몸이 무너져 죽은 뒤에 좋은 곳(善處), 천상에 태어나는 것이 바로 그것이니라."

## ※ 재가자의 계를 지키는 다섯 가지 이익

**-『대반열반경 Mahāparinibbāna sutta, DN. 16』**

"방일하지 않은 결과로 큰 재물을 얻으며, 훌륭한 명성을 얻으며, 모임에 가더라도 두려움 없고 당당하게 들어갈 수 있으며, 몽매하지 않는 상태로 죽게 되며, 몸이 쓰러져 죽은 뒤 좋은 곳, 천상에 태어나게 되느니라."

## ※ 얻기 어려운 네 가지

-『법구경 Dhammapada, 182』

"사람 몸으로 태어나기 어렵고(得生人道難),
영원한 삶을 누리기 또한 어렵네(生得壽終難)
정법의 가르침 듣기 어렵고(得聞正法難),
부처님 이 세상에 출현하심 또한 어렵네(遇佛出世難)."

## ※ 진정한 일곱 가지 재산

–『욱가경 Ugga Sutta, AN. 7.7』

"욱가Ugga여, 재물은 불과 함께하고, 물과 함께하고, 군왕과 함께하고, 도둑과 함께하고, 싫어하는 상속인들과 함께한다. 욱가여, **일곱 가지 재물**이 있나니 이것은 불과 함께하지 않고, 물과 함께하지 않고, 군왕과 함께하지 않고, 도둑과 함께하지 않고, 싫어하는 상속인과 함께하지 않는다. 무엇이 일곱인가?

**믿음의 재산 · 계의 재산 · 양심의 재산 · 수치심의 재산 · 배움의 재산 · 베풂의 재산 · 통찰지의 재산**이 바로 그것이니라. 욱가여, 이러한 일곱 가지 재물이 있나니, 이것은 불과 함께하지 않고, 물과 함께하지 않고, 군왕과 함께하지 않고, 도둑과 함께하지 않고, 싫어하는 상속인과 함께하지 않느니라."

## ※자주 성찰해야 할 게송

1. 우리는 계속하여 늙음에 쫓기고 있으며, 이를 피할 길 없네. 우리는 계속하여 질병에 쫓기고 있으며, 이를 피할 길 없네. 우리는 계속하여 죽음에 쫓기고 있으며, 이를 피할 길 없네.

2. 우리는 모든 사랑하는 이들과 모든 소유물들을 남겨두고 떠나가야만 하네. 이것은 자신이 지은 업이기에 자신이 업의 상속자이고, 업으로 인해 태어나고, 업의 굴레로부터 벗어날 수 없으며, 업을 의지하여 살

아가는 것이라네.

3. 우리는 자신이 짓는 착한 행위이든, 나쁜 행위이든, 그 결과는 자기 자신이 받아야만 하네. 그러므로 우리 모두는 이와 같은 다섯 가지를 자주 회상하고 성찰해야만 하네.

## ※ 발심하여 수행할 것을 권하는 말씀

불자들아 부처님이 해탈세계 이룬것은 오랜겁을
목숨바쳐 수행하신 까닭이요 중생들이 생과사의
고해속에 윤회함은 끝이없는 저세상에 탐욕심을
낸탓이니 세상욕락 저버리고 불타처럼 수행하며
어려운일 능히참아 도사처럼 정진하라 재물간탐
많은사람 악마들의 권속이요 선심으로 돕는사람
진정한 불제자라 호의호식 아껴봐도 몸은끝내
죽어가니 손과발이 얼어와도 불생각을 아예말고

간~절한  신심으로 더욱더욱 정진하여 생사윤회 벗어나서 모든중생 제도하라.

먼저가면 백년인데 수행않고 어이하며 한평생이 얼마기에 닦지않고 방일하나 배운것과 실천행을 함께하는 사람들은 쌀을쪄서 밥을짓듯 불국토에 쉽게가며 배운것이 많다해도 실천행이 없는이는 불국토로 안내해도 가지않는 사람이라 배고프면 먹을줄은 사람마다 알면서도 어리석고 어둔마음 고칠생각 전혀없네 수행않는 한몸둥이 보살펴도 의식없고 거품처럼 뜬목숨을 아껴본들 무엇하랴.

오늘하루 오늘하루 나쁜짓을 많이해도 내일내일 미루면서 착한일은 거의없네 하루하루 잠깐흘러 보름한달 훌쩍가고 한해두해 거듭하여 문득죽음 닥쳐오니 금~생에  정진않고 허송세월 하고보면 다음생은 어이할꼬 다음생은 어이할꼬 사람몸을 받는것이 어렵고도 어려운데 한평생을 수행않고 욕락만을 탐착하며 부처님법 만나기가 더욱더욱 어려우니 하후속히 정진하여 생사윤회 벗어나라.

끝이없는 옛날부터 오늘날에 이르도록 부모인연 맺은이가 한이없이 많은지라 오~늘도 부모처럼 인연있는 중생들이 지옥에서 밤낮으로 고통속에 헤매이니 불제자의 원력으로 구제하지 않는다면 어느날을 기다릴까 슬~프고 애달프다.
부처님도 옛날에는 우리같은 범부인걸 청정한 보리심과 광~대한 원력으로 설산에서 정진끝에 마음깨쳐 성불하여 생사윤회 벗어나서 해탈인이 되셨나니 지~극한 신심으로 뜻을세워 수행하면 누구든지 성불한다 부처님은 말씀했네 불조처럼 발심하여 목숨바쳐 정진하고 보살같은 원력으로 중생들을 제도하라.

부처님은 살피시고 증명하여 주시옵소서.

☞ 육도를 윤회하는 중생이 선처의 세계인 인간세계에 다시 태어나는 것은 참으로 어렵다. 전생에 큰 공덕과 선업을 쌓아야만 인간 세상에 다시 태어날 수 있기 때문이다. 부처님도 이를 일깨우셨는데, '인생난득人生難得'이란 가르침이 바로 그것이다. 설령 인간으로 태어난다고 해도 불법을 만나 삼보에 귀의하여 부처님 법을 배우고 수행하기란 더욱 어려운 일이다. '불법난봉佛法難逢'이란 가르침 역시 이를 일깨우고 있다. 우리는 다행히 인간의 몸을 얻었고, 더욱 감사하게 불법을 만나 삼보에 귀의하여 부처님의 제자가 되었다. 문제는 이러한 이치를 깨닫지 못하고, 불자가 되었음에도 불구하고 시간을 헛되이 보내며, 불법에 대한 배움과 수행을 게을리하면서 귀중한 인생과 시간을 헛되이 낭비하고 있다는 사실이다.

본 '발심하여 수행을 권하는 말씀'은 이를 일깨우고 있는 가르침이다. 매일 이러한 말씀을 독송하면서 스스로의 나태함을 경책하고, 거듭 발심하여 신심을 향상시키고 정진에 힘쓰면 좋을 것이다.

## ※ 법성게(法性偈)

법성원융무이상(法性圓融無二相)
제법부동본래적(諸法不動本來寂)
무명무상절일체(無名無相絶一切)
증지소지비여경(證智所知非餘境)
진성심심극미묘(眞性甚深極微妙)
불수자성수연성(不守自性隨緣成)
일중일체다중일(一中一切多中一)
일즉일체다즉일(一卽一切多卽一)
일미진중함시방(一微塵中含十方)
일체진중역여시(一切塵中亦如是)
무량원겁즉일념(無量遠劫卽一念)
일념즉시무량겁(一念卽是無量劫)
구세십세호상즉(九世十世互相卽)
잉불잡난격별성(仍不雜亂隔別成)
초발심시변정각(初發心時便正覺)

생사열반상공화(生死涅槃常共和)
이사명연무분별(理事冥然無分別)
십불보현대인경(十佛普賢大人境)
능인해인삼매중(能仁海印三昧中)
번출여의불사의(繁出如意不思議)
우보익생만허공(雨寶益生滿虛空)
중생수기득이익(衆生隨器得利益)
시고행자환본제(是故行者還本際)
파식망상필부득(叵息妄想必不得)
무연선교착여의(無緣善巧捉如意)
귀가수분득자량(歸家隨分得資糧)
이다라니무진보(以陀羅尼無盡寶)
장엄법계실보전(莊嚴法界實寶殿)
궁좌실제중도상(窮坐實際中道床)
구래부동명위불(舊來不動名爲佛)

# ※한글 법성게

법의 성품 원융하여 두 모습이 아니니
모든 법은 부동하여 본래부터 고요하네.
이름 없고 모습 없어 일체가 끊어지니
깨달아야 아는 바요 다른 경계 아니라네.
참된 성품 깊고 깊어 지극히 오묘하니
자기 성품 지킴 없이 인연 따라 이뤄지네.
하나 속에 일체 있고 일체 속에 하나 있으니
하나가 곧 일체이고 일체가 곧 하나이네.
작은 티끌 속에 시방세계 담겨 있고
낱낱의 티끌 속에도 시방세계 들어 있네
무량한 오랜 세월도 한 생각의 찰나이고
한 생각 순간 속에 무량세월 들어 있네.
구세 십세 무량세월 걸림 없이 상응하나
혼란하지 아니하고 서로가 뚜렷하네.
초발심 그 순간이 정각(부처)의 자리이고

생사와 열반이 항상 서로 같은 모습이네.
이치와 현상은 은은하여 분별이 없으니
비로자나불과 보현보살 성인의 경계일세.
부처님의 해인삼매 선정 중에 깊이 들어
여의 진리 나타내니 불가사의 법이로다.
중생위한 감로법은 허공중에 가득하니
중생은 근기 따라 모두 이익 얻어지네.
수행자가 이러한 도리 얻고자 한다면
망상을 쉬지 않으면 아무것도 얻지 못하네.
조건 없는 방편으로 여의주를 취할지니
고향 갈 분수 따라 노자를 얻는다네.
신묘한 다라니는 한량없는 보배이니
온 법계 장엄하면 참다운 보배궁전이네.
진여실상 중도자리 오롯하게 앉았으니
옛적부터 변함없어 이름하여 부처로세.

☞ **법성게는 신라 의상(義湘, 625~702) 스님이 화엄경의 핵심교의를 담아 668년에 지은 게송으로서, 저술된 당시부터 지금에 이르기까지 1,350년간 지속적으로 널리 수지 독송되면서 전**

승되어 왔다. 이러한 법성게는 60권 화엄경의 내용을 7언 30구 210자로 읊은 시이다. 구불구불 한 줄로 이어진 '법계도인法界圖印'과 함께 반시槃詩로 지어졌다. 반시는 '일승법계도합시일인(一乘法界圖合詩一印)'이라고도 불린다. 그리고 의상 스님이 반시에 대해 직접 간략하게 해석한 내용과 함께 '일승법계도'라는 이름으로 유통되었다.

이러한 법성게는 일승화엄一乘華嚴의 세계인 법계法界가 곧 '법성法性'임을 표현하고 있다. 곧 법계 모든 존재가 법성원융의 '법성성기法性性起'의 존재라는 것이다. 이러한 측면에서 반시의 그림은 온 법계가 한 몸인 모습(全法界一身之像)임을 그려내고 있음을 알 수 있다. 이러한 법성신을 바로 깨달으면 화엄경에서 표현되고 있는 모든 부처님인 열 부처님(十佛)으로 출현하게 되는데, 이를 '법성가法性家'에 되돌아간다고 한다. 예부터 부처(舊來佛)인 본래 자기 모습대로 살게 된다는 가르침이다. 이로써 화엄행자는 마침내 상락常樂의 영원한 행복이며 구경처究竟處인 부처님 세계에서 노닐게 됨을 의상스님은 역설하고 있는 것이다. 요즈음은 이러한 법성게는 일반적으로 영가를 위한 천도재와 49재를 마치면서 영가의 극락왕생을 발원하며 일종의 천도법문으로 독송하고 있다.

## ※ 무상게(無常偈)

부무상계자夫無常戒者는 입열반지요문入涅槃之要門이요, 월고해지자항越苦海之慈航이라. 시고是故로 일체제불一切諸佛이 인차계고因此戒故로 이입열반而入涅槃하시고, 일체중생一切衆生도 인차계고因此戒故로 이도고해而度苦海하니라. 영가靈駕여, 여금일汝今日에 형탈근진迥脫根塵하고, 영식독로靈識獨露하여 수불무상정계受佛無上淨戒하니, 하행여야何幸如也오. 영가靈駕여, 겁화통연劫火洞燃하여 대천구괴大千俱壞하고 수미거해須彌巨海도 마멸무여磨滅無餘어든 하황차신何況此身의 생로병사生老病死와 우비고뇌憂悲苦惱를 능여원위能與遠違아. 발모조치髮毛爪齒와 피육근골皮肉筋骨과 수뇌구색髓腦垢色은 개귀어지皆歸於地하고 타체농혈唾涕膿血과 진액연말津液涎沫과 담루정기痰淚情氣와 대소변리大小便利는 개귀어수皆歸於水하고, 난기귀화煖氣歸火하고 동전귀풍動轉歸風하여 사대각리四大各離하면, 금일망신今日亡身이 당재하처當在何處오. 영가靈駕여, 사대허가四大虛假하여 비가애석非可愛惜이라. 여종무시이래汝從無始已來로 지우금일至于今日이 무명연행無明緣行하고 행연식行緣識하며 식연명색識緣名色하고 명색연육입名色緣六入하며 육입연촉六入緣觸하고 촉연수觸緣受하며 수연애受緣愛하고 애연취愛緣取하며 취연유取緣有하고 유연생有緣生하며 생연노사우비고뇌生緣老死憂悲苦惱하나니 무명멸즉행멸無明滅卽行滅하고 행멸즉식멸行滅卽識滅하며 식멸즉명색멸識滅卽名色滅하고 명색멸즉육입멸名色滅卽六入滅하며 육입멸즉촉멸六入滅卽觸滅하고 촉멸즉수멸觸滅卽受滅하며 수멸즉애멸受滅卽愛滅하고 애멸즉취멸愛滅卽取滅하며 취멸즉유멸取滅卽有滅하고 유멸즉생멸有滅卽生滅하며 생멸즉노사우비고뇌멸生滅卽老死憂悲苦惱滅하느니라. 제법종본래諸法從本來 상자적멸상常自寂滅相 불자행도이佛者行道已 내세득작불來世得作佛 제행무상諸行無常 시생멸법是生滅法 생멸멸이生滅滅已 적멸위락寂滅爲樂 귀의불타계歸依佛陀戒 귀의달마계歸依達摩戒 귀의승가계歸依僧伽戒 나무과거보승여래南無過去寶勝如來 응공應供 정변지正邊知 명행족明行足 선서善逝 세간해世間解 무상사無上士 조어장부調御丈夫 천인사天人師 불세존佛世尊 영가靈駕여, 탈각오음각루자脫却五陰殼漏子하고 영식독로靈識獨露하며 수불무상정계受佛無上淨戒하니 기불쾌재豈不快哉며 기불쾌재豈不快哉아. 천당불찰天堂佛刹에 수념왕생隨念往生하리니 쾌활쾌활快活快活이로다. 서래조의최당당西來祖意

最堂堂 자정기심성본향自淨其心性本鄕 묘체담연무처소妙體湛然無處所 산하대지현진광山河大地現眞光.

## ※ 한글 무상게

01. 무상계無常戒는 열반에 들어가는 요긴한 문이요, 고해苦海를 건너는 자비의 배입니다. 그러므로 모든 부처님께서도 이 계戒를 인연하여 열반을 성취하셨으니, 모든 중생들도 이 계를 의지하여, 생사의 고해를 건너야만 합니다.

02. 영가여, 오늘 그대는 여섯 가지 감관(六根: 눈 · 귀 · 코 · 혀몸 · 마음)과 여섯 가지 경계(六境: 형상 · 소리 · 냄새 · 맛 · 감촉 · 마음의 대상)에서 벗어나 신령한 의식이 뚜렷해져 거룩한 부처님의 위없는 청정한 계를 받게 되었으니, 이 얼마나 다행한 일이겠습니까?

03. 영가여, 영겁의 세월이 흘러 불타게 되면 광대한

우주도 무너지고, 수미산과 큰 바다도 사라져서 흔적조차 없게 되는데, 항차 이 몸의 생로병사와 근심, 걱정, 고뇌를 어떻게 능히 피할 수 있겠습니까? 영가여, 그대의 머리카락・손톱・이빨 그리고 가죽・살・힘줄・뼈 때 같은 육신은 다 흙으로 돌아가고, 침과 콧물・고름・피・진액・가래・눈물・원기와 오줌 같은 것들은 다 물로 돌아가며, 몸의 더운 기운은 불로 돌아가고, 활동하던 기운은 바람으로 변하여, 이렇듯 네 가지 요소(四大)가 모두 각각 지地수水화火풍風으로 흩어져 제자리로 돌아가는 법이니, 오늘날 영가의 돌아가신 몸이 어디에 있다고 할 수 있겠습니까?

04. 영가여, 이 몸뚱이는 네 가지 요소로서 거짓되고 헛된 것이니, 조금도 애석해할 대상이 아닙니다. 영가는 오랜 과거 전생부터 오늘에 이르기까지 어리석은 무명無明으로 말미암아 업의 형성(行, 과거의 行業)이 이루어졌고, 업의 형성을 원인으로 의식(識, 再生連結識)이 생겨나고, 의식을 조건으로 태중의 명색(名色: 정신과 물질)이 생겨나고, 명색을 원인으로 여섯 가지 감관(六入, 눈귀코혀몸마음)이 형성되고, 여섯 가지 감관을 원인으로 감각접촉(觸)이 이루어지고, 감각접촉을 원인

으로 느낌(受)이 일어나고, 느낌을 원인으로 갈애(愛)가 생겨나고, 갈애를 원인으로 취착(取)이 생겨나고, 취착을 원인으로 내세의 존재가 될 업의 생성(有)이 형성되고, 이 업의 생성을 원인으로 다시 미래의 존재로 태어나는 생生이 있게 된 것입니다. 이러한 태어남으로 인해 늙고 병들고 죽고 근심하고 슬퍼하고 고뇌하는 윤회의 삶을 이어가게 되는 것입니다.

05. 그러므로 무명을 소멸시키면 업의 형성이 소멸되고, 업의 형성이 소멸되면 의식이 소멸되고, 의식이 소멸되면 명색이 소멸되고, 명색이 소멸되면 여섯 가지 감관이 소멸되고, 여섯 가지 감관이 소멸되면 감각접촉이 소멸되고, 감촉이 소멸되면 느낌이 소멸되고, 느낌이 소멸되면 갈애가 소멸되고, 갈애가 소멸되면 취착이 소멸되고, 취착이 소멸되면 업의 생성이 소멸되고, 업의 생성이 소멸되면 생이 소멸되고, 생이 소멸되면 늙고 병들고 죽고 근심하고 슬퍼하고 고뇌하는 윤회의 삶도 소멸하게 되는 것입니다.

**"본래부터 모든 법은**(諸法: 모든 정신적 물질적 존재와 현상)
**항상 스스로 고요하고 청정한 모습이니,**

**불자들이 이러한 도리를 수행하여 깨달으면**
**내세에는 부처를 이루리라.”**

-『**법화경**(四句偈)』

**“형성된 모든 법**(諸法: 有爲法)**은 무상하니,**
**이것이 생하고 멸하는 법이니라.**
**일어났다 사라지는 번뇌를 소멸하니,**
**고요한 열반**(寂滅, 열반)**을 즐거움으로 삼느니라.”**

-『**열반경**(四句偈)』

거룩한 부처님께 귀의합니다. 수승한 가르침에 귀의합니다. 청정한 승가에 귀의합니다. 과거의 보승여래寶勝如來와 마땅히 공양받을 만한 응공應供이시며, 올바로 원만히 깨달으신 정변지正遍知이시며, 지혜와 덕행을 함께 구족하신 명행족明行足이시며, 올바른 진리의 길로 잘 가신 선서善逝이시며, 세상을 모두 잘 아시는 세간해世間解이시며, 위없는 분이신 무상사無上士이시며, 사람을 잘 길들이시는 조어장부調御丈夫이시며, 하늘과 인간의 스승이신 천인사天人師이시며, 깨달음을 성취하신 불佛이시며, 세상에서 가장 존귀하신 세존世尊께 귀의합니다.

06. 영가여, 이제 색色수受상想행行식識으로 이루어진 빈 주머니 같은 몸과 마음을 벗어버리고, 신령한 의식을 뚜렷이 드러내어 부처님의 위없는 청정한 계를 수지하였으니, 이 얼마나 기쁘고 통쾌한 일이겠습니까? 이제 마음대로 극락세계 아미타 부처님 국토에 태어나게 되었으니, 참으로 기쁘고 기쁜 일입니다.

**"서역으로부터 오신 조사祖師의 뜻 당당하니,**
**스스로 그 마음을 맑히면 본성의 고향이네.**
**신묘한 본성은 고요하여 있는 곳이 따로 없으니,**
**산하대지가 참된 진리의 광명을 나타내네."**

☞ **일반적으로 영가들은 모셔놓은 영단靈壇을 향해, 영가의 왕생극락을 발원하면서 하는 게송이다. 몸과 마음의 무상함을 일깨우고, 부처님께서 설하신 12연기의 가르침을 통해 인간이 어떠한 윤회의 과정을 반복하게 되는지를 가르치고 있는 게송이다.**

## ※ 회향 게송(回向偈頌)

1. 제가 열반으로 이끄는 가르침을 실천 수행하는 것으로써 부처님께 예경 올립니다.

2. 제가 열반으로 이끄는 가르침을 실천 수행하는 것으로써 담마에 예경 올립니다.

3. 제가 열반으로 이끄는 가르침을 실천 수행하는 것으로써 상가에 예경 올립니다.

4. 제가 열반으로 이끄는 가르침을 실천 수행하는 것으로써 늙음과 죽음으로부터 벗어나기를 발원합니다.

5. 저의 이와 같은 보시 공덕으로 모든 번뇌로부터 벗어나기를 발원합니다.

6. 저의 이와 같은 계행 공덕이 열반에 이를 조건이 되

기를 발원합니다.

7. 저의 이와 같은 수행 공덕이 도道와 과果의 진리를 성취할 조건이 되기를 발원합니다.

8. 저의 이와 같은 공덕을 모든 중생들에게 회향합니다.

9. 제가 지은 공덕의 힘으로 깨달음을 성취할 때까지, 삿되고 어리석은 길 따르지 않고, 올바르고 지혜로운 길 따르겠습니다.

나무석가모니불

나무석가모니불

나무시아본사석가모니불(반배)

☞ **일반적으로 초기경전의 독송을 마치면서, 혹은 법회, 그리고 개인적인 수행을 마치면서 하는 게송이다. 하지만 모든 법회와 개인적인 기도와 수행을 끝마치면서 독송해도 좋은 회향게송이다.**

## ※ 오관게(五觀偈) 공양게송

계공다소計功多小　양피래처量彼來處

이 음식은 어디에서 왔는가?

촌기덕행忖己德行　전결응공全缺應供

내 덕행으로는 받기가 부끄럽네.

방심이과防心離過　탐등위종貪等爲宗

마음의 온갖 욕심을 버리고

정사양약正思良藥　위료형고爲療形枯

몸을 지탱하는 약으로 알아

위성도업爲成道業　응수차식應受此食

깨달음을 이루고자 이 공양을 받습니다.

☞ **오관게는 일반적으로 사찰에서 대중들이 공양할 때 외우는 다섯 구의 게송을 말한다. 이러한 오관게를 독송함으로써 자신이 먹는 식사(공양)가 있기까지 다른 존재들의 공덕이 얼마나 큰 것인가를 생각하고, 자기의 덕행이 과연 공양을 정당히 받을 만한 것인가를 성찰한다. 마음을 지키고 허물을 여의는 데**

**있어 탐진치 삼독심을 없애는 것이 제일임을 관하고, 공양을 약으로 여겨 몸의 여윔을 방지하기 위한 것임을 통찰한다. 결과적으로 도업道業을 성취하기 위하여 이 공양을 감사한 마음으로 받는 것임을 숙고한다.**

## ※ 일반 공양게송

"한 방울의 물에도 천지의 은혜가 스며 있고,
한 알의 곡식에도 만인의 노고가 담겨 있습니다.
이 음식으로 주림을 달래고 몸과 마음을 바로 하여
사회 대중을 위해 봉사하겠습니다."

**☞ 일반적으로 공양 전에 간단히 독송하는 공양게송이다.**

천상천하무여불 天上天下無如佛

시방세계역무비 十方世界亦無比

세간소유아진견 世間所有我盡見

일체무유여불자 一切無有如佛者

고아일심귀명정례 故我一心歸命禮

"하늘과 땅에서 부처님 같으신 분 없으니,

시방세계 그 무엇으로도 비교 할 수 없네.

이 세간 모든 것을 다 살펴보았지만,

모든 존재 중에 부처님 같으신 분 없네.

까닭에 저는 한마음으로 귀명하여 예경 드립니다."

# 부록 1:
# 정근精勤하는 법

**'정근精勤'**은 불보살님의 명호를 입으로 소리 내어 염불하는 것을 말한다. 보통 법당이나 의식을 집행하는 특별한 공간에서 불공의식, 혹은 각단의 기도를 하면서 주로 하지만, 개인적으로도 자신만의 주불主佛을 정해 놓고 일정한 기도시간에 맞춰 불보살님의 명호를 부르는 정근을 하기도 한다. 일반적으로는 108염주, 혹은 천주를 돌리면서 정근하기도 하고, 참회의 절을 올리면서 하기도 하지만, 그 숫자에 집착할 필요는 없다. 중요한 것은 정성과 일심으로 집중해서 하는 데 있다.

정근, 즉 염불은 일종의 사마타(선정)수행에 해당한다고도 볼 수 있다. 불보살님의 명호를 소리 내어 부르거나, 아니면 속으로 염불하는 데 마음을 집중함으로써 번뇌의 마음을 가라앉혀 마음의 고요와 평정을 얻을 수 있기 때문이다. 이러한 정근은 서거나 앉아서나 걷거나 일을 하거나 때와 장소에 구애됨이 없이, 언제 어디서든지 쉽게 할 수 있는 가장 손쉬운 수행법이라 할 수 있다. 일상적으로 불보살님의 명호에 마음을 집중하여 염불하는 습관을 갖다 보면, 자신도 모르게 어지럽고 들뜬 마음이 고요해지고, 평안해지는 효과를 볼 수 있을 것이다. 나아가 염불의 공덕으로 얻게 되는 불보살님의 자비와 가피로 인해 삶의 장애와 업장이 소멸되고, 복락이 찾아오는 것도 당연한 귀결이다.

# ※석가모니불 정근

**시작할 때 ☞**

나무영산불멸南無靈山不滅 학수쌍존鶴樹雙存 시아본사是我本師 석가모니불釋迦牟尼佛~~~

**끝마칠 때 ☞**

천상천하무여불 天上天下無如佛

시방세계역무비 十方世界亦無比

세간소유아진견 世間所有我盡見

일체무유여불자 一切無有如佛者

고아일심귀명정례 故我一心歸命禮

## ❀관세음보살 정근

**시작할 때 ☞**

나무보문시현南無普門示現 원력홍심願力弘深

대자대비大慈大悲 구고구난救苦救難

관세음보살觀世音菩薩~~~

**끝마칠 때 ☞**

관세음보살觀世音菩薩 멸업장진언滅業障眞言

「**옴 아로늑계 사바하(3번)**」

구족신통력 具足神通力 광수지방편 廣修智方便

시방제국토 十方諸國土 무찰불현신 無刹不現身

고아일심귀명정례故我一心歸命禮

# ※아미타불 정근

**시작할 때** ☞

나무서방정토南無西方淨土 극락세계極樂世界

아등도사我等導師 무량수여래불無量壽如來佛

나무아미타불~~~

**끝마칠 때** ☞

아미타불阿彌陀佛 본심미묘진언本心微妙眞言

「**다냐타 옴 아리 다라 사바하(3번)**」

계수서방안락찰 稽首西方安樂刹

접인중생대도사 接引衆生大導師

아금발원원왕생 我今發願願往生

유원자비애섭수 唯願慈悲哀攝受

고아일심귀명정례 故我一心歸命禮

## ※ 지장보살 정근

**시작할 때 ☞**

나무남방화주南無南方化主 대원본존大願本尊

지장보살地藏菩薩~~~

**끝마칠 때 ☞**

지장보살地藏菩薩 멸정업진언滅淨業眞言

**「옴 바라 마니다니 사바하(3번)」**

지장대성위신력 地藏大聖威神力

항하사겁설난진 恒河沙劫說難盡

견문첨례일념간 見聞瞻禮一念間

이익인천무량사 利益人天無量事

고아일심귀명정례 故我一心歸命禮

## ※ 약사여래불 정근

**시작할 때 ☞**

나무동방만월세계南無東方滿月世界

십이상원十二上願 약사여래불藥師如來~~~

**끝마칠 때 ☞**

십이대원접군기 十二大願接群機

일편비심무공결 一片悲心無空缺

범부전도병근심 凡夫顚倒病根深

불우약사죄난멸 不遇藥師罪難滅

고아일심귀명정례 故我一心歸命禮

## ※ 신중단 정근

**시작할 때 ☞**

나무금강회상南無金剛會上 화엄성중華嚴聖衆~~~

**끝마칠 때 ☞**

화엄성중혜감명 華嚴聖衆慧鑑明

사주인사일념지 四洲人事一念知

애민중생여적자 哀愍衆生如赤子

시고아금공경례 是故我今恭敬禮

## ※ 칠성단 정근

**시작할 때 ☞**

나무북두대성南無北斗大聖 칠원성군七元星君~~~

**끝마칠 때 ☞**

영통광대혜감명 靈通廣大慧鑑明

주재공중영무방 住在空中映無方

나열벽천임찰토 羅列碧天臨刹土

주천인세수산장 周天人世壽算長

고아일심귀명정례 故我一心歸命禮

## ※산신단 정근

**시작할 때 ☞**

나무만덕고승南無萬德高僧 성개한적性皆閑寂

산왕대신山王大神~~~

**끝마칠 때 ☞**

영산석일여래촉 靈山昔日如來囑

위진강산도중생 威鎭江山度衆生

만리백운청장리 萬里白雲靑嶂裡

운거학가임한정 雲車鶴駕任閒情

고아일심귀명정례 故我一心歸命禮

# 부록 2 :
# 불교경전에 대한 이해

# 1. 불교경전에 대한 이해

지금 우리들이 수지독송受持讀誦하는 불교의 모든 경전들은 어느 한 지역에서, 같은 한 시기에, 단 한 번의 결집으로 편찬된 경전들이 아니다. 불교의 경전들을 분류하면 크게 두 시대의 경전으로 나뉠 수 있다. 바로 제4차에 걸쳐 결집된 초기경전인 니까야Nikāya 계통의 경전과 대승불교 시대를 거치면서 점차적으로 편찬된 대승경전들이다. 부처님이 열반하신 약 3개월 후에 처음 시작된 제1차 결집을 출발점으로 하여, 이후 부처님이 열반하신 약 500년경부터 시작된 대승불교 시대를 거치면서 불교교단에서는 많은 종류의 경전의 결집과 편찬이 이루어져왔다. 지금 우리들이 수지독송하는 대부분의 경전들이 바로 이러한 결집과 편찬의 역사를 거치면서 엮어진 경전들이다.

# 2. 초기경전의 결집

**1) 제1차 결집:** 불교 역사에 있어 최초의 결집은 부처님이 열반하신 이후 약 3개월 후 부처님의 담마(Dhamma, 法)와 계율(= 律藏, Vinaya, 위나야)이 훼손되는 것을 막기 위해 마가다Magadha 국의 수도인 라자가하(Rājagaha 왕사성)의 삿타파니 동굴(Sattapa iguhā, 일명 칠엽굴 七葉窟) 집회당에서 부처님 제자들 중 약 500명의 아라한들이 모여 이루어졌다. 이때 부처님의 제자 중 마하깟사빠(Mahākassapa, 摩訶迦葉) 존자가 의장을 맡아 주관하였는데, 결집의 첫 번째 주제인 율장에 대해서는 율에 으뜸

인 우빨리Upāli 존자가 낭송하였고, 두 번째 주제는 가르침에 대해서는 부처님을 25년 동안 곁에서 모셨던 아난다Ānanda 존자가 낭송하였다. 이러한 합송(合誦, 상기띠 Samgiti)에 대해 집회에 모였다. 500대중이 부처님이 생전에 설하신 법과 율에 어긋나지 않음을 의결하여 마침내 결집이 마무리되었는데, 이를 이른바 '제1차 결집'이라 한다.

**2) 제2차 결집:** 제2차 결집은 부처님 열반 후 약 100년(BC 3C경) 경에 웨살리vesali에서 밧지Vajjī족 출신의 비구들이 소금의 소유, 금과 은 등의 보시를 받는 것 등등의 '열 가지 사실(十事)'에 대해 합법(깝빠띠 kappati, 淨)이라고 주장하였는데, 이에 대하여 보수적인 교단장로들은 이를 위법이라고 반대하여 찬반의 논쟁이 일어났다. 이를 계기로 왈리까승원(Vālikārāma)에서 레왓따revatena 장로가 의장이 되어 700명의 아라한들이 모여 2차 결집 행해졌는데, 여기에서 밧지족 비구들이 주장한 10사가 율장에 근거하여 비법非法임을 확인하고 계율을 재결집하였다. 이러한 제2차 결집의 특징은 제1차 결집 때 확정된 부처님의 담마Dhamma와 위나야Vinaya를 다시 확인하고 확립하는 것이었고, 새롭게 경전이나 율장을 만들 수도 없고, 경도 율도 결코 바꿀 수 없다는 것을 재확인하는 것이었다. 이 결집은 당시 깔라소까Kālāsoka 왕의 재위 10년, 기원전 386년에 8개월 동안 행해졌고, 700명의 장로들이 모여서 행한 결집이기에 일명 '700결집'이라고도 한다. 결과적으로 이로 인해 보수적 상좌부(上座部 테라와다 Theravāda)와 진보적인 대중부(大衆部 Mahāsa gika)로 근본분열이 생겨나게 되었다.

**3) 제3차 결집:** 제3차 결집은 부처님 열반 후 236년경에 이루어졌다. 아소까Ashoka왕은 부처님 입멸 후 218년경에 즉위해서 갠지스와 인더스의 양대 강을 포함한 인도 북부를 정복하고 마우리야Maurya 왕조의 제3대 왕이 되어 데칸 산맥의 인도 남부까지 정복하여 인도 전 국토를 지배했는데, 그의 왕조시대는 정치・사회・경제적인 면에서 비교적 큰 안정을 이루었고, 종교에까지도 큰 영향을 미쳤다. 3차 결집은 불교교단 내부의 교리적 분쟁을 원인으로 시작된 것이 아니라, 불교교단 내부에 들어온 외도들에 의해 생겨난 혼란 때문이었다. 즉 아소까 왕은 불교에 귀의하여 불교에 많은 후원과 지원을 집중하였는데, 이에 많은 외도들이 왕가의 후원을 얻기 위해 거짓으로 불교에 귀의하여 수행자로 행세하게 되면서 교단 내부적으로 교리적 계율적 혼란이 생기게 되었던 것이다. 이로 인해 정법을 수행하던 비구들은 승려인 척 행동하는 외도들과 함께 포살하는 것을 거부하게 되어 7년 동안이나 포살이 중단되는 사단이 생겨나기도 했다. 이러한 시대적 배경에 의해 새로운 경율에 대한 결집이 요구되었고, 마침내 아소까 대왕의 후원 하에 빠딸리뿟따Paṭliputta 시의 아소까라마Aśokarāma 승원에서 장로 목갈리뿟따-띳싸Moggaliputta-tissa의 주재로 1,000명의 아라한이 참여하여 분별설分別說 이외의 비정통파를 교단에서 추방하고 논사(論事, Kathavathu)를 완성하였다. 1,000명의 비구들에 의해 9개월간에 걸쳐 결집이 이루어졌던 결집이기에 3차 결집을 **'천 명에 관한 결집'**이라고도 한다.

**4) 제4차 결집:** 4차 결집은 부처님 열반 후 500년 경(기원전 80-94년 사이) 스리랑카의 밧따가마니Vaṭṭagāmani 왕의 치세시에 지금의 알루위

하라Aluvihara로 알려져 있는 알로까위하라(Ālokavihara, 광명사원)에서 약 500명의 장로들이 모인 가운데 열렸다. 남인도의 비불교도들의 침입으로 인한 전란과 12년간의 기근으로 수많은 사람들과 많은 승려들이 죽어가게 되어, 더 이상 암송과 합송에 의거하여 구전으로 불경을 전수하는 것이 불가능하게 되자 마하비하라Mahāvihāra파의 스님들이 빠알리 삼장의 불전을 패엽경으로 기록한 것을 말한다. 즉 지금까지 합송으로 전해져 왔던 삼장 및 그 주석서를 문자로 문서화해서 체계적으로 기록한 것이다. 따라서 제4차 결집을 '경전 필사의 결집'이라고도 말한다. 지금 우리들이 알고 있는 빠알리 대장경은 바로 이러한 제4차 결집에서 이루어진 것이라 이해하면 된다.

## 3. 빠알리Pāli 대장경(三藏)에 대한 이해

빠알리어로 된 삼장을 '띠삐따까(Tipi aka: 세 개의 바구니)'라고도 하는데, '삐따까 piṭaka'는 광주리, 혹은 바구니라는 뜻을 담고 있다.

### 1) 숫따 삐따까(Sutta Piṭaka, 經藏)

빠알리어 경장은 크게 5부(Panca nikaya)로 이루어져 있다. 바로 ①디가 니까야(Dīgha Nikāya, 長部) ②맛지마 니까야(Majjhima Nikāya, 中部) ③상윳따 니까야(Samyutta Nikāya, 相應部) ④앙굿따라 니까야(Anguttara Nikāya, 增支部) ⑤쿳다까 니까야(Khuddaka Nikāya, 小部) 등이다. 여기서 'Nikāya'란 모음이라는 뜻으로, 다섯 니까야의 각각에는 많은 경(經,

Sutta)들이 담겨 있다. 이 가운데 쿳다까 니까야에는 15개의 독립된 경들이 담겨있는데, 바로 쿳다까빠타(Khuddakapā ha, 小誦經)・담마빠다(Dhammapada, 法句經)・우다나(Udāna, 自說經)・이띠웃따까(Itivuttaka, 如是語經)・숫따니빠따(Suttanipāta, 經集)・위마나와뚜(Vimānavatthu, 天宮事經)・뻬따와뚜(Petavatthu, 餓鬼事經)・테라가타(Theragāthā, 長老偈經)・테리가타(Therīgāthā, 長老尼偈經)・자따까(Jātaka, 本生經)・니데싸(Nidessa, 義釋)・빠띠삼비다막가(Pa isambhidāmagga, 無礙解道) ・아빠다나(Apadāna, 譬喩經)・붓다왐사(Buddhava sa, 佛種姓經)・짜리야삐따까(Cariyāpi aka, 所行藏經) 등이다. 이들 모든 빠알리어 경전들은 최근 한국에서 모두 한글로 번역되어 대중들에게 유통되고 있다.

☞ **니까야 경전의 약어**

①디가 니까야: DN. ②상윳따 니까야: SN. ③맛지마 니까야: MN. ④앙굿따라 니까야: AN. ⑤쿳다까 니까야: KN. ⑥숫따니빠따: Stn.

2) 위나야 삐따까(Vinaya Piṭaka, 律藏)

빠알리어 율장은 크게 3부로 이루어져 있다. 바로 ①숫따위방가( Suttavibhanga, 經分別)・②칸다까(Khandhaka, 犍度)・③빠리와라(Parivara, 附隨)이다. 숫따위방가는 수도 생활상의 계율 곧 바라제목차(波羅提木叉, Pātimokkha 戒本)와 그 계율을 어기는 각각의 경우에 대한 처벌 규정을 해설하고 있는데, 여기에는 마하위방가(Mahavibhanga, 大分別)와 빅쿠니위방가(Bhikkhunivibhanga, 比丘尼分別)의 두 위방가가 담겨 있다. 칸다까는 교단에의 입문, 승가에서 시행되는 의식・음식・의복・숙소 등에 대한 규정과 계율을 어겼을 때나 분쟁이 있을 때 그것을 처리하는 절차 등의 내용을 담고 있는데, 마하왁가(Mahavagga, 大品)와 쭐라왁가(Cullavagga, 小品) 두품으로 나뉘어져 있다. 빠리와라에는 앞의 두 부분에 실려 있는 규정들의 요약・분류를 담고 있다.

### 3) 아비담마 삐따까(Abhidhamma Piṭaka, 論藏)

빠알리어 논장은 모두 칠론七論으로 이루어져 있다. 바로 ①담마상가니(Dhammasa ga i, 法聚論, 法集論) ②위방가(Vibha ga, 分別論) ③다뚜까타(Dhātukathā, 界說論, 界論) ④뿍갈라빤냣띠(Puggalapaññatti, 人施設論) ⑤까타왓투(Kathāvatthu, 論事, 論事論) ⑥야마까(Yamaka, 雙對論, 雙論) ⑦빳타나(Pa hāna, 發趣論) 등이다. 이러한 일곱 가지 논서를 제외한 나머지 논서들은 삼장의 주석서(a hakathā)로 취급된다.

## 4. 대승경전의 편찬과 바른 이해

### 1) 대승경전의 편찬

대승경전은 부처님 열반 후 약 5백년 후부터 편찬되었는데, 초기경전이 빠알리Pali어로 결집된 것에 비해, 대승경전 대부분은 범어인 산스크리트Sanskrit어로 편찬되었다. 하지만 안타깝게도 산스크리트어의 대승경전 원본들은 거의가 산실되어 극히 소수의 산스크리트어본만이 남아 있을 뿐이다. 대승경전 역시 그 경전의 설법 주체가 부처님 자신임을 주장하기 위해 경의 서두에 초기경전과 마찬가지로 전통적인 경전 기술 형태인 "이와 같이 내가 들었다(如是我聞, 에왐 마야 슈르땀 Evam maya srutam)”라는 문구와 함께, 법을 설한 구체적인 장소와 청법 대중의 이름들을 언급하고 있다. 그러나 실제 대승경전의 결집의 시기와 장소와 편찬자에 대해서는 역사적 기록이 없어서 자세히 알 수는 없다. 전설에 의하면 대승경전은 석가모니 부처님이 용궁에 기탁해 놓은 경전을 용수龍樹보살이 찾아온 것이라고도 하는데, 이러한 설화는 대승경전에 대한 상징적 의미를 담고 있는 것으로 이해된다. 즉 ‘용(龍, Naga)’은 용수보살 자신을 지칭하고, 바닷속 깊은 용궁은 대승의 심오함, 고요함, 광대함을 상징하기 위한 비유적 표현이라고 볼 수 있다. 나아가 이러한 대승경전을 용수보살이 대양에서 찾아왔다는 것은, 곧 깊은 깨달음의 바다에서 반야의 지혜를 가져와 우리들이 사는 이 어두운 사바세계에 밝게 드러내 보인 것을 상징적으로 표현한 것일 수 있다.

대승경전은 지금 전해지고 있는 것만 해도 대략 한역으로 약 1,200부, 티벳어역으로 1,900부쯤에 이르는 방대한 양이다. 이것을 성립 연대별로 분류하면 중관학파의 개조라 불리는 용수 이전까지를 초기, 그 뒤부터 유식설을 확립한 세친世親보살까지를 중기, 이후 밀교의 성립까지를 후기로 나눌 수 있다.

● 제1기(기원 전후~3세기까지)

대승경전 초기로서 기원 전후로부터 3세기 전반까지의 시기에 해당하며, 이는 대체로 대승의 형성에서부터 용수시대까지이고, 경전편찬이 대단히 성행했던 시기이다. 이 시기에 북인도에서는 쿠샨왕조(Kushan Dynasty)가 번창했고, 남인도에서는 안드라왕조(Andhra Dynasty)가 지배하던 시대이다. 쿠샨왕조 카니시카왕(Kaniska, AD 2세기) 때 제4차 불전결집이 열렸다. 제4차 결집은 경經・율律에 관한 결집이 아니라 주로 논장에 관한 결집이었다. 이로써 삼장이 갖추어졌고, 제4차 결집에서부터 불전용어가 산스크리트어로 공식화됐으며, 경전의 문자화가 본격적으로 이루어졌다. 쿠샨왕국은 중국에서 대월지국大月氏國으로 알려져 있었으며, 한漢나라와 교류를 통해 처음으로 중국에 산스크리트어 대승경전이 전해졌다.

대승불교 초기경전의 교리를 정립한 것으로 지목되는 인물은 용수(龍樹 Nagarjuna: 150년~250년)이다. 그는 대승불교 공사상의 선구자로서 제2의 석가모니라고 칭송받았던 인물이다. 초기대승경전 대부분은 이러한 용수의 학설에 영향을 받거나 또는 인용되고 있는 경전류이다. 이 시기에 대승경전 편찬이 가장 성행했는데, 우리가 접하는 대부분의 대승경전은 주로 이 무렵에 편찬되었다.

초기대승경전 중에 가장 먼저 편찬된 경전은 반야부계통의 경전들이다. 반야부계통의 경전들은 주로 무집착無執着・무소득無所得・무소주無所住의 반야공사상般若空思想을 지배적인 교리로 채용했다. 이러한 반야부 계통의 교리적 영향은 매우 커서 이후 모든 대승경전들이 그 영향을 받아 공사상을 수용하게 되었다. 이러한 반야부계통의 경전들은 대체로 AD 1~3세기에 편찬되었는데, 『금강경(金剛經)』의 산스크리트어 원본은 대체로 AD150~200년 사이에 성립된 것으로 알려졌다. 이어서 『화엄경(華嚴經)』·『유마경(惟摩經)』·『법화경(法華經)』 등이 편찬되었다.

『무량수경(無量壽經)』·『관무량수경(觀無量壽經)』·『아미타경(阿彌陀經)』을 통칭하는 『정토삼부경(淨土三部經)』 등도 이때 편찬되었다. 또한 이 시기에 함께 편찬된 주요한 경론으로는 『대지도론(大智度論)』·『십주비바사론(十住毘婆沙論)』·『중론(中論)』·『백론(百論)』 등이 있다.

이 중 『화엄경』은 반야경에서 발전한 대승불교의 교리와 보살행의 계위 등을 조직하고 종합해서 이른바 '화엄보살도華嚴菩薩道'로 체계화하고 있다. 특히 「입법계품(入法界品)」에서는 선재善財 동자가 53명의 선지식을 만나 가르침을 받으면서 수행해 가는 과정을 묘사하고 있다. 나아가 화엄경에서는 모든 사물이 각각 본연의 모습을 가지면서도 또한 전체(하나, 一)를 포함하고 있다고 하는 통일적인 세계관을 제시하고 있다. 교리적으로 중요한 것은 「십지품(十地品)」의 '삼계는 허망하여 오직 한 마음(一心)이 만들어내는 것(三界虛僞, 唯心所作)'이라고 설하는 유심연기唯心緣起사상이다. 이것은 유식사상의 근거가 되었을 뿐 아니라, 중국 화엄교학에서도 법계연기설로 더욱 발전 전개되었다.

또한 『법화경』은 모두 8권 28품으로 되어 있는데, 원전의 성립 시기는 대략 1~2세기경으로 추정한다. 몇 차례의 증보를 거쳐 지금의 형태가 완성되었다. 특히 관음신앙이나 보현보살의 원행願行에 대한 상찬賞讚의 내용을 담고 있는 「관세음보살보문품(觀世音菩薩普門品, 일명 관음경)」과 「보현보살권발품(普賢菩薩權發品)」 등은 후세에 덧붙여진 것으로 알려져 있다. 특히 「방편품(方便品)」에서는 우주의 통일적 원리와 실상을 '십여시十如是'로 설명하여 이를 '일승묘법一乘妙法'이라 지칭하고,

성문·연각·보살의 삼승三乘은 중생들을 궁극적인 깨달음의 세계인 일불승一佛乘으로 인도하기 위한 방편의 가르침이라고 설하고 있다. 이른바 삼승방편, 일승진실의 사상을 설하고 있는 것이다. 또한 「여래수량품(如來數量品)」에서는 역사적 존재인 석가모니 부처님은 중생교화를 위해 이 사바세계에 임시적으로 화현하신 부처에 지나지 않으며, 참다운 실상의 부처는 오랜 옛날에 성불한 영원불멸한 존재(久遠實成의 佛)라고 하는 이른바 '구원본불久遠本佛' 사상을 강조하고 있기도 하다.

마지막으로 『정토삼부경』으로 불리는 무량수경·아미타경·관무량수경 등은 아미타불 신앙을 핵심 내용으로 하고 있는 경전들이다. 무량수경과 아미타경은 1, 2세기에 서북 인도에서 성립되었을 것으로 추정되며, 관무량수경은 서북인도 또는 중앙아시아에서 4, 5세기경에 무량수경의 영향을 받아 성립되었을 것으로 추정되고 있다. 법장法藏이라는 보살이 이타행利他行과 서원誓願의 결과로 마침내 무량한 수명과 무량한 광명을 구족한 아미타불이 되어 자신의 극락정토를 건설하여 모든 생사윤회로 고통받는 중생들을 구제하신다는 주요 내용을 담고 있다. 따라서 모든 중생들 또한 이러한 아미타부처님이 건설한 극락정토에 태어나기를 서원해야 하며, 정성스러운 마음으로 간절히 정토경을 수지독송하고 선업을 실천하는 중생들은 모두 아미타불의 큰 원력과 신묘한 신통력에 힘입어 임종하는 즉시 곧바로 극락정토에 태어나고, 마침내 깨달음을 얻게 된다는 가르침을 설하고 있다.

● 제2기

이 시기는 굽타왕조(Gupta dynasty: 320~550)가 흥성하던 시기로, 용수 이후 주로 무착(無着 Asanga: AD 310~390)과 세친(世親 Vasubandhu: 320~400) 등이 활동하던 시기이다. 초기에 비해 이 시기엔 유식계열 경전 외에는 경전편찬이 조금은 주춤했던 시기이기도 하다. 중기 이후의 대승경전은 대부분 여래장如來藏사상과 유식唯識사상에 관련된 것들이다. 여래장 계통의 경전들은 모든 중생들이 근원적으로 여래장如來藏, 곧 청정한 진리성품인 불성佛性을 본성으로 구족하고 있음을 주장하고 있다. 『대방등여래장경(大方等如來藏經)』·『대반열반경(大盤涅槃經)』·『승만경(勝鬘經)』 등이 이시기에 편찬된 경전들이다. 유식사상을 담은 근본경전인 『해심밀경(解深密經)』도 이 시기에 편찬되었다. 이외에 『입능가경(入愣伽經)』·『유가사지론(瑜伽師地論)』·『대승장엄경론(大乘莊嚴經論)』·『섭대승론(攝大乘論)』 등도 이때 편찬되었다. 이 시기의 특징은 경전과 논장과의 구별이 매우 어렵다는 점이다. 더욱이 이 시기의 경전에는 논장을 기초로 해서 개작된 것도 있는데, 특히 『능가경』은 『대승기신론(大乘起信論)』과 함께 여래장과 아뢰야식과의 상호관계를 논함으로써 여래장사상과 유식사상의 융화를 시도하고 있는 것으로 유명하다. 이 외에 『유식삼십론(唯識三十論)』·『성유식론(成唯識論)』 등이 있다.

이 시기에 편찬된 모든 경전들은 대승초기의 여러 경전을 계승, 발전시켜 부처님의 깨달음과 법신의 영원성, 그리고 부처님 지혜의 불가사의함 등을 강조하고 있는 특성을 지닌다. 특히 모든 중생에게는 다 불성이 있다는 '일체중생一切衆生, 실유불성悉有佛性'을 근거로 본래의 불성을 자각하여 깨닫기를 권장하고 있다. 또한 유마경과 승만경에서는 각각 유마거사와 승만부인을 설법의 주인공으로 내세워 재가 불교주의를 전면에 부각시키고 있다. 또한 열반경에서는 선근善根이 끊어진 극악무도한 일천제一闡提의 중생에게도 불성이 있음을 설하며, 모든 존재의 차별 없는 교화와 구제를 교설하고 있다. 유식계통의 대표적인 경전인 해심밀경에서는 인간의 마음의 근원을 '아뢰야식(阿賴耶識 alaya: 일명 제8식·잠재의식·무의식·과보식·異熟識·無沒識·藏識·종자식이라고도 함)'이라 부르고, 모든 의식과 행위는 아뢰야식 속에 축적되고 또한 거기서 발현됨을 설하고 있다. 그러므로 중생은 끊임없는 수행을 통해 이 아뢰야식을 부처님의 지혜로 전화轉化시켜야 함을 교설하고 있다.

● 제3기

제3기에 해당하는 후기는 세친 이후 시대이다. 대승경전 편찬은 밀교密教 계통의 경전을 제외하고는 극히 드물어졌다. 밀교의 교설을 담은 경전은 650년을 전후로 『대일경(大日經)』의 성립을 통해 현교顯教인 대승으로부터 독립을 달성하였고, 7세기 말의 『금강정경(金剛頂經)』에 의해 그 교리가 확립됐던 것으로 추정되고 있다.

후기 대승시기에 들어서면서 재가신자들은 주로 주술적인 민간 신앙과 접하면서 다라니나 특수한 인계(印契, mudrā, 印相, 手印) 만다라maṇḍala를 중심으로 하는 의식을 행하는 등 서서히 밀교적 경향으로 흘러갔다. 7세기가 되면 밀교의 2대경전인 대일경과 금강정경이 성립되고, 대일여래大日如來를 중심으로 부처님의 대자비와 지혜를 상징하는 태장계胎藏界 만다라와 금강계金剛界 만다라의 구상을 확립하여, 중생이 불성을 가지고 있다는 것과 성불해가는 과정과 그 세부적인 의례儀禮 등을 규정하고 있다.

2) 대승경전에 대한 바른 이해

중국의 천태지의(天台智顗: 538~ 597) 대사는 불교의 모든 경전이 석가모니 부처님의 재세시에 모두 설해진 불설로 보는 교판설教判說을 주장하였다. 화엄경은 성도 직후 37일간, 그 후 아함경은 녹야원에서 12년간, 방등경은 8년간, 반야부계통의 경은 22년간, 법화경과 열반경 등은 8년간 설해졌다는 주장이다. 이러한 주장은 근래에까지 한국의 일부 스님들에게 의해 수용되고 있었다. 하지만 지의대사의 이러한 경전 교판해석은 인도의 경전성립사에 대한 전문적 지식이 없는 자신만의 사적인 관점에 따른 비역사적 방법에 의한 해석일 뿐임이 현대의 불교 역사학자들에 의해 지적되었다. 지의대사는 단지 천태종의 입장에서 본 교판관에 따라 교설의 심천에 따라 경전의 성립과정을 재구성했을 뿐이다.

대승경전이 역사적으로 불멸후 5~600여 년 후에 성립된 것이라면, 여기에 경전의 정통성과 권위에 대한 문제가 발생하지 않을 수 없다. 즉 '대승경전은 참된 불설(佛說, Buddha-vacanam)인가?'하는 문제이다. 대승 경전은 역사적 석가모니의 친설親說이 아니라는 주장을 이른바 '대승비불설론大乘非佛說論'이라고 한다. 최초의 대승비불설론은 물론 대승운동을 비판하는 소위 상좌부불교上座部佛教 또는 테라와다Theravada 불교도에 의해 제기되었으며, 심지어 그들은 대승경전을 악마(마라 Mara)의 설이라고까지 비난하였다. 한편 대승불교 논서인 『대지도론(大智度論)』

에는 불설의 개념을 ①역사적 붓다 석가모니가 스스로 설한 가르침 ② 붓다의 허락을 받고 설한 가르침 ③다른 불제자가 설한 가르침 성인· 천인 등의 가르침 등으로 광범위하게 정의하고 있다. 대승불교도들은 이러한 논서의 주장에 근거하여 대승에서는 비록 석가모니 부처님의 친설이 아니라고 해도 대승경전이 석가모니 부처님의 설법과 동등한 진실과 권위를 담은 경전임을 인정하고 주장한다.

우리는 아직까지 인도에서 대승불교가 어떻게 성립됐는가 하는 것에 대한 정확한 역사적 사실을 알지 못하고 있다. 따라서 앞으로도 결정적인 증거가 발견되지 않는 한 대승경전의 진위 여부는 판가름하기 어려울 것으로 보인다. 하지만 대승경전들이 근본교설을 완전히 부정하고 전혀 새로운 가르침의 교설을 담고 있는 것이 아님은 분명하다. 대승경전 대부분은 근본불교를 바탕으로 편찬되었다. 대승경전 모든 곳에서 초기불교의 핵심 교설인 삼법인三法印을 비롯한 무상無常・고苦・무아無我・사성제四聖諦・12연기十二緣起・팔정도八正道・중도中道・윤회輪廻・인과因果・보시布施 지계持戒 등등의 핵심적인 가르침이 모두 녹아있다. 비록 대승경전의 편찬이 시대적으로 석가모니 부처님과 5~600년의 시차가 있어도 핵심교리나 사상적으로는 지혜와 자비와 깨달음이라는 부처님의 근본사상을 계승하고 있음을 부정할 수 없는 것이다. 이러한 측면에서 본다면, 대승경전이 붓다의 교설이 아니라는 주장은 수용할 만한 하등의 타당성과 이유가 없다고 여겨진다. 비록 후세에 부처님의 이름을 빌려 가탁假託한 경전이라고 해도, 그 내용이 부처님의 근본교설과 불교핵심 사상을 전승하여 담아내고 있는 것이라면, 단순하게 지금의 기준으로만 좁게 평가해서 비불설이라고 배척해서는 결코 안 되는 것이다. 불교가 지향하는 참뜻은 부처님이 깨달은 진리와 중생교화에 있고, 그러한 진리를 열어 보이고 중생교화를 실천하기 위해서는 시대와 역사에 따라 다양한 방편과 새로운 언어가 필요했음을 우리는 긍정해야 한다는 것이다.

어찌 보면 초기불교와 부파불교가 근본뿌리요 줄기라면 대승불교는 꽃이요 열매라고 할 수도 있다. 초기불교와 대승불교는 결코 전혀 다른 불교라기보다는 하나로 연결된 다른 모습의 불교라고 보는 것이 바른 정견이다. 우리는 초기경전만이 부처님의 친설임을 주장하여 대승경전을 맹목적으로 무시하고 소외해도 안 되고, 반대로 대승불교 입장에서 초기경전이 소승의 경전임을 주장하며 낮게 평가하고 애써 무시하는 우를 범해서도 결코 안 된다. 우리는 초기경전에 대한 바르고 깊은 이해를 통해 대승경전에 대한 보다 체계 있고 깊은 이해에 도달할 수 있다. 나아가 대승경전의 가르침을 통해 초기경전에서 미처 얻어내지 못한 대승불교의 보다 대중적이고 현실적인, 폭넓고 살아 있는 대중성과 활동성을 얻어낼 수 있기 때문이다.

# 참고 문헌


- 일아 편역, 『한 권으로 읽는 빠알리경전』, 민족사, 2008
- 전재성 편역, 『우리말 빠알리대장경 예경지송』, 한국빠알리성전협회, 2016
- 파욱국제승원 한국분원, 『법요집』, 세나니 승원, 1991
- 험허 득통 해 | 감산 덕청 직해 | 황정원 역주, 『원각경이가해圓覺經二家解)』,

운주사, 2012
- 정관스님 옮김, 『대념처경』, 조계종 출판사, 2006
- 정순일 역해, 『대념처경과 위빳사나 명상』, 운주사, 2021
- 묘원, 『대념처경』, 행복한 숲, 2010
- 묘원 편역, 『대념처경 주석서(1-2)』, 행복한 숲, 2011
- 김현준 편역, 『지장보살본원경』, 효림, 2000
- 신춘열 옮김, 『업설 지장경』, 광륵사, 2009
- 광덕 역, 『지송 보현행원품』, 불광출판부, 1995
- 경전연구모임 편, 『보현행원품』, 불교시대사, 1993
- 마하시 아가 마하 빤디따 지음, 『초전법륜경』, 행복한 숲, 2011
- 무량수여래회 편역, 『정토오경일론』, 비움과 소통, 2021
- 무념・웅진 역, 『법구경 이야기』 1~3권, 옛길, 2020
- 김진태 지음, 『반야심경의 바른 이해』, 민족사,
- 각묵스님 옮김, 『디가니까야 1』, 초기불전연구원, 2007
- 각묵스님 옮김, 『상윳따니까야 1』, 초기불전연구원, 2009

- 전재성 역주, 『이따붓따까-여시어경』, 한국빠알리성전협회, 2012
- 각묵스님 지음, 『초기불교 이해』, 초기불전연구원, 2011
- 각묵스님, 『금강경 역해』, 불광출판부, 2010
- 아신빤딧짜 스님의 초전법륜경 강의, 『세상을 깨우다』, 붇다담마 연구소, 2018
- 정엄 지음, 『행복한 화엄경』, 리즈앤북, 2018
- 해피 스님 엮음, 『근본불교(根本佛敎) 가르침』, 해피법당, 2013

※ 본『삼보에 대한 예경 및 경전 독송집』
출판에 큰 신심으로 도움을 주신 모든 분들께
깊이 감사의 인사를 드립니다.
이러한 선연의 보시공덕으로 지혜와 복덕을
구족하고, 항상 불보살님의 무량한 자비와
가호가 함께 하시기를 합장발원 드립니다.

## 법보시자 명단

김을영 강금숙 이철규 김혜안성 이상원 안관음행 문종혁 신정혜심 백상필 강효성 김헌배 조경희 조진엽 조진영 김운덕 안금강혜 정현배 길상사 백승두 김종규 강유석 김창규 양법성화 윤진손 이필홍 류형걸 정광호 최은기 최인순 서민주 김진호 김인숙 오익상 이연순 조종희 여부환 우진환 최운실 이화승 권민수 유영선 장만순 최미성 최은겸 최은기 문종화 (무순)